Katrin Koll Prakoonwit, Jahrgang 1974, lebt in Reading, Berkshire, rund 60 km westlich von London. Nachdem sie bei einer Tochtergesellschaft der FAZ zur Redakteurin ausgebildet wurde und dort anschließend Länderanalysen schrieb, zog es die Diplom-Kulturwirtin 2002 nach München, wo sie sich als Journalistin selbstständig machte. Parallel dazu studierte sie Arbeits- und Organisationspsychologie, um ihr Themenspektrum zu erweitern. Seither arbeitet sie für Publikationen verschiedener Beratungsunternehmen und Verlage. Daneben stellt sie sich seit 2007 den kleinen wie großen Herausforderungen des Familienalltags in England.

FSC
www.fsc.org
MIX
Papier aus verantwortungsvollen Quellen
FSC® C006701

1. Auflage

www.conbook-verlag.de

In der Ratgeber-Reihe ›Alltag in‹ bisher ebenfalls erschienen:

Anthoni, Anette	Alltag auf Mallorca	ISBN 978-3-934918-32-0
Blum, Kai	Alltag in Amerika	ISBN 978-3-943176-14-8
de Loryn, Bianca	Alltag in Australien	ISBN 978-3-934918-38-2
Kother, Andrea	Alltag in Frankreich	ISBN 978-3-934918-79-5
Kübeck, Delia	Alltag in Schweden	ISBN 978-3-934918-51-1
Kühntopf, Michael	Alltag in der Schweiz	ISBN 978-3-934918-52-8

Einbandgestaltung und Satz: CONBOOK Verlag unter Verwendung der Motive
© istockphoto.com/QQ7 und istockphoto.com/waynehowes
Druck & Verarbeitung: CPI – Ebner & Spiegel, Ulm

Printed in Germany

ISBN 978-3-943176-15-5

Alle Angaben und Fakten wurden mit größtmöglicher Sorgfalt recherchiert und überprüft. Weder die Autorin noch der Verlag können aber im Einzelfall eine Garantie für Richtigkeit und Vollständigkeit des Inhalts übernehmen. Sollten Sie Änderungsvorschläge oder Anmerkungen haben, teilen Sie uns diese gerne mit: per eMail an feedback@conbook.de.

Kurzübersicht

Alltag in Großbritannien

Inhalt

Alltag in Großbritannien

Vorwort

Wissen Sie eigentlich, was Sie alles wissen? In dem Land, in dem Sie aufgewachsen sind und viele Jahre Alltag gelebt haben, verfügen Sie über einen reichhaltigen Erfahrungsschatz. Sie kennen sich aus, wenn es darum geht, ein Auto anzumelden, eine Wohnung zu mieten oder das beste Kreditkartenangebot auszuwählen. Sie können die Schulleistungen Ihrer Kinder einordnen, bewältigen Ihre Steuererklärung und verstehen im Kaufvertrag das Kleingedruckte. Wenn es irgendwo weh tut, wissen Sie schon, zu welchem Arzt Sie am besten gehen. Und die Probleme mit der Krankenkasse sind immer die gleichen.

Nach Ihrer Ankunft in Großbritannien werden Sie wahrscheinlich – wie ich vor einigen Jahren – für bis dato selbstverständlich gehaltenes Knowhow schmerzlich vermissen. Dieses Buch soll zumindest einen Teil dieser Wissenslücken schließen. Mit jedem Kapitel erhalten Sie hinsichtlich der wichtigsten Alltagsthemen grundlegende Informationen an die Hand, auf die Sie bei der Lösung Ihrer individuellen Fragestellungen zurückgreifen können. Sie werden verstehen, was der *PAYE Code* auf Ihrem Gehaltszettel bedeutet oder wozu Sie ein *P45 form* oder ein *V5C* benötigen. Daneben werden Sie sich ein paar Kniffe für den Links- und den Kreisverkehr aneignen, die Strukturen des *NHS,* der *National Insurance* oder auch des Schul- und Unisystems durchschauen. Sie werden Formulierungen auf Behördenenglisch knacken, britenfreundlich kommunizieren und auch die Bedeutsamkeit des Teetrinkens durchschauen.

Ich hoffe, dass Ihnen dieses Buch bei Ihrem Start in Großbritannien ein guter Wegbereiter und auch später ein stetiger Wegbegleiter sein wird.

Wishing you well! May all good things come your way! Best of luck!

Katrin Koll Prakoonwit

Hinweise zur Nutzung dieses Buchs

Bitte beachten Sie, dass bei der Darstellung aller Fakten und Informationen England im Vordergrund steht. Auf markante Abweichungen, die für Schottland oder Wales gelten, wird gesondert hingewiesen.

Genannte Zahlen wie Steuersätze, Beitragshöhen etc. beziehen sich auf das Finanzjahr 2012/2013. Informationsstand ist Dezember 2012. Mit Beginn eines neuen britischen Finanzjahres – also jedes Jahr Anfang April – finden Sie unter **AiGB1** (siehe Kasten unten) eine Aktualisierung. Alle Zahlen werden nach dem deutschen System, mit Tausenderpunkt und Komma für die Abtrennung der Nachkommastellen, geschrieben.

Zum Zeitpunkt der finalen Bearbeitung dieses Buches wurde bekannt, dass die britische Regierung alle Webseiten staatlicher Organisationen bis 2014 sukzessive in einer einzigen Plattform ▸ www.gov.uk zusammenführen wird. Einige der aufgeführten Linktipps werden sich daher ändern. Vorbeugend wurden daher bei betroffenen Internettipps vor allem Navigationspfade und an der Themenstruktur orientierte Stichworte (keine direkten Links) angegeben, die die Auffindbarkeit der Informationen auch auf der neuen Plattform ▸ www.gov.uk gewähren sollen.

Seitnotiz
www.seitnotiz.de

Dieses Buch ist mit weiterführenden Inhalten im Internet verknüpft. Sie erkennen die Verweise an dem Symbol mit darauffolgender Codenummer (z.B. **AiGB1**).

Der Abruf der Inhalte erfolgt kostenlos und ohne Registrierung unter ▸ www.seitnotiz.de. Dort tragen Sie die Codenummer ein und gelangen sofort zu den Inhalten.

Bei elektronischen Fassungen (z. B. E-Books) genügt ein Klick auf die Codenummer, daraufhin werden automatisch die richtigen Inhalte abgerufen.

Unter der Seitnotiz **AiGB0** finden Sie übergeordnete Neuigkeiten, Informationen und Hinweise zum Alltag in Großbritannien.

Kapitel 1

Großbritannien als Teil des Vereinigten Königreichs

Ziehen Sie von Deutschland, Österreich oder der Schweiz nach Großbritannien, bewegen Sie sich von der mitteleuropäischen Kernregion auf eine an der äußeren EU-Grenze gelegene Insel. Dort fühlt man sich jedoch nicht als Randgebiet des europäischen Kontinents, sondern als Dreh- und Angelpunkt des weltumspannenden *Commonwealth of Nations* unter Führung der britischen Krone. Und während die EU-Länder erst seit einigen Jahren nach Einigung und Einheitlichkeit streben, suchen die Briten bereits seit Jahrhunderten Zusammenhalt und Ausgleich – indem sie die Interessen von Teilstaaten, Überseegebieten, Kronbesitz und ehemaligen Kolonien gekonnt ausbalancieren. Briten richten daher ihr Augenmerk häufig auf die Welt und weniger auf das, was in Brüssel, Berlin oder Paris beschlossen wird.

Um die britische Sicht auf viele Dinge ein wenig besser verstehen zu können, nachfolgend ein geografischer wie auch ein geschichtlicher Überblick über Großbritannien und das Vereinigte Königreich, dessen Untertan Sie zu werden beabsichtigen.

Geografie

Das heutige Großbritannien umfasst die Gliedstaaten England, Schottland und Wales und ist wiederum Teil des Vereinigten Königreichs Großbritannien und Nordirland. Über eine mögliche Unabhängigkeit Schottlands von Großbritannien soll im Herbst 2014 in einem Referendum entschieden werden.

Die Einwohnerzahl des Vereinigten Königreichs beträgt etwa 63,1 Millionen, davon leben rund 53,0 Millionen in England, das mit ca. 130.000 Quadratkilometern knapp die Hälfte der gesamten Landfläche einnimmt. 5,2 Millionen Menschen sind in Schottland ansässig, 3,1 Millionen in Wales und 1,8 Millionen in Nordirland.

Während Briten ihr Land meist als ›*UK*‹ bezeichnen, der Kurzform für ›*United Kingdom of Great Britain and Northern Ireland*‹, ist im deutschen Sprachgebrauch ›Großbritannien‹ geläufiger als ›Vereinigtes Königreich‹. Wechseln Sie zwischen Englisch und Deutsch hin und her, sollten Sie also darauf achten, ob Sie – wie in diesem Buch – nur über England, Schottland und Wales sprechen, oder ob Sie sich auch auf Nordirland beziehen. Denn Nordirland gehört nur zum *United Kingdom (UK),* nicht aber zu *Great Britain.*

Hin und wieder werden Sie auch jemanden über die ›*British Isles*‹ sprechen hören, beispielsweise bei der Wettervorhersage im Fernsehen. Diese Bezeichnung ist immer geografischer Natur und bezieht sowohl das Vereinigte Königreich Großbritannien und Nordirland als auch das seit 1949 unabhängige Irland mit ein. Daneben gehören mehrere Tausend kleine wie große Inseln mit unterschiedlicher staatlicher Zugehörigkeit zu den Britischen Inseln.

Sich selbst bezeichnen die Briten als ›*Britons*‹ oder kurz ›*Brits*‹. Je nach persönlicher Überzeugung sehen sich viele aber in erster Linie als ›*English*‹, ›*Scottish*‹ oder ›*Welsh*‹.

Englisch ist die einzige **Landessprache**, wobei in Wales Walisisch als gleichberechtigte Sprache anerkannt und in Schottland teilweise Gälisch gesprochen wird. Als Minderheitensprache gelten außerdem *Scots* (Schottland), *Ulster Scots* (Nordirland) und *Cornish* (Grafschaft Cornwall, England). Daneben existieren diverse lokale Dialekte.

Hauptstadt des Vereinigten Königreichs und Englands ist London. Edinburgh, Cardiff und Belfast sind die Landeshauptstädte der Teilstaaten Schottland, Wales und Nordirland.

The Union Jack

Die britische Flagge, *Union Jack* oder *Union Flag* genannt, setzt sich aus den Flaggen der Teilstaaten zusammen, die die jeweiligen Schutzheiligen repräsentieren. Ein rotes Kreuz auf weißem Hintergrund steht für den englischen Schutzpatron St. George. Das rote Kreuz mit diagonal verlaufenden Längen symbolisiert den irischen Schutzheiligen St. Patrick. Der schottische Patron St. Andrew wird durch ein weißes diagonales Kreuz auf blauem Grund repräsentiert. Wales (Schutzpatron St. David) wird wegen seiner frühen Anbindung an England ebenfalls durch das Kreuz von St. George dargestellt.

Daneben existiert die walisische Nationalflagge mit einem roten Drachen auf weiß-grünem Grund. Ein roter Löwe auf gelbem Hintergrund ziert die schottische Königsflagge.

Überseegebiete und Kronbesitz

Das Vereinigte Königreich verfügt über 14 teils außenpolitisch umstrittene Überseegebiete *(British Overseas Territories):* Anguilla, Bermuda, Britisches Antarktis Territorium, Britische Jungferninseln, Britisches Territorium im Indischen Ozean, Falklandinseln, Gibraltar, Kaimaninseln, Montserrat,

Pitcairninseln, St. Helena, Ascension und Tristan da Cunha, die souveränen Militärbasen Akrotiri und Dhekelia, Südgeorgien und die Südlichen Sandwichinseln sowie die Turks- und Caicosinseln. Diese erkennen den britischen Monarchen als Staatsoberhaupt an, während die Exekutive von einem Repräsentanten ausgeübt wird. Die Bürger der Überseegebiete gelten als *British Overseas Territories Citizens (BOTC).*

Die beiden Kanalinseln *(Channel Islands)* Jersey und Guernsey (Bailwick of Guernsey inkl. Herm, Jethou und Lihou; außerdem Alderney und Sark, jeweils mit eigenem Parlament) wie auch die Isle of Man werden nicht als Überseegebiete, sondern als autonomer Kronbesitz *(British Crown Dependencies)* bezeichnet. Sie sind als selbstständige Staaten der britischen Krone unterstellt.

Commonwealth of Nations

Zum losen Staatenbund des *Commonwealth of Nations* unter Führung der britischen Königin gehören 54 unabhängige Staaten, von denen die meisten ehemalige Kolonien des einstigen *British Empire* sind. Nach dem Ende des Ersten Weltkrieges regierte die britische Krone über ein Viertel der Erde. Heute leben rund 30 % der Weltbevölkerung in einem Staat des *Commonwealth.*

Das *Commonwealth of Nations* wird von Vertretern aller Mitgliedsstaaten und einem Generalsekretär verwaltet. Eine gemeinsame Richtung der Außen- und Wirtschaftspolitik wird auf den zweijährlichen *Commonwealth*-Gipfeltreffen festgelegt.

16 der 54 Mitgliedsstaaten gelten zudem als *Commonwealth Realms,* die den britischen Monarchen, vertreten durch einen ernannten Generalgouverneur, als Staatsoberhaupt ansehen: Antigua und Barbuda, Australien, Bahamas, Barbados, Belize, Grenada, Jamaika, Kanada, Neuseeland, Papua-Neuguinea, Salomonen, St. Kitts und Nevis, St. Lucia, St. Vincent und die Grenadinen, Tuvalu und per Status auch das Vereinigte Königreich selbst.

Geschichte

Großbritannien blickt auf eine lange und ereignisreiche Geschichte zurück. Der stetige Kampf um die Thronfolge, das Ringen um Einigkeit oder Unabhängigkeit der einzelnen Teilstaaten haben das Land und die heutige Monarchie geprägt. Henry VIII ist wegen der tragischen Schicksale seiner sechs Ehefrauen – Catherine of Aragon (geschieden), Anne Boleyn (hingerichtet), Jane Seymor (an Wochenbettfieber gestorben), Anne of Cleves (geschieden), Catherine Howard (hingerichtet) und Catherine Parr (wurde seine

Witwe) – wie kein anderer in die mittelalterliche Geschichte eingegangen. Auch seine Tochter Elizabeth I, die unverheiratete Virgin Queen, die nicht nur ihre schottische Konkurrentin Mary Stuart hinrichten ließ, sondern auch dem Protestantismus zum finalen Durchbruch und England zur künftigen Seemacht verhalf, ist eine schillernde historische Figur. Später erlebte Großbritannien unter Queen Victoria wie kein anderes Land Glanz und Glorie der Kolonialzeit. Sich mit britischer Geschichte zu befassen – sowohl mittels Fachbüchern und Dokumentationen auf ernsthafte als auch, dank eines unerschöpflichen Angebots an historischen Romanen und Filmen, auf unterhaltsame Art und Weise – ist daher absolut lohnenswert.

Zeittafel britischer Geschichte

Für eine erste Orientierung, hier ein Überblick zu den Meilensteinen britischer Geschichte:

3000–2000 v. Chr. - Erschaffung von Stonehenge
500 v. Chr. - Besiedelung durch die Kelten
ab 55 v. Chr. - Römische Besatzung des heutigen England und Wales
ab 449 - Invasion durch die Angelsachsen (Angeln, Sachsen und Jüten); Großbritannien wird in sieben Königreiche geteilt; Missionare aus Rom bringen das Christentum auf die Insel; später ca. 300 Jahre Wikinger-Herrschaft
886 - Alfred the Great (847–899), König von Wessex und der Angelsachsen
bis 1034 - Vereinigung mehrerer schottischer Gebiete zum *Kingdom of Scotia*
1066 - *Battle of Hastings:* William the Conqueror (1028–1087) wird König von England; Beginn der Normannenherrschaft bis 1154; Vereinigung kleiner Königreiche und Einführung eines feudalen Systems nach französischem Vorbild
1124 - Schottischer König David I (1080–1153), Edinburgh wird schottische Hauptstadt
1154 - Henry II (1133–1189) gründet Angevinisches Reich
1189–1199 - Richard I (Richard the Lionheart) (1157–1199), Teilnahme am dritten Kreuzzug
1215 - King John (1166–1216) unterzeichnet die Magna Carta Libertatum; politische Freiheiten für den Adel; Aufbau eines königlichen Rates; Grundstein des Parlamentarismus; Unabhängigkeit der Kirche von der Krone

1265 – Erstes Unterhaus tritt zusammen

1296–1357 – Schottische Unabhängigkeitskriege; 1328 Anerkennung eines schottischen Königreichs

1400–1404 – Walisische Unabhängigkeitsbestrebungen angeführt von Owain Glyndwr (1355–1416)

1455 – Rosenkrieg zwischen dem *House of Lancaster* und dem *House of York* um die Thronfolge

1485 – Henry VII (1457–1509), über seine Mutter Mitglied des *House of Lancaster,* besiegt Richard III (1452–1485); Beginn der Tudor-Herrschaft bis 1603

1509 – Henry VIII (1491–1547) besteigt den Thron

1513 – Engländer besiegen Schotten

1534/1535 –Henry VIII kehrt Rom den Rücken zu und wird Oberhaupt der von ihm neu gegründeten *Church of England*

1536 – *Act of Union:* Vereinigung von England und Wales

1553 – Mary I, *Bloody Mary,* (1516–1558; Tochter von Henry VIII und Catherine of Aragon) erobert den Thron; Heirat mit Philip II von Spanien; England wird wieder katholisch

1558 – Elizabeth I, *The Virgin Queen,* (1533–1603; Tochter von Henry VIII und Anne Boleyn) besteigt den Thron nach dem Tod ihrer Halbschwester Mary I; England wird protestantisch

1587 – Mary Queen of Scots (Mary Stuart) (1542–1587) wird wegen Hochverrats durch Elizabeth I hingerichtet

1588 – Sieg gegen die spanische Armada

1600 – Gründung der *East India Company* mit Handelsfreibrief; später dauerhafte Niederlassungen in Indien

1603 – James VI (1566–1625) von Schottland besteigt als James I auch den englischen Thron in Personalunion; Königreiche bleiben formal unabhängig

1605 – Guy Fawkes (1570–1606) versucht, Parlament in die Luft zu sprengen

1620 – Pilgrim Fathers segeln auf der Mayflower nach Amerika, Kolonialisierung seit 1607

1639–1651 – Kriege der Königreiche England, Schottland und Irland

1642–1649 – Bürgerkrieg zwischen Royalisten und Rundköpfen

1649–1653 – Ausrufung einer Republik; Protektorat unter Oliver Cromwell (1599–1658), Anführer des Parlamentsheeres im Bürgerkrieg gegen die absolutistischen Bestrebungen der Monarchie; Hinrichtung King Charles (1600–1649)

1660 – King Charles II (1630–1685) führt die Monarchie wieder ein

ab 1664 – Aufbau Britisch-Westafrika
ab 1672 – Versorgung der britischen Kolonien mit Sklaven aus Afrika
1689 – *English Bill of Rights:* Teilung der Herrschaft zwischen Monarchie und Parlament
1707 – *Act of Union:* Vereinigung Schottland und England zum Königreich Großbritannien; Auflösung des schottischen Parlaments
1714 – Britischer Thron fällt an den Welfen Georg aus dem Haus Hannover (1660–1727); Personalunion
1721–1742 – Sir Robert Walpole (1676–1745) erster Premierminister; Stärkung der parlamentarischen Demokratie durch ein Kabinett
1776 – 13 britische Kolonien in Amerika erklären ihre Unabhängigkeit gegenüber Großbritannien
1800 – *Act of Union:* Irland wir dem Königreich Großbritannien angeschlossen. Es entsteht das Vereinigte Königreich Großbritannien und Irland.
1805 – *Battle of Trafalgar:* Lord Nelson (1758–1805) besiegt auf der HMS Victory Napoleon, bevor er selbst getötet wird
1815 – *Battle of Waterloo:* Duke of Wellington (1769–1852) besiegt Napoleon
1837 – Queen Victoria (1819–1901) besteigt den Thron; Ende der Personalunion; Thron von Hannover geht an Ernst August
ab 1858 – Aufbau Britisch-Indien
1901–1910 – King Edward VII (1841–1910) aus dem Hause Sachsen-Coburg und Gotha auf dem britischen Thron
1912–1921 – Anglo-Irischer Krieg
1914–1918 – Erster Weltkrieg
1918 – Allgemeines Wahlrecht, nicht für Frauen unter 30 Jahren
1921 – Bildung des Irischen Freistaates und des Vereinigten Königreiches von Großbritannien und Nordirland
1936 – Edward VIII (1894–1972) dankt nach einigen Monaten auf dem Thron ab, heiratet zweifach geschiedene Wallis Simpson
1936–1952 – George VI (1895–1952) tritt die Nachfolge seines Bruders an
1939–1945 – Zweiter Weltkrieg
1940–1945; 1951–1955 – Winston Churchill (1874–1965) *(Conservatives)* ist Premierminister
1940 – Deutsche Bombardierung Englands *(London Blitz, The Blitz)*
1941 – Churchill unterzeichnet Atlantik-Charta
1945 – Beginn der Dekolonisation weltweit
1949 – Gründung der Republik Irland

1952/53 – Elizabeth II (1926–heute) wird Königin
1956 – Sueskrise nach Verstaatlichung der Sueskanal-Gesellschaft durch Ägypten
1969–1998 – Nordirlandkonflikt *(The Troubles)* zwischen den unionistischen Protestanten und den irisch-nationalistischen Katholiken; teils bewaffneter Guerillakrieg, Terroranschläge der *Irish-Republican Army (IRA)*, später *Provisional IRA (PIRA)*
1973 – Beitritt zur Europäischen Wirtschaftsgemeinschaft
1979–1990 – Margaret Thatcher (1925–heute) *(Conservatives), The Iron Lady,* ist Premierministerin; Privatisierung zahlreicher Staatsbetriebe
1981 – Prince Charles (1948–heute) heiratet Lady Diana Spencer (1961–1997)
1982 – Falklandkrieg gegen Argentinien
1990 – Eröffnung des Kanaltunnels
1998 – Karfreitagsabkommen beendet Nordirlandkonflikt
1999 – Gründung *Welsh National Assembly* und *Scottish Parliament*
2005 – Islamistische Terroranschläge auf Londoner U-Bahn und Linienbus
2010–heute – David Cameron (1966–heute) *(Conservatives)* ist Premierminister
2011 – Prince William (1982–heute) heiratet Catherine Middleton (1982–heute)
2012 – 60-jähriges Thronjubiläum Queen Elizabeth

Eine Zeittafel einschließlich kulturgeschichtlicher Einträge finden Sie unter **AiGB2**.

Königshäuser

Genauso wichtig für eine bessere Orientierung innerhalb der englischen und schottischen Geschichte sind die jeweils regierenden Herrscherfamilien bzw. Königshäuser:

Englische Königshäuser

802–1066	*House of Wessex*
1066–1154	*House of Normandy*
1154–1216	*The Angevins*
1216–1399	*House of Plantagenet* (Lancaster-Linie und York-Linie)

1399–1461	*House of Lancaster*
1461–1485	*House of York*
1485–1603	*House of Tudor*

Schottische Königshäuser

840–1058	*House of MacAlpin*
1058–1306	*House of Dunkeld/Canmore*
1306–1371	*House of Bruce*
1371–1714	*House of Stewart/Stuart*

Könige von England und Schottland

1603–1649 & 1660–1714	*House of Stuart*
1714–1901	*House of Hanover*
1901–1910	*House of Saxe-Coburg-Gotha*
1910–heute	*House of Windsor*

Kapitel 2

Wissenswertes

Planen Sie, dauerhaft in Großbritannien zu leben, beschäftigen Sie sich von Anfang an mit möglichst vielen Themen. Ein breites Allgemeinwissen hilft Ihnen dabei, dem aktuellen Geschehen zu folgen und sich als Bürger zu integrieren. Als Faustregel gilt: Je mehr Sie wissen, desto heimischer werden Sie sich fühlen.

Politisches System

Das Vereinigte Königreich ist eine parlamentarische Monarchie. Das Parlament besteht – theoretisch zumindest – aus drei Kammern: dem Monarchen und Staatsoberhaupt, derzeit Queen Elizabeth II, dem Oberhaus *(House of Lords)* und dem Unterhaus *(House of Commons)*. Dem Monarchen unterliegt die exekutive, legislative und judikative Gewalt. De facto sind aber Unter- und Oberhaus die gesetzgebende Macht, während eine gewählte Regierung unter einem Premierminister die Exekutive ausübt. Die Judikative obliegt einem differenzierten Gerichtssystem. Schottland, Wales und Nordirland verfügen über eigene Landesregierungen, -parlamente und jeweils einen Landeschef *(First Minister)* sowie eigene Gerichte.

Den Premierminister *(Prime Minister, PM)* stellt die Partei, die alleine oder in Koalition über eine regierungsfähige Mehrheit im Unterhaus verfügt. Er wird vom Monarchen offiziell ernannt und bestimmt anschließend sein Kabinett, das im Schnitt aus ca. 20 Ministern besteht, die wiederum einzelnen Ministerien vorstehen. Ein Misstrauensvotum im Parlament kann den amtierenden Premierminister zum Rücktritt zwingen oder zu einer Auflösung des Unterhauses führen.

House of Commons

Die 650 Abgeordneten *(Members of Parliament, MP)* des *House of Commons* in Westminster werden per Mehrheitswahlrecht – jeder Wahlkreis *(constituency)* sendet den Abgeordneten mit den meisten Stimmen – vom Volk bestimmt. In den meisten Wahlkreisen konkurrieren daher immer nur die drei großen Parteien *Conservative Party, Labour Party* und *Liberal Democrats* miteinander. Eine Reform hin zu einem Verhältniswahlrecht, nach dem auch kleinere Parteien – wie *Alliance Party of Northern Ireland,*

Democratic Unionist Party, Green Party of England and Wales, Plaid Cymru, The Respect Party, Scottish National Party, Sinn Féin, Social Democratic and Labour Party und *UK Independence Party* – größere Chancen auf Parlamentssitze erhalten, ist derzeit in der Diskussion.

In der Parlamentskammer sitzen Regierungs- und Oppositionsparteien auf langen grünen Polsterbänken einander gegenüber. Für jede Seite steht am *Table of the House* in der Mitte ein eigenes Rednerpult zur Verfügung. Zwei Längslinien auf dem Boden, mit zwei Schwertlängen Abstand gezogen, dürfen während einer Parlamentssitzung nicht überschritten werden. Jeder muss auf seiner Seite bleiben. Am Kopfende thront der Unterhauspräsident, der von den Abgeordneten mit ›*Mr Speaker*‹ angesprochen wird. Er erteilt das Rederecht und überwacht die teils lebhaft bis heftig ausfallenden Debatten.

Denn im Unterhaus werden nicht nur Gesetze diskutiert, sondern auch Regierungsmitglieder ins Verhör genommen. In besonderen Fragestunden können Abgeordnete Minister zu ihren politischen Handlungen kritisch befragen. Die Kontrolle der Regierung ist neben der Gesetzgebung eine der Hauptaufgaben des Unterhauses. Die Opposition, die ein Schattenkabinett bildet, versucht, sich in den entstehenden Rededuellen zu behaupten und Einfluss zu nehmen.

Zustimmung wird im Unterhaus generell mit dem Ausruf ›*Aye!*‹ kundgetan. Ist bei einer Abstimmung das Ergebnis nicht eindeutig erkennbar, laufen die Abgeordneten entweder durch eine *Aye-* oder eine *No-Lobby*. Ihre Namen werden notiert – später auch publiziert – und ihre Stimmen werden gezählt.

Parlamentsdebatten im Unterhaus können Sie besuchen oder auf dem Fernsehkanal *BBC Parliament* bzw. im Internet unter ▶ www.parliamentlive.tv oder ▶ www.bbc.co.uk/democracylive live verfolgen. Besonders sehenswert ist die zeremonielle Parlamentseröffnung *(State Opening of Parliament)* durch die britische Königin, die zu diesem besonderen Ereignis im Mai in einer langen Prozession vom Buckingham Palace zum Parlamentsgebäude geleitet wird. Bilder und Videos einer Parlamentseröffnung finden Sie unter **AiGB3**.

Direkter Draht ins Parlament

Jeder Bürger hat das Recht, den Abgeordneten seines Wahlkreises in persönlichen Angelegenheiten direkt zu kontaktieren. Die Kontaktdaten des für Sie zuständigen Abgeordnetenbüros erhalten Sie bei der Auskunft des *House of Commons* unter Tel.: 020 / 72 19 42 72.

House of Lords

Das *House of Lords* setzt sich aus auf Lebenszeit ernannten Mitgliedern *(life peers)*, von Standesgenossen gewählten Adeligen *(elected hereditary peers)* und Bischöfen der *Church of England (archbishops, bishops)* zusammen. Die meisten gehören einer der großen Parteien an, es gibt aber auch einige parteilose *crossbenchers*. Seit 1999 können Oberhaussitze nicht mehr weitervererbt werden, wie zuvor üblich. Eine weitere Reformierung des *House of Lords*, nach der die politisch strategische Ernennung neuer Mitglieder durch den jeweils amtierenden Premierminister reguliert werden soll, ist seit Jahren in der Mache. Die Dringlichkeit der Reform liegt allein wegen der stetig steigenden Mitgliederzahl – derzeit verfügt die Kammer über rund 830 *Lords* – auf der Hand. Ähnlich wie im Unterhaus sitzen die *Lords* auf langen roten Polsterbänken einander gegenüber. Für den gewählten *Lord Speaker*, der die Debatten leitet, ist ein breiter rechteckiger Sitz *(woolsack)* vorgesehen. Die *Lords* verbringen die meiste Zeit mit der kritischen Überprüfung von Gesetzesvorhaben und politischen Handlungen der Regierung. Für Abstimmungen nutzen sie analog zu den *Aye-/No-Lobbies* im Unterhaus *Content-* und *Not-Content-Lobbies*.

Gesetzgebung

Die Gesetzgebung ist Hauptaufgabe des Unterhauses. Neue Gesetzesentwürfe *(bill drafts)* können jedoch sowohl vom Unter- als auch vom Oberhaus initiiert und in Ausschüssen vorbereitet werden. In jedem Fall durchlaufen die Gesetze jeweils beide Häuser, bis nach mehreren Lesungen eine finale Version verabschiedet wird. Prinzipiell müssen beide Häuser zustimmen, ehe ein Gesetz verabschiedet werden kann. In der Praxis fungiert das Oberhaus meist als kritische Instanz, die Detailverbesserungen ausführt.

Ein Gesetzesentwurf des Unterhauses kann vom Oberhaus über ein Vetorecht für maximal ein Jahr hinausgeschoben werden. Denn das Unterhaus darf diesen abgelehnten Entwurf im Folgejahr erneut einbringen und das Gesetz dann auch ohne die Zustimmung des Oberhauses verabschieden. Gesetze, die Budget, Steuern und Finanzen betreffen, dürfen vom Oberhaus nicht blockiert werden. Nach der formalen Zustimmung des Monarchen wird ein Gesetzesentwurf schließlich zum *Act of Parliament* und von den jeweiligen Instanzen implementiert.

Die legislativen Vorhaben der Regierung für das kommende Parlamentsjahr werden in der Rede der Königin *(Queen's speech)* während der Parlamentseröffnung *(State Opening of Parliament)* im Mai vorgestellt. Einige Wochen zuvor hat bereits der Finanzminister *(Chancellor of the Exchequer)* das neue Budget inklusive aller Steueränderungen für das kommende Finanzjahr, beginnend am 6. April, präsentiert. Traditionell trägt er dazu einen roten Lederkoffer *(budget box)* von seinem Amtssitz in der Downing Street No. 11, gleich neben dem Büro des Premierministers in No. 10, zum Parlament.

Weitere Informationen zum britischen Parlament und zum Gesetzgebungsprozess finden Sie unter ▸ www.parliament.uk.

Landesparlamente

Gesetze, die nur Schottland oder Wales betreffen, werden in den jeweiligen Landesparlamenten beschlossen. Das *Scottish Parliament* und die *National Assembly for Wales* entscheiden in den Bereichen Bildung, Gesundheit, Landwirtschaft, Justiz und in begrenztem Umfang auch hinsichtlich Finanzen und Steuern. Weitere Informationen: ▸ www.scottish.parliament.uk und ▸ http://wales.gov.uk

Die 129 Abgeordneten des **schottischen Parlaments** werden im Gegensatz zum britischen Unterhaus über ein Verhältniswahlrecht bestimmt. Zu den vertretenen Parteien zählen derzeit *Scottish Conservative and Unionist Party, Scottish Labour Party, Scottish Liberal Democrats* und *Scottish Green Party.*

Im **walisischen Parlament** sind *Welsh Labour Party, Plaid Cymru* (Nationalisten), *Welsh Conservative Party* und die *Welsh Liberal Democrats* vertreten. Die 60 Parlamentssitze werden ebenfalls über ein Verhältniswahlrecht vergeben.

Da **England** über kein eigenes Landesparlament verfügt, enthalten sich die Abgeordneten der anderen Landesteile ihrer Stimme, wenn im britischen Unterhaus Entscheidungen getroffen werden, die nur England betreffen.

Kommunalverwaltung

Die Kommunalverwaltung ist in England, Schottland und Wales unterschiedlich aufgebaut.

England ist in neun administrative **Regionen** unterteilt: North East, North West, Yorkshire and The Humber, East Midlands, West Midlands, East of England, London, South East und South West. Diese Regionen sind wiederum in sechs *Metropolitan Counties* mit 36 *Metropolitan Boroughs,* 27 *Non-Metropolitan Counties* mit 201 *Districts* und 56 einstufige *Unitary Authorities* gegliedert.

Als ***Metropolitan Counties*** gelten Greater Manchester, Merseyside (um Liverpool), South Yorkshire (um Sheffield), Tyne and Wear (um Newcastle-upon-Tyne), West Midlands (um Birmingham) und West Yorkshire (um Leeds). Zu den 27 ***Non-Metropolitan Counties*** zählen die Grafschaften *(counties)* Buckinghamshire, Cambridgeshire, Cumbria, Derbyshire, Devon, Dorset, East Sussex, Essex, Gloucestershire, Hampshire, Hertfordshire, Kent, Lancashire, Leicestershire, Lincolnshire, Norfolk, Northamptonshire, North Yorkshire, Nottinghamshire, Oxfordshire, Somerset, Staffordshire, Suffolk, Surrey, Warwickshire, West Sussex und Worcestershire. Die 56 ***Unitary Authorities*** befinden sich geografisch betrachtet ebenfalls innerhalb der *Non-Metropolitan Counties,* bilden aber eigenständige Verwaltungseinheiten.

Die **staatlichen Serviceleistungen** für die Bevölkerung werden von Gemeinden ***(Councils)*** bereitgestellt, die je nach administrativer Ordnung Ihrer Region (s.o.) unterschiedlich strukturiert und benannt sein können, z. B. *County Council, District Council, Metropolitan District Council, Borough Council, City Council, Local Council, Town* bzw. *Community Council.* Das für Sie zuständige *Council* finden Sie über ► www.gov.uk/find-your-local-council.

Councils werden von einem gewählten Gemeinderat *(councillors)* geführt. Jeder *councillor* repräsentiert ein lokales Wahlgebiet *(electoral ward/ division).* Ihren Vertreter können Sie bei Bedarf in einer Sprechstunden *(advice surgery)* aufsuchen oder auch schriftlich kontaktieren.

Viele, aber nicht alle *Councils* haben einen Bürgermeister *(mayor),* der vom Gemeinderat gewählt wird und meist zeremonielle Aufgaben übernimmt. Nur 13 britischen Städten steht derzeit ein direkt von der Bevölkerung gewählter Bürgermeister vor, der mit weitreichenden Rechten und Pflichten ausgestattet ist. Bestes Beispiel ist London, das seit 2000 alle vier Jahre einen Bürgermeister wählt, der der *London Assembly* (Legislative Greater Londons) vorsteht.

Auf der untersten lokalen Ebene befinden sich in einigen Regionen Englands die ***Civil Parishes.*** Dabei handelt es sich um kleinere Gebietseinheiten, die mit oder ohne gewählter Vertretung *(Parish Council)* lokale Aufgaben übernehmen oder öffentliche Einrichtungen verwalten. Einige wenige *Parishes* haben den Status einer Kleinstadt *(town)* oder Stadt *(city)* erlangt und werden entsprechend von *Town* oder *City Councils* verwaltet. *Civil Parishes* dürfen nicht mit Kirchengemeinden *(Ecclesiastical Parishes)* verwechselt werden.

Schottland und Wales verfügen über eine einstufige lokale Verwaltung. So ist Schottland in 32 ***Council Areas*** unterteilt, während Wales von 22 ***Unitary Authorities*** verwaltet wird. Obwohl alle Verwaltungseinheiten den gleichen Status genießen, werden sie je nach historischer Entwicklung einer Region unterschiedlich bezeichnet, z. B. als *County, County Borough, City* oder *City and County.* Auf der untersten lokalen Ebene finden sich die *Communities.*

Eine genaue Übersicht zur Verwaltungsstruktur der britischen Teilstaaten finden Sie unter: ► www.ons.gov.uk, Navigationspunkt *Guidance and methodology.*

Wahlen

Wahlen finden in Großbritannien traditionell an einem Donnerstag im Mai statt. Die Wahllokale *(polling stations)* sind zwischen 7 und 22 h geöffnet.

Als EU-Bürger mit Wohnsitz in Großbritannien dürfen Sie an den Kommunalwahlen *(local elections)* in Ihrem Ort teilnehmen, die je nach *Council*-Struktur und Wahlsystem alle zwei bis vier Jahre stattfinden. Daneben wählen einige Städte parallel einen Bürgermeister. Auch für die Wahlen des ***Scottish Parliament*** und die ***Welsh Assembly*** sind Sie wahlberechtigt. Eine Wahlkarte *(poll card)* erhalten Sie automatisch per Post, nachdem Sie sich in Ihrem lokalen *Electoral Registration Office* einmalig als wohnhaft gemeldet haben.

Die Wahlen für das **britische Unterhaus** *(general elections)* finden alle fünf Jahre statt – sofern keine vorzeitigen Wahlen angesetzt werden. Ohne britische Staatsbürgerschaft sind Sie jedoch nicht wahlberechtigt. Ausführliche Informationen zum Thema Wahlen finden Sie unter ▸ www.aboutmyvote.co.uk.

Übrigens sollten Sie nicht vergessen, dass Sie als EU-Bürger auch an den Wahlen für das EU-Parlament teilnehmen dürfen. Darüber hinaus ist es für Auslandsdeutsche, -österreicher und -schweizer möglich, per Briefwahl an den jeweiligen nationalen Wahlen teilzunehmen. Dazu müssen Sie sich bei der Gemeinde Ihres letzten Heimatortes melden. Lokale Wahlen stehen je nach Landes- und Kantonsgesetz den im Ausland lebenden Österreichern und Schweizern offen, nicht aber den Deutschen.

Justiz

Im Vereinigten Königreich existieren drei eigenständige, voneinander unabhängige Rechtssysteme, jeweils mit eigener Gesetzgebung und eigenem Gerichtswesen. Eines gilt für England und Wales, eines für Schottland und eines für Nordirland. Eine weitere Besonderheit ist, dass auf keine festgeschriebene Verfassung zurückgegriffen werden kann, die eine klare Gewaltenteilung definiert. So sicherte erst der *Constitutional Reform Act* 2005 die Unabhängigkeit der Justiz ab: Seit 2007 überwacht ein Justizministerium die Rolle der Gerichte. 2009 wurde der *Supreme Court of the United Kingdom* gegründet, der die *Law Lords* im *House of Lords* (Teil der Legislative) als höchste gerichtliche Instanz ablöste.

Gerichte

Vor Gericht ist alles eine Frage der Argumentation, da die Rechtsprechung auf der Auslegung passender Präzedenzfälle beruht. Aus der Sammlung zahlreicher Urteile über viele Jahrhunderte hinweg, ist in allen drei Rechtsräumen ein umfassendes Gewohnheitsrecht *(common law)* entstanden.

Die höchste Gerichtsbarkeit für das Zivilrecht in Großbritannien sowie für das Strafrecht in England, Wales und Nordirland stellt der ***Supreme Court of the United Kingdom*** dar. Diesem Obersten Gerichtshof sitzen zwölf *Lords of Appeal in Ordinary* (vormals *Law Lords*) vor. In Schottland steht der *High Court of Justiciary* als höchste Instanz über den Strafgerichten.

Unterhalb des *Supreme Court of the United Kingdom* übernehmen in **England und Wales** folgende Gerichte die Rechtsprechung:

High Court of Justice – Oberstes Zivilgericht, das in erster und zweiter Instanz entscheidet. In Strafrechtsfällen kann es auch als letztes Berufungsgericht fungieren. Der *High Court of Justice* ist in drei Abteilungen gegliedert: *The Queen's/King's Bench* (Körperverletzungen, Fahrlässigkeit, Rufschädigungen, Vertragsbrüche etc.), *The Chancery* (Wirtschafts- und Kartellrecht, Urheberrecht, Insolvenzrecht etc.) und *The Family Division* (Familienrecht). Geleitet wird der *High Court* vom *Lord Chief Justice of England and Wales.*

Crown Court – Strafgerichtshof in erster und zweiter Instanz für schwerwiegende Fälle. Der Verhandlung sitzt ein Richter mit einer zwölfköpfigen Jury (Schöffen) vor. Richter und Anwälte tragen schwarze Roben mit weißem Kragen und helle Rosshaarperücken im barocken Stil.

Court of Appeal – Höchstes Berufungsgericht: *The Civil Division* entscheidet über *High-Court*-Urteile, die *Criminal Division* über *Crown-Court*-Urteile.

Magistrates' Courts – Strafrechtliche wie auch zivile Fälle geringeren Ausmaßes werden auf regionaler Ebene verhandelt. Den Gerichten sitzen entweder drei Friedensrichter (ehrenamtliche Laien mit entsprechendem Training) oder ein *district judge* vor.

County Courts – Häufig auch *Small Claims Court* genannt. Regionale *County Courts* widmen sich bestimmten zivilrechtlichen Gebieten wie Körperverletzungen, Vertragsbrüche, Scheidungen und Unterhalts-/Sorgerechtfragen, Adoptionen, Pfändungen, Nachbarschaftsstreitigkeiten, Mietsachen etc.

Tribunals – Eine Ebene darunter befinden sich Schiedsgerichte und *Special Courts.* Hier werden spezifische Arbeitnehmer/Arbeitgeber-Streitigkeiten oder Vertragsangelegenheiten geschlichtet.

Weitere Informationen zur Gerichtsbarkeit in England und Wales finden Sie unter ► www.supremecourt.gov.uk, ► www.justice.gov.uk und ► www.judiciary.gov.uk.

In **Schottland** übernehmen unterhalb des *Supreme Court of the United Kingdom* und des *High Court of Justiciary* (Oberster Strafgerichtshof in erster und letzter Instanz) folgende Gerichte die Rechtsprechung:

Court of Session – Oberster Zivilgerichtshof in erster und zweiter Instanz
Sheriff Courts – Schottland ist in sechs regionale *Sheriffdoms* mit je einem *sheriff principal* unterteilt. Dieser beaufsichtigt 49 *Sheriff Courts.* Die Richter werden *sheriffs* genannt.
Justice of Peace Courts – Distriktgerichte mit ehrenamtlichen Friedensrichtern, die auf lokaler Ebene alle geringfügigen Fälle verhandeln.
Tribunals – Schiedsgerichte mit unterschiedlicher fachlicher Ausrichtung.

Weitere Informationen zur Gerichtsbarkeit in Schottland finden Sie unter ► www.scotcourts.gov.uk.

Polizei

Eine zentrale Polizeigewalt haben die Briten stets verwehrt. Daher besteht die britische Polizei heute aus über 50 unabhängigen regionalen Institutionen.

Britische Polizisten sind generell nur mit einem Schlagstock bewaffnet. Lediglich Spezialeinheiten führen im Einsatz Schusswaffen mit sich. Streifenpolizisten *(police officers)* in England und Wales tragen zu ihrer dunkelblauen Uniform den berühmten Zylinderhelm (Polizistinnen tragen einen dem Helm nachempfundenen Hut), der ihnen mehr Respekt verschaffen soll. Vor allem im Londoner Raum werden sie oft als *›Bobbies‹* bezeichnet, nach Sir Robert ›Bobby‹ Peel, der 1829 die *London Metropolitan Police*, besser bekannt als *New Scotland Yard,* gründete.

Das Ranking der Polizeikräfte lautet in den meisten Einheiten: *Constable, Sergeant, Inspector, Chief Inspector, Superintendent, Chief Superintendent, Assistant Chief Constable, Deputy Chief Constable* und *Chief Constable.* Kriminalpolizisten führen ein *›Detective‹* vor ihrem jeweiligen Rang. In vielen Regionen sind zusätzlich ***Community Support Officers (PCSOs)*** im Einsatz, die sich um Kleinkriminalität, Ruhestörungen und all das kümmern, was unter den weitläufigen Begriff *›anti-social behaviour‹* fällt. Sie zeigen vor allem Präsenz und sind beispielsweise in *Neighbourhood Policing Teams* aktiv, die in Gegenden mit hoher Kriminalitätsrate eng mit der lokalen Bevölkerung zusammenarbeiten. Daneben unterstützen vielerorts freiwillige *Special Constables (SCs)* die chronisch unterbesetzten Polizeistationen. Nach einem entsprechenden Training tragen diese ehrenamtlichen Helfer ebenfalls Uniform und verfügen über die gleichen Rechte wie hauptberufliche Polizisten.

Weitere Informationen zu Ihrer lokalen Polizeistation: ► www.police.uk.

Militär

Die britische Armee teilt sich in die *Army*, die *Royal Air Force* und die *Royal Navy*. Die rein aus Berufssoldaten bestehenden Streitkräfte dienen der Wahrung britischer Interessen und der Teilnahme an internationalen Militäraktionen. Daneben existiert eine freiwillige Reserveeinheit, die *Territorial Army*, sowie eine Söldnertruppe, die Gurkhas aus Nepal. ▶ www.army.mod.uk

Multikulturelle Gesellschaft

Im Zuge der Dekolonialisierung hat Großbritannien mehrere Einwanderungswellen erlebt. In den 40er- und 50er-Jahren strömten vor allem Menschen aus der Karibik ins Land, in den 60er- und 70er-Jahren aus Indien, Pakistan und Bangladesch. Während des Zweiten Weltkrieges wurden alliierte Truppen und weitere Immigrantengruppen aufgenommen, beispielsweise aus Polen. Durch die EU-Erweiterung sind nach 2004 weitere Einwanderer aus Polen und aus anderen osteuropäischen Staaten bevorzugt in das englischsprachige Königreich gezogen. Daneben sind eine laxe Asylpolitik sowie das fehlende Meldewesen Gründe für eine im europäischen Vergleich besonders hohe Zahl illegaler Einwanderer. Während britische Städte ein multikulturelles Flair ausstrahlen und der Großteil der britischen Gesellschaft ihrer historisch gewachsenen *diversity* positiv gegenübersteht, brodeln unterschwellig ethnische Konflikte. Dies hat vielerorts zu Gettobildungen geführt. Nicht wenige Städte gelten als gespalten. Die Gewaltbereitschaft zwischen einzelnen Einwanderergruppen innerhalb sozialer Brennpunkte ist besonders in wirtschaftlich schlechten Zeiten hoch.

Korrekte Bezeichnungen für ethnische Gruppen

Ethnische Zugehörigkeit wird in Großbritannien sehr genau definiert. Nicht immer sind alle Bezeichnungen auf den ersten Blick ersichtlich: So fallen unter den Begriff ›*Asian*‹, wie beispielsweise in ›*Asian community*‹ oder ›*Asian British*‹, Menschen, die ursprünglich aus Indien, Pakistan oder Bangladesch stammen. Alle anderen Asiaten werden nach ihrem Herkunftsland bezeichnet. Eingebürgerte Menschen mit dunkler Hautfarbe werden als ›*British Black*‹ bezeichnet und weiter nach ihrer ethnischen Herkunft unterteilt. Viele von ihnen sind beispielsweise Teil der britischen ›*Afro-Caribbean Community*‹, die aus den Zuwanderern ehemaliger karibischer Kolonien entstanden ist. Der Begriff ›*Caucasian*‹ bezieht sich auf Europäer mit heller Hautfarbe. Briten mit heller Hautfarbe werden auch als ›*White British*‹ bezeichnet. In Schottland und Wales wird oft zusätzlich zwischen ›*Scottish/Welsh White*‹ und ›*Other British White*‹ unterschieden.

Hier und da werden Sie sicherlich einmal ein Formular ausfüllen müssen, das für statistische Zwecke auch nach Ihrer ethnischen Herkunft fragt. Deutsche, Österreicher und Schweizer ohne weitere ethnische Zugehörigkeit sollten sich unter den häufig über 20 Auswahlmöglichkeiten entweder für ›*Caucasian*‹, ›*Other White*‹ oder ›*Any other White Background*‹ entscheiden, sofern keine Kategorie ›*Other European*‹ angeboten wird.

Der britische Staat zeigt sich durch diverse Anti-Diskriminierungsmaßnahmen wie auch Aktivitäten zur Integrationsförderung und Chancengleichheit angestrengt bemüht, für ein ethnisches Gleichgewicht im Land zu sorgen. *Political correctness* wird überall groß geschrieben. Und auch die Medien fassen das Thema mit Samthandschuhen an. Mittlerweile wird fast jedes TV-Moderatorenteam mit Sprechern unterschiedlicher ethnischer Herkunft besetzt. Denn Aktivisten gegen ethnische Diskriminierung werden nicht müde, Fehltritte der großen Fernsehproduktionen anzuprangern. Jüngste Auseinandersetzungen drehen sich um die Frage, ob englische Historiendramen oder ländliche Serien aus Gründen der Chancengleichheit ebenfalls ein ethnisch ausgewogenes Schauspielerensemble aufweisen sollten, auch wenn dieses nicht die realen Gegebenheiten des dargestellten Umfeldes widerspiegelt.

Königshaus

Als am längsten regierende Monarchie weltweit kostet das britische Königshaus die Steuerzahler bereits seit vielen Jahrhunderten viel Geld. Trotzdem zeigen Umfragen immer wieder aufs Neue, dass rund zwei Drittel der Briten ihr Königshaus samt Paläste und Landsitze behalten möchten. Insbesondere seit der Traumhochzeit zwischen William und Kate wie auch dem rund ein Jahr später gefeierten 60. Thronjubiläum der Königin befindet sich die britische Monarchie nach mehreren schweren Imagekrisen wieder im Aufwind.

Ein Brief an die Queen

Es ist jedem Untertan gestattet, der Königin einen Brief an die folgende Adresse zu schreiben:

Her Majesty The Queen
Buckingham Palace
London SW1A 1AA

Jedes Schreiben wird beantwortet. Es wird empfohlen, den Brief mit der Anrede ›*Madam*‹ zu beginnen und mit den Worten ›*I have the honour to be, Madam, Your Majesty's humble and obedient servant*‹ abzuschließen.

Seit 1910 stellt das *House of Windsor* die regierenden Könige. *Her Majesty* Queen Elizabeth II, ihr vollständiger Titel lautet ›*Elizabeth the Second, by the Grace of God, of the United Kingdom of Great Britain and Northern Ireland and of Her other Realms and Territories Queen, Head of the Commonwealth, Defender of the Faith*‹, übernahm 1952 den Thron von ihrem verstorbenen Vater King George VI. Fünf Jahre zuvor hatte sie den aus dem dänisch-deutschen Haus Schleswig-Holstein-Sonderburg-Glücksburg stammenden Philippos Andreou von Griechenland und Dänemark geheiratet, der nach einem Verzicht auf seinen ursprünglichen Titel zu *His Royal Highness The Duke of Edinburgh* Prince Philip (Philip Mountbatten, *The Duke of Edinburgh*) ernannt wurde. Das Königspaar, wohnhaft im Buckingham Palace in London und in Windsor Castle in Windsor, mit privaten Ferienresidenzen in Sandringham House, Norfolk, (Winterferien) und in Balmoral Castle, Aberdeenshire, Schottland, (Sommerferien), hat vier Kinder: Prince Charles *(The Prince of Wales),* Princess Anne *(The Princess Royal),* Prince Andrew *(The Duke of York)* und Prince Edward *(The Earl of Essex),* die jeweils eigene Häuser bewohnen. Queen Elizabeths jüngere Schwester war *Princess Margaret of York,* die im Februar 2002 im Alter von 71 Jahren starb. Wenige Wochen später verstarb ihre 101-jährige Mutter, Queen Elizabeth, von der Bevölkerung liebevoll *Queen Mum* genannt.

Charles, *Prince of Wales,* seit 2005 in zweiter Ehe mit der zur *Duchess of Cornwall* ernannten Camilla Parker Bowles verheiratet, wartet seit vielen Jahren auf den Thron. Ihm folgen wird sein Erstgeborener, Prince William, *The Duke of Cambridge,* seit 2011 mit Catherine – oder kurz: Kate – Middleton verheiratet, nun die *Duchess of Cambridge.* Nach einer jüngsten Gesetzesänderung wird es auch einer erstgeborenen Tochter des Prinzenpaares William und Kate möglich sein, den Thron vor einem jüngeren Bruder zu besteigen. Die Nation freut sich nun also auf den im Juli 2013 erwarteten Nachwuchs und lenkt sich bis dahin mit Geschichten über Williams Heldentaten als Rettungspilot bei den *Royal Armed Forces* und Kates Charity-Aktivitäten ab. Weitere Enkelkinder der Queen stammen aus den Ehen ihrer anderen drei Kinder Anne, Andrew und Edward. Auch zwei Urenkel wurden bereits geboren.

Auch heute noch unvergessen ist die Mutter von Prince William und seinem Bruder Prince Harry: Lady Di oder Diana, *Princess of Wales.* Die geschiedene Frau von Prince Charles, die 1997 bei einem bis heute umstrittenen Verkehrsunfall in Paris ums Leben kam, war zwar im Königshaus nicht mehr gerne gesehen. Für die Briten blieb Diana jedoch *The Queen of Hearts.*

Offizielle Informationen zur königlichen Familie, zu den Aufgaben der Queen und zum Leben im Palast finden Sie unter ▶ www.royal.gov.uk.

God Save the Queen

Die britische Nationalhymne *(national anthem)* ist *God Save the Queen.* Zumindest die erste Strophe sollte jeder schmettern können – denn vor allem in England kommt man sehr schnell einmal in die Verlegenheit, mitsingen zu müssen:

God save our gracious Queen!
Long live our noble Queen!
God save the Queen!
Send her victorious,
Happy and glorious,
Long to reign over us,
God save the Queen.

Bei Länderspielen (z.B. Fußball) mit Beteiligung britischer Teilstaaten wird für England *God Save the Queen,* für Schottland *Flower of Scotland* und für Wales *Land of my Fathers* gespielt. Videos zu allen Hymnen finden Sie unter **AiGB4**.

Währung

Da sich Großbritannien trotz EU-Mitgliedschaft gegen die Einführung des Euro entschieden hat, ist die gültige Währung nach wie vor das *Great British Pound (GBP)* oder *Pound Sterling.* Ein Britisches Pfund (£) besteht aus 100 Pence *(p).* Die Einzahl von Pence ist Penny. Als Banknoten sind 5-, 10-, 20-, und 50-Pfund-Noten (in Schottland zusätzlich auch 1- und 100-Pfund-Noten) erhältlich. Als Münzen werden 1 Penny, 2, 5, 10, 20 und 50 Pence sowie 1 und 2 Pfund ausgegeben.

Die *Bank of England* druckt die Banknoten für England und Wales. Daneben werden von der *Bank of Scotland* wie auch von den privaten Banken *Royal Bank of Scotland* und *Clydesdale Bank* schottische Pfundnoten herausgegeben. Nordirland wie auch die Isle of Man und die beiden Kanalinseln Guernsey und Jersey haben ebenfalls eigene Pfundnoten.

Englische, schottische und nordirische Banknoten sind im gesamten Vereinigten Königreich gültig – worüber sich aber nicht jeder Kassierer bewusst ist. Die Pfundnoten der Kanalinseln und der Isle of Man dürfen hingegen nur dort verwendet werden.

Kleines Glossar für Geld

Im Alltag benutzen Briten gerne verschiedene umgangssprachliche Bezeichnungen für Geld oder Geldbeträge:

bucks – Amerikanisches Englisch für Dollar, wird aber von vielen Briten ebenfalls als Synonym für Pfund verwendet, also z. B. *20 bucks*
fiver – Ein 5-Pfund-Schein
grand – Bezeichnung für 1.000 Pfund: £ 20.000 werden als *20 grand* bezeichnet.
k – Steht für *kilo* und wird ebenfalls für 1.000 Pfund verwendet: £ 20.000 werden als *20k* bezeichnet.
p – Steht für Pence, man spricht von *20 p*
quid – Bezeichnung für Pfund, also z. B. *20 quid*
tenner – Ein 10-Pfund-Schein

Achten Sie bei Geldbeträgen auch auf die unterschiedliche Zahlenschreibweise. Briten setzen statt einem Tausenderpunkt ein Komma. Die Pence-Beträge werden durch einen Punkt abgetrennt, also z. B. £ 20,000.00. Außerdem gilt im modernen britischen Sprachgebrauch:

million – Million
billion (veraltet: *milliard*) – Milliarde
trillion (veraltet: *billion*) – Billion
quadrillion (veraltet: *billiard*) – Billiarde

Wetter

In erster Linie ist das britische Wetter gemäßigt und wechselhaft, was seine Vor- und Nachteile hat: Regnet es, handelt es sich sehr häufig um zeitlich begrenzte Schauern. Sie haben also auch an einem regnerischen Morgen durchaus die Chance, am Vormittag bereits strahlenden Sonnenschein zu genießen. Genauso trügerisch kann aber ein sonniger Morgen sein, wenn Sie ein Blick aus dem Fenster dazu veranlasst, ohne kleinen Schirm *(brollie)* in der Tasche aus dem Haus zu gehen. Dann werden Sie auf dem Heimweg vielleicht ordentlich nass. Auch der Wetterbericht im Fernsehen hilft oft nicht weiter, wenn es heißt, dass *sunny spells* genauso wahrscheinlich sind wie *heavy showers.* Und so ist das Wetter in Großbritannien immer für eine Überraschung gut – und liefert dementsprechend viel Gesprächsstoff.

Weil man nie so genau weiß, was kommt, scheinen sich Briten nach dem Kalender und nicht nach dem aktuellen Wetter anzuziehen. Sie werden bemerken, dass vor allem Frauen und Mädchen ab dem frühsten Frühjahr luftige Sommerkleider tragen – auch wenn es morgens noch winterlich kalt ist. Jacken und Mäntel werden zwischen März und November selten als notwendig erachtet. Und beim Osterurlaub an der britischen Küste wird im Meer gebadet, ganz gleich, was das Thermometer anzeigt.

Einfach nicht gefasst sind Südengländer auf Winter mit eisigen Temperaturen, die zwar nicht so häufig wie im Norden des Landes, aber doch hin und wieder vorkommen. Dann fehlt es oft an warmen Schuhen und Jacken. So kommt es in jedem kalten Winter vor, dass Schulkinder, die als Teil ihrer Schuluniform Halbschuhe tragen, mit Frostbeulen an den Füßen zum Arzt müssen. Und schafft die Heizung des alten viktorianischen Hauses es nicht, den kalten Temperaturen die Stirn zu bieten, lebt die Familie vor dem Kaminfeuer. Etwa jede Stunde wird jemand ins Badezimmer gehen, um die Toilettenspülung zu ziehen, damit das Wasser nicht einfriert. Da die Wasserrohre außen am Haus verlaufen, sind Rohrbrüche im Winter ein häufiges Problem.

Wetterberichte

Ausführliche **Wetterberichte** erhalten Sie bei der *BBC,* sowohl im Fernsehen als auch via Radio und Internet (▶ www.bbc.co.uk/weather). Für ihre Langatmigkeit bekannt sind die Wettervorhersagen auf *BBC Radio 2* und *BBC Radio 4,* die auch die gesamten Küstengebiete für die Schifffahrt abdecken. Oder nutzen Sie ▶ www.metoffice.gov.uk und natürlich den Wetterbericht in Ihrer Tageszeitung.

Was ist ein *hose pipe ban?*

Trocken-kalte Winter wie auch heiße Sommer, die in allen Landesteilen durchaus vorkommen können, lassen den Grundwasserspiegel absinken. Die Konsequenz ist ein ***hose pipe ban*** im darauffolgenden Frühling oder Sommer: Dann dürfen die Briten ihre geliebten Gärten nicht mehr mit dem Gartenschlauch wässern – wer es trotzdem tut, läuft Gefahr, von seinen Nachbarn bei den Behörden angeschwärzt zu werden und Strafe zahlen zu müssen.

Kapitel 3

Haus- oder Wohnungssuche

Wen es nach Großbritannien zieht, der möchte sich dort vielleicht einen ganz bestimmten Wohntraum erfüllen: Ein malerisches Cottage an der Steilküste, ein uriges Bauernhaus mit Wohnküche, eine stilvolle viktorianische Kleinstadtvilla oder ein schickes Loft in der Metropole London. Wer sich zwischen Stadt, Land und Meer nicht so recht entscheiden kann, ist hier ebenfalls am richtigen Ort. Alle paar Jahre einmal das Domizil zu wechseln, oft einfach aus einer Laune heraus einen anderen Lebensstil auszuprobieren, ist in Großbritannien nichts Ungewöhnliches. Im Inselstaat ist alles irgendwie erreichbar: In der City arbeiten und am Meer wohnen? Für viele ganz normal. Mit den Kindern ins Grüne ziehen? Auch dafür gibt es genügend Möglichkeiten. Beruflich für sechs Monate in einer anderen Stadt stationiert? Komplett eingerichtete Appartements, auch *crash pads* genannt, bieten eine flexible Lösung. Häuslebauer, die ihr Eigenheim auf Lebenszeit selbst bauen, sind in Großbritannien hingegen fast unbekannt.

Auf der *property ladder*

Mindestens genauso wichtig wie die Karriereleiter ist den Briten die *property ladder* oder *housing ladder*. Gemeint ist damit der Fortschritt von einer günstigen ersten Eigentumswohnung hin zum freistehenden Einfamilienhaus. Den Sprung auf die unterste Sprosse der Immobilienleiter zu schaffen, stellt dabei die größte Herausforderung dar, der sich bereits viele junge Leute Anfang/Mitte 20 stellen. Mit der ersten Berufstätigkeit nehmen sie auch ihre erste Hypothek auf – oft helfen die Eltern mit einer finanziellen Einlage. Selbst Studenten-WGs treffen hin und wieder die Entscheidung, lieber gemeinsam zu kaufen als zu mieten.

Besonders entscheidend ist ein frühzeitiger erster Immobilienkauf für die Einwohner großer Städte oder beliebter Küstenorte. Denn hier steigen die Preise so stark, dass der jüngeren Generation immer mehr die Gefahr droht, es sich einfach nicht leisten zu können, nach dem Auszug von Zuhause in ihrer Gegend wohnen zu bleiben. Ist jedoch der Sprung auf die Leiter einmal geschafft, sorgen Wertzuwachs und gewinnbringende Wiederverkäufe dafür, dass sich in der gewünschten Region immer größere Immobilien finanzieren lassen.

Gelingt der Sprung auf die unterste Sprosse nicht rechtzeitig, galoppieren die Immobilienpreise davon. Hohe Mieten fressen einen Großteil des monatlichen Einkommens auf und es bleibt über die Jahre wenig übrig, um auf das künftige Einfamilienhaus zu sparen.

Seit der Finanzkrise 2008 hat sich die Lage für viele Briten weiter verschärft. Die Banken verlangen für einen Kredit nun eine weitaus höhere Eigenkapitalquote. Gleichzeitig sind vielerorts die Immobilienpreise weiter gestiegen. In strukturschwächeren Gebieten hingegen müssen Familien die *housing ladder* wieder hinabklettern, wenn ihre Hypothek nun höher ist als der aktuelle Wert ihres Hauses. Als Neuankömmling in Großbritannien sollten Sie daher von Anfang an im Hinterkopf behalten, welche Bedeutung eine umsichtige Finanzierung und der rechtzeitige Kauf einer Immobilie als Absicherung für Ihre langfristige Zukunft haben können.

Fehlende Mietkultur

Mieten ist in Großbritannien weniger üblich als in der deutschsprachigen Region und wird vor allem als Übergangslösung betrachtet, z. B. bei einem Wohnortwechsel oder bis genug Eigenkapital vorhanden ist, um einen Hauskredit aufnehmen zu können. Mit einer Grundlaufzeit von sechs Monaten und einer anschließenden Kündigungsfrist von einem Monat sind die meisten Mietverhältnisse auf kurze Dauer angelegt.

Mieten aus Prinzip, etwa weil man sich nicht an ein Haus mit allen anfallenden Instandhaltungskosten und -arbeiten binden möchte, ist lediglich für Studenten, Berufseinsteiger und City-Singles mit 70-Stunden-Woche die erste Wahl. Bei den meisten Briten lautet die Devise ›*My home is my castle*‹ – und sei es auch noch so klein. Eigentum wird klar bevorzugt, vor allem, um den eigenen vier Wänden eine persönliche Note zu verleihen. Nach Angaben des *English Housing Surveys* lebten 2010 67 % der Haushalte im Eigenheim, aber nur 16 % privat zur Miete. Die restlichen 17 % wohnten in Sozialwohnungen. Zum Vergleich: In Deutschland leben nur rund 45 % in Eigentum (Statistisches Bundesamt, 2012).

Das Mietangebot ist landesweit unterschiedlich. In städtischen Gebieten – mit Ausnahme von London, wo die Wohnungssuche immer eine Herausforderung darstellt – sind Appartements meist ausreichend vorhanden. Gleichermaßen werden fast in allen Regionen kleine Reihenhäuser *(terraced houses)* mit der Wohnfläche einer Dreizimmerwohnung zur Miete angeboten. Auch Zimmer in *shared houses* – WG-Leben in Einfamilienhäusern für Studenten und Berufstätige gleichermaßen – sind vielerorts erhältlich. Größere freistehende Häuser in zentralen Wohnlagen sind auf dem Mietmarkt hingegen meist spärlich gesät.

Weil sich nur Wenige dauerhaft in einer Mietwohnung einrichten, wird ein Großteil komplett möbliert angeboten. Die Qualität der Einrichtung lässt manchmal zu wünschen übrig und es besteht wenig Spielraum, etwas zu verändern. Selbst das Einschlagen eines Nagels kann in den oft seitenstarken Mietverträgen ausdrücklich verboten sein. Bei unmöblierten Wohnungen und Häusern sind die Rahmenbedingungen meist großzügiger gestaltet.

Besonders in der ersten Zeit nach Ihrer Ankunft in Großbritannien bietet Ihnen Mieten viele Vorteile. So können Sie sich beispielsweise für sechs Monate eine möblierte Wohnung nehmen und sich vor Ort einleben, bevor Sie größere Entscheidungen treffen und Ihren gesamten Hausstand in Umzugscontainer packen. Sind Sie alleinstehend, finden Sie in einem *shared house* schnell erste Kontakte. Mit zwei oder drei Umzugskisten für Ihre persönlichen Sachen können Sie auf diese Weise flexibel Ihren Wohnort wechseln. Vor allem bietet Ihnen eine angemietete Wohnung einen festen Wohnsitz in Großbritannien, der für viele weitere Schritte oberste Voraussetzung ist.

Wohnortsuche

Sich in einem neuen Umfeld für einen Wohnort zu entscheiden, fällt immer schwer. Neben Recherchen im Internet helfen Ihnen vor allem Gespräche mit Maklern, neuen Arbeitskollegen und Bekannten weiter. Besonders berücksichtigen sollten Sie bei der Wohnortsuche in Großbritannien allerdings drei Aspekte: Das Pendeln zur Arbeit, die Einzugsgebiete lokaler Schulen sowie die variierende Gemeindesteuer *(council tax)*.

Zur Arbeit pendeln

Möchten Sie sich beispielsweise in London niederlassen, etwa weil Sie dort einen Job gefunden haben, werden Sie schnell vor den astronomisch hohen Preisen für Wohnraum zurückschrecken. Dann heißt es, entweder klare Abstriche zu machen oder aber außerhalb Londons zu suchen und einen längeren Weg zur Arbeit in Kauf zu nehmen.

Bei der zweiten Option sollten Sie unbedingt so früh wie möglich eine realistische Einschätzung der Fahrtzeiten und -kosten gewinnen. Greater London umfasst rund 1.500 km², und es kann mit dem Auto über eine Stunde dauern, ehe Sie von der äußeren Grenze die Innenstadt erreicht haben. Vorher haben Sie vielleicht noch eine Stunde auf der Autobahn im Stau gestanden. Daneben können die wenigsten Londoner Unternehmen ihren Mitarbeitern eine kostenfreie Parkmöglichkeit anbieten. Müssen Sie den Stadtkern durchfahren, fällt zusätzlich die *congestion charge* (Weitere Informationen dazu finden Sie im Kapitel 6 *Autofahren* auf S. 106) an.

Pendlerzüge *(commuter trains)* aus dem Umland nach London gibt es zahlreiche. Für Briten ist eine Fahrtzeit von einer bis manchmal sogar zwei Stunden durchaus akzeptabel. Die Jahreskarte für den Zug schlägt dabei mit mehreren Tausend Pfund zu Buche. Viele Pendler haben zusätzlich noch zwei Fahrräder in Gebrauch: Mit dem ersten fahren sie von ihrer Wohnung zum Bahnhof. Das zweite steht am Ankunftsbahnhof in London und bewahrt sie vor einer teuren Fahrt in der überfüllten U-Bahn. Beliebt sind außerdem kleine Klappräder, die mit in den Zug genommen werden können und sich im Büro diebstahlsicher unter dem Schreibtisch verstauen lassen.

Ähnliches gilt auch für Berufstätige in anderen Städten, wobei sich dort erschwinglicher Wohnraum meist doch deutlich näher zum Unternehmensstandort finden lässt. Lohnenswert ist jedoch überall ein sehr genauer Blick auf die Fahrpläne öffentlicher Verkehrsmittel (Weitere Informationen finden Sie im Kapitel 7 *Öffentliche Verkehrsmittel* ab S. 111). Sich auf eine einzige mögliche Verbindung zu verlassen, um rechtzeitig zur Arbeit zu kommen, kann ein gewisses Risiko bergen. Denn Pünktlichkeit ist keine Tugend des britischen Nahverkehrs.

Einzugsgebiete lokaler Schulen

Die Qualität britischer Grund- und Sekundarschulen variiert sehr stark, was sich in jährlich erhobenen Rankings widerspiegelt. An guten Schulen bewerben sich regelmäßig mehr Schüler als Plätze vorhanden sind. Jede Schule vergibt ihre Plätze vorrangig an Kinder, die in ihrem Einzugsgebiet *(catchment area)* leben. Je näher ein Kind am Schultor wohnt, umso größer sind seine Chancen, einen Platz zu erhalten. (Weitere Informationen finden Sie im Kapitel 14 *Krippe, Kindergarten, Schule und Ausbildung* ab S. 202 bzw. S. 210)

Sofern Sie mit Ihrer Wohnortsuche auch Schulplätze für Ihre Kinder sichern möchten, sollten Sie sich sehr genau über die lokale Schulsituation informieren. Fragen Sie bei Ihren favorisierten Schulen nach der aktuellen *catchment map* und grenzen Sie Ihre Wohnungssuche auf der Karte entsprechend ein.

Leider gibt es keine Garantie auf einen Schulplatz – insbesondere, wenn der Einschulungstag noch in weiter Ferne liegt. Jedes Jahr ziehen viele Familien einige Monate vor dem Anmeldeschluss so nahe wie möglich an die beliebtesten Schulen heran. Der Radius für die besten Aufnahmechancen kann sich daher schnell weiter verengen. Auch dass die Grenzen eines Einzugsgebietes von einem Jahr auf das nächste verändert werden, ist möglich.

Gehen Sie bei der Platzvergabe Ihrer Wunschschule am Ende leer aus, bedeutet das nicht, dass Ihre Kinder automatisch in der nächstgelegenen Schule unterkommen. Denn diese hat ihr eigenes Einzugsgebiet. Sie werden möglicherweise gezwungen sein, Ihre Kinder morgens ans andere Ende der Stadt zu fahren, wenn nur dort Plätze verfügbar waren. Wohnort und Schulmöglichkeiten genau auszutarieren, ist daher für Familien eine durchaus wichtige Sache. Ideal sind Gebiete, in denen es mehrere gute Schulen gibt, sodass sich die Bewerberzahlen gleichmäßiger verteilen.

Gemeindesteuer

Fast jede Gemeinde erhebt eine sogenannte *council tax,* die je nach Größe und Bewohnerzahl (gezählt werden die Schlafzimmer) einer Immobilie in der Regel zehn Mal im Jahr zu entrichten ist. Da die Bandbreite dieser Gemeindesteuer stark variieren kann, sollten Sie vor der Entscheidung für oder gegen einen Wohnort unbedingt einen Blick auf die geltenden *council tax bands* werfen. In den Objektbeschreibungen von Wohnungen und Häusern finden Sie meist einen Hinweis, welche Steuerstufe bei der entsprechenden Immobiliengröße gilt. (Weitere Informationen finden Sie im Kapitel 10 *Steuern und Sozialversicherungsbeiträge* ab S. 166.)

Up-and-coming areas

Möchten Sie eine vergleichsweise günstige Immobilie kaufen, die in den nächsten Jahren im Wert steigt? Fragen Sie nach *up-and-coming areas.* Damit sind Stadtviertel gemeint, die in der Vergangenheit eher wenig beliebt waren, wegen des sich verengenden Marktes aber zunehmend Interessenten finden. Gleichzeitig wird in diesen Gegenden viel investiert, sodass die Wohnqualität stetig steigt.

Beim Makler

Ob Mieten oder Kaufen – die meisten Immobilien in Großbritannien werden über Makler *(estate agents)* vermittelt. Das ist für Suchende eine angenehme Sache, da die Maklergebühren alleine vom Vermieter bzw. Verkäufer getragen werden. Für Sie als Mieter oder Käufer fallen in der Regel nur geringe administrative Kosten an, sofern es zur Vertragsunterzeichnung kommt.

Generell sollten Sie sich bei der Wahl eines Maklers besser an die großen Namen der Branche halten. Denn die Berufsbezeichnung des Maklers ist nicht geschützt. Vertrauenswürdig sind vor allem Maklerbüros, die einer Vereinigung angehören und einem freiwilligen Geschäftskodex folgen. Achten Sie auf Mitgliedschaften bei der *Association of Residential Letting*

Agents, dem *National Approved Lettings Scheme* oder der *National Association of Estate Agents.*

Beim ersten Besuch wird der Makler Ihre Suchkriterien aufnehmen. Sie erhalten Exposés zu passenden Objekten. Viele Makler vertreiben auch eine eigene Zeitung mit Angebotsbeschreibungen. Darüber hinaus inserieren Makler auf gängigen Webseiten. Haben Sie dort etwas Interessantes gefunden, können Sie direkt mit dem jeweiligen Makler in Kontakt treten. Auch ein Blick in die Lokalzeitung lohnt sich, da Makler dort bebilderte Großanzeigen schalten. Einige wenige Inserate privater Anbieter, die die Maklergebühren umgehen möchten, werden Sie hier ebenfalls finden.

Internetadressen für die Wohnungs-/Haussuche

Immobilienportale mit Maklerinseraten

- www.rightmove.co.uk
- www.primelocation.com
- www.zoopla.co.uk
- www.globrix.com
- www.rentright.co.uk (nur Mietobjekte)
- www.countrylife.co.uk (nur Häuser auf dem Land)
- www.uklandandfarms.co.uk (nur Landhäuser und Bauernhöfe)
- www.unusualhomes.co.uk (nur außergewöhnliche Immobilien)
- www.unique-properties.co.uk (nur außergewöhnliche Immobilien)
- www.loot.com (private Kleinanzeigen)

Spezialsuchmaschinen

- www.nestoria.co.uk
- www.home.co.uk

Sie können Ihre Immobiliensuche aber auch auf die Straße verlegen. In Großbritannien markieren Makler ihre Miet- und Verkaufsobjekte durch entsprechende Schilder: Zur Miete stehende Häuser und Wohnungen erhalten ein Schild mit der Aufschrift *›to let‹* oder *›for rent‹*. *›For sale‹* steht vor Verkaufsobjekten. Sobald eine Miet- oder Kaufzusage vorliegt, werden die Aufschriften in *›let‹*, *›let by‹*, *›sold‹* oder *›sale agreed‹* geändert. Sie haben also die Möglichkeit, durch bevorzugte Wohngebiete zu fahren und sich freie Wohnungen und Häuser zu notieren. Später können Sie auf der Internetseite des entsprechenden Maklers oder telefonisch genauere Informationen einholen.

Objektbeschreibungen

Die von Maklern aufgesetzten Objektbeschreibungen bedienen sich einer Anreihung von Schlagworten und Abkürzungen. Die Überschrift informiert zunächst einmal über die Immobiliengröße. Weil für viele Häuser und Wohnungen keine genauen Gesamtflächenangaben vorliegen, signalisiert zunächst die Zahl der Schlafzimmer die ungefähren Dimensionen: Ein *3-bed-house* oder eine *3-bed-flat* verfügt über Wohnzimmer, Küche, Bad sowie drei Schlafzimmer. Diese können entweder als *single* oder *double* gelten, je nachdem, ob nur ein schmales Einzelbett oder aber ein Doppelbett von mindestens 1,35 m Breite hineinpasst. Bei Beschreibungen für Kaufobjekte werden zusätzlich zumindest Länge und Breite der einzelnen Zimmer angegeben.

3-bed-flats sind keine Dreizimmerwohnungen!

Im deutschsprachigen Raum wird das Wohnzimmer immer mitgezählt, sodass eine Dreizimmerwohnung aus Küche, Bad, Wohnzimmer und zwei Schlafzimmern besteht. Das wäre in Großbritannien eine *2-bed-flat*. Hier werden nur die Schlafzimmer gezählt. Eine Einzimmerwohnung mit kombiniertem Wohn-/Schlafbereich heißt *bedsit* oder *studio flat*. Eine *1-bed-flat* hingegen hat ein separates Schlafzimmer.

Kleines Glossar für Immobilienanzeigen

reception rooms – Gemeint sind mehrere unterschiedliche Wohnräume *(sitting room, living room, lounge, drawing room, dining room, ...)*

family room, play room – Zusätzliches Wohnzimmer, in dem die Familie fernsieht oder die Kinder spielen können. Kinderzimmer umfassen oft nur Bett und Schrank.

Masterbedroom with en-suite – Das größte Schlafzimmer mit angeschlossenem Badezimmer. *En-suites* sind in Großbritannien sehr gefragt.

Jack and Jill bathroom – Badezimmer zwischen zwei Schlafzimmern

utility room – Separate Küche für Waschmaschine und Trockner, da viele Häuser keinen Keller haben.

cloakroom – Gästetoilette

porch – Flurähnlicher Vorbau, um Jacke und Schuhe auszuziehen. Denn bei alten Häusern führt die Eingangstür häufig direkt ins Wohnzimmer.

conservatory, sun room, garden room, orangerie – Wintergärten unterschiedlicher Bauart

granny annexe – Unter diesen Begriff mit Bezug auf die Großeltern fallen alle denkbaren Formen von zusätzlichem Wohnraum außerhalb des Hauses (inkl. Einliegerwohnungen).
bonus room – Ausgebauter Dachboden oder Hobbyraum
study – Raum für ein Homeoffice (generell kleiner als ein *single bedroom*)
airing cupboard – Schrank für den Heißwasserboiler, oft mit Regalbrettern für das Wärmen von Handtüchern und Bettwäsche
fixtures and fittings (f&f) – Einbauten, Geräte, Dekoration; meist gegen Ablöse
open-plan – Offener Wohnbereich
duplex – Maisonette-Wohnung

Häuser werden vor allem durch ihre **Nähe zum Nachbarhaus** klassifiziert:

terraced – Reihenhaus, häufig mit zwei Schlafzimmern und zwei kleinen Wohnzimmern *(two up – two down)*, aber auch bis zu fünf Stockwerke hoch
semi-detached – Doppelhaushälfte
detached – Freistehendes Haus

Sofern keine Garage vorhanden ist, wird zwischen folgenden **Parkmöglichkeiten** unterschieden:

off-road parking – Das Auto kann auf dem Grundstück abgestellt werden.
on-road parking – Das Auto muss auf der Straße geparkt werden. Es gibt u.U. Anwohnerparkausweise *(park permits)*.

In **Mietanzeigen werden Preise** – in der Regel ohne Nebenkosten – folgendermaßen aufgeführt:

pcm – *per calendar month* – Pro Kalendermonat
pw – *per week* – Pro Woche

Wochenmieten bei Stadtwohnungen

Insbesondere im teuren London kann es Ausländern passieren, dass sie eine mündlich genannte Miete von £ 1.000 für akzeptabel halten und schließlich unter Zeitdruck versehentlich einen Mietvertrag über monatlich £ 4.000 unterzeichnen! Achten Sie immer genau darauf, ob die Miete pro Woche oder pro Monat berechnet wird.

In Verkaufsanzeigen finden Sie wichtige Hinweise zum **Preis der Immobilie und zur Kaufabwicklung:**

asking price – Preisvorstellung des Verkäufers. Niedrigere Gebote werden jedoch in Betracht gezogen.

OIEO – ***offers in excess of,*** alternativ: ***offers over, offers in region of*** – Mindestpreis: Wer am höchsten bietet, bekommt den Zuschlag.

guide price – Marktorientierter Richtwert: Der Verkäufer erwartet mehrere Gebote. Auch bei Auktionen üblich.

POA – *price on application* – Preis nur auf Anfrage

White hot property – Immobilien, die schnell verkauft werden sollen: realistische Preise, oft leerstehend, weil sie von einer Bank oder einem Bauträger veräußert werden.

no chain – Der Verkäufer befindet sich in keiner Vertragskette. (Siehe dazu auch die Infobox auf S. 54.)

Nicht ignorieren sollten Sie versteckte **Hinweise auf den Zustand eines Objekts:**

in need of TLC/DIY – *TLC* steht für ›*tender loving care*‹, *DIY* bedeutet ›*do it yourself*‹. Damit sind leichte Renovierungsarbeiten gemeint.

scope for improvement, great potential – Eine umfassende Renovierung ist nötig. Wertsteigerung inklusive.

only one owner/has a homely feeling/charming etc. – Solche Umschreibungen weisen meist darauf hin, dass im Haus die Zeit stehen geblieben ist.

extended by the current owner – Der Besitzer hat selbst an- oder umgebaut. Sie sollten das Vorhandensein der Bauerlaubnis sowie die Einhaltung bautechnischer Grundregeln prüfen lassen.

for first-time-buyers – Ist ein Haus ideal für Menschen, die erstmals ein Haus kaufen, handelt es sich wahrscheinlich um ein günstiges Objekt, dessen Wert durch Renovierungsarbeiten schnell gesteigert werden kann. Der ideale Sprung auf die *poperty ladder.* Zum anderen wünscht sich der Besitzer wahrscheinlich einen Käufer, der nicht erst sein eigenes Haus verkaufen muss *(no chain),* sondern schnell handeln kann.

double glazing (DG) – Doppelverglasung wird erwähnt, da viele britische Häuser keine modernen Fenster haben.

secondary glazing – Zusätzliche (Schiebe-)Fenster innen, um Originalfenster mit Einfachverglasung zu erhalten

central heating (CH) – Eine Zentralheizung ist ebenfalls keine Selbstverständlichkeit.

Besonders wichtig für den Immobilienkauf ist die Unterscheidung zwischen ***freehold*** und ***leasehold:***

freehold – Sie erwerben ein Haus inklusive Grund und Boden.
shared freehold – Sie treten in eine Eigentümergemeinschaft ein, z. B. in einem Mehrfamilienhaus.
leasehold – Sie erhalten lediglich ein Pachtrecht zwischen 90 und 125 Jahren. Diese Frist dürfen Sie ›abwohnen‹. In einigen Fällen kann für das Grundstück eine relativ geringe jährliche Grundpacht *(ground rent)* hinzukommen. Auch Stadtwohnungen werden häufig als *leasehold* verkauft.

Restzeiten bei Immobilien mit *leasehold*

Verbleibende Restzeiten einer Pacht können sowohl weiterverkauft als auch vererbt werden. Beim Verkauf einer geringen Restzeit wird meist ein neuer Pachtvertrag aufgesetzt, der wiederum 90 oder mehr Jahre umfasst. Nach Ablauf der Pachtzeit fällt alles an den Eigentümer zurück. Verlängerungen sind möglich. Häufig werden Verlängerungsrechte gleich mitverkauft.

Achtung: Auf *Leasehold*-Objekte mit einer Laufzeit von weniger als 60 Jahren geben die meisten Banken keine Hypothek aus.

Preise und Bewertungen

Eher selten werden in Großbritannien Durchschnittspreise je Quadratmeter (bzw. *square foot per pound*) verwendet. Etwas Orientierung geben jedoch Mietspiegel *(rental indices)* kommerzieller Immobilienwebseiten oder Hauspreisindizes, z. B. des *Land Registry Office* unter ▶ www.landreg.gov.uk. Auch Verkaufspreise aus der Vergangenheit *(property history)* werden teilweise im Internet, z. B. ▶ www.mouseprice.co.uk, ▶ www.zoopla.co.uk, ▶ www.upmystreet.co.uk, ▶ www.globrix.com und ▶ www.rightmove.co.uk/house-prices.html veröffentlicht. Natürlich kennen auch die Makler das lokale Preisniveau, aufgeschlüsselt nach Straßen und Stadtteilen.

Das Preisniveau für Wohnraum ist in London sowie im Südosten Englands am höchsten. Je weiter nördlich Sie ziehen, desto günstiger werden Miet- und Kaufpreise. Die höchsten Aufschläge werden im Allgemeinen für Immobilien gezahlt, die für Pendler günstig liegen oder eine unverbaute Aussicht *(view)* auf das Meer oder grüne Landschaften bieten. Daneben spielen die Einzugsgebiete *(catchment area)* gut gerankter Schulen eine große Rolle. Gleichermaßen gefährlich ist es jedoch für den Wert einer Immobilie, wenn eine Schule entweder ihr gutes Ranking verliert oder aber die Grenzen ihres Einzugsgebietes ändert.

Sanierte Altbauten sind oft deutlich teurer als Häuser neueren Datums. Bei Briten besonders hoch im Kurs stehen *period homes* bzw. *character properties* – stilechte Wohnungen und Häuser, vor dem Ersten Weltkrieg erbaut, mit epochalen Baumerkmalen. *Period features,* die britische Herzen höher schlagen lassen, sind offene Kamine, Originalfenster und -türen mit Buntglas, Balken, imposante Treppenhäuser, Fenstersitze, jahrhundertealte Steinfließen, gut erhaltene Parkettböden, Stuckdecken und vieles andere mehr. Etwaige Nachteile, beispielsweise eine geringe Isolierung, spielen für Liebhaber von Häusern und Wohnungen mit langer Geschichte meist keine große Rolle.

Je mehr Schlafzimmer eine Immobilie hat, desto teurer ist sie. Ein flächenmäßig kleineres *4-bed-house* wird daher immer etwas teurer sein als ein geräumigeres *3-bed-house.* Dies veranlasst viele dazu, ihr *3-bed-house* in ein *4-bed-house* mit entsprechend kleinen Schlafzimmern umzubauen, um den Gewinn beim Verkauf zu erhöhen. Möchten Sie später einmal aus zwei kleinen ein großes Zimmer machen, denken Sie daran, dass sich dadurch der Wert Ihrer Immobilie verringern könnte.

Baustile und -formen

In britischen Städten und Dörfern findet sich eine große Bandbreite an Wohnhäusern verschiedener Epochen. Hier ein kurzer Überblick, auf welche Baustile und -formen Sie bei Ihrer Suche vermutlich treffen werden:

Häuser im Tudor-Stil aus der Zeit der Tudor-Herrschaft zwischen 1485 und 1603 fallen durch spätgotische Elemente, zahlreiche Kamine auf dem Dach wie auch komplexe Fachwerkfassaden auf. Da der Tudor-Stil vom späten 18. bis ins 20. Jahrhundert hinein immer wieder neue Renaissancen *(Tudor Revival, Mock Tudor)* erfuhr, sind die meisten Tudor-Häuser jünger als vielleicht auf den ersten Blick gedacht. Selbst bei Neubauten greifen britische Architekten gerne noch auf Fachwerkelemente von damals zurück.

Georgianische Häuser sind zwischen 1714 und 1840 entstanden (*Palladian Renaissance:* 1714–1760, *neoclassical:* 1760–1790, *Regency Period:* 1800–1830), einer Zeit, in der vier Könige den Namen George trugen. Häuser dieser Periode bestechen vor allem durch eine gewisse Eleganz, die durch hohe Decken mit Stuckverzierungen erreicht wird. Die Räume wirken hell und luftig. Weitere Merkmale sind quadratische, symmetrische Formen, Balkone mit Eisengittern sowie eine mit Steinbogen oder Säulen umgebene massive Eingangstür.

Viktorianische Häuser stammen aus der Zeit zwischen 1837 und 1901, in der Queen Victoria herrschte. Mit der industriellen Revolution wurde eine große Anzahl an Häusern aus massenproduzierten Ziegelsteinen erbaut. Typisch für die Zeit sind kleine Reihenhäuser *(terraced houses)* für die wachsende Arbeiterklasse sowie großräumige Villen mit Gärten. Als für viktorianische Häuser charakteristisch gelten Ziegelsteinmuster, Erkerfenster *(bay windows),* dekorative Holzrahmen, Buntglasscheiben, Schiebefenster *(sash windows)* und verzierte Kamine.

Edwardianische Häuser, erbaut zwischen 1901 und 1920, sowie Häuser aus der Zeit zwischen den beiden Weltkriegen, sind heute noch zahlreicher vorzufinden als viktorianische Bauten. Für eine wachsende Mittelschicht wurden größere Häuser mit Gärten an den Stadtgrenzen und in Vororten errichtet. Auffallend sind ihre quadratischen Grundformen, breiten Türen, imposanten Eingänge, großen Fenster wie auch ihre solide Bauweise. Zahlreiche dekorative Elemente wie Balkone, verzierte Fenster- und Türrahmen, Türmchen und Giebel zeigen den Wohlstand ihrer damaligen Bauherren.

Historische öffentliche Gebäude wie Kirchen und Schulen sind in den letzten zwei Jahrzehnten von Bauunternehmern neu entdeckt worden, um der steigenden Nachfrage nach besonders charaktervollen Wohnimmobilien gerecht zu werden. Kirchen und Lokalverwaltungen haben in dieser Entwicklung eine interessante Einnahmequelle entdeckt und verkaufen zunehmend auch renovierungsbedürftige Kapellen, Klöster, Türme, Wasserwerke, Windmühlen, Fabriken, Bahnhöfe, Burgen und vieles andere mehr – teilweise inklusive Mobiliar. Wer sich für ausgefallene Wohnungen oder Häuser interessiert, wird auf den Webseiten ► www.unusualhomes.co.uk und ► www.unique-properties.co.uk fündig.

Barn conversions sind eine weitere Leidenschaft der Briten. Jahrhundertealte Ställe und Scheunen mit hohem Deckengebälk werden zu langgestreckten Wohnhäusern, oft in mehrere Einheiten unterteilt, umgebaut. Dabei werden Balken, altes Gemäuer sowie eingebaute Gerätschaften und Brunnen in den optischen Fokus gerückt.

Cottages, in denen früher Bedienstete großer Anwesen oder lokale Fischer gelebt haben, können ihren heutigen Bewohnern gar nicht alt genug sein. Charakteristisch für die manchmal vor 300 oder gar 400 Jahren erbauten Häuschen sind niedrige Decken und Türrahmen, Holzbalken, kleine Fenster sowie simple Steinkamine oder auch mannshohe offene Kamine *(inglenook fireplaces).* Viele Cottages haben ein Reetdach *(thatched roof)*. Für den heutigen Wohnbedarf werden oft mehrere Cottages in einer Reihe zu einem größeren Wohnhaus zusammengefügt oder mit einem Anbau erweitert – ohne dabei an Charme zu verlieren. Verwinkelte Ecken und Kuriositäten bezeichnen Briten liebevoll als ›***quirky***‹. Den Mittelpunkt des Hauses bildet oft eine Landhausküche, ausgestattet mit einem Wärmespeicherherd *(range cooker, AGA cooker)*.

Developments sind Wohngebiete neueren Datums, die meist in Ballungsgebieten entstehen. Sie eigenen sich für alle, die niedrige Kosten den Charakterimmobilien vorziehen. Bauträger errichten auf einem Grundstück die maximal mögliche Zahl an schlüsselfertigen Einfamilienhäusern. Dazu bauen sie im *Townhouse*-Stil – schmal und hoch.

Bilder und Ansichten der verschiedenen Baustile finden Sie unter **AiGB5**.

Was bedeutet *Grade II listed*?

Wohnhäuser, die als *Grade II listed* gelten, stehen unter Denkmalschutz. Ziel der Maßnahme, die rund eine halbe Million Gebäude in Großbritannien umfasst, ist es, historische Straßen-, Dorf- und Stadtbilder zu erhalten. Manchmal befinden sich daher auch ganze Wohngebiete in einer *conservation area*. Die genauen Listungskriterien sind in England und Wales, Schottland sowie Nordirland unterschiedlich.

Eine Renovierung und Instandhaltung gelisteter Häuser ist immer mit Auflagen verbunden. Informieren Sie sich als potenzieller Käufer genau, was erlaubt ist. Das *Planning Department* in der lokalen Stadtverwaltung *(council)* ist dafür die richtige Anlaufstelle. Einen anschaulichen Überblick über geltende Vorschriften erhalten Sie auch mittels der interaktiven Tools des staatlichen Info-Portals für England und Wales ► www.planningportal.gov.uk. Darüber hinaus gibt es einen *Listed Buildings Advice Service*, erreichbar unter ► www.lpoc.co.uk.

Besichtigungstermine

Haben Sie eine konkrete Vorstellung, wonach Sie suchen? Dann bitten Sie die entsprechenden Makler, Besichtigungstermine zu vereinbaren. Ihr Makler wird während einer Besichtigung vor allem wissen wollen, wie Ihnen das Objekt gefällt. Denn beim Immobilienkauf entscheidet bei den meisten Briten das Bauchgefühl. Kritische Fragen fallen meist nicht. Denn Details werden erst geklärt, wenn sich Käufer und Verkäufer handelseinig geworden sind. (Mehr dazu ab S. 55). Den Wissensdurst von faktenorientierten Deutschen wie auch Österreichern und Schweizern können britische Makler häufig nicht stillen.

Hier einige Tipps, worauf Sie während einer Besichtigung achten sollten:

Fenster lassen sich in britischen Häusern generell von innen nach außen öffnen. In Altbauten werden sie häufig nach oben geschoben *(sash windows)*. Es ist also meistens nicht möglich, Fenster zu kippen und es gibt auch keine Rollläden. Einbrecher haben es daher im Sommer besonders leicht. Achten Sie darauf, dass Sie zumindest Ihr Schlafzimmerfenster nachts geöffnet lassen können.

Heizsysteme variieren je nach Alter des Hauses. Während fast überall mit Gas geheizt wird, werden Sie in alten Häusern möglicherweise auch auf elektrische Nachtspeichersysteme, Ölöfen, Gasflaschen und vieles andere mehr treffen. In einigen alten Mietshäusern müssen Sie noch im Keller Geld einwerfen, um oben in der Wohnung den Ofen einzuschalten. Der Wert auf der Energieeffizienz-Skala *(Energy Performance Certificate (EPC))* des Hauses, die der Eigentümer dem Makler zur Verfügung stellen muss, gibt Ihnen weitere Hinweise auf die zu erwartenden monatlichen Energiekosten und die Isolierung generell.

Badezimmer älteren Datums sind oft mit Teppich oder PVC-Böden ausgelegt. Statt Kacheln finden Sie wasserfeste Wandfarben und Holzverkleidungen vor. Unbedingt testen sollten Sie die Dusche. Unter dem vielversprechenden Begriff *power shower* verbirgt sich häufig eine druckschwache Boilerkonstruktion mit Thermostat. Und nicht immer reicht das heiße Wasser aus, um eine große Badewanne zu füllen. Auch Mischbatterien sind in britischen Badezimmern nicht selbstverständlich.

Hellhörigkeit ist ein großer Nachteil der britischen Skelettbauweise: Nur die Außenmauern werden gemauert, raumteilende Zwischenwände bestehen oft lediglich aus Stützrahmen und Rigips/Gipskarton *(plasterboard)*. Daneben werden keine Beton-, sondern Holzdecken eingezogen. In Mehrparteienhäusern können geräuschempfindliche Menschen daher jede Bewegung ihrer Nachbarn hören. Klopfen Sie im Zweifelsfall die Wände zur Nachbarwohnung kurz ab, dann wissen Sie sofort, ob Sie durch eine massive Wand voneinander getrennt werden. Und im Einfamilienhaus sollten Sie den Makler bitten, einmal kurz im Obergeschoss hin und her zu laufen. Dann kennen Sie auch hier die zu erwartende Geräuschkulisse.

Stauraum ist in britischen Wohnungen und Häusern immer knapp bemessen, vor allem weil es wegen des generell hohen Grundwasserspiegels meist keinen Keller gibt. Dafür finden Sie in jedem größeren Industriegebiet Lagerhallen, in denen Privatkunden eine Containerbox für ihr Hab und Gut mieten können *(self-storage).*

Stellflächen fehlen insbesondere in Altbauten. So wird häufig die erste Wand eines Raumes mittig durch die Tür geteilt, an der zweiten wurde nachträglich ein großer Heizkörper installiert, die dritte Wand umgibt den offenen Kamin und die vierte Seite des Raums besteht aus einem großen Erkerfenster. *Terraced houses* wie auch Neubauten sind zudem meist sehr schmal gebaut. Falls Sie also planen, mit großen Schränken und Sofas nach Großbritannien zu ziehen, sollten Sie Stellflächen wie auch Deckenhöhe, Flurbreiten und Eingangstüren genau ausmessen.

Für viele mögen all diese Unterschiede kein Problem darstellen. Aber falls Sie einen aus dem deutschsprachigen Raum gewohnten Wohnkomfort voraussetzen, sollten Sie bei Haus- und Wohnungsbesichtigungen in Großbritannien lieber die Probe aufs Exempel machen.

Haben auch Sie schließlich Ihr Herz an ein Haus oder eine Wohnung verloren, bitten Sie den Makler um einen zweiten Besichtigungstermin. Wenn alles passt, können Sie einen Mietvertrag gleich vor Ort mündlich zusagen. Ein Kaufinteresse sollten Sie schriftlich beim Makler einreichen. (Dazu mehr ab S. 55)

Der äußere Schein trügt

Britische Häuser sind immer für eine Überraschung gut. Lassen Sie sich daher bei Besichtigungen niemals vom äußeren Erscheinungsbild davon abhalten, hineinzugehen. Nicht alle, aber viele Häuser sind größer und schöner als Sie es von außen je für möglich gehalten hätten.

Immobilien mieten

Haben Sie Ihre favorisierte Wohnung über einen Makler gefunden, wird er nun für Sie Kontakt mit dem Vermieter *(landlord, landlady)* aufnehmen, offene Fragen klären und Sie schließlich zur Unterzeichnung des Mietvertrags in sein Büro bestellen. Vorher wird er Sie um eine Anzahlung *(deposit, reservation fee)* bitten. Eine Anmerkung: Je nach Marktlage sind Mietpreise in Großbritannien durchaus verhandelbar. Sie können also den Versuch wagen, 5 bis 10 % Minderung zu erzielen.

Dokumente zur Vertragsunterzeichnung

Zum Termin der Vertragsunterzeichnung wird der Makler folgende Dokumente sehen wollen:

- Einen **Adressnachweis** *(proof of adress)* der letzten drei Jahre (Mehr zum Thema Adressnachweis im Kapitel 4 *Umzug und Ankunft* ab S. 63)
- Ein **Referenzschreiben** *(reference letter)* oder die Kontaktdaten Ihres jetzigen oder früheren Arbeitgebers und/oder Ihres bisherigen Vermieters
- Einen **Bankauszug** *(bank statement)*, der Ihre Kontoinformationen enthält und Ihr monatliches Einkommen widerspiegelt

Darüber hinaus wird der Makler eine **Kreditauskunft** *(full credit check)* fordern. Bei Ausländern ohne Kredithistorie in Großbritannien ist dies meist nicht möglich. Makler und Vermieter können daher verlangen, dass Sie entweder drei oder sechs Monatsmieten im Voraus zahlen oder aber einen Bürgen benennen. Versuchen Sie, in einem freundlichen Gespräch zu erreichen, ob nicht Ihr unbefristeter Arbeitsvertrag und ein (übersetztes) Referenzschreiben Ihres bisherigen Vermieters ausreichen.

Erst Konto eröffnen, dann Wohnung mieten

Es ist möglich, dass Ihr Vermieter eine britische Bankverbindung voraussetzt. Daher sollten Sie sich vor der Wohnungssuche unbedingt erst mit der Eröffnung eines Kontos befassen. Ohne Wohnsitz in Großbritannien kann eine Kontoeröffnung jedoch schwierig werden. (Mehr dazu finden Sie im Kapitel 5 *Geldfragen* ab S. 79.)

Mietverträge

Die meisten Mietverhältnisse werden über Standardverträge geschlossen:

Assured Shorthold Tenancy (Schottland: *Short Assured Tenancy*) – Nach einer festen, unkündbaren Grundlaufzeit von sechs oder zwölf Monaten muss der Vertrag entweder pro forma erneuert werden oder er verlängert sich automatisch. Danach beträgt die schriftliche Kündigungsfrist auf Mieterseite einen Kalendermonat und auf Vermieterseite zwei Kalendermonate. Wird die Miete wöchentlich gezahlt, werden auch die Kündigungsfristen in Wochen berechnet.

periodic tenancy – Der Mietvertrag beginnt ohne Grundlaufzeit. Die Kündigungsfristen sind sofort gültig.

Für Untermieter oder in einer Wohngemeinschaft können die Kündigungsfristen geringer ausfallen.

Zusatzklauseln

Durchaus üblich ist es, im Mietvertrag ein Datum festzulegen, zu dem die Miete angehoben werden darf. Darüber hinaus können im Mietvertrag weitere Klauseln enthalten sein, die Sie vor Ihrer Unterschrift genau lesen sollten. So sind vielleicht Haustiere und Veränderungen am Dekor strikt untersagt. Oder Sie erhalten genaue Vorgaben zu Ruhezeiten, Müllentsorgung, Unkrautjäten, Heckenschneiden und Parken.

Daneben verpflichten Sie sich wahrscheinlich dazu, regelmäßig die Batterien im Feueralarm auszutauschen, die Tür abzuschließen und sich ab 14 Tagen Urlaub abwesend zu melden. Diese Forderungen beruhen auf der Versicherungspolice, die Vermieter per Gesetz abschließen müssen.

Miete und Kaution

Mit der Vertragsunterzeichnung werden folgende **Zahlungen** fällig:

- Die erste Monatsmiete *(one month's rent)* minus der geleisteten Anzahlung *(deposit)*
- Eine Mietkaution *(security deposit)* in Höhe von ein oder maximal zwei Monatsmieten
- Verwaltungsgebühren für den Makler (ca. £ 30 bis £ 150)

Die Kaution überweisen Sie auf ein Treuhandkonto des Maklerbüros oder zahlen dort in bar (per Scheck). Ihr Vermieter erhält die Kaution, welche er über ein nationales *tenancy scheme* absichern muss. Nach Ihrem Auszug erhalten Sie die Kaution innerhalb von zehn Tagen zurück, sofern alle Mietzahlungen erfolgt und keine Schäden zu begleichen sind.

Inventarlisten und Inspektionen bei möblierten Immobilien

Bei möblierten Wohnungen und Häusern wird Ihnen mit dem Schlüssel auch eine Inventarliste *(inventory list)* überreicht. Gleichen Sie diese Liste beim Einzug genau ab und überprüfen Sie vor allem die Funktion der elektrischen Geräte. Sorgen Sie gegebenenfalls selbst dafür, dass Gas-, Strom- und Wasserstände abgelesen werden. Darüber hinaus sollten Sie sich zu Ihrer eigenen Sicherheit von der Gültigkeit des Gaszertifikats *(Gas Safety Certificate)* überzeugen. Falls etwas fehlt oder fehlerhaft ist, rufen Sie den Makler unverzüglich an. Vergessen Sie nicht, eine Kopie der aktualisierten Inventarliste anzufordern. Ansonsten kann man Sie für später festgestellte Schäden haftbar machen.

Anhand der Inventarliste wird das Maklerbüro oder eine beauftragte Agentur etwa alle drei Monate Ihre Wohnung oder Ihr Haus inspizieren. Der Inspektor muss seinen Besuch mindestens 24 Stunden vorher ankündigen. Er darf Ihre Wohnung auch in Ihrer Abwesenheit betreten. Sie haben allerdings das Recht, einen Termin kurzfristig zu verschieben.

Schäden und Reparaturen melden Sie am besten vor der nächsten Inspektion. Falls nötig, wird das Maklerbüro einen Reparaturservice organisieren. Die Inventarliste wird entsprechend aktualisiert.

Immobilien kaufen

Ausländer dürfen in Großbritannien grundsätzlich Immobilien, Grund und Boden erwerben, sofern es sich dabei um freies Eigentum *(freehold)* handelt. Der Immobilienkauf beginnt mit dem Einreichen eines Gebots *(offer)* und mündet in einen komplexen rechtlichen Prozess. Aber keine Sorge: Sie werden einen Anwalt an Ihrer Seite haben, der das meiste für Sie übernimmt.

Finanzen regeln

Um einen Wohnungs- oder Hauskauf reibungslos über die Bühne zu bringen, ist der Besuch bei einer Bank oder Bausparkasse *(building society)* – sofern Sie nicht über ausreichend Eigenkapital verfügen – noch vor den ersten Besichtigungsterminen ratsam. Dort beantragen Sie eine Hypothek *(mortgage)*. Je nach Höhe Ihrer Eigenkapitaleinlage *(deposit)* und Ihres monatlichen Einkommens wird die Bank Ihnen eine maximal mögliche Kredithöhe in Form eines offiziellen *mortgage offer* (Schottland: *agreement in principle*) bescheinigen. (Weitere Informationen zur Aufnahme einer Hypothek finden Sie im Kapitel 5 *Geldfragen* ab S. 88.)

Mit der Kreditzusage in der Tasche werden Sie bei Maklern und Eigentümern als Käufer erster Wahl klassifiziert. Noch besser werden lediglich *cash buyers* bewertet, die gar keine Hypothek benötigen. In beiden Fällen haben Sie Ihre Finanzen geregelt und können schnell handeln. Damit befinden Sie sich vor allem gegenüber Interessenten im Vorteil, die vor dem Abschluss eines Kaufvertrags erst ihr eigenes Haus verkaufen müssen.

Vertragsketten

In Großbritannien können mehrere Immobilienkäufe zu einer Vertragskette *(chain)* verknüpft werden: A kauft von B nur das Haus, wenn dieser sein Haus erfolgreich an C verkauft. C unterschreibt den Kaufvertrag aber erst, nachdem er von D die Kaufsumme für seine Wohnung erhalten hat. Findet eine Transaktion nicht wie geplant statt, sind davon alle Kettenglieder betroffen und müssen schlimmstenfalls vom Kauf zurücktreten.

Transaktionskosten

Ihr Eigenkapital und das Kreditangebot Ihrer Bank bestimmen Ihr maximales Budget für den Wohnungs- oder Hauskauf. Ziehen Sie jedoch erst die Transaktionskosten ab. Dazu zählt vor allem die Grunderwerbssteuer *(stamp duty land tax)*, die einmalig erhoben wird, wenn der Kaufpreis einer Immobilie mehr als £ 125.000 beträgt. Für *first-time-buyers*, die noch nie eine Immobilie im In- oder Ausland (!) besessen haben, kann es je nach aktueller Konjunkturlage finanzielle Erleichterungen geben. Prüfen Sie dazu die Angaben der britischen Regierung, z. B. auf ▶ www.gov.uk, Navigationspunkt *Housing and local services*, Stichwort *stamp duty land tax rates*. Weitere Sonderregelungen gelten für benachteiligte Regionen und besondere Erwerbsarten. Dazu finden Sie Informationen des *HM Revenue & Customs* (Steuerbehörde) unter ▶ www.hmrc.gov.uk/sdlt/intro/rates-thresholds.htm.

Kaufpreis der Immobilie	*stamp duty* in % des Kaufpreises (für Privatpersonen)
£ 0–125.000	0
£ 125.001–250.000	1
£ 250.001–500.000	3
£ 500.001–1.000.000	4
über £ 1.000.000	5
über £ 2.000.000	7

Quelle: *HM Revenue & Customs*, Stand: 12/2012

Weitere **Transaktionskosten**, jeweils im unteren bis mittleren dreistelligen Bereich, fallen für

- den Grundbucheintrag *(land registration fees)*,
- eine Wertschätzung *(basic valuation)* für die Bank,

- ein Gutachten *(homebuyer report, building survey)* durch einen Bausachverständigen *(surveyor),*
- die finale Abwicklung Ihres Kreditantrags und
- Ihren Anwalt an.

Ein Gebot einreichen

Sobald Sie sich für eine Immobilie entschieden haben, reichen Sie bei Ihrem Makler ein offizielles Gebot *(offer)*, am besten schriftlich, ein. Dabei sollten Sie unbedingt erwähnen, dass Sie nur bereit sind zu zahlen, sofern der Kaufvertrag akzeptabel ist und ein Bausachverständiger keine massiven Mängel feststellt. Das ist mit wenigen Worten getan: ›*My offer is subject to contract and a satisfactory survey.*‹

Bei einer Immobilie mit Marktpreis *(asking price)* wird Ihr erstes Gebot unterhalb des geforderten Preises liegen. Bei *Offers-over*-Angeboten sollten Sie zumindest geringfügig über dem genannten Mindestpreis liegen. In beiden Fällen wird Ihr erstes Gebot höchstwahrscheinlich abgelehnt werden. Denn beim Immobilienkauf wird in Großbritannien gerne gepokert.

Als Käufer mit Kreditzusage und ohne Vertragskette *(no chain)* können Sie ein niedriges Gebot mit Ihrer schnellen Handlungsfähigkeit untermauern. Bedenken Sie, dass die größte Angst des Verkäufers darin besteht, dass sein Käufer am Ende doch nicht zahlen kann und aussteigt. Befindet sich der Verkäufer selbst in einer Kette, muss er in diesem Fall ebenfalls von seinem geplanten Kauf zurücktreten. Daher wird ein risikoscheuer Verkäufer Ihre gute Kaufposition bevorzugen und sich auf ein niedrigeres Gebot einlassen.

In einem Verkäufermarkt – die Nachfrage übertrifft das Angebot – müssen Sie allerdings genau überlegen, ob Sie nicht besser den vollen Preis *(full asking price)* bieten. Denn ein anderer Interessent mit gleich guten Karten auf der Hand könnte Ihnen die Immobilie sonst vor der Nase wegschnappen. Vielleicht müssen Sie sich sogar durch einen hohen Aufschlag gegen zahlreiche Mitbewerber durchsetzen. Auch das ist möglich. Hin und wieder kommt es zu *sealed bids:* Mehrere Interessenten geben nahezu gleichzeitig ein Gebot ab. Der Höchstbietende erhält den Zuschlag.

In jedem Fall gilt es, die Nerven zu behalten und vor allem das Budget nicht zu überschreiten. Bleiben Sie aufmerksam, dass Sie im Eifer des Gefechts nicht mehr für eine Immobilie zahlen als sie tatsächlich wert ist.

Das Gebot wurde akzeptiert

Hat der Verkäufer Ihr Gebot akzeptiert, sollten Sie fordern, dass die Immobilie vom Markt genommen wird und es keine weiteren Besichtigungstermine mit anderen Interessenten gibt. Der Verkäufer kann dazu allerdings nicht verpflichtet werden. Nimmt er die Immobilie nicht vom Markt, beabsichtig er möglicherweise ein *gazumping:* Obwohl der Verkäufer Ihr Gebot angenommen hat, gibt er einem anderen Käufer mit höherem Gebot nachträglich den Zuschlag. *Gazumping* ist legal, da erst mit dem Austausch der unterschriebenen Kaufverträge ein Kaufabschluss bindend ist. Darüber hinaus kann der Verkäufer versuchen, Sie durch weitere Interessenten zur nachträglichen Erhöhung Ihres Gebots zu verleiten. Richten Sie sich bei Ihrer Gebotshöhe daher am besten strikt danach, was Sie zu zahlen bereit sind.

Mit einer minimalen zeitlichen Frist für den Abschluss des Kaufprozesses können Sie einen Verkäufer am ehesten zum Fairplay bewegen. Kontaktieren Sie Ihre Bank, um eine schnellstmögliche Auszahlung Ihrer Hypothek einzuleiten. Dann können Sie dem Verkäufer zusagen, die Kaufsummer in vier bis sechs Wochen zu transferieren, sofern alle Vertragspunkte zufriedenstellend geklärt werden können.

Gutachten erstellen lassen

Ihre Bank wird von Ihnen eine professionelle Wertschätzung *(basic valuation)* der Immobilie fordern. Dazu müssen Sie einen Bausachverständigen *(surveyor)* beauftragen. Die *Royal Institution of Chartered Surveyors* bietet eine praktische Adressdatenbank: ▸ www.ricsfirms.com. Auch Ihr Makler kann Ihnen sicherlich ein paar Namen nennen.

Sofern Sie keinen Neubau erwerben, sollten Sie den Sachverständigen zudem mit einem ausführlicheren Gutachten, einem ***homebuyer report***, beauftragen. Dabei wird der Zustand des Hauses genauer unter die Lupe genommen. Der rund 25 Seiten umfassende Report ist mit mehreren Hundert Pfund erst einmal teuer, kann aber vor dem Kauf eines Hauses schützen, das durch spätere Reparaturen Ihr Budget sprengen würde.

Für Häuser, die deutlich älter als 75 Jahre oder mehrfach umgebaut worden sind, lohnt sich ein ***building survey***. Zusätzlich zu den Fragestellungen des *homebuyer reports* wird Ihr Gutachter auch das Fundament und die Baustruktur prüfen.

Fällt das Ergebnis der Wertschätzung nicht zufriedenstellend aus, kann die Bank eine Auszahlung der Hypothek verweigern. Dann liegt Ihre Entscheidung auf der Hand. In allen anderen Fällen sollten Sie im Blick behalten, dass Gutachten meist Worst-Case-Szenarien enthalten. Ziehen Sie Fachleute zu Rate, welche potenziellen Schäden sich rechtzeitig abwenden lassen. Sie können im Anschluss mit dem Verkäufer den Preis neu aushandeln. Dies ist allerdings Ihre letzte Chance, einer zu teuer werdenden Immobilie den Rücken zuzukehren.

Gazundering ist genauso legal wie gazumping

Während manche Verkäufer *gazumping* (Mehr dazu auf S. 56) betreiben, können Sie als Käufer durchaus legal ein *gazundering* versuchen. Fordern Sie den Verkäufer auf, ein niedrigeres Gebot anzunehmen, etwa weil Sie das Gutachten zweifeln lässt oder die Marktpreise gefallen sind. Es sei jedoch gesagt: *Gazundering* ist nicht die feine englische Art, und wenn sich der Verkäufer nicht darauf einlässt, wird Sie Ihr Makler nur ungern bei einer weiteren Immobiliensuche unterstützen.

Vorbereitung der Eigentumsübergabe

Geben Gutachter und Bank grünes Licht, beginnt der Prozess der Eigentumsübertragung *(conveyancing)*. Spätestens jetzt sollten Sie einen Notar – in Großbritannien ist er eher ein Anwalt für Immobilienrecht *(conveyancing solicitor, property solicitor, licensed conveyancer)* – beauftragen. Holen Sie mehrere schriftliche Angebote ein, denn eine Gebührenordnung für Rechtsanwälte gibt es nicht.

Ihr Anwalt wird einiges dafür tun, um Sie vor bösen Überraschungen zu schützen. So prüft er Grenzverläufe, Wegerechte, Zufahrtswege, kommunale Anschlüsse, Umweltfaktoren, Rechte Dritter, Auflagen und vieles andere mehr. Des Weiteren wird er bei den Behörden recherchieren *(local authority search)*, ob nicht vor Ihrem neuen Heim in naher Zukunft eine Großbaustelle oder Hauptverkehrsstraße entsteht. Auch alle vom Verkäufer zur Verfügung gestellten Dokumente wird Ihr Anwalt genau durchsehen und Rückfragen in Ihrem Namen klären. Selbst Ihre Bank wird sich für finale Angaben direkt an Ihren Anwalt wenden. Sie sollten also zu Ihrem Anwalt ein gutes Verhältnis haben, da bei ihm nun alle Fäden zusammenlaufen. Für Sie heißt es vor allem: Warten ...

Vertragsübergabe

Sind alle Unterlagen durchgearbeitet, werden Ihr Anwalt und der Anwalt des Verkäufers den frühestmöglichen Termin für den Austausch der unterschriebenen Verträge *(exchange of contracts)* vereinbaren. Bis dahin werden sie den Kaufvertrag – gegebenenfalls zunächst einen Vorvertrag – gemeinsam ausarbeiten. Nun ist es auch an der Zeit, dass Sie oder Ihre Hypothekenbank eine erste Tranche *(deposit)* der Kaufsumme – meist 10 % – auf ein Klientenkonto *(account in trust)* Ihres Anwalts überweisen. Ihr Anwalt überweist Ihre Anzahlung zu gegebener Zeit auf das Treuhandkonto des

Verkäuferanwalts. Von dort gelangt es zum Verkäufer, nachdem die unterschriebenen Verträge ausgetauscht worden sind.

Am Austauschtag oder einige Tage zuvor werden Sie bei Ihrem Anwalt den finalen Vertrag in zwei Ausführungen unterschreiben, die zuvor dem Verkäufer zur Unterzeichnung vorgelegt worden sind. Bei Vertragsketten müssen oft mehrere Transaktionen aufeinander abgestimmt werden. Nur wenn keine scheitert, können am Abend alle beteiligten Parteien auf ihr neues Heim anstoßen.

Kaufabschluss

Erst mit dem Eintrag ins Grundbuch *(land register)* wird der Eigentumswechsel rechtskräftig. In der Zwischenzeit überweisen Sie oder Ihre Bank die restliche Kaufsumme auf das Klientenkonto Ihres Anwalts. Dieser wird das Geld am Übertragungstag *(completion day)* an den Verkäuferanwalt transferieren. Außerdem werden die Zahlungen der *stamp duty land tax* (siehe S. 54) und der Gebühren für die Grundbucheintragung *(land registration fees)* zwischen ca. £ 100 und £ 200 fällig.

Der Verkäufer übergibt die Schlüssel. Sie erhalten eine Besitzurkunde *(title deed).* Ihr Anwalt wird Sie über den gesamten Prozess und alle Dokumente genau informieren.

Am Tag der Übergabe sollten alle Versicherungspolicen für die Immobilie (Mehr Informationen finden Sie im Kapitel 12 *Versicherungen* ab S. 181.) in Kraft treten.

Bäumchen wechsle dich

Completion day ist ein wichtiger Verhandlungspunkt, da sowohl Käufer als auch Verkäufer den Übergabe- und damit auch Umzugstag nach ihren Wünschen festlegen möchten. Insbesondere in einer Kette gilt: Bevor nicht der erste in der Reihe ausgezogen ist, können die nachfolgenden Kettenglieder ihre Häuser nicht beziehen. Planen Sie gegebenenfalls etwas Pufferzeit ein.

Unterschiede beim Immobilienkauf in Schottland

Mindestpreise: Zum Verkauf stehende Immobilien werden in Schottland meist mit einem *guide price* oder der Angabe ›*offers over*‹ versehen. Sie haben es also mit Mindestpreisen zu tun und müssen selbst eine realistische Gebotshöhe austangieren.

Makler und Anwälte: In vielen Regionen Schottlands gehören Makler einer Anwaltskanzlei an und unterliegen deshalb einem strengen Kodex der *Law Society of Scotland.* Häufig ist der anbietende Makler auch gleichzeitig der Anwalt des Verkäufers.

Auf Immobilien bieten: Haben Sie ein bestimmtes Haus ins Auge gefasst, müssen Sie zunächst einen Anwalt beauftragen, der dem Makler/Anwalt des Verkäufers Ihr Interesse mitteilt *(note of interest).* Der Anwalt des Verkäufers wird schließlich alle Kaufinteressenten auffordern, bis zu einem bestimmten Datum ein versiegeltes verbindliches Gebot *(sealed bids)* mit Angaben zum frühestmöglichen Zeitpunkt des Kaufabschlusses *(date of entry/ completion)* abzugeben. Weil keiner weiß, was andere bieten, empfehlen sich ungerade Zahlen. Es kann durchaus sein, dass Sie Ihre Mitbieter um wenige Pfund übertrumpfen. Der Verkäufer entscheidet sich schließlich für das beste Kaufangebot und nimmt dieses verbindlich an. Ein *gazumping* (siehe S. 56) ist nahezu ausgeschlossen. Auch Sie können keinen Rückzieher mehr machen und müssen zum angegebenen *date of entry* zahlen. Reichen Sie also niemals ein Gebot ein, ohne über die nötige Kaufsumme zu verfügen.

Hohe Kosten: Der große Nachteil am schottischen System ist, dass Sie bereits vor der Abgabe eines Gebots eine feste Kreditzusage Ihrer Bank benötigen. Sie müssen also eine Wertschätzung *(valuation)* durch einen Sachverständigen in Auftrag geben. Da Ihr Gebot bindend ist, sollten Sie die Immobilie richtig eingeschätzt und vor allem eine adäquate Gebotshöhe errechnet haben: Ein zusätzlicher *level 2 survey* weist auf bestehende Mängel hin. Ein *level 3 survey* ist insbesondere für sehr alte Gebäude empfehlenswert. Werden Sie jedoch gleich bei mehreren Immobilien von anderen Käufern überboten, haben Sie viel Geld für Gutachten gezahlt, ohne Ihrem Traumhaus einen Schritt nähergekommen zu sein.

Eigentumsübertragung: Sind Sie der Höchstbietende, wird Ihr Anwalt sofort in die Detailarbeit gehen und den Austausch der Verträge *(to conclude the missives)* vorbereiten. Die vollständige Kaufsumme überweisen Sie oder Ihre Bank auf ein Treuhandkonto Ihres Anwalts kurz vor dem *date of entry.* Sie erhalten an diesem Einzugstag die Besitzurkunde *(title deed),* eine schriftliche Eigentumsübertragung *(disposition document),* alle weiteren Dokumente und natürlich die Schlüssel.

Immobilien ersteigern

Ein weiterer Weg zum Eigenheim führt über eine Auktion. Auktionsobjekte werden mit einem Richtwert *(guide price)* bewertet. Die Auktion startet jedoch meist niedriger und erzielt deutlich mehr. Weil sich viele angebotene Häuser und Wohnungen in einem desolaten Zustand befinden, sollten Sie Ihre Favoriten vor Beginn der Auktion in Begleitung eines Bausachverständigen besichtigen, um Renovierungskosten einkalkulieren zu können.

Property development

Auf Auktionen werden Sie zahlreiche Hobbyhandwerker antreffen, die *property development* – das Renovieren von Häusern zum späteren Verkauf – betreiben. Ein beliebter Zusatzverdienst, der in eine spätere Selbstständigkeit münden kann.

Umbauen und selbst bauen

Ein besonderes Faible haben Briten für Hauserweiterungen. So wird die Garage zu Wohnraum um-, der Dachboden aus- oder ein Wintergarten angebaut. Bei diesen Projekten ist eine Frage von entscheidender Bedeutung: Wird eine Baugenehmigung *(planning permission)* benötigt? Um eine verlässliche Antwort für mögliche Baupläne zu erhalten, reichen Sie Ihre Unterlagen in der Stadtverwaltung *(Local Planning Authority)* ein und lassen Sie sich dort beraten. Weniger enthusiastisch zeigen sich Briten als Bauherren. Nur rund 20.000 Häuser werden nach Angaben der Regierung jedes Jahr von ihren Eigentümern selbst gebaut. Mehr im Kommen sind allerdings Fertighäuser, viele werden von deutschen Herstellern geliefert.

Tipp: Bauen Sie Ihr Haus selbst oder nehmen Sie Umbaumaßnahmen vor, können Sie unter bestimmten Voraussetzungen für Baumaterialien und Dienstleistungen die Mehrwertsteuer *(VAT)* zurückfordern. Weitere Informationen erhalten Sie in der Publikation *Notice 708* des *HM Revenue & Customs,* die Sie über die Suchfunktion auf ▸ www.hmrc.gov.uk erreichen.

Bauland suchen

Die größte Herausforderung eines Bauprojekts in Eigenregie besteht darin, geeignetes Land zu finden. Das liegt unter anderem daran, dass viele unbebaute Flächen strengen Landschaftsschutzregeln unterliegen. Wenn Sie sich ohne Baufirma auf die Suche machen möchten, recherchieren Sie im Internet, beispielsweise über ▶ www.uklanddirectory.org.uk oder ▶ www.plotfinder.co.uk. Kontaktieren Sie zudem alle Makler in Ihrer Region. Lassen Sie sich aber von Anfang an von einem Anwalt für Immobilienrecht beraten, um mit den zuständigen Behörden das Thema Baugenehmigung hieb- und stichfest auszuhandeln.

Architekten und Bauleute auswählen

Ob Um- oder Selbstbau: Geeignete Fachbetriebe im Branchenbuch oder über das Internet zu finden, ist nicht immer einfach. Da das Erlernen eines Handwerks in Großbritannien nur mäßig geregelt ist, gibt es für Qualität keine Garantie. Lediglich persönliche Empfehlungen plus detailgenaue Verträge schützen vor schlechten Erfahrungen.

Vorsicht vor den Cowboys!

Unter dem Begriff *cowboy builders* werden Bauleute verstanden, die keine Ausbildung haben, unsauber arbeiten und einfach das Weite suchen, sobald es erste Schwierigkeiten gibt. Sie bleiben als Kunde erst einmal auf Ihrer Baustelle sitzen. Ihre Anzahlung – ohne Kostenvoranschlag und Quittung – werden Sie wahrscheinlich nicht wiedersehen. Anrufen ist zwecklos, denn unter der Handynummer auf der Visitenkarte Ihres Cowboys nimmt keiner mehr ab. Wählen Sie Ihre Handwerker daher mit besonderer Vorsicht (s.u.) aus. Einwurfzettel im Briefkasten, Aushänge oder Internetseiten, auf denen nur eine Telefonnummer angegeben ist, sollten Sie kritisch hinterfragen.

Die Zugehörigkeit zu einer großen Vereinigung deutet auf eine saubere Arbeitsweise hin. Architekten sollten dem *Architects' Registration Board* (▶ www.arb.org.uk) und/oder dem *Royal Institute of British Architects* (▶ www.architecture.com) angehören, die beide eine Liste mit Mitgliedsfirmen herausgeben. Für Baufirmen gibt es beispielsweise die *National Association of Home Builders* oder lokale Vereinigungen, die nur Fachbetriebe aufnehmen.

Webseiten wie beispielsweise ▶ www.mybuilder.com, ▶ www.checkatrade.com, ▶ www.trustatrader.com oder ▶ www.ratedpeople.com bieten die Möglichkeit, mit Handwerkern in Kontakt zu treten und gleichzeitig Bewertungen ihrer früheren Kunden zu lesen.

Wer unbedingt mit deutschen Handwerkern bauen möchte, wird unter ▶ www.germancontractors.co.uk fündig.

Tee statt Bier

Mit einer heißen Tasse Tee und ein paar Keksen machen Sie nicht nur englische Ladys, sondern auch Handwerker glücklich. Zwischen 10 und 11 h ist Teepause *(elevenses)* und ein entsprechendes Angebot wird sehr geschätzt. Bier wird eher nach Feierabend genossen. Achtung: Dieser Tipp hat natürlich nur Gültigkeit, wenn Ihre Handwerker auch tatsächlich gebürtige Briten sind!

Schlüsselfertige Neubauten

Nur in Regionen mit besonders knappem Angebot ist es üblich, ein neues Haus vom Zeichentisch *(off plan)* zu kaufen. Ansonsten bevorzugen Briten bezugsfertige Häuser von der Stange: Ein Bauträger errichtet mehrere Häuser unterschiedlicher Größe und Ausstattung, welche dann alle zusammen zum Verkauf angeboten werden. Gehören Sie zu den ersten Interessenten, werden Sie ein komplett eingerichtetes *show home* besichtigen und anschließend mit einem Schlüsselbund von Rohbau zu Rohbau laufen, um sich für das passende Haus zu entscheiden.

Interessant sind diese *new developments* vor allem deshalb, weil sie mit zehnjähriger Garantie verkauft werden. Sachverständige des *National House-Building Council (NHBC)* oder einer vergleichbaren Organisation begleiten den Bau und garantieren dem späteren Käufer, dass alle Qualitätsstandards eingehalten worden sind. Sollten dennoch nach dem Bezug Schäden auftreten, wird *NHBC* die Baufirma zum Schadenersatz auffordern.

Darüber hinaus stellen Baugesellschaften interessante Finanzierungsmöglichkeiten bereit. Zum einen bieten sie *Part-exchange*-Programme an: Der Kunde kann seine bisherige Immobilie gegen das neue Haus ›eintauschen‹. Die Differenz wird über einen verknüpften Kredit finanziert. Eine weitere Möglichkeit ist der Teilerwerb eines Hauses: Die eine Hälfte wird gekauft, die andere Hälfte gemietet. Solche Angebote klingen verlockend, sind aber meist mit zahlreichen Konditionen verbunden und sollten sehr genau geprüft werden.

Kapitel 4

Umzug und Ankunft

Vielleicht haben Sie sich lange auf Großbritannien gefreut. Und auf einmal ist die Zeit gekommen, Nägel mit Köpfen zu machen. Viele Auswanderer empfinden ihren bevorstehenden Umzug plötzlich als bedrohlich. Das ist relativ normal, denn ein Neuanfang bedeutet immer, dass wir vertrautes Terrain verlassen und nicht richtig einschätzen können, womit wir es stattdessen zu tun bekommen werden. Das Gefühl der Verunsicherung können Sie am besten überwinden, indem Sie Ihren bevorstehenden Auslandsumzug in kleine Etappen aufteilen und Schritt für Schritt durchdenken.

Anreise

Für die Anreise nach Großbritannien stehen Ihnen viele Möglichkeiten offen. Mit der **Fähre** (► www.directferries.co.uk oder ► www.aferry.co.uk) können Sie von der französischen, belgischen, niederländischen oder dänischen Küste aus verschiedene Hafenorte in Großbritannien erreichen. Der bekannteste und am meisten frequentierte ist mit Abstand Dover. Der **Eurotunnel** Autozug (► www.eurotunnel.com) befördert Passagiere und Fahrzeuge zwischen dem französischen Calais und dem englischen Folkestone. Mit dem Passagierzug **Eurostar** (► www.eurostar.com) können Sie von Paris, Lille oder Brüssel nach London reisen, allerdings ohne Auto. Welchen der britischen **Flughäfen** Sie von Ihrer Heimatregion aus anfliegen können, erfahren Sie über die entsprechenden Fluggesellschaften. Das gleiche gilt für die zahlreichen **Fernbusverbindungen**.

Übersichtliche deutsch- und englischsprachige Informationen zur Erreichbarkeit der verschiedenen britischen Regionen erhalten Sie unter ► www.visitbritain.com, Menüpunkt *Transport*. Von dort können Sie auf die jeweiligen Unterseiten ► www.visitengland.com, ► www.visitwales.com und ► www.visitscotland.com wechseln.

Vorsicht Passkontrolle!

Großbritannien beteiligt sich nur eingeschränkt am Schengener Abkommen: Daher müssen Sie bei der Ausreise aus Deutschland, Österreich oder der Schweiz und bei der Einreise in Großbritannien Ihren gültigen

Pass oder Personalausweis vorzeigen. Kinder benötigen seit Juni 2012 einen eigenen Kinderreisepass, ein Eintrag im Ausweisdokument eines Elternteils reicht nicht mehr aus.

Als Bürger Deutschlands, Österreichs oder der Schweiz benötigen Sie kein Visum, um in Großbritannien zu leben und zu arbeiten. Weitere Informationen finden Sie auf den Seiten der *UK Border Agency* unter ► www.ukba.homeoffice.gov.uk.

Umzug organisieren

Ein Umzug ins Ausland erfordert vor allem Planung und Koordination – oder ein großes Improvisationstalent. Viele Auswanderer geben ihren kompletten Wohnungsumzug nach Großbritannien in die Hände einer erfahrenen internationalen Spedition. Andere machen sich mit einem gemieteten Umzugswagen selbst auf den Weg.

Mit einem Führerschein der Klasse B dürfen Sie einen Lkw bis zu einem Gesamtgewicht von 3,5 t sowohl in Großbritannien als auch in allen zu durchquerenden EU-Staaten fahren. Viele Autovermietungen verlangen allerdings, dass Sie einen geliehenen Transporter wieder an den Ausgangsort zurückbringen, was die Zahl der Leihtage erhöht. Hinzu kommen Kosten für Benzin, Übernachtung je Strecke, Mahlzeiten, ggf. Autobahnmaut, Eurotunnel bzw. Fähre. Achtung: Je nach Länge des Fahrzeugs müssen Sie Ihr Fährticket bereits im teureren Frachtbereich buchen.

Alles in allem kann im Vergleich das Angebot eines Umzugsunternehmens, insbesondere bei einer größeren Umzugsladung als ein gemieteter 3,5-Tonner fassen würde, angenehmer und günstiger ausfallen. Kleinere Umzüge lassen sich wiederum als Beiladung zu anderen Umzugstransporten nach Großbritannien buchen. Die Speditionsfirma wird zudem Ihr Umzugsgut versichern und eventuell auch die Be- und Entladungen vor Ort organisieren. Einige, aber nicht alle Stadtverwaltungen in Großbritannien ermöglichen beispielsweise die Einrichtung einer Halteverbotszone *(parking bay suspension)* innerhalb vorhandener Parkstreifen für die Ankunftszeit. Diese müssen Sie oder das Umzugsunternehmen ca. 14 Tage vor dem Umzugstermin beantragen.

Ihr privates Umzugsgut, das Sie von Deutschland, Österreich oder der Schweiz nach Großbritannien befördern, unterliegt keiner Zollpflicht. Bitte achten Sie aber auf die üblichen Ausnahmen von der Zollfreiheit. Entsprechende Informationen finden Sie beispielsweise auf der Internetseite der Britischen Botschaft in Berlin ► http://ukingermany.fco.gov.uk/de unter dem Navigationspfad *Reisen nach Großbritannien/Privater Warenverkehr*.

Umzugskartons aufbewahren!

Sollten Sie von Ihrem Umzug aus dem deutschsprachigen Raum große Faltkartons mit seitlichen Griffschlitzen übrig haben, bewahren Sie diese für weitere Umzüge auf! Umzugskartons sind in Großbritannien ein teures Gut. Meist erhalten Sie von hiesigen Umzugsspeditionen nur Pappkartons, die Sie mit dem mitgelieferten Paketbandabroller mühsam selbst zusammenkleben müssen.

Möbel und Elektrogeräte

Welche Ihrer Möbel Sie letztlich nach Großbritannien mitnehmen, sollten Sie vorab genau überlegen. Zum einen bemessen sich die Umzugskosten nach dem Ladevolumen. Der Neukauf kann daher oft günstiger ausfallen als der Transport vorhandener Möbel. Zum anderen sind viele britische Häuser und Wohnungen vergleichsweise eng gebaut, sodass massive Möbelstücke nicht unbedingt genügend Platz finden oder gar nicht erst durch den Türrahmen oder das Treppenhaus passen. Darüber hinaus ist das Aufhängen schwerer Bilder, Regale und Küchenschränke an für britische Häuser typischen Rigipswänden nicht immer einfach. Mit Hohlraumdübeln befestigte Holzleisten helfen dabei, das Gewicht gleichmäßiger zu verteilen.

Elektrogeräte

Die **Netzspannung** beträgt in Großbritannien 240 Volt, die Frequenz 50 Hz. Wegen der unterschiedlichen Steckertypen können Sie deutsche, österreichische und schweizerische Elektrogeräte nur mit dreipoligem **Adapter** verwenden oder aber Sie müssen den Stecker auswechseln – was aber nur bei entsprechenden technischen Kenntnissen empfehlenswert ist.

Achtung: Britische **Steckdosen** werden über einen Sicherheitsschalter an der Dose an- und ausgeschaltet. Auch der Herd, die Waschmaschine und der Boiler im Bad sind häufig über einen zusätzlichen Schalter gesichert. Während der ersten Wochen in Großbritannien vergisst man schnell einmal, nach dem Einstecken nicht nur die Lampe oder das Gerät, sondern auch den Strom anzuschalten.

Mitgebrachte **Telefone** benötigen ein anderes Buchsenkabel bzw. einen Crossover-Stecker *(cable crossed adapter)*. Viele Telefonmodelle dürfen jedoch explizit nur in einem Land verwendet werden. Prüfen Sie daher die Herstellerangaben. Bei **Fernsehern**, die nach Ihrer Ankunft in Großbritannien nur das Bild, aber keinen Ton senden, müssen Sie im Setup-Menü von der deutschen auf die englische PAL-Norm *(Phase Alternating Line)* umstellen. Dies ist aber nur bei Geräten neueren Datums möglich.

Wie Sie nach Ihrer Ankunft schnell Handwerker finden, siehe S. 61.

Daneben sollten Sie bei der Mitnahme von Elektrogeräten auf praktische Fragen achten, z. B. sind britische Toastscheiben größer und passen nicht ganz in einen typischen deutschen Toaster hinein. Auch das Angebot an Filterkaffee, Filtertüten bzw. Kaffee-Pads fällt im Land der Teetrinker eher knapp aus. Gleiches kann für Staubsaugerbeutel von Markenstaubsaugern gelten, die in Großbritannien nicht verkauft werden. Sehr empfehlenswert ist hingegen ein Trockner. Wegen des fehlenden Waschkellers und dem oft knappen Wohnraum plus einer höheren Luftfeuchtigkeit kann das Wäschetrocknen zu einem schwierigen Unterfangen werden.

Haustiere

Hunde, Katzen und Frettchen dürfen Sie grundsätzlich nur nach entsprechender Vorbereitung aus dem deutschsprachigen Raum nach Großbritannien mitnehmen. Allerdings wurden die früher sehr strengen Quarantänebestimmungen zum 1. Januar 2012 abgeschafft. Es gilt nun das *Pet Travel Scheme* (Haustier-Reiseverkehrsregelung) der EU (► http://ukingermany.fco.gov.uk/de/visiting-uk/pet-travel-scheme). Ihr Tierarzt kann Sie über alle Maßnahmen genauer informieren. Nach wie vor notwendig ist die Implantation eines Mikrochips und die Ausstellung eines EU-Heimtierausweises *(EU Pet Passport)* durch den Tierarzt. Ebenfalls Pflicht ist eine Tollwutimpfung. Zwischen der ersten Impfung nach der Implantation des Mikrochips und der Einreise nach Großbritannien müssen mindestens 21 Tage liegen (Wartefrist). Hunde benötigen darüber hinaus eine Bandwurmkur, die zwischen 24 und 120 Stunden (ein bis fünf Tage) vor der geplanten Ankunftszeit in Großbritannien von einem Tierarzt durchgeführt werden muss. Dies gilt auch für jede weitere Einreise.

Andere Haustiere wie Hasen, Kaninchen, Hamster, Vögel, Fische und Reptilien dürfen ohne Einschränkung nach Großbritannien mitgebracht werden.

Genauere Informationen erhalten Sie beim *Department for Environment, Food and Rural Affairs (DEFRA),* im Internet zu erreichen unter ► www.defra.gov.uk/pets. Dort finden Sie auch wichtige Hinweise über die erlaubten Transportwege für Haustiere sowie zur Hunde- und Tierhaltung in Großbritannien allgemein.

Die britische Tierschutzorganisation *Royal Society for the Prevention of Cruelty to Animals (RSPCA)* ist Ihre erste Anlaufstelle, wenn Sie Fragen zur Tiergesundheit oder -haltung haben oder ein Tier aus dem Tierheim *(animal shelter)* aufnehmen *(rehoming)* möchten: ► www.rspca.org.uk.

Auto

Die dauerhafte Mitnahme Ihres Autos nach Großbritannien ist nur bedingt eine gute Idee. Zum einen machen Sie sich mit der Linkslenkung das Fahren im britischen Linksverkehr unnötig schwer. Zum anderen führt kein Weg daran vorbei, Ihr Auto für britische Straßen umrüsten zu lassen. (Alles zum Thema *Autokauf in Großbritannien* finden Sie in Kapitel 6 *Autofahren* ab S. 91.)

Bei vorübergehenden Aufenthalten in Großbritannien dürfen Sie innerhalb von zwölf Monaten insgesamt nur sechs Monate mit einem im Ausland gemeldeten und korrekt versicherten Auto fahren. Lediglich für Studenten und Entsandtkräfte, die nicht auf Dauer in Großbritannien studieren oder arbeiten, gelten Ausnahmen. Die Verkehrspolizei kann einen Nachweis (z. B. ein Fähr- oder Tunnelticket) verlangen, wann Sie mit dem Auto nach Großbritannien eingereist sind. Ausgefeilte Überwachungssysteme mit Nummernschilderkennung an den Häfen ermöglichen darüber hinaus eine genaue Erfassung aller ein- und ausreisenden Fahrzeuge.

Sobald Sie Ihren Lebensmittelpunkt nach Großbritannien verlegen, beispielsweise dort arbeiten und Steuern zahlen, müssen Sie Ihr deutsches, österreichisches oder schweizerisches Auto anmelden und nach britischem Recht versichern und besteuern lassen.

Sie dürfen als *UK resident* generell kein Fahrzeug mit ausländischem Kennzeichen fahren, auch wenn dieses auf Familienangehörige oder Freunde im Heimatland zugelassen ist. Selbst das Auto Ihres ausländischen Besuchs dürfen Sie nicht auf britischen Straßen fahren. Die einzige Ausnahme von dieser strengen Regelung gilt für einen Firmenwagen, sofern Sie für einen Arbeitgeber im EU-Ausland tätig sind und das Auto in Großbritannien geschäftlich nutzen.

Umrüstmaßnahmen

Vor der Ummeldung Ihres überführten Linkslenkers sind Umrüstmaßnahmen notwendig, die Sie durch eine zertifizierte Werkstatt durchführen oder nachträglich bestätigen lassen müssen: So ist das asymmetrische Abblendlicht Ihres Autos seitenverkehrt, sofern es sich bei Ihrem Auto nicht für den Linksverkehr umstellen lässt. Das einfache Abkleben der Scheinwerfer mit Folie ist nicht zulässig. Genauso muss sich eine Nebelschlussleuchte rechtsseitig oder zumindest mittig befinden. Zeigt der Tacho Ihres Autos nur Stundenkilometer und keine Stundenmeilen an, müssen Sie ihn entweder durch einen dualen oder einen reinen Meilentacho permanent ersetzen lassen, weil ein Überkleben der Scheibe ebenfalls nicht erlaubt ist. Zusätzlich gelten weitere Vorschriften zu Sitzgurten auf dem Rücksitz und seitlichen Blinkern, welche aber die meisten europäischen Autos neueren Baudatums bereits erfüllen. Nach der Umrüstung beantragen Sie ein ***Vehicle Type Approval*** innerhalb des ***Mutual Recognition Scheme*** der britischen *Vehicle Certification Agency (VCA)*. Sie benötigen:

- Quittung der Autowerkstatt über die Umrüstmaßnahmen
- Original *European Certificate of Conformity* des Fahrzeugherstellers (seit 1998 für europäische Autos ein Standarddokument)
- Nachweis über den Erwerb des Fahrzeugs
- Vollständig ausgefülltes Formular *(Application for Commission Notice/Mutual Recognition Passenger Cars)*
- Gebühr in Höhe von £ 100

Alternativ werden auch die deutschsprachigen Fahrzeugpapiere in Kombination mit einem *Commission Notice Letter* der autorisierten britischen Niederlassung Ihres Fahrzeugherstellers akzeptiert. Sobald Ihnen alle Dokumente vorliegen, können Sie Ihr mitgebrachtes Fahrzeug anmelden (s.u.).

Achtung: Für Fahrzeuge, die älter als zehn Jahre sind, gilt die oben beschriebene Vorgehensweise nicht. Sie müssen Informationen für Ihr Fahrzeug direkt bei der *Driver and Vehicle Licensing Agency (DVLA)* unter der Servicenummer 0300 790 68 01 erfragen.Weitere Informationen, auch zur Mitnahme von Motorrädern und anderen Fahrzeugen, sowie die notwendigen Formblätter finden Sie unter ► www.gov.uk, Navigationspfad *Driving, transport, and travel/Car tax and tax discs*, Stichwort *Importing vehicles into the UK*.

Import von Neuwagen

Sofern Ihr Auto in den letzten sechs Monaten erstmals registriert worden und weniger als 6.000 Kilometer gefahren ist, wird es in Großbritannien als importierter Neuwagen *(New Means of Transport, NMT)* eingestuft. Dann müssen Sie als *UK resident* innerhalb von sieben Tagen nach der Ankunft des Fahrzeugs *HM Revenue & Customs (HMRC)* informieren und gegebenenfalls Mehrwertsteuer *(VAT)* zahlen. Dazu ist das Formular *VAT415* auszufüllen. Bei temporären Aufenthalten gilt diese Regelung nicht.

Bitte informieren Sie sich unter ► www.hmrc.gov.uk/vat im Bereich *Consumers and Vat*, Stichwort *How VAT applies if you import or export a personal vehicle*. Das Formular *VAT 415* erhalten Sie auch über ► www.gov.uk, Navigationspfad *Driving, transport and travel/Car tax and tax discs*, Stichwort *Importing vehicles into the UK/VAT, duty and tax.*

Zulassung eines mitgebrachten Fahrzeugs

Ihren nach Großbritannien überführten **privaten Gebrauchtwagen** müssen Sie bei der *Driver and Vehicle Licensing Agency (DVLA)* anmelden. Die für Sie zuständige Zweigstelle finden Sie unter ▸ www.gov.uk/dvla-offices. Neben der Erstregistrierungsgebühr in Höhe von £ 55 benötigen Sie folgende Unterlagen:

- Ausgefülltes *DVLA*-Formular *V55/5* (neues Fahrzeug: *V55/4* plus *V267;* Nachweis *HMRC* über *VAT*-Zahlung)
- Fahrzeugpapiere
- Nachweis über den Erwerb des Fahrzeugs (Rechnungen)
- *VCA Certificate* für die Umrüstmaßnahmen *(Mutual Recognition/Vehicle Type Approval)*
- Bei einem Neuwagen: das *VAT*-Formular des *HM Revenue & Customs*
- Reisepass
- Adressnachweis
- Zertifikat einer britischen Kfz-Versicherung *(Motor Insurance Certificate)*
- Die zu leistende Kfz-Steuer *(Vehicle Excise Duty (VED), car tax, road tax)*
- *MOT*-Nachweis (britischer TÜV), wenn das Fahrzeug älter als drei Jahre ist

Weitere Informationen zum Thema *Kfz-Versicherung* finden Sie im Kapitel 12 *Versicherungen* ab S. 183, Informationen zur Kfz-Steuer erhalten Sie im Kapitel 10 *Steuern und Sozialversicherungsbeiträge* ab S. 166, zum Thema *MOT* lesen Sie im Kapitel 6 *Autofahren* ab S. 97 weiter.

Die Bearbeitung Ihrer Meldung nimmt etwa vier bis sechs Wochen in Anspruch. In diesem Fall erhalten Sie von der *DVLA* zunächst ein *Number plate Authorisation Certificate (V948),* mit dem Sie britische Nummernschilder *(number plates, licence plates)* anfertigen lassen können. Registrierte Anbieter finden Sie über ▸ www.gov.uk, Navigationspfad *Driving, transport and travel/Number plates and vehicle registration* unter dem Stichwort *Displaying number plates.* Ist der Prozess abgeschlossen, erhalten Sie ein *Vehicle Registration Certificate V5C (logbook),* das Sie als Fahrzeughalter ausweist.

Abmeldung Ihres Autos im Heimatland

Nach Erhalt der britischen Kennzeichen müssen Sie Ihr Auto umgehend in Ihrem Heimatland abmelden. Dies erfolgt über die dortige Zulassungsstelle. Je nach lokaler Regelung können Sie jemanden vor Ort bitten, dies für Sie zu übernehmen. Für die Abmeldung benötigt diese Person Ihren Fahrzeugschein (Zulassungsbescheinigung Teil I), Fahrzeugbrief (Zulassungsbescheinigung Teil II), die Kennzeichenschilder und mancherorts eine schriftliche Vollmacht. Alternativ können Sie einen Zulassungsdienst beauftragen, den Sie online beispielsweise über ▸ www.zulassungsdienst.info ausfindig machen können.

Es kann vorkommen, dass die lokale *DVLA* bei der Registrierung Ihres Autos Ihre bisherigen Zulassungspapiere einbehält und selbst in Ihr Heimatland zurücksendet, beispielsweise an das Kraftfahrt-Bundesamt in Flensburg. In diesem Fall müssen Sie nur noch die Kennzeichen an Ihre frühere Zulassungsstelle senden.

Eine weitere Alternative ist, Ihr Auto bereits vor Ihrem Umzug nach Großbritannien abzumelden und mit einem maximal ein Jahr gültigen Ausfuhrkennzeichen zu exportieren. Dieses müssen Sie rechtzeitig bei Ihrer Zulassungsstelle beantragen. Weitere Informationen erhalten Sie dort.

Ab- und Anmelden

Mit Ihrem Wegzug müssen Sie sich an Ihrem Heimatort abmelden. Vielerorts ist dieser bürokratische Schritt bereits vollständig online möglich, zumindest können Sie die entsprechenden Formulare vorab herunterladen, ausfüllen und mit der Post senden. In Deutschland sollte dies innerhalb von sieben Tagen geschehen, in Österreich innerhalb von drei Tagen vor bis drei Tagen nach dem Umzug. In der Schweiz variiert die Regelung je nach Gemeinde. Künftigen Auslandschweizern wird empfohlen, sich bei der Schweizer Vertretung in Großbritannien anzumelden.

Für Ihre Ausweisdokumente, wie beispielsweise die Eintragung Ihres neuen Wohnortes oder eine Verlängerung, ist nun Ihre Auslandsvertretung (Botschaften, Konsulate) in Großbritannien zuständig.

In Großbritannien gibt es dagegen **kein Meldewesen**. Allerdings müssen Sie sich mit Ihrem ersten britischen Wohnsitz für die Zahlung der *council tax* in der Stadtverwaltung registrieren lassen. Weitere Informationen dazu finden Sie im Kapitel 10 *Steuern und Sozialversicherungsbeiträge* ab S. 166.

Adressnachweis und *postcode*

Da es in Großbritannien kein Meldewesen und auch keine Personalausweise mit eingetragener Adresse gibt, fordern Behörden und Unternehmen bei Vorgängen aller Art von ihren Kunden einen Adressnachweis *(proof of adress, proof of residence).* Dazu müssen Sie eine aktuelle Rechnung eines Versorgungsleisters für Strom, Wasser, Gas oder Telefon *(utility bill)*, der Stadtverwaltung *(council tax bill)*, Kontoauszüge *(bank statements)* oder einen britischen Führerschein vorlegen können. Es ist daher unbedingt empfehlenswert, dass Sie sich mit Ihrem Partner oder Ihren Mitbewohnern immer gemeinsam bei den Versorgungsleistern und/oder für die *council tax* anmelden, damit jeder bei Bedarf über einen Adressnachweis verfügt.

Namen richtig angeben

Es ist tatsächlich manchmal eine kleine Herausforderung, sicherzustellen, dass in offiziellen Dokumenten der eigene ausländische Name korrekt angegeben wird. Sie werden gefragt nach:

initials – Initialien, gebildet aus Ihrem vollständigen Namen
first initial – Anfangsbuchstabe Ihres Vornamens
first name/forename/Christian name/given name – Vorname
surname/family name/last name – Nachname
middle name – Briten haben häufig einen Mittelnamen. Im deutschsprachigen Raum gibt es die Führung eines Mittelnamens nicht. Mehrere Vornamen dürfen Sie daher nur unter *first name/forename/Christian name/given name* angegeben.

Postcode

Genauso wichtig ist im täglichen Leben der *postcode* Ihrer Adresse, den Sie einfach immer parat haben sollten. Die ersten beiden Buchstaben stehen für die Region, die nachfolgende Zahlen- und Buchstabenkombination für ein Gebiet. Meist teilen sich nur wenige Straßen oder nur einige Häuser denselben *postcode*. Bei jeder Bestellung, bei jeder Nennung Ihrer Adresse in Geschäften oder bei Behörden wird man Sie als erstes nach Ihrem *postcode* fragen. Das Computersystem spuckt dann alle Adressen aus, die in diesem *Postcode*-Bereich liegen. Geben Sie dann noch Ihre Hausnummer an, erfolgt die vollständige Adressangabe automatisch. Gleiches gilt für die Nutzung eines Navigationsgeräts im Auto.

Wasser, Strom und Gas

Einige Wochen vor Ihrem Einzug in Ihre neue Wohnung in Großbritannien sollten Sie sich um Wasser, Strom und Gas *(utilities)* kümmern – sofern Sie nicht Verträge des Vormieters/Vorbesitzers übernehmen.

Wasser beziehen Sie über die lokalen Stadtwerke. Achtung: In älteren Häusern fehlt häufig ein Wasserzähler. Der Wasserverbrauch wird über Schätzwerte abgerechnet. In den meisten Fällen können Sie jedoch einen Wasserzähler kostenlos einbauen und damit Ihren Verbrauch genauer abrechnen lassen. **Gas- und Stromanbieter** können Sie in Großbritannien frei wählen, es sei denn, Ihre Mietwohnung ist bereits vertraglich an einen Anbieter gebunden. Praktische Online-Konten machen eine stetige Kontrolle Ihres Verbrauchs möglich.

Etwa alle ein bis zwei Jahre kommt jemand von den jeweiligen Versorgungsleistern vorbei, um Ihren Verbrauch abzulesen. Sie können die Werte aber auch regelmäßig selbst ablesen und telefonisch, online oder per SMS *(to text)* übermitteln. So stellen Sie sicher, dass Sie keine überhöhten Schätzwerte vorauszahlen müssen.

Anbieter online wechseln

Um die besten Strom- und Gastarife herauszufinden, bietet sich ein Vergleich über eine von der Verbraucherorganisation *Consumer Focus* anerkannte Webseite an. Diese finden Sie unter ► www.consumerfocus.org.uk, Navigationspfad *Consumer information/Energy/Switching energy providers.* Oder gehen Sie beispielsweise direkt zu:
► www.ukpower.co.uk
► www.uswitch.com
► www.simplyswitch.com

Falls Sie Heizöl oder andere Heizstoffe benötigen, informieren Sie sich beim Hauseigentümer oder Makler, wie Sie diese vor Ort am günstigsten beschaffen. Auch im Internet werden Sie über spezielle Preisvergleichsdienste und Gemeinschaftsaktionen fündig werden, z. B. ► www.boilerjuice.com.

Müllentsorgung und Recycling

Mülltrennung ist in Großbritannien – vor allem wegen zunehmender EU-Auflagen – in den vergangenen Jahren zu einem aktuellen Thema geworden. Sie benötigen daher – sofern noch nicht vorhanden – eine Mülltonne *(wheelie bin)* für den Hausmüll *(landfill waste bin),* mindestens eine für Recycling-Müll *(recycling bin)* und bei Bedarf eine weitere Tonne oder Mülltasche für Gartenabfälle *(garden waste bin/bag).* In die Recycling-Tonne gehören im Großen und Ganzen alle Papier-, Metall- und Kunststoffverpackungen, auch Plastikflaschen, da es in Großbritannien kein Pfandflaschensystem gibt. Die Farben der Tonnen sowie der Rhythmus der Müllabholung variieren von Stadt zu Stadt. Alle Mülltonnen können Sie kostenpflichtig bei Ihrer Stadtverwaltung *(council)* bestellen.

Sperrmüll können Sie entweder gegen Gebühr abholen lassen oder zu einem Wertstoffhof *(recycling center, tip)* fahren. Auch private Unternehmen bieten Entsorgungen an.

Gut zu wissen: In vielen Orten ist eine Art ›Müllpolizei‹ unterwegs, die falsch gefüllte Tonnen und weitere Vergehen aufspürt und entsprechende Strafzettel ausstellt.

Fernsehen

Für die Nutzung jeglicher Geräte zum Empfang staatlicher wie auch privater Fernsehprogramme benötigen Sie eine sogenannte ***TV licence.*** Nur wenn Sie lediglich *catch-up-services* im Internet nutzen, also dort bereits gesendete Sendungen sehen, oder nur DVDs anschauen (im DVD-Spieler dürfen keine Fernsehsender eingestellt sein) oder Ihren Fernseher nur für Videospiele verwenden, benötigen Sie keine Anmeldung.

Pro Haushalt reicht eine Lizenz für alle dort lebenden Personen und vorhandenen Geräte sowie für mobile Geräte (Laptop, Handy), die auch außerhalb der Wohnung genutzt werden dürfen, aus. Eine *TV licence* kostet ca. £ 145 pro Jahr und muss jährlich erneuert werden. Vergünstigungen gelten für bestimmte Personengruppen. Weitere Informationen finden Sie unter ▶ www.tvlicensing.co.uk.

Fernsehen empfangen Sie in Großbritannien seit 2012 nur noch **digital**, d.h. Sie benötigen ein digitalfähiges Gerät oder eine zusätzliche *digital box*. Weitere Informationen finden Sie unter ▶ www.digitaluk.co.uk.

Des Weiteren können Sie diverse **Set-Top-Systeme** für einen qualitativ höherwertigen Empfang aller gängigen Kanäle *(freeview),* zusätzlicher kostenpflichtiger Kanäle *(topup TV)* sowie für *TV on demand-,* Aufzeichnungs- und Abspielfunktionen erwerben. Zu den bekanntesten Anbietern zählen in Großbritannien *Sky, Virgin Media, BT Vision (British Telecom).* Für *Sky* wird am Haus eine Satellitenschüssel angebracht, *Virgin Media* ist über Kabel und *BT Vision* über *BT Broadband* (Telefonleitung) zu empfangen, sofern in Ihrer Gegend vorhanden. Dies lässt sich über die entsprechenden Webseiten der Anbieter prüfen. Ohne Vertragsbindung ist *Freesat* erhältlich, wenn Sie eine Box und eine Satellitenschüssel erwerben. Relativ neu am Markt ist *YouView,* eine Box, die Zugang zu allen *Freeview*-Kanälen, aber auch zu Catch-up-Playern (Siehe dazu S. 285 im Kapitel 18 Medien) bietet.

Die jeweiligen Angebote sollten Sie genau und kurzfristig studieren, da mit dem Fernsehempfang meist auch Angebotspakete für preiswerte Telefon- und Internetanschlüsse verknüpft sind.

Deutsche Fernsehsender können Sie über eine separate Satellitenschüssel, ausgerichtet auf *Astra 19.2 east,* empfangen. (Mehr dazu lesen Sie im Kapitel 18 *Medien* auf S. 290.)

DVD-Verleih

Möchten Sie Filme auf DVD anschauen, nutzen Sie eine der vielen DVD-Verleihe, die es mittlerweile auch als reinen Online-Service mit Postversand oder Downloadoption *(on demand)* gibt, z. B. ► www.lovefilm.com oder ► www.blockbuster.co.uk. Ohne monatliches Abo funktionieren die reinen *On-Demand*-Anbieter ► www.blinkbox.com und ► www.netflix.com.

Telefon und Internet

Der Anbietermarkt für Telefon und Internet ist ein wahrer Dschungel. Preise ändern sich sehr kurzfristig, und wer immer den besten Deal haben möchte, wird mehrfach wechseln. Neben den oben genannten Anbietern *BT, SKY* und *Virgin Media,* gibt es in Großbritannien unter anderen die folgenden großen Kommunikationsgesellschaften: *Orange, O2, Primus, Plusnet, TalkTalk, Tesco, AOL* und *greenbee.* Auch über die Post können Sie einen Telefon- und Internetanschluss erhalten.

Günstig ins Ausland telefonieren

Je nach Auslandstarifen Ihrer Telefongesellschaft kann es lohnenswert sein, über einen Discount-Anbieter mit Verwandten und Freunden daheim zu telefonieren: Die günstigste Vorwahlnummer finden Sie beispielsweise hier: ► http://callchecker.moneysavingexpert.com/intcallchecker. Kostenlos telefonieren Sie per Skype (► www.skype.com)

Gleichermaßen unübersichtlich ist der Markt für **Mobiltelefonie**. Auch hier gilt es, Angebote bestmöglich miteinander zu vergleichen und vor allem langfristige Verträge und flexible *Pay-as-you-go*-Angebote einander gegenüberzustellen. Zu den größten Mobilfunkanbietern in Großbritannien zählen *Orange, O2, T-Mobile, Vodafone, Talkmobile, 3Mobile, Tesco Mobile, Virgin Mobile* und *Lebara.*

Tarifvergleiche im Internet

Aktuelle Telefon- und Internetpakete können Sie über Angebotsvergleichsseiten im Internet prüfen. Zu den bekanntesten Webseiten gehören:

- www.confused.com
- www.comparethemarket.com
- www.moneysupermarket.com
- www.gocompare.com
- www.which.co.uk

Aufnahme ins Telefonbuch

Das Telefonbuch *(phone directory)* wird in Großbritannien von der *British Telecom* angelegt. Bei jeder Vertragsunterzeichnung mit einem Kommunikationsanbieter können Sie in der Regel auswählen, in Telefonverzeichnisse aufgenommen zu werden oder nicht.

Persönliche Sicherheit

So manche Sicherheitsfragen können sich in Großbritannien stärker auswirken als Sie es aus Deutschland, Österreich oder der Schweiz vielleicht gewohnt sind.

Einbruchsicherung

Weil die meisten Fenster keine Rollläden haben und viele schwach gesicherte Haus- und Terrassentüren Einbrechern nicht trotzen können, sind **Alarmanlagen** in Großbritannien nicht nur für große Villen üblich. Generell wird zwischen Alarmsystemen unterschieden, die lediglich einen Sirenenalarm auslösen, und solchen, die mit einer Überwachungsstelle verbunden sind. Diese wird im Ernstfall zunächst Sie, dann eine von Ihnen benannte Vertrauensperson mit Schlüsseln *(keyholder)* und gegebenenfalls auch die Polizei alarmieren. Möchten Sie niemanden aus Ihrem Bekanntenkreis mit der Aufgabe des *keyholder* betrauen, gibt es Sicherheitsfirmen, die diesen Service übernehmen. Alarmanlagen sind kostspielig, reduzieren jedoch auch die Prämie Ihrer Hausratsversicherung (Weitere Informationen finden Sie im Kapitel 12 *Versicherungen* ab S. 182).

Weitere **Sicherheitsmaßnahmen**, die Sie je nach Höhe der Kriminalitätsrate in Ihrer Region (diese können Sie in England und Wales unter

▶ www.police.uk nachschauen) ergreifen können, sind zusätzliche Schlösser an Türen und Fenstern sowie eine automatische Außenbeleuchtung. Werfen Sie einen Blick auf weitere Schwachstellen Ihres Hauses. So können Einbrecher beispielsweise mit einer Eisenstange leicht durch den Briefschlitz in der Haustür – externe Briefkästen sind in Großbritannien eher die Ausnahme – die Klinke einfach herunterdrücken oder den im Schloss steckenden Schlüssel herumdrehen. Mit starken Magneten können sie zudem durch den Briefschlitz in Türnähe liegende Schlüssel herausangeln.

Sofern vorhanden, treten Sie auch mit der ***Neighbourhoodwatch***-Gruppe in Ihrer Straße in Verbindung: Nachbarn organisieren gemeinsam mit der Polizei Präventionsmaßnahmen, um die Kriminalität in ihrem Umfeld zu senken. Weitere Informationen finden Sie unter ▶ www.ourwatch.org.uk.

Rauch- und Kohlenmonoxidmelder

Die meisten Häuser und Wohnungen sind mit Rauch- und Kohlenmonoxidmeldern ausgestattet. In Anbetracht von Gasboilern und elektrischen Geräten älteren Datums sind diese Vorsichtsmaßnahmen unbedingt empfehlenswert. Prüfen Sie regelmäßig, ob alle Melder funktionieren und wechseln Sie die Batterien rechtzeitig.

Nachts auf der Straße

Nachts unterwegs können Sie sich in britischen Städten genauso sicher oder unsicher fühlen wie in anderen europäischen Städten. Beachten Sie aber in London, dass es einige ethnisch geprägte Viertel gibt, in denen Menschen jeweils anderer Herkunft oder Hautfarbe nicht gerne gesehen sind.

Wichtig zu wissen ist auch, dass in Großbritannien Pfefferspray, Schreckschusspistolen und Messer mit einer Klinge, die länger als 7 cm ist, unter das Waffengesetz fallen. Sie dürfen also ohne speziellen Waffenschein nicht mitgeführt werden.

Betrugsmaschen am Telefon

Ausgefeilte Betrugsversuche *(scams)* über das Telefon sind in Großbritannien an der Tagesordnung. Ob angebliche Computerprobleme, Gewinne oder eine Schadenersatzzahlung, weil Ihr Auto in einen Unfall verwickelt gewesen sein soll: Letztlich versuchen die Anrufer, Sie entweder zu einer Zahlung zu bewegen oder Ihre Daten zu erlangen. Neben Call-Centern am anderen Ende der Welt werden häufig auch automatische Ansagen *(dialler)* eingesetzt.

Generell ist es Unternehmen in Großbritannien untersagt, Privatpersonen ohne deren Einverständnis anzurufen. Auf dieser gesetzlichen Grundlage gibt es die Möglichkeit, sich in ein ***Telephone Preference Service Register*** (► www.tpsonline.org.uk) eintragen zu lassen. Den nächsten Anrufer können Sie dann mit den Worten: ›*This is a TPS subscribed number*‹ abschrecken.

Identitätsmissbrauch

Weil es in Großbritannien kein Meldewesen gibt, ist Identitätsmissbrauch *(identity theft)* einfacher als in vielen anderen Ländern. Prüfen Sie daher Ihre Kontoauszüge und Kreditkartenabrechnungen besonders genau. Hinweise auf Identitätsbetrug sind auch, wenn Ihnen unbekannte Rechnungen ins Haus flattern oder Ihr Kreditkartenantrag plötzlich abgelehnt wird, weil Sie zu viele andere Kredite offen haben.

Bei Verdacht auf Identitätsbetrug sollten Sie umgehend die Polizei kontaktieren. Sie erhalten ein Aktenzeichen, das Sie Banken, Kreditkartengesellschaften und anderen Unternehmen vorlegen können. Kontaktieren Sie die Post, falls Sie das Gefühl haben, dass Sie Ihre gewohnten Rechnungen nicht mehr erhalten. Nutzen Sie die Unterstützung durch den *Protective Registration Service* der *UK Fraud Prevention Services:* ► www.cifas.org.uk.

Um sich vor Identitätsbetrug zu schützen, sollten Sie Rechnungen und Kontoauszüge **schreddern**, bevor Sie sie in den Müll werfen. Denken Sie daran, dass jemand eine aus der Mülltonne gefischte Stromrechnung als Adressnachweis verwenden kann.

Wie in Großbritannien üblich, sollten Sie auch **kein Namensschild an der Haustür** befestigen und sich am Telefon einfach mit ›*Hello?*‹ melden. Nennen Sie außerdem Ihr **Geburtsdatum** nur äußerst vertrauenswürdigen Personen und Unternehmen. Achten Sie besonders online und am Telefon darauf, wem Sie Ihre persönlichen Daten geben. Bei einem Umzug sollten Sie unbedingt dafür sorgen, dass Ihre Post nachgesendet wird. Und nach einem Einbruch gilt es zu kontrollieren, ob die Einbrecher möglicherweise nicht nur Ihre Wertsachen, sondern auch an Sie adressierte Dokumente mitgenommen haben?

Weitere Informationen zum Thema Identitätsbetrug finden Sie unter ► www.identitytheft.org.uk.

Schnee räumen?

Wie von zu Hause gewohnt, werden Sie im Winter vielleicht Schnee schippen wollen. Aber Vorsicht: In Großbritannien ist die Gesetzeslage anders als in Deutschland, Österreich und der Schweiz, wo jeder Bürger für den Bereich vor seinem Haus verantwortlich ist. Hier ist die Stadtverwaltung für den gesamten Straßenraum zuständig und Sie können – theoretisch zumindest – zur Verantwortung gezogen werden, wenn Sie am Straßenrand Schnee anhäufen, der andere möglicherweise behindert.

Bei besonders harten Wintern sollten Sie sich gegebenenfalls bei Ihrer Stadtverwaltung informieren, was zu tun ist. Mancherorts wird zur solidarischen Nachbarschaftshilfe aufgerufen. Dann wird gemeinsam geschippt und gestreut. Wobei Sie nur in den wenigsten Gemeinden Streusplit *(grit)* finden werden und am Ende auf Kochsalz aus dem Supermarkt zurückgreifen müssen.

Auf Ihrem Privatgrund sieht die Sache anders aus. Hier sind Sie dafür verantwortlich, dass sich Besucher auf dem Weg zu Ihrer Haustür sicher bewegen können.

Gefährliche Tiere und Pflanzen

London und viele andere Städte weisen eine hohe Zahl an **Füchsen** auf, die sich an Menschen gewöhnt haben und tags wie nachts auf Straßen, in Hinterhöfen und in Gärten streunen. In einigen Gegenden kann es daher ratsam sein, kleine Kinder nicht unbeaufsichtigt im Garten spielen zu lassen, draußen lebende Haustiere zu schützen oder in lauen Sommernächten nicht mit offener Terassentür zu schlafen. Bisher sind Füchse in Großbritannien tollwutfrei. Die meisten Stadtfüchse greifen Menschen nicht an, leider zeugen Medienberichte aber immer wieder von traurigen Ausnahmen.

Daneben sei auf giftige **Klapperschlangen** *(adders)* hingewiesen, die sich in einigen Regionen in Wiesen und Wäldern tummeln. Nach einem Schlangebiss müssen Sie sofort ein Krankenhaus aufsuchen. Es gibt außerdem Spinnen, die zu ihrer Selbstverteidigung beißen. Diese *false black widows* sind aber nicht wirklich gefährlich.

In **Küstenregionen** werden Sie auf weitere Lebewesen stoßen, mit denen Sie vielleicht nicht gerechnet haben. Dazu zählen neben Haien *(sharks)* und Walen *(whales)* draußen im offenen Meer beispielsweise metergroße Quallen *(jellyfish)* oder portugiesische Galeeren aus der Gattung der Seeblasen *(Portuguese Man o' Wars)*, die an den Strand geschwemmt werden und Menschen teils bedrohliche und sehr schmerzhafte Bisse zufügen können.

Tatsächlich gibt es auch eine besonders erwähnenswerte Pflanze: Der Japanische Staudenknöterich *(Japanese knotweed)*, eine in Großbritannien verbreitete **Invasionspflanze**, kann ganze Hauswände und Fundamente zerstören. Letztlich müssen betroffene Häuser abgerissen werden.

Kapitel 5

Geldfragen

Seit der jüngsten Finanzkrise befindet sich der britische Bankensektor im Wandel, sodass sich Namen sehr schnell ändern können. Zu den Banken mit den meisten Filialen für das Privatkundengeschäft, den sogenannten *high street banks,* zählen derzeit *Barclays, Lloyds TSB, Santander, HSBC, Halifax, NatWest* und die *Royal Bank of Scotland (RBS).* Daneben expandiert die neugegründete *Metro Bank.* Ähnlich wie im deutschsprachigen Raum gibt es auch in Großbritannien Bausparkassen *(building societies),* z. B. *Nationwide,* die neben herkömmlichen Bankprodukten vor allem auf Hypotheken spezialisiert sind. Außerdem sind reine Internetbanken wie *Firstdirect, Virgin Money* oder *ING Direct* sowie regionale Banken, Bausparkassen und Genossenschaftsbanken *(credit unions)* am Markt vertreten. Selbst Handelsketten sind im Bankgeschäft tätig, wie die *Co-operative Bank,* die *Sainsbury's Bank* oder die *Tesco Bank.* Und auch die Post führt für Sie ein Sparkonto oder gibt Ihnen einen Kredit.

Im Allgemeinen sind britische Filialbanken sehr serviceorientiert, zuweilen aber auch sehr bürokratisch. Wer keine Zeit hat, zu regulären Öffnungszeiten in einer Filiale vorbeizuschauen, kann sich über die Webseiten vieler Banken einfach per Chat mit einem Kundenberater unterhalten. Zahlungsvorgänge lassen sich über Selbstbedienungs-Terminals in der Bank durchführen. Vieles können Sie jedoch auch einfach über Online-Banking erledigen, sobald die ersten bürokratischen Hürden einer Kontoeröffnung genommen sind.

Konto eröffnen

Für einen langfristigen Aufenthalt in Großbritannien ist ein britisches Bankkonto unabdingbar, allein schon wegen der möglichen Wechselkursverluste, die Sie bei jeder Nutzung des Kontos Ihrer Heimatbank einkalkulieren müssen. Bei einer britischen Bankfiliale erstmals ein Girokonto *(current account)* zu eröffnen, ist jedoch für Neuankömmlinge nicht immer einfach. Denn grundsätzlich benötigt man dafür einen Adressnachweis (Mehr dazu ab S. 70) des inländischen Wohnsitzes und teilweise sogar die Adresse(n) der vergangenen drei Jahre. Häufig ist jedoch ein Bankkonto Voraussetzung, um einen Mietvertrag unterschreiben zu können. Da beißt sich die Katze in den Schwanz.

Eine Ausweichmöglichkeit bieten spezielle **Expat-Konten**, die mit ausländischer Adresse und einem gültigen Pass eröffnet werden können. Allgemein bekannt sind der gebührenpflichtige *HSBC Passport Account* und das *Premier International Account* der *Lloyds TSB Bank*. Für letzteres ist jedoch ein jährliches Bruttoeinkommen in Höhe von £ 50.000 oder eine einmalige Einlage von £ 25.000 notwendig. Barclays akzeptiert nach eigenen Angaben für ein simples Standardkonto ohne besondere Zusatzleistungen einen ausländischen Personalausweis als einzigen Adressnachweis, sofern alle anderen Angaben zufriedenstellend ausfallen.

Nach persönlichen Erfahrungsberichten von Ausländern in Großbritannien gibt es je nach Internationalität eines Wohnortes durchaus Zweigstellen aller anderen Banken, die sich mit Adressnachweisen flexibler zeigen. Manchmal hilft es, nach einem *basic account* zu fragen, das keinen Disporahmen *(overdraft)* und auch keine Kreditkarte bietet. Auch kann es von Vorteil sein, dezent anzudeuten, dass man sich in der Zukunft als gewinnbringender Kunde erweisen wird: Fragen Sie also nicht nur nach einem Konto, sondern auch nach Sparprodukten und Investmentbanking.

Sofern der Adressnachweis für Sie kein Problem darstellt und Sie unter allen kostenlosen wie kostenpflichtigen Kontoangeboten am Markt auswählen können, sollten Sie im ersten Schritt darauf achten, welche zusätzlichen Gebühren für Einzelleistungen anfallen können, z. B. wenn Sie Ihr Konto überziehen oder einen Scheck einlösen möchten. Werfen Sie dann einen genauen Blick darauf, mit welchen Serviceleistungen ein Konto verknüpft ist: Von diversen Versicherungen (Reise-, Pannen- und Handyversicherung) bis hin zu Gutscheinen und Vergünstigungen aller Art (Freizeitparks, Bücher und Restaurants) – wie auch überall sonst in Großbritannien sind Kombinationsangebote sehr beliebt. Entscheiden Sie daher bewusst, was Sie wirklich benötigen und wofür Sie gegebenenfalls unnötig extra zahlen.

Ist Ihr Konto einmal eröffnet, erhalten Sie

- für den **inländischen Zahlungsverkehr**:
  - Kontonummer *(account number)*
  - Bankleitzahl *(branch sort code)*

- für den **internationalen Zahlungsverkehr**:
  - Internationale Bankkontonummer *(International Bank Account Number, IBAN)*
  - Internationale Bankleitzahl *(Bank Identifier Code, BIC)*

- für das **Online-Banking**:
  - Benutzer-/Identifikationsnummer *(User ID, customer number, membership number)*
  - Passwörter, PIN-Nummern *(passwords, passcodes, PINs)*
  - TAN/PIN-Generator *(pin code generator)*
  - Chipkartenleser *(card reader)*
  - Kontoaktivierungshinweise

- für **Barzahlungen und Aufträge am Schalter**:
  - Scheckbuch *(chequebook)*
  - Einzahlungsbuch *(paying-in book)* mit
    - *Bank giro credits (BGC):* Wenn Sie oder eine andere Person Bargeld oder Schecks auf Ihr Konto einzahlen möchten.
    - *Withdrawal forms:* Wenn Sie Geld von Ihrem Konto abheben möchten.
    - *Transfer forms:* Wenn Sie Geld von einem Konto zu einem anderen Konto transferieren möchten.

Geld nach Großbritannien transferieren

Überweisungen in Euro von Deutschland/Österreich/Schweiz nach Großbritannien werden nach den *SEPA*-Vereinbarungen *(Single Euro Payment Area)* bis zu einer Höhe von € 50.000 wie Inlandsüberweisungen behandelt – vorausgesetzt Sie geben in der Vorlage ›EU-Standardüberweisung‹ den *Bank Identifier Code (BIC)* und die *International Bank Account Number (IBAN)* an.

Daneben gibt es noch weitere Möglichkeiten, Geld nach Großbritannien zu transferieren, z. B. über Transfergesellschaften wie *Western Union* oder Online-Zahlungssysteme (z. B. *PayPal* oder *Skrill*). Regelmäßige Auslandszahlungen oder hohe Einmalzahlungen, die einen Währungstausch erfordern, können Sie zudem bei internationalen Devisenhändlern, sogenannten *foreign exchange brokern,* in Auftrag geben. Dort werden Sie entsprechend beraten. Auch mit aufgeladener Sparkarten oder EC-Karte Ihrer Heimatbank können Sie in Großbritannien oft kostenlos Geld am Geldautomaten abheben. Aber achten Sie auf mögliche Wechselkursverluste!

Online-Banking

Online-Banking ist in Großbritannien die Norm. Bei den meisten Banken erhalten Sie einen persönlichen Code-Generator, ein scheckkartengroßes

Gerät *(pin code generator)*, der nach Eingabe einer Nummer eine weitere Geheimzahl für das Online-Login generiert. Bei manchen Geräten müssen Sie zudem Ihre Bankkarte einschieben *(card reader)*. Daneben benötigen Sie meist eine von der Bank vergebene Benutzernummer und Ihr Geburtsdatum.

Gut zu wissen: Bei britischen Online-Systemen werden Sie oft nicht nach der Eingabe Ihrer vollständigen Geheimzahl gefragt, sondern nur nach einzelnen Stellen, also z. B. nach der sechsten, der dritten und der achten Stelle. Da ist oft eine hohe Konzentrationsleistung gefragt!

Innerhalb Ihres Online-Kontos können Sie alle gängigen Transaktionen durchführen, verwalten und einsehen:

- Überweisungen *(make a payment)*
- Blitzüberweisungen *(faster payment service)*
- Lastschriftverfahren *(direct debit)*
- Daueraufträge *(standing orders)*
- Kartenzahlungen verfolgen *(recent transactions)*
- Guthaben auf Sparkonten transferieren *(transfer money)*
- Kontoauszüge einsehen *(statements)*

Darüber hinaus können Sie über Ihr Online-Konto weitere Finanzdienstleistungen nutzen und mit wenigen Klicks zusätzliche Konten eröffnen und Karten beantragen, eine Versicherung abschließen oder einen Kredit aufnehmen.

Einzugsermächtigung erteilen

Im Alltag werden Sie Versorgungsleistern und anderen Unternehmen eine Einzugsermächtigung für Ihr Konto erteilen. Für dieses Lastschriftverfahren *(direct debit)* erhalten Sie ein Formular mit dem Titel *Instruction to your bank or building society to pay by Direct Debit*. Zum Ausfüllen benötigen Sie die vollständige Postanschrift (!) Ihrer Bank, Ihre Kontonummer *(bank account number)* und die Bankleitzahl *(branch sort code)*.

Pingit

Barclays bietet ihren eigenen wie auch bankfremden Kunden eine App *(Pingit)* für das Smartphone an: In Sekundenschnelle kann damit kostenlos Geld überwiesen oder empfangen werden. Voraussetzungen sind eine britische Handynummer und ein britisches Bankkonto. Weitere Banken dürften in Kürze ähnliche Anwendungen auf den Markt bringen.
► www.barclays.co.uk/pingit

Zahlungsmittel

Briten zahlen fast überall mit Plastikgeld. Bargeld und Schecks stehen erst an zweiter Stelle. Alle Debit- und Kreditkarten sind mit Chip und vierstelliger PIN-Nummer *(Chip & PIN)* versehen, Sie werden also in Geschäften nicht nach Ihrer Unterschrift gefragt. Schieben Sie Ihre Karte an der Kasse selbst in das Ihnen zugewendete Kartenlesegerät ein und folgen Sie den Anweisungen auf dem kleinen Bildschirm. Auch in Restaurants sind fast überall mobile Kartenlesegeräte im Einsatz, die Ihnen bei Zahlung mit Karte an den Tisch gebracht werden.

Bank- und Debitkarten

Mit Ihrem Girokonto erhalten Sie eine Bankkarte *(cash card, bank card, client card)* und eine Debitkarte *(debit card)* mit Chip und PIN-Nummer. Mit beiden Karten – manchmal erhalten Sie auch nur eine Kombi-Karte– können Sie am Geldautomaten *(automated teller machine, ATM)* Ihrer Bank kostenfrei Bargeld abheben. Ebenfalls nutzen können Sie Verbundautomaten, die klar beschriftet sind, welche Banken eine kostenlose Abhebung erlauben. Auch Geldautomaten der Post wie auch der dortige Schalterservice, um Geld abzuheben oder einzuzahlen (bar oder Scheck), sind für die Kunden der meisten *High-street*-Banken kostenfrei. Mit Ihrer Debitkarte können Sie zudem in Geschäften zahlen. Die Abbuchung von Ihrem Konto erfolgt wenige Tage später.

Die meisten Debitkarten britischer Banken gehören einem der internationalen **Debitsysteme** wie Maestro, MasterCard oder VISA Electron an. Sie sind wie bei einer Kreditkarte vor Missbrauch und Kartenbetrug *(fraud)* weitestgehend geschützt. Bei Käufen im Internet werden Sie daher häufig aufgefordert, zusätzlich ein zuvor festgelegtes Passwort für Ihre Karte einzugeben. Die EC Maestro Card Ihrer Heimatbank wird in den meisten Geschäften nicht angenommen.

In einigen Supermarktketten wird Ihnen an der Kasse ein ***cashback*** bis zu einer Höhe von £ 50 angeboten, wenn Sie mit Debitkarte zahlen. Sie können also mehr als die Summe für Ihre Einkäufe abbuchen lassen und erhalten die Differenz in bar zurück. Damit haben Sie sich den Weg zum Geldautomaten gespart.

Kreditkarten

Mit einer Kreditkarte *(credit card)* können Sie in Großbritannien so gut wie überall bezahlen – auch kleine Summen. Es ist ganz normal, nur einen Becher Kaffee oder die Parkhausgebühr mit der Kreditkarte zu zahlen.

Eine Kreditkarte mit Chip und PIN erhalten Sie bei Ihrer Bank oder auch bei diversen anderen Anbietern. Meist handelt es sich dabei um Visa- oder MasterCard-Verträge. American Express ist wenig empfehlenswert, da die Karten vielerorts nicht genommen werden. Während das Kreditprinzip das Gleiche ist wie in Deutschland, Österreich oder der Schweiz, sind britische Karten häufig mit weiteren Serviceleistungen, Vergünstigungen, Versicherungen, Prämien- oder *Cashback*-Programmen (mit jedem Kauf sammeln Sie Punkte, die Ihnen als Bargeld wieder ausgezahlt werden) verknüpft. Suchen Sie daher nach dem für Sie günstigsten Paket und wägen Sie die angebotenen Zusatzdienste sorgfältig gegen die jährlich anfallenden Gebühren, den Kreditrahmen und die Kreditzinsen ab. Vorsicht: Null-Prozent-Angebote sind meist nur für einen kurzen Zeitraum gültig, danach treten die meist sehr klein gedruckten Konditionen wie lange Mindestlaufzeiten oder hohe Kreditzinsen in Kraft.

Prinzipiell nutzen die meisten Briten mehrere Kreditkarten parallel und es ist durchaus üblich, bei Zahlungsrückständen schnell eine neue Karte zu beantragen. Denn bei vielen Anbietern ist der Übertrag bestehender Schulden möglich und wird sogar mit Bonuszahlungen angepriesen. Nur weil weitere Kreditkarten leicht zu haben sind, ist dieses Vorgehen nicht ungefährlich. Die Verschuldungsspirale mit allen Konsequenzen dreht sich sehr schnell unkontrolliert nach oben.

Ein Dauereinsatz der deutschen Kreditkarte für das Leben in Großbritannien ist zum einen wegen zusätzlicher Auslandsgebühren und zum anderen wegen möglichen Wechselkursverlusten nicht zu empfehlen. Zudem prüfen viele Unternehmen, ob die Kundendaten mit denen der Kreditkarte übereinstimmen. Ist dies nicht der Fall, können Käufe im Internet oder auch das Online-Aufladen des Handyguthabens nicht per Kreditkarte gezahlt werden.

Prepaid-Kreditkarten

Eine Alternative zur Debit- oder Kreditkarte sind Prepaid-Kreditkarten: Sie erhalten eine Visa- oder Mastercard, die Sie mit Chip und PIN wie eine normale Kreditkarte weltweit verwenden können. Der einzige Unterschied ist, dass Sie keinen Kredit nutzen, sondern die Karte zuvor mit Guthaben aufladen müssen. Sie können also beim Shopping oder auf Reisen nicht über Ihr gesetztes Budget hinaus Geld ausgeben. Daneben sind Sie besonders gut bei Kartendiebstahl geschützt, da die Karte nicht direkt mit Ihrem Bankkonto verknüpft ist.

Schecks

Bankschecks *(cheques)* sind für bestimmte Zwecke ein oft genutztes Zahlungsmittel. So können Sie beispielsweise bei einer Bestellung per Post einen Scheck beilegen oder bei Kleinunternehmern, die keine Karten akzeptieren, bargeldlos bezahlen. Besuchen Sie einen Kurs, werden Sie beobachten, dass die meisten Teilnehmer einfach in der ersten Stunde einen Scheck über die anfallenden Kursgebühren abgeben. Das Zahlungsmittel Scheck soll bis 2018 abgeschafft werden, was bereits jetzt allgemein bedauert wird.

So füllen Sie einen Scheck korrekt aus

1. Tragen Sie in die oberste Zeile gleich nach ›*Pay*‹ den Namen des Empfängers ein.
2. Darunter folgt die Summe in Worten, abschließend mit ›*only*‹, z. B. ›*fifty eight pounds and seventy pence only*‹. (Halbvolle Zeilen sollten Sie durch einen Querstrich füllen.)
3. Schreiben Sie die Summe in Ziffern in das entsprechende Feld. Achten Sie auf die britische Zahlenschreibweise (Komma als Tausendertrennzeichen, Punkt als Trennung zu den Nachkommastellen): £ 58---70 oder £ 3,500---70. (Pfund- und Pence-Angaben sollten Sie durch einen Querstrich trennen.)
4. Falls nicht bereits vorgedruckt, fügen Sie zwischen zwei parallelen Querstrichen die Worte ›*Account Payee only*‹ ein. Dies bedeutet, dass der Scheck nicht in bar, sondern nur über das Konto des Empfängers eingelöst werden kann. Damit bleibt der Verbleib des Geldes verfolgbar.

Einen Musterscheck finden Sie unter **AiGB6**.

Steuerfreies *ISA*-Sparen

Britische Banken bieten eine Flut an Spar- und Investitionsmöglichkeiten, über die Sie sich am besten vor Ort informieren. Besonders erwähnenswert sind jedoch *Individual Savings Accounts (ISA),* die Steuerfreiheit genießen. Pro Finanzjahr (6. April bis 5. April des Folgejahres) dürfen Sie eine maximale Summe (2012/2013: £ 5.640) auf ein ***Cash-ISA*** einzahlen bzw. diese Summe über ein zusätzliches ***Stocks&Shares-ISA*** auf einen maximalen Gesamtwert (2012/2013: £ 11.280) aufstocken. Ihr Maximum dürfen Sie auch durch ein reines *Stocks&Shares-ISA* ausschöpfen.

Die über *ISA* generierten Zinsen und Gewinne müssen weder für die Einkommenssteuer noch für die Kapitalgewinnsteuer deklariert werden. Es gibt keine fixen Laufzeiten, sodass jederzeit Guthaben abgehoben werden kann.

Junior ISAs ermöglichen Eltern steuerfrei für ihre Kinder zu sparen. Pro Kind kann ein *Cash-* und ein *Stocks&Shares-ISA* geführt werden, die Grenze für Einzahlungen beträgt £ 3.600 je Finanzjahr. Das Geld darf erst ab dem 18. Geburtstag des Kindes in Anspruch genommen werden.

Bei allen anderen Sparprodukten werden erwirtschaftete **Zinsen und Gewinne auf Nettobasis**, also minus einer einbehaltenen Einkommenssteuer *(basic rate income tax)* ausgezahlt. Weitere Informationen finden Sie im Kapitel 10 *Steuern und Sozialversicherungsbeiträge* ab S. 156.

Eine weitere britische Besonderheit in Sachen Sparen sind die staatlich garantierten ***Premium bonds*** der *National Savings and Investments (NS&I)* des Finanzministeriums. Statt Zinszahlungen erhalten Sie jeden Monat die Chance, in einer Lotterie steuerfreie Bargeldpreise zu gewinnen: ► www.nsandi.com.

Einlagensicherung

Alle *High-street*-Banken sichern ihre Kundeneinlagen über das *Financial Services Compensation Scheme* ab. Dieses garantiert jedem Bankkunden, dass seine Einlagen bis zu einer Höhe von £ 85.000 erstattet werden, falls die Bank Pleite geht. Für Hypotheken, Investmentgeschäfte und Versicherungen gelten andere Höchstsätze, die Sie unter ► www.fscs.org.uk nachsehen können. Achtung: Für ausländische Banken, die in Großbritannien lediglich eine Niederlassung betreiben, können andere Vorschriften gelten.

Kredite

Einen Kredit aufzunehmen, ist in Großbritannien keine große Kunst. Die Angebote sind vielfältig und werden überall massiv beworben. Vorsicht vor den zahlreichen *money lenders* am Markt: Lesen Sie bei ad-hoc-Krediten unbedingt das Kleingedruckte.

Banken prüfen Ihre persönliche Kreditwürdigkeit, die als sehr gut bewertet wird, wenn folgende Faktoren zutreffen:

- Langfristiges Arbeitsverhältnis, regelmäßiges Einkommen oder solide selbstständige Tätigkeit
- Langjährige Postanschrift oder klar nachvollziehbare Adressänderungen

- Eintrag ins Wahlregister
- Regelmäßige Zahlungen von Kreditkarten-, Gas- und Stromrechnungen
- Eigenheimbesitzer
- Langjähriger Kunde einer Bank
- Zahlreiche bewilligte Kreditkarten

Sehr häufige Umzüge, nicht gezahlte Rechnungen, zurückgewiesene Kreditkartenanträge oder gar *CCJs* (*County Court Judgements;* Amtsgerichtsurteile wegen nicht gezahlter Schulden) und Zwangsvollstreckungen *(foreclosures)* wirken sich entsprechend negativ auf die Kreditwürdigkeit aus. Das heißt nicht unbedingt, dass ein Kredit verweigert wird. Aber der Kreditzins wird höher ausfallen.

Folgende Kreditarten für Privatpersonen sollten Sie kennen:

personal loans – Kredite über eine bestimmte Summe mit festem oder variablem Zinssatz

secured loans – Kredite, die mit einem Gegenwert gesichert werden. Das kann eine Immobilie, ein Auto oder auch eine Lebensversicherung sein. Durch die Absicherung fällt der Kreditzins deutlich niedriger aus als bei einem ungesicherten Kredit *(unsecured loan).*

student loans/professional and career development loans – Niedrigzinskredite für Studenten und junge Berufstätige, die für Studiengebühren und monatliche Lebenshaltungskosten aufgenommen werden dürfen. Eine Rückzahlung wird erst gefordert, wenn Sie nach der Ausbildung im Beruf stehen und eine bestimmte Gehaltshöhe erreichen. Informationen zu Studienkrediten erhalten Sie auch von der *Student Loans Company* unter ► www.slc.co.uk.

pay-day loans – Kurze und meist teure Überbrückungskredite bei finanziellen Engpässen, die von privaten Finanzgesellschaften angeboten werden.

home credits/doorstep credits – Ein Vertreter kommt bei Ihnen persönlich vorbei, um den Kredit abzuschließen und später auch die monatlichen Rückzahlungen abzuholen. Bevor Sie solch einen Kurzzeitkredit zu hohen Zinsen aufnehmen, informieren Sie sich, ob der Anbieter registriert ist: ► www2.crw.gov.uk/pr. Lassen Sie sich keinesfalls auf einen illegal arbeitenden Kredithai ein.

cash loans – Sogenannte *money lenders* zahlen einen Kredit ohne Prüfung der Kreditwürdigkeit und ohne Sicherung innerhalb von Stunden oder Tagen aus. Die Angebote sind nicht unbedingt unseriös, aber wegen der hohen Kreditzinsen kann sich die Schuldsumme innerhalb kürzester Zeit vervielfachen.

Im deutschsprachigen Raum ist Werbung für Kredite seltener. In Großbritannien werden Ihnen einfach klingende Kreditangebote überall präsentiert. Das kann die eigene Urteilsfähigkeit leicht trüben.

Hypotheken

Möchten Sie in Großbritannien eine Immobilie kaufen und benötigen Sie dafür Kapital, sollten Sie sich frühzeitig an eine Bank, eine Bausparkasse, eine Finanz- oder eine Versicherungsgesellschaft wenden, um ein Angebot für eine Hypothek *(mortgage offer)* einzuholen. Der Markt ist hart umkämpft. Nutzen Sie diesen Vorteil, indem Sie die Auflagen verschiedener Anbieter genau miteinander vergleichen und die besten Konditionen aushandeln.

Es sind sehr unterschiedliche Hypothekenarten wie auch diverse Mischformen erhältlich. Den meisten Produkten gemein ist jedoch, dass Ihre Eigenkapitaleinlage *(deposit)* im Schnitt mindestens 10 bis 15 % der Leihsumme betragen muss. Niedrigere Einlagen sind möglich, kommen Sie aber meist teuer zu stehen.

Pi mal Daumen werden Sie etwa das 2,5 bis 4,5-fache Ihres jährlichen Bruttoeinkommens als Hypothek aufnehmen können – je nachdem, wie Ihr Kreditberater Ihre Kreditauskunft, Ihre Karrierechancen und Ihre künftige Einkommensentwicklung einschätzt. Für die finale Zusage spielt natürlich auch die Wertschätzung der Immobilie durch einen Sachverständigen eine Rolle. Mehr Informationen finden Sie im Kapitel 3 *Haus- oder Wohnungssuche* ab S. 56.

Ein regelmäßiges Umschichten *(remortgaging)* von einer Hypothek zur anderen, um immer wieder von besseren Konditionen zu profitieren, ist in Großbritannien üblich. Sie werden sich daher für Ihre Refinanzierungen mehr als einmal mit dem Thema Hypothek befassen.

Folgende Hypothekentypen sollten Ihnen vor einem Bankbesuch ein Begriff sein:

fixed rate mortgage – Der Zinssatz der Hypothek bleibt über eine bestimmte Laufzeit unverändert. Sie zahlen jeden Monat die gleiche Summe an Ihre Bank. In Großbritannien werden *fixed rate mortgages* meist über einen Zeitraum zwischen zwei und fünf Jahren vergeben. Eine Hypothekenlaufzeit von 25 oder mehr Jahren wie im deutschsprachigen Raum ist hingegen nicht üblich.

tracker mortgage – Der Zinssatz und damit Ihre monatlichen Rückzahlungen variieren je nach Veränderung des Leitzinses *(Bank of England base rate)*.

repayment mortgage – Ihre monatliche Rückzahlung deckt die Zinsen wie auch einen variierenden Teil der geliehenen Kapitalsumme. Zu einem festen Datum in der Zukunft haben Sie die Hypothek vollständig zurückgezahlt.

interest-only mortgage – Sie zahlen monatlich nur die Zinsen Ihrer Hypothek, aber kein Kapital zurück. Daher sollten *interest-only mortgages* mit einer Rentenversicherung oder einem Investmentfonds gekoppelt werden, sodass Sie langfristig eine Kapitalsumme zur späteren Rückzahlung ansparen – sofern Sie kein Erbe oder dergleichen erwarten, mit dem Sie die Leihsumme begleichen.

endowment mortgage – Diese *Interest-only*-Form wird mit einer Kapitallebensversicherung *(endowment policy)* verknüpft, über die Sie Kapital ansparen, um Ihre Hypothek nach 25 Jahren oder mehr zurückzuzahlen. Bis zu diesem Zeitpunkt bedienen Sie nur die monatlichen Kreditzinsen und die Versicherungspolice.

self-certified mortgage – Selbstständige und Freiberufler können Ihr künftiges Einkommen nur schätzen und qualifizieren sich daher meist nur für diese Hypothek, deren Zinsrate rund 2 % höher liegt als die für *first-time-buyers. Self certified mortgages* werden Ihnen auch angeboten, wenn Ihre Kreditwürdigkeit nur mittelmäßig ausfällt oder Ihr Einkommen vor allem erfolgsabhängig ist bzw. Ihre künftigen Jobaussichten generell infrage stehen.

self-build mortgage – Benötigen Sie eine Finanzierung für ein Bauvorhaben, müssen Sie sich nach einer *self-build mortgage* erkundigen. Sie erhalten die vereinbarte Summe in Stufen, jeweils nach Abschluss der vorangegangenen Bauphase. Die Eigenkapitaleinlage *(deposit)* beträgt zwischen 25 und 50 %.

Alle Hypotheken müssen in der Regel durch eine Lebensversicherung (Mehr dazu erfahren Sie im Kapitel 12 *Versicherungen* ab S. 188) und ein Testament (siehe dazu Kapitel 13 *Familienangelegenheiten* ab S. 199) abgesichert werden.

Im Zeitschriftenhandel erhalten Sie verschiedene Hypotheken-Magazine, z. B. *What mortgage?* mit aktuellen Zinssätzen und Angeboten. Im Internet zu finden unter ► www.whatmortgage.co.uk.

Kleines Glossar für die Aufnahme einer Hypothek

advance – Die Kapitalsumme, die Sie leihen.

Annual Percentage Rate (APR) – Effektiver Jahreszins

Early Repayment Charge (ERC) – Wenn Sie innerhalb einer Kreditlaufzeit eine höhere Summe als vereinbart zurückzahlen möchten (Sondertilgung), wird eine zusätzliche Gebühr erhoben.
equity – Differenz zwischen dem Wert einer Immobilie als Sicherheit und der aufgenommenen Kreditsumme
guarantor – Ein Bürge, der bei nicht geleisteten Zahlungen einspringt.
life cover – Lebensversicherung, über die im Todesfall eine Hypothek abbezahlt werden kann.
Loan to Value (LTV) – Höhe der Hypothek in Prozent des Kaufpreises
mortgage payment protection insurance – Versicherung, die die monatliche Hypothekenzahlung übernimmt, wenn Sie arbeitslos oder krank werden.
redemption/repayment – Rückzahlung einer Hypothek
tie in term – Einzuhaltender Zeitrahmen einer Hypothek, sodass keine *ERC* fällig werden.

Zinsvergleich im Internet

Um verschiedene Spar- und Kreditangebote einander gegenüberzustellen, nutzen Sie die folgenden Vergleichsseiten im Internet:

- ► www.moneysupermarket.com
- ► www.comparethemarket.com
- ► www.confused.com
- ► www.thinkmoney.com
- ► www.gocompare.com
- ► www.money.co.uk

Darüber hinaus finden Sie aktuelle Zinssätze für Finanzprodukte in den Samstags- und Sonntagsausgaben großer Tageszeitungen sowie in Fachmagazinen.

Probleme mit der Bank?

Ein kostenloser Ombudsmann-Service unterstützt Sie dabei, Dispute mit Banken und Finanzdienstleistern beizulegen – falls Sie alle Stufen des Beschwerdeprozesses erfolglos durchlaufen sind.

► www.financial-ombudsman.org.uk

Unabhängige Informationen zu Beratungsstellen erhalten Sie außerdem bei *The Money Advice Service* unter ► www.moneyadviceservice.org.uk.

Kapitel 6

Autofahren

In den ersten Wochen in Großbritannien werden Sie sich langsam, aber sicher an den Linksverkehr, die diversen Kreisverkehre und an Ihren neuen Rechtslenker mit Schaltung auf der linken Seite gewöhnen. Dabei kommt Ihnen zugute, dass Briten – von einigen Straßenrowdies mal abgesehen – rücksichtsvolle, freundliche und geduldige Autofahrer sind. Beweisen auch Sie gute Manieren und bedanken Sie sich für jede Freundlichkeit mit einem Hand- oder Lichtzeichen: einfache Lichthupe nach vorne oder kurzes Einschalten der Warnblinkanlage für den Hintermann.

Autokauf

Neu- wie auch Gebrauchtwagen mit Herstellergarantie erhalten Sie bei Vertragshändlern der gewünschten Marke. Allerdings werden in Großbritannien nicht immer exakt die gleichen Serienausstattungen verkauft wie auf dem europäischen Festland. Als separat produzierte Rechtslenker kommen zudem viele neue Modelle später oder auch gar nicht auf den Markt.

Gebrauchtwagen können Sie außerdem von privat wie auch über Gebrauchtwagenhändler erwerben. Große Händlerketten locken mit Angeboten, die meist eine Kombination aus erweiterten Garantieleistungen, Finanzierungsmöglichkeiten, Versicherungen, Inzahlungnahme *(part-exchange)* und kostenlosen Inspektionen darstellen.

Wie Pilze aus dem Boden sprießen überall in Großbritannien ***car supermarkets*** mit einem gigantischen Angebot an Gebrauchtwagen. Wenn Sie die quadratkilometergroßen Plätze nicht ablaufen möchten, nutzen Sie die Webseiten mit Suchfunktion. Um mit dieser Konkurrenz mithalten zu können, schließen sich regionale Händler zu virtuellen *car supermarkets* zusammen. Auf einer Webseite können Sie über Ihren *postcode* nach Gebrauchtwagen suchen, die bei Händlern in Ihrer Nähe zum Verkauf stehen.

Empfehlenswerte Webseiten für den Autokauf

- www.parkers.co.uk
- www.whatcar.com
- www.autotrader.co.uk

► www.theaa.com
► www.honestjohn.co.uk

Broker und Internethändler

► www.uk-car-discount.co.uk
► www.directcars.co.uk
► www.buyacar.co.uk
► www.motorpoint.co.uk

Autosupermärkte

► www.car-supermarkets.com

Generell sind beim Kauf eines Gebrauchtwagens die gleichen Vorsichtsmaßnahmen ratsam wie im deutschsprachigen Raum. Gebrauchtwagenhändler mit einer guten Geschäftspraktik gehören einer Vereinigung wie der *Society of Motor Manufactureres and Traders (SMMT),* der *Motor Agents Associations (MAA),* der *Vehicle Builders and Repairs Association (VBRA)* oder der *Scottish Motor Trade Association (SMTA)* an. Daneben gelten die britischen Verbraucherschutzgesetze, welche die Richtigkeit der Informationen im Vorfeld des Kaufs sowie eine standardisierte Straßentauglichkeit des Fahrzeugs vorschreiben.

Preise sind sowohl bei Neu- als auch Gebrauchtwagen verhandelbar. Für einen Preisvergleich sind der *Parkers Car Price Guide* oder der *What Car? Price Guide* unbedingt empfehlenswert. Sie erhalten diese monatlichen Publikationen mit Listen aller aktuellen Marktpreise, sortiert nach Modell, Registrierungsjahr und durchschnittlichem Meilenstand, in jedem größeren Zeitschriftenladen.

Gebrauchtwagen-Check über das Internet

Da in Großbritannien jedes Auto ein Kennzeichen auf Lebenszeit erhält, können Sie vor dem Kauf eines Gebrauchtwagens Hintergrundinformationen und eine Wertschätzung einholen. Gegen eine Gebühr erhalten Sie bei verschiedenen Anbietern im Internet, z. B. ► www.carcheck.co.uk, ► www.theaa.com/car-data-checks oder ► www.icarcheck.net, nach der Eingabe des Kennzeichens Informationen zur Erstregistrierung, zur Anzahl der Vorbesitzer, zum Meilenstand, zu Unfallschäden und zum aktuellen

Marktwert. Darüber hinaus werden Ihnen Faktoren aufgezeigt, die auf Unregelmäßigkeiten hindeuten, wie ein Wechsel der Lackierung oder der Nummernschilder oder ausstehende Kreditzahlungen. Falls das eingegebene Kennzeichen als gestohlen gemeldet wurde, ist dies der wichtigste Hinweis, dass Sie diesen Gebrauchtwagen besser nicht kaufen.

Kleines Glossar für den Autokauf

4x4 *(four-by-four)* – Auto mit Allradantrieb
accelerator – Gaspedal
automatic gearbox – Automatikgetriebe
bodywork – Karosserie
bonnet – Motorhaube
brakes – Bremsen
car boot – Kofferraum
clocking – Manipulation am Meilenstand (Achtung: *Clocking* ist ein weit verbreitetes Problem im Gebrauchtwagenhandel)
clutch – Kupplung
convertible – Cabrio
coupe – Zweitüriges Coupé
employee's car – Jahreswagen
engine – Motor
estate – Kombi
ex-fleet, ex-hire – Frühere Firmen- oder Mietwagen
fuel consumption – Spritverbrauch (in *miles per gallon, mpg*)
full service history – Scheckheftgepflegt
hatchback – Drei- oder Fünftürer, Hecktürmodell
insurance write-offs – Unfall- oder Totalschäden, eingeteilt in verschiedene Kategorien, jeweils in Relation zum Restwert des Fahrzeugs
make – Hersteller, Marke
manual gearbox – Schaltgetriebe
mileage on the clock – Meilenstand auf dem Tacho
MOT until – TÜV bis (Schweiz: MFK bis)
MPV *(multi-purpose vehicle)* – Minivan
paintwork – Lackierung
pre-reg *(pre-registered vehicles)* – Bereits registrierte, aber noch neue Wagen. Händler kaufen große Mengen eines Modells ein und lassen diese als Flotte registrieren.
roadster – Zweisitzer

saloon – Stufenhecklimousine, Zwei- oder Viertürer
semi-automatic gearbox – Wandler-Automatik
steering – Lenkung
suspension – Federung
transmission – Getriebe
tyres – Reifen
VIN (Vehicle Identification Number) – Fahrzeugidentifizierungsnummer (FIN)
warranty – Garantie

Zulassung

Die Zulassung eines Fahrzeugs erfolgt in England, Schottland und Wales bei der *Driver and Vehicle Licensing Agency (DVLA).* Formulare der *DVLA* erhalten Sie unter ▶ www.gov.uk oder in einer Geschäftsstelle der *DVLA* sowie in größeren Postfilialen. Mehr zu den Themen *Kfz-Steuer* und *Kfz-Versicherung* finden Sie in den Kapiteln 10 *Steuern und Sozialversicherungsbeiträge* ab S. 166 und 12 *Versicherungen* ab S. 183.

Zulassung eines Neuwagens

Beim Kauf eines Neuwagens wird Ihr Autohändler alle notwendigen Schritte für die Erstzulassung einleiten. Können Sie auf die Unterstützung des Händlers nicht zählen, bewältigen Sie die Registrierung folgendermaßen:

1. Füllen Sie den Antrag *V55/4* aus und reichen Sie ihn bei der *DVLA* ein. Des Weiteren benötigen Sie:
   - die Zulassungsgebühr *(vehicle first registration fee)* in Höhe von £ 55
   - die Kfz-Steuer *(Vehicle Excise Duty, VED)*
   - Dokumente für den Identitäts- und den Adressnachweis
   - eine abgeschlossene Kfz-Versicherung *(Motor Insurance Certificate)*
   - das *European Certificate of Conformity* (Teil der Fahrzeugpapiere Ihres Neuwagens)
2. Sie erhalten eine Steuerplakette *(vehicle tax disc)* in Form eines Aufklebers, den Sie an der Windschutzscheibe Ihres Fahrzeugs befestigen.
3. Nach einigen Wochen wird Ihnen das *Vehicle Registration Certificate V5C (logbook)* zugesandt. Dieser Fahrzeugschein, der Sie als Fahrzeughalter (nicht automatisch als Eigentümer) ausweist, enthält folgende Informationen:

- Kennzeichen *(Vehicle Registration Number)*
- Name und Adresse des Fahrzeughalters
- Automarke
- Fahrzeugidentifizierungsnummer *(Vehicle Identification Number, VIN)*

4. Damit Sie bei einem autorisierten Händler Ihre Nummernschilder erwerben können, erhalten Sie vor Fertigstellung des *V5C* Zertifikats ein *Number Plate Authorisation Certificate (V948).* Registrierte Anbieter finden Sie über ▸www.gov.uk, Navigationspfad *Driving, transport and travel/Number plates and vehicle registration* unter dem Stichwort *Displaying number plates.*

Ein aus der EU importiertes Neufahrzeug müssen Sie über das Formular *V55/5* registrieren.

Ummeldung eines Gebrauchtwagens

Beim Kauf eines Gebrauchtwagens benötigen Sie ein neues ***Vehicle Registration Certificate V5C (logbook).*** Dieser Fahrzeugschein, der Sie als Fahrzeughalter (nicht automatisch als Eigentümer) ausweist, enthält folgende Informationen:

- Kennzeichen *(Vehicle Registration Number)*
- Name und Adresse des Fahrzeughalters
- Automarke
- Fahrzeugidentifizierungsnummer *(Vehicle Identification Number, VIN)*

Der private Verkäufer oder der Gebrauchtwagenhändler füllt den Abschnitt 6 des bestehenden *V5C*-Zertifikats aus, bevor Sie als Käufer *(new keeper)* und der Verkäufer *(registered keeper)* die Erklärung in Abschnitt 8 gemeinsam unterschreiben. Der Verkäufer ist dafür verantwortlich, das Zertifikat an die *DVLA* zu senden. Sie erhalten als Käufer den ausgefüllten Abschnitt *V5C/2* für Ihre Unterlagen. Nach zwei bis sechs Wochen sendet Ihnen die *DVLA* Ihr neues *V5C* zu. Mit der Ummeldung müssen Sie auch die jährliche **Kfz-Steuer** erneuern. Dazu benötigen Sie neben dem *V5C/2* das *DVLA*-Formular *V10.* Darüber hinaus sind vorzuweisen:

- Abgeschlossene Kfz-Versicherung *(Motor Insurance Certificate)*
- Bei Autos, die älter als drei Jahre sind: gültiges *MOT*-Zertifikat

Sie erhalten eine neue Steuerplakette *(vehicle tax disc)* für die Windschutzscheibe.

Weitere Informationen zum Thema *Kfz-Versicherung* finden Sie im Kapitel 12 *Versicherungen* ab S. 183, Informationen zur Kfz-Steuer erhalten Sie im Kapitel 10 *Steuern und Sozialversicherungsbeiträge* ab S. 166, zum Thema *MOT* lesen Sie auf S. 97 weiter.

Nummernschilder

Britische Nummernschilder *(number plates, licence plates)* sind für vorne am Auto weiß und für hinten gelb. Sie begleiten ein Fahrzeug in der Regel während seiner gesamten Lebensdauer. Ein **Kennzeichen** *(Vehicle Registration Number)* besteht aus einer Buchstaben- und Ziffernfolge (AB123ABC). Die ersten beiden Buchstaben stehen für den Ort der Erstregistrierung (Gebiet und Zulassungsstelle). Die folgenden zwei Ziffern entsprechen dem Jahr der Erstzulassung: Seit dem Jahr 2001 werden die Zahlen 02 bis 49 zwischen dem 1. März und dem 31. August eines jeweiligen Jahres vergeben, die Zahlen 51 bis 99 zwischen dem 1. September und dem 29. Februar. Beispiel: Im Jahr 2012 wurde in der ersten Jahreshälfte die 12 und in der zweiten Jahreshälfte die 62 vergeben. Es folgt eine individuelle dreistellige Buchstabenkombination.

Wunschkennzeichen

Auch wenn in Großbritannien jedes Auto ein Nummernschild auf Lebenszeit erhält, floriert das Geschäft mit Wunschkennzeichen. Informieren Sie sich am besten zunächst unter: ► www.gov.uk/personalised-vehicle-registration-numbers. Ein personalisiertes Kennzeichen können Sie dann über ► http://dvlaregistrations.direct.gov.uk aussuchen oder über ► www.dvlaauction.co.uk ersteigern.

Abmeldung eines Gebrauchtwagens

Wenn Sie Ihr Auto verkaufen, müssen Sie die *DVLA* umgehend informieren. Folgen Sie dazu den Instruktionen auf Ihrem *V5C*. Entfernen Sie vor dem Verkauf Ihren Steueraufkleber von der Windsschutzscheibe. Sie können sich zu viel bezahlte Steuer von der *DVLA* zurückerstatten lassen. Verwenden Sie dazu das Formular *V14*. Möchten Sie Ihr Fahrzeug über einen längeren Zeitraum nicht nutzen, können Sie bei der *DVLA* ein ***SORN*** *(Statutory Off Road Notification)* einreichen und zu viel bezahlte Kfz-Steuer zurückfordern. Informieren Sie sich zu diesem Thema genauer unter dem Suchbegriff *SORN* auf ► www.gov.uk.

MOT test

Ähnlich wie der deutsche bzw. österreichische TÜV oder die Schweizer MFK funktioniert auch der britische *MOT-test (Ministry of Transport test)*, der in zertifizierten Werkstätten durchgeführt wird. Nur wenn die *MOT*-Prüfung bestanden wird, darf das Fahrzeug zurück auf die Straße. Ein *MOT-test* kostet derzeit maximal £ 54,85.

Ab einem Alter von drei Jahren müssen Pkw jährlich zur *MOT*-Untersuchung. Sie finden den Termin für die kommende Prüfung jeweils in Ihrem *MOT*-Zertifikat.

Eine Übersicht zu den Prüfungszeiträumen für andere Fahrzeugtypen finden Sie unter ▶ www.gov.uk, Navigationspfad *Driving, transport, and travel/MOT and vehicle insurance.*

Führerschein

Unter einer ***full car driving licence*** wird in Großbritannien der EU-Führerschein Klasse B verstanden. Übersichtliche Informationen zu den unterschiedlichen Führerscheinklassen finden Sie unter ▶ www.gov.uk. Folgen Sie dem Navigationspfad *Driving, transport, and travel/Driving licences,* Stichwort *Vehicles you can drive.*

Fahrprüfung

Wie überall in der EU kann der Pkw-Führerschein in Großbritannien durch eine Fahrprüfung – Theorie und Praxis – erworben werden. Das Mindestalter beträgt 17 Jahre. Sie müssen in den letzten zwölf Monaten vor Ablegen der Prüfung mindestens 185 Tage in Großbritannien ansässig gewesen sein.

Bevor Sie Fahrstunden nehmen können, müssen Sie zunächst bei der *Driver and Vehicle Licensing Agency (DVLA)* eine ***provisional driving licence*** beantragen. Den Antrag *D1* erhalten Sie bei einer lokalen *DVLA*-Stelle oder auch in Ihrer Postfiliale. Oder nutzen Sie den Online-Service unter ▶ www.gov.uk, Navigationspfad *Driving, transport, and travel/Driving licences,* Stichwort *Apply for your first provisional driving licence.* Eine Sehtestbescheinigung ist nicht notwendig, Sie müssen aber im Antragsformular Auskünfte zu etwaigen Einschränkungen und Gesundheitsproblemen angeben. Ihr Fahrlehrer und später der Fahrprüfer wird Sie auffordern, ein Kennzeichen aus einer Entfernung von ca. 20 m zu lesen.

Mit einer vorläufigen Fahrerlaubnis sind Sie verpflichtet, Magnettafeln mit der Aufschrift *›L‹* für *Learner* (Wales: *L-* oder *D-plates*) am Auto zu befestigen. Sie dürfen nicht auf der Autobahn und nur in Begleitung einer

Person fahren, die über 21 Jahre alt ist und seit mindestens drei Jahren eine Fahrerlaubnis besitzt. Daraus folgt, dass Sie sowohl mit einem Fahrlehrer als auch mit Freunden und Verwandten Autofahren lernen können. Allgemein gilt die Fahrprüfung in Großbritannien jedoch als schwierig, sodass zumindest einige Fahrstunden bei einem professionellen Fahrlehrer empfehlenswert sind. Besonders beliebt ist bei britischen Jugendlichen der reine Automatik-Führerschein, der nur zum Fahren von Autos mit Automatikschaltung berechtigt. Das macht für viele das Fahren deutlich einfacher.

Nachdem Sie die britische Fahrprüfung erfolgreich abgelegt haben, können Sie eine *full driving car licence* beantragen. Nun dürfen Sie auch erstmals auf der Autobahn fahren. Dazu bieten viele Fahrschulen weitere Kurse *(Pass Plus)* an. Auf freiwilliger Basis können Sie im ersten Jahr mit *P*-Tafeln *(probationary)* fahren.

Ein britischer Führerschein kann als Adressnachweis genutzt werden. Sie sind daher verpflichtet, Adressänderungen unmittelbar zu melden. Nach zehn Jahren müssen Sie Ihren Führerschein erneuern lassen. Weitere Informationen finden Sie unter ▶ www.gov.uk, Navigationspfad *Driving, transport and travel/Driving licences.*

EU-Führerschein in Großbritannien

Immer wieder für Verwirrung sorgt die Frage, ob man nach einem dreijährigen Aufenthalt in Großbritannien seinen deutschen oder österreichischen Führerschein gegen einen britischen eintauschen muss oder nicht. Wahrscheinlich resultiert die Ungewissheit aus einer recht umständlich formulierten Regelung, die sich übersetzt folgendermaßen liest: ›Mit einem gültigen EU-Führerschein dürfen Sie in Großbritannien so lange fahren, bis Sie entweder das Alter von 70 Jahren erreicht haben oder drei Jahre ansässig sind – je nachdem, was die längere Zeitspanne ist.‹ Wer also beispielsweise mit 69 Jahren in Großbritannien ansässig wird, darf seinen EU-Führerschein bis 72 Jahre behalten. Denn der Zeitraum bis zum Erreichen der dreijährigen Ansässigkeit ist länger als bis zum 70. Geburtstag. Wer hingegen mit 40 Jahren dauerhaft nach Großbritannien zieht, für den ist die Vollendung des 70. Lebensjahres definitiv die längere Zeitspanne. Er darf also seinen deutschen oder österreichischen Führerschein bis zum 70. Geburtstag behalten. Ab einem Alter von 70 Jahren müssen Sie dann wie alle Briten Ihre Fahrerlaubnis alle drei Jahre erneuern.

Die Schweiz zählt hingegen zu den sogenannten *desginated countries,* mit denen es gesonderte Abkommen gibt. Schweizer Bürger müssen nach zwölf Monaten Ansässigkeit in Großbritannien ihren Führerschein gegen einen britischen eintauschen.

Möchten Sie Ihren Führerschein auf freiwilliger Basis eintauschen, etwa weil Sie damit immer einen Adressnachweis zur Hand haben, das Mieten oder Versichern eines Autos vereinfacht wird oder Sie dem Wunsch Ihres Arbeitgebers Folge leisten, müssen Sie das Antragsformular *D1* ausfüllen und gemeinsam mit Ihrem Führerschein, einem Passfoto und Ihrem Pass (Originaldokument) an die *DVLA* schicken oder eine der Zweigstellen aufsuchen.

Sie brauchen Ihren Führerschein nicht immer mit sich führen. Werden Sie in einer Polizeikontrolle danach gefragt, haben Sie sieben Tage Zeit, diesen bei einer Polizeistation vorzuzeigen.

Weitere Informationen, auch zur beruflichen Nutzung eines Führerscheins, erhalten Sie unter ► www.gov.uk. Folgen Sie dem Navigationspunkt *Driving, transport and travel.*

Strafpunkte und Führerscheinentzug

Auch in Großbritannien erhalten Verkehrssünder Strafpunkte *(penalty points).* Die ersten beiden Jahre nach Bestehen der Fahrprüfung führen sechs angesammelte Strafpunkte zu einer Pflichtwiederholung.

Nach Ablauf der zwei Jahre wird der Führerschein bei **zwölf Strafpunkten innerhalb eines Zeitraums von drei Jahren** für sechs Monate entzogen. Danach müssen Sie einen neuen Führerschein beantragen und gegebenenfalls die Fahrprüfung wiederholen. Bei erneutem Erreichen der Höchstpunktzahl fallen die Strafen höher aus. Punkte verfallen nach vier Jahren, sofern kein schwereres Verkehrsvergehen vorliegt. Ein EU-Führerschein wird mit einem ***driving licence counterpart for non-GB licence holders*** (*DVLA*-Formular *D9*) gekoppelt, sodass britische Strafpunkte vergeben werden können. Diese haben allerdings keinen Einfluss auf das Punktekonto im Heimatland. Übrigens: Selbst Fahrschüler können auf ihre *provisional licence* Strafpunkte erhalten, noch bevor sie sich der Fahrprüfung stellen.

Weitere Informationen, auch zum Thema Strafpunkte und Führerscheinentzug *(disqualification),* finden Sie unter ► www.gov.uk, Navigationspfad *Driving, transport, and travel/Driving licences,* Stichwort *Penalty points (endorsements).*

Straßennetz

Je nach Höhe des Verkehrsaufkommens werden Straßen in *A-roads* und *B-roads* und nachfolgend in *C-roads* und *D-roads* unterteilt. Diese Klassifizierung hat jedoch nichts mit der Qualität oder der Breite der Straße zu tun. *A-roads* sind also nicht mit Schnellstraßen oder Bundesstraßen im deutschsprachigen Sinne gleichzusetzen.

Alle Verkehrsstraßen werden mit Nummern versehen. In England und Wales verläuft beispielsweise ein Netz aus *A-roads,* die im Uhrzeigersinn von London aus einstellig durchnummeriert sind. Die *A1* erstreckt sich von London nach Edinburgh, die *A2* von London nach Dover etc. In gleicher Weise wurden in Schottland die *A-roads* von Edinburgh ausgehend im Uhrzeigersinn durchnummeriert.

Ableger dieser *A-roads* werden mit zweistelligen Zahlen bezeichnet: So gehen von der *A1* im Uhrzeigersinn die Ableger *A10, A11* usw. ab. Auch für alle weiteren *A-roads* mit drei- und vierstelliger Zahlenfolge wird dieses System bestmöglich beibehalten genauso wie für das Netz der *B-roads.*

Autobahnen werden mit ›*M*‹ für ›*motorway*‹ bezeichnet. Die längsten Autobahnen tragen eine einstellige Nummer, kürzere Autobahnen werden zweistellig mit Bezug auf die nächstgrößere Autobahn nummeriert. *A-roads* mit autobahnähnlichen Abschnitten erhalten den Zusatz ›*(M)*‹. Die Autobahnen *M1, M2, M3, M4, M11, M20, M23* und *M40* führen alle nach London und münden in den Autobahnring *M25,* der die Stadt umgibt. Wissenswert: Im Verkehrsfunk wird bei Staumeldungen die Fahrtrichtung der *M25* als mit oder gegen den Uhrzeigersinn (*clockwise* oder *anti-clockwise*) angegeben.

Schilder auf Autobahnen sind blau mit weißer Schrift. Grüne Schilder mit gelber Schrift zeigen sogenannte *primary roads* an.

Straßenverkehr

Der **Linksverkehr** ist für einige Neuankömmlinge in Großbritannien kein leichtes Unterfangen. Das Fahren auf der linken Straßenseite, das Rechtsabbiegen mit Gegenverkehr wie auch das Schalten mit der linken Hand erfordern in der Anfangszeit viel Konzentration. Wer in manch schwachen Momenten auch sonst links von rechts nur schwer zu unterscheiden weiß, dem hilft vielleicht ein kleiner Aufkleber mit einem nach links zeigenden Pfeil auf dem Armaturenbrett. Wenn Sie sich wirklich ängstigen, sollten Sie lieber gleich nach der Ankunft einige Fahrstunden nehmen, um sich in einem relativ sicheren Rahmen Ihrer persönlichen Herausforderung zu stellen. Keine Sorge, die meisten Fahrschulen sind Kurzzeitschüler vom Kontinent durchaus gewohnt.

Wichtig zu wissen: Es gibt in Großbritannien keine generelle Vorfahrtsregel. Es gilt also weder rechts vor links noch links vor rechts! Bei jeder Einmündung oder Kreuzung ist die Vorfahrt durch Schilder oder Haltelinien auf der Fahrbahn geregelt.

Highway Code

Die britische Straßenverkehrsordnung heißt *Highway Code* und beinhaltet eine übersichtliche Sammlung aller in England, Schottland und Wales geltenden Verkehrsregeln und Schilder. Besonders widmen sollten Sie sich den Abbildungen zu den Fahrbahn- und Bordsteinmarkierungen, die diverse Park- und Halteverbotszonen wie auch Vorfahrtsregelungen oder Kreuzungsbereiche genauer kennzeichnen als man dies auf den ersten Blick vermuten würde. Daneben lernen Sie einige Ihnen wahrscheinlich unbekannte Verkehrsschilder kennen, interpretieren die Zeichen der *Lollypop-Ladies/Men* an Schulen korrekt und wissen, wie Sie sich gegenüber Reitern auf Landstraßen verhalten sollen.

Sie können den *Highway Code* in Buchform erwerben oder online unter ▶ www.gov.uk, Navigationspfad *Driving, transport, and travel/The Highway Code* einsehen.

Kreisverkehre

Sehr viele Kreuzungen werden in Großbritannien durch Kreisverkehre *(roundabouts)* geregelt. Für Fahrer aus Regionen ohne viele Kreisel können diese insbesondere im Berufsverkehr eine wahre Herausforderung darstellen.

Der Kreisverkehr verläuft in Großbritannien im Uhrzeigersinn. Wer von rechts kommt, hat Vorfahrt! Sie sollten sich bereits vor dem Einfahren in den Kreisverkehr anhand der Richtungsschilder für eine Ausfahrt entscheiden, entsprechend blinken und sich bei mehrspurigen Kreiseln richtig einordnen: Nur wer links oder geradeaus fahren möchte, darf auf der äußeren Spur fahren. Rechtsabbieger nutzen die innere Spur und fahren innen im Kreisverkehr entlang, bis sie für ihre herannahende Ausfahrt links blinken und über die äußere Spur nach dorthin abbiegen. Es gilt: Solange man im Kreisverkehr fährt und keine Ausfahrt nimmt, bleibt man auf der inneren Spur und blinkt kontinuierlich rechts.

Dies bedeutet auch, dass Sie für die dritte oder vierte Ausfahrt eines Kreisverkehrs bereits rechts blinken, wenn Sie auf den Kreisverkehr zu- und links herum hineinfahren. Richtiges Blinken ist immens wichtig, weil sich der gegenüberliegende Verkehr nach dieser Information richtet. Genauso müssen Sie auf die Blinkzeichen der Autofahrer achten, die auf der gegenüberliegenden Seite auf den Kreisverkehr zufahren: Wer geradeaus fährt, wird alle Autos rechts von Ihnen blocken, sodass Sie getrost losfahren können. Einem herannahenden Rechtsabbieger müssen Sie hingegen unbedingt genügend Platz gewähren, damit dieser vor Ihnen von der inneren auf die äußere Spur wechseln kann.

Sehr große Kreisverkehre werden manchmal zusätzlich durch Ampelschaltungen reguliert. Das macht die Sache deutlich einfacher. Seien Sie aber vorsichtig, dass Sie nicht aus Versehen eine vorgelagerte Fußgängerampel für solch eine Kreisverkehrsampel halten und bei Grün ohne zu schauen in den Kreisel einbiegen.

Achtung: Einige sehr große *roundabouts* verfügen innen über eine weitere ringförmige Spur, die gegen den Uhrzeigersinn verläuft. Diese ist aber meist aus der Kreisverkehrsregelung ausgenommen.

In ländlichen Gebieten werden Ihnen zahlreiche einspurige **Mini-Kreisverkehre** *(mini-roundabouts)* begegnen. Diese erkennen Sie – wenn keine Schilder darauf hinweisen – nur an einem großen weißen Punkt in der Mitte einer Straßenkreuzung oder -einmündung. Weil die meisten Autos nicht kreisförmig um diese Markierung herum fahren, sondern einfach darüber hinweg abbiegen, kann man *mini-roundabouts* und damit die von rechts kommenden Autos mit Vorfahrt leicht übersehen – insbesondere wenn man sich selbst auf einer breiteren Hauptstraße befindet, die sich wie eine deutsche Vorfahrtsstraße anfühlt.

Als wäre das nicht genug, gibt es zusätzlich verschiedenste Formen von *double mini-roundabouts:* In kurzem Abstand befinden sich zwei, sehr selten auch mehrere weiße Kreise auf der Straßenmitte, die jeder für sich einen eigenständigen Kreisverkehr markieren. Achten Sie darauf, jeden Kreisel für sich zu nehmen und entsprechend präzise zu blinken.

Machen Sie den *Roundabout*-Profitest!

Haben Sie in Ihrer Region alle Kreisverkehre mit Bravour gemeistert? Dann planen Sie einen Ausflug nach Swindon und stellen Sie sich dem größten *magic roundabout.* Dabei handelt es sich um einen großen Kreisverkehr, der aus fünf ringförmig angeordneten Mini-Kreisverkehren *(counterflow roundabouts)* besteht. Anschließend können Sie ein T-Shirt mit der Aufschrift ›*I survived the magic roundabout*‹ erwerben. Weitere *magic roundabouts* befinden sich in Hemel Hemstead, Colchester, Southend-on-Sea und Denham.

Unter **AiGB7** können Sie mit Hilfe einiger Videos für *magic roundabouts* trainieren.

Fußgängerüberwege

Wie im deutschsprachigen Raum gibt es für Fußgänger Zebrastreifen und Fußgängerampeln. Achten Sie als Autofahrer darauf, immer stehenzubleiben, wenn ein Fußgänger an einem Zebrastreifen steht – erst wenn dieser die Straße sicher überquert hat, dürfen Sie wieder anfahren. Bei Fußgängerampeln schaltet die verbundene Verkehrsampel zwischen Rot und Grün auf ein blinkendes Gelbsignal. Dies bedeutet, dass Sie als Autofahrer losfahren dürfen, sofern sich keine Fußgänger mehr an oder auf der Straße befinden.

Gut zu wissen: In Großbritannien heißt es, dass nur Fußgänger aus Deutschland an einer roten Ampel tatsächlich stehenbleiben! Rechnen Sie also als Autofahrer damit, dass viele britische Fußgänger trotz roter Ampel versuchen werden, eine Straße schnell zu überqueren.

Geschwindigkeitsbegrenzungen

Auf britischen Straßen gelten für Autofahrer folgende allgemeine Geschwindigkeitsbegrenzungen *(national speed limits):*

- Autobahnen und zweispurige Schnellstraßen in unbebauter Umgebung *(dual carriageway):* 70 *mph*
- Einspurige Straßen außerhalb von Ortschaften: 60 *mph*
- In bebauten Gebieten mit Straßenbeleuchtung (!): 30 *mph*

Weitere Geschwindigkeitsbegrenzungen für Autos mit Anhänger und andere Fahrzeuge finden Sie im *Highway Code.*

Alle weiteren Geschwindigkeitsbegrenzungen werden über Schilder oder Fahrbahnmarkierungen angezeigt. Achtung: Auf vielen Landstraßen werden vergleichsweise kleine Wiederholungsschilder aufgestellt.

Geschwindigkeitsüberschreitung

In Großbritannien wird ein ausgefeiltes Verkehrsüberwachungssystem betrieben. Je nach Region sind hochmoderne digitale Radarfallen *(speed cameras),* teils mit Nummernschilderkennung, im Einsatz. Entsprechende Warnschilder weisen auf die Kameras hin. Genauso werden jedoch mobile Laserpistolen verwendet. Nicht nur auf der Autobahn sind zudem Zivilfahrzeuge mit Kameras unterwegs, die Verkehrssünder in flagranti filmen. Auch Fahrer, die mit dem Handy telefonieren, können mittlerweile per Kamerabild identifiziert werden.

Generell dürfen Polizisten vor Ort Strafen für zu schnelles Fahren verhängen *(fixed penalty notice),* die mit mindestens £ 60 empfindlich hoch ausfallen. Auch das Strafpunktekonto kann sich mit drei bis sechs Punkten pro Geschwindigkeitsüberschreitung schnell füllen. Immer mehr Gemeinden bieten Fahrern optional an, Strafpunkten durch die Teilnahme an einem Seminar *(speed awareness course)* zu entgehen.

Bei extrem hohen Messwerten kann der Führerschein sofort entzogen werden und ein Gericht wird eine Geldstrafe bis zu £ 2.500 verhängen.

Big Brother is watching you!

Rund 1,5 Millionen *CCTV*-Kameras *(Closed Circuit Television)* überwachen Großbritannien. Während der Großteil der öffentlichen Sicherheit (Bahnhöfe, Haltestellen, Straßen, öffentliche Plätze, Gebäude etc.) und dem Verkehrsfluss (Verkehrsfunk, *GPS*) dient, werden zunehmend mehr Kameras für die Verfolgung von Verkehrsdelikten eingesetzt: So werden Busstreifen (Befahren oder Halten), Parkstreifen und Parkplätze (Überschreiten der Parkzeit, Falschparken) wie auch Ampelkreuzungen (Überfahren einer roten Ampel) per *CCTV* überwacht.

In London hat sich unter Radfahrern und zunehmend auch bei Autofahrern der Trend entwickelt, den Fahrradhelm oder das Armaturenbrett mit einer Kamera auszustatten. Rücksichtslose Autofahrer können mit Hilfe dieser Aufzeichnungen vor Gericht gebracht werden.

Die *Metropolitan Police* hat unter ► www.met.police.uk/roadsafelondon eine Plattform geschaffen, über die Bürger anonym, nach dem Motto ›*name and shame*‹, auf Verkehrssünder hinweisen können.

Parken

Parken ist in vielen britischen **Innenstädten** kostenpflichtig. Generell wird zwischen den oft günstigeren öffentlichen, von der Gemeinde betriebenen Parkplätzen *(council parking)* und privaten Parkhäusern (z. B. Shopping-Center) unterschieden.

Bezahlt wird entweder im Voraus über Parkscheine *(pay and display)*, die Sie am Automaten ziehen und gut sichtbar ins Auto legen müssen, oder über Parkuhren *(park meter)*. Alternativ ziehen Sie bei der Einfahrt durch eine Schranke ein Ticket, mit dem Sie später am Automaten die Parkdauer zahlen.

Überall sonst ist auf der Straße parken erlaubt, solange keine einfachen oder doppelten gelben bzw. rote Linien plus Schilder eine Halteverbotszone markieren. Spezielle Parkzonen werden durch weiße gestrichelte Linien gekennzeichnet. Schilder informieren über die erlaubte Parkzeit. Das Parken mit Parkscheibe *(clocking disc)* ist nur in wenigen Regionen ein Mittel der Wahl. Stattdessen dreht meist ein Parkwächter oder Verkehrspolizist *(traffic warden)* seine Runden und notiert sich die Ankunftszeiten der parkenden Autos.

In vielen **Wohnstraßen** gilt ein Anwohnerparkausweissystem. Ihr *council* gibt *residential parking permits* auf Antrag aus.

Der *Highway Code* ist auch in Sachen Parken lesenswert. Hier werden Sie über alle Formen von **Halteverbotszonen** sowie über diverse Parkschilder informiert, deren Sinn nicht immer auf den ersten Blick ersichtlich ist. Der Parkhinweis ›*2 hours. No return within 2 hours*‹ heißt beispielsweise: Sie dürfen nach Ablauf einer zweistündigen Höchstparkzeit innerhalb von zwei weiteren Stunden in der gesamten Parkzone nicht noch einmal parken. Auch das wiederholte Nachwerfen in die Parkuhr ist verboten. Ist die Zeit abgelaufen, müssen Sie wegfahren.

Falschparken

Wer Parkhinweise übersieht, fängt sich schnell einen Strafzettel *(ticket)* ein. Die genauen Regeln zu den damit verbundenen Bußgeldern *(fixed penalty, penalty charge)* variieren von Gemeinde zu Gemeinde.

Alle Informationen zur Zahlung eines Strafzettels finden Sie auf der Rückseite. Falls Sie einen Strafzettel als nicht gerechtfertigt erachten, können Sie über mehrere Instanzen Einspruch erheben. Informieren Sie sich gegebenenfalls unter ► www.patrol-uk.info unter dem Navigationspunkt *Pay it or challenge it.*

Neben Strafzetteln dürfen Gemeinden und Polizei auch **Parkkrallen** *(wheel clamping)* verwenden. Auf Ihrer Windschutzscheibe finden Sie eine Information, was in diesem Fall zu tun ist. Die Kosten sind immer hoch und Sie müssen oft mehrere Stunden warten, bis jemand kommt, um Sie zu ›befreien‹. Achtung: Seit Ende 2011 ist privaten Parkplatzbetreibern das Anwenden von Parkkrallen untersagt. Vorsicht also vor dubiosen Parkplatzwächtern, die mit eigenen *Clamping*-Systemen ahnungslosen Opfern hohe Summen abluchsen.

Stellt Ihr falsch parkendes Auto ein Verkehrshindernis dar, wird es abgeschleppt *(tow-away)*. Ob Ihr Auto abgeschleppt wurde, können Sie nur bei der Polizei erfahren. Sie müssen Ihr Auto am Abschleppplatz *(car pound)* auslösen.

London Motoring Club

Autofahrer in London können kostenpflichtig Mitglied des *London Motoring Clubs* werden, der beispielsweise bei *Clamping* und Abschleppen Unterstützung anbietet. Weitere Informationen: ► www.londonmotoringclub.com

Mautgebühr und Brückengeld

Um das Verkehrsaufkommen zu reduzieren, wird die Durchfahrt der **Londoner Innenstadt** von Montag bis Freitag zwischen 7 und 18 h mit einer einmaligen Mautgebühr *(congestion charge)* zwischen £ 9 und £ 12 belegt. Die Kennzeichen der durchfahrenden Autos werden von Kameras registriert. Falls Sie regelmäßig durch London fahren, sollten Sie sich für das automatische Bezahlsystem *CC Auto Pay Service* registrieren. Daneben können Sie die *congestion charge* online, per SMS, telefonisch oder in Geschäften entrichten.

Die *Congestion Charge Zone* ist durch Verkehrsschilder (roter Kreis mit weißem C) und Straßenmarkierungen gekennzeichnet. Weitere Informationen erhalten Sie unter ► www.tfl.gov.uk unter dem Navigationspunkt *Congestion charge.*

Für die **Severn Brücken** (*M48: Severn Bridge* und *M4: Second Severn Crossing*), die über den *Bristol Channel* England und Wales verbinden, wird in westlicher Richtung eine Brückenmaut erhoben. Pkw zahlen £ 6. Von Wales nach England ist die Fahrt kostenlos. Bei regelmäßigen Fahrten lohnt sich eine Monats- oder Quartals-Plakette. Weitere Informationen: ► www.severnbridge.co.uk

Auch in manchen ländlichen Gebieten werden gelegentlich noch **Brückengelder** verlangt. Diese belaufen sich dann meist auf wenige Pence, aber man muss daran denken, Kleingeld dabei zu haben.

Tanken

Neben den weltweit vertretenen Premiummarken wie *BP, Esso* und *Shell* finden sich in Großbritannien unter anderen *Total, Texaco, Jet, Q8, Murco* und *Pace.* Daneben betreiben die großen Supermarktketten *Sainsbury's, Tesco, ASDA* und *Morrisons,* teilweise auch *Waitrose* und *Co-op,* eigene Tankstellen *(petrol stations)* mit günstigeren Spritpreisen – und entsprechenden Qualitätsunterschieden.

Sie erhalten im Allgemeinen folgende Kraftstoffe:

- ***unleaded petrol*** – Bleifreies Benzin mit 91 Oktan
- ***unleaded premium*** – Superbenzin mit 95 Oktan
- ***Super Plus/Super unleaded*** – Super Plus mit 98 bis 100 Oktan
- ***Diesel fuel*** – Diesel
- ***LPG petrol*** *(liquefied petroleum gas)* – Autogas

Benzin ist auch in Großbritannien teuer: Nach Angaben der *Automotive Association (The AA)* stehen die britischen Spritpreise im europäischen Vergleich an achter Stelle, die Dieselpreise an zweiter. Die preisgünstigsten Tankstellen in der Nähe Ihres Wohnortes finden Sie über ▶ www.petrolprices.com oder ▶ www.whatgas.com.

Gut zu wissen: Selbstbedienungszapfsäulen, bei denen Sie zuerst Ihre Debit-/Kreditkarte oder Kundenkarte plus PIN-Nummer eingeben müssen *(pay at the pump)*, sind an immer mehr Tankstellen – vor allem nachts – üblich.

Kindersitze

Wie überall in der EU dürfen Babys und Kinder nur in zugelassenen Babyschalen und Kindersitzen im Auto mitfahren. Generell gilt: Bis zu einer Körpergröße von 1,35 m oder bis zu einem Alter von 12 Jahren müssen Kinder im Auto in einem Kindersitz *(car seat)* sitzen.

Die Sitzmodelle einzelner Hersteller sind in Großbritannien nicht immer mit denen im deutschsprachigen Raum identisch. Achten Sie darauf, dass Sie einen Kindersitz verwenden, der in Großbritannien zugelassen ist. Fahren Sie ein britisches Auto, sollten Sie sich die gültigen Fahrzeugtypenlisten *(list of vehicles)* der Kindersitzhersteller ansehen.

Detaillierte Informationen finden Sie unter ▶ www.gov.uk. Folgen Sie dem Navigationspfad *Driving, transport, and travel/Vehicle and boat safety*, Stichwort *Child car seats – the rules.*

Fahrer mit Behinderung

Fahrer mit Behinderung profitieren von einem weitläufigen *Blue Badge Scheme*. Sie erhalten einen Parkausweis, der ihnen das Parken auf zahlreichen Behindertenparkplätzen in Großbritannien wie auch auf Auslandsreisen in der EU und in einigen weiteren Ländern ermöglicht. Darüber hinaus dürfen Inhaber des Ausweises in Großbritannien bis zu drei Stunden trotz einfacher oder doppelter gelber Linien am Straßenrand parken. Auch ist vielerorts ein kostenloses Parken in Parkzonen mit Parkscheinautomat oder Parkuhr erlaubt. In London entfällt die *congestion charge*, auf der Severn Bridge die Brückenmaut.

Das *Blue Badge Scheme* ist in England, Wales und Schottland jeweils etwas unterschiedlich geregelt. Details erhalten Sie über die entsprechenden Webseiten:

- **England:** ▶ www.gov.uk, Navigationspfad *Driving, transport and travel/ Blue Badge*
- **Wales:** ▶ http://new.wales.gov.uk, *Transport/Integrated Transport/Blue Badge Scheme*

- **Schottland:** ▸ www.transportscotland.gov.uk, *Road/Accessible Transport/ Blue Badge Scheme*

Gut zu wissen: *Blue Badges* sind in Großbritannien ein hohes Gut und werden daher sowohl geklaut als auch gefälscht. Die britische Regierung versucht nun, über ein reformiertes Ausweissystem Herr der Lage zu werden. In manchen Gegenden ist es jedoch unbedingt empfehlenswert, ein Lenkradschloss für den Ausweis zu kaufen.

Autoclubs und Pannenhilfe

Zu den bekanntesten Autoclubs in Großbritannien zählen:

- *Automotive Association (The AA),* ▸ www.theaa.com
- *Royal Automobile Club(RAC),* ▸ www.rac.co.uk
- *Green Flag,* ▸ www.greenflag.com

Dort können Sie eine Mitgliedschaft oder Versicherung *(breakdown cover)* abschließen und erhalten im Fall einer Autopanne sofort Hilfe. Reparatur- und Abschleppkosten werden übernommen. Weitere Leistungen wie Mietwagen, Rücktransporte, Versicherungsschutz im europäischen Ausland etc. sind meist optional wählbar.

Verhalten bei einem Unfall

Die richtigen Verhaltensweisen einschließlich anzuwendender Erste-Hilfe-Maßnahmen bei einem Unfall mit Verletzten werden ausführlich im *Highway Code* erklärt. Rufen Sie Krankenwagen und Polizei über 999 oder 112 (Handy).

Bei Pannen und Unfällen auf der Autobahn helfen Ihnen blaue Standortschilder *(driver location signs)* dabei, Ihre Position genau anzugeben: Nummer der Autobahn (z. B. *M25*), Buchstabe der Fahrtrichtung (z. B. *A = Away from London* und *B = Back to London*) und Meilenstand (gerechnet vom Beginn der Autobahnstrecke). Oder Sie laufen zur nächsten Notrufsäule.

Bei einfachen Auffahrunfällen ohne Verletzte müssen Sie die Polizei nicht verständigen, sondern rufen sofort Ihre Versicherung an. Die am Unfall beteiligten Fahrer sind gesetzlich dazu verpflichtet, ihre Kontakt- und Versicherungsdaten, das Kennzeichen und gegebenenfalls auch die Daten des Fahrzeugbesitzers auszutauschen. Auch wenn Sie ein parkendes Auto beschädigen, müssen Sie Ihre Kontaktdaten hinterlassen. Ist eine Person leicht verletzt, müssen Sie Ihr Versicherungszertifikat zeigen oder dieses innerhalb von sieben Tagen bei der Polizei vorlegen.

Daneben sind natürlich Fotos von der Unfallstelle sowie eine genaue Beschreibung des Unfallhergangs von großem Vorteil.

Sollte sich ein Fahrer ohne Hinterlassen seiner Daten vom Unfallort entfernen *(hit and run)*, müssen Sie innerhalb von 24 Stunden die Polizei informieren. Mit dem Kennzeichen kann die Polizei den Fahrzeughalter sowie seinen Versicherungsstatus ermitteln. Aber auch Sie selbst können in England, Schottland oder Wales über die *DVLA* (Formular *V888*) einen Fahrzeughalter ermitteln lassen.

Wenn Sie ein Verkehrsschild oder ein Tier anfahren, müssen Sie ebenfalls innerhalb von 24 Stunden die Polizei informieren.

Wertvolle Informationen zum richtigen Verhalten bei einem Unfall finden Sie unter ▸ www.adviceguide.org.uk, Navigationspfad *Your daily life/ Travel/Traffic accidents* oder unter ▸ www.trafficaccidentadvice.co.uk.

Alkohol, Drogen und Telefonieren am Steuer

Alkohol am Steuer *(drink drive)*, Drogen am Steuer *(drug drive)* oder Telefonieren werden in Großbritannien schwer bestraft.

Promillegrenze

Wird die Promillegrenze *(drink drive limit)* von 80 mg in 100 ml Blut überschritten, muss der Fahrer seinen Führerschein für mindestens zwölf Monate abgeben und bis zu £ 5.000 Strafe zahlen. Je nach Höhe der Überschreitung werden drei bis elf Strafpunkte erteilt, die elf Jahre stehen bleiben. Selbst gemeinnützige Arbeit oder eine sechsmonatige Gefängnisstrafe können verhängt werden. Der Führerschein muss neu beantragt werden, teils wird eine medizinische Prüfung vorausgesetzt.

Drogen

Fahren unter Drogeneinfluss *(drug drive)* kann die britische Polizei durch einfache Tests oder mit einem Gerät ähnlich wie bei einer Alkoholkontrolle direkt am Straßenrand prüfen. Bei einem positiven Ergebnis drohen ein mindestens einjähriger Führerscheinentzug und bis zu £ 5.000 Strafe. Neben einem Eintrag in den Führerschein für die Dauer von elf Jahren gilt der Fahrer als vorbestraft *(to have a criminal record)*. Bei schweren Vergehen sind Gefängnisstrafen möglich.

Telefonieren

Das Benutzen eines Handys ohne Freisprechanlage während der Fahrt ist verboten. Es werden drei Strafpunkte erteilt und eine Geldstrafe in Höhe von £ 60 verhängt.

Wintereinbruch

Während die Menschen im hohen britischen Norden auf Schnee eingerichtet sind, kann der Verkehr in der südlichen Hälfte Englands bereits bei den ersten Schneeflocken zum Erliegen kommen. Hier sind Autofahrer Schnee und Eis einfach nicht gewöhnt. Daneben besteht keine Winterreifenpflicht und die wenigsten besitzen welche. Und auch viele Gemeinden sind mit der Bereitstellung eines Winterdienstes hoffnungslos überfordert.

Sollten Sie also beim ersten Schnee morgens mit dem Auto zur Arbeit fahren, werden Ihnen unterwegs wahrscheinlich nur andere Deutsche, Österreicher und Schweizer sowie einige Schotten begegnen! Alle anderen verharren zu Hause. Denn auch Bus und Bahn werden schnell den Betrieb einstellen. Hören Sie Verkehrsfunk und bleiben Sie gegebenenfalls guten Gewissens zu Hause.

Kapitel 7

Öffentliche Verkehrsmittel

Warten Sie in Großbritannien das erste Mal auf einen Linienbus, werden Sie eine der wichtigsten Lektionen überhaupt für Ihr neues Leben in Großbritannien lernen: Das geduldige Schlange stehen *(queueing)*. Und wenn der Bus schließlich seine Türen öffnet, dürfen Sie auf keinen Fall drängeln. *Jumping the queue* ist eines der größten Vergehen überhaupt und wird mit wütendem Gemurmel und verachtenden Blicken quittiert. Also, kein dezentes nach vorne schieben, um noch einen Sitzplatz zu ergattern, es sei denn, Sie möchten sich als Ausländer outen.

Nahverkehr in Städten

Ob Doppeldeckerbus, Zug, Straßenbahn *(tram, light-rail)* oder U-Bahn *(tube):* Die richtige Verbindung herauszufinden und den korrekten Fahrschein zu kaufen, ist auch in Großbritannien nicht immer einfach. Sie erhalten aber in den meisten Städten in einem Informationszentrum alle Fahrpläne und können sich bei der Wahl des richtigen Tickets beraten lassen. Auch das Internet bietet Hilfe. Neben der Webseite Ihres regionalen Verkehrsbetriebs bieten ► www.transportdirect.info und ► www.traveline.info landesweite Routenplaner.

Ihren **Fahrschein** ziehen Sie entweder am Automaten *(ticket machine)* an der jeweiligen Haltestelle oder im Transportmittel selbst. Die Systeme variieren von Stadt zu Stadt. In den meisten Bahnhöfen dürfen Sie den Bahnsteig erst betreten, wenn Sie mit Ihrem Ticket eine Schranke passiert haben. In vielen Bussen müssen Sie den Fahrpreis beim Fahrer passend zahlen, Sie erhalten kein Rückgeld.

Daneben gibt es in den meisten Städten *smartcards:* Sie kaufen eine Plastikkarte, die Sie am Bahnhof, im Informationszentrum, in Geschäften mit einem entsprechenden *Pay-Point*-Zeichen oder online bzw. per SMS mit Guthaben aufladen. Beim Ein- und Ausgang durch eine Schranke zum Bahnsteig oder beim Einsteigen in Bus und Straßenbahn legen Sie die *smartcard* auf ein Lesegerät. Der passende Betrag wird abgebucht. Dieses bargeldlose Zahlen ist in vielen Verkehrsmitteln günstiger als ein Einzelfahrschein. Bestes Beispiel ist die *Oyster Card* in London.

Informationen zum öffentlichen Nahverkehr in London finden Sie unter **AiGB8**.

Fast überall bieten die Fahrbetriebe preiswertere Tageskarten, Zehnerkarten und Sonderpreise für Kinder, Jugendliche, Studenten, Senioren und Behinderte. Vielerorts erhalten auch Familien besondere Rabatte, beispielsweise für Wochenendfahrten oder über Gruppenfahrscheine. Als Pendler können Sie vergünstigte Wochen-, Monats- und Jahreskarten erwerben und sich vielerorts per SMS über Verspätungen oder Fahrplanänderungen auf Ihrer Route informieren lassen.

Für das **Ein- und Aussteigen** gelten bei vielen Busfahrern folgende Regeln: Zum Aussteigen an der nächsten Haltestelle drücken Sie den Knopf an einer der Haltestangen. Zum Einsteigen müssen Sie einen herannahenden Bus per Handzeichen anhalten, insbesondere wenn eine Haltestelle mehreren Linien dient, sonst kann es passieren, dass er einfach an Ihnen vorbeifährt. Außerhalb von Städten ist es manchmal möglich, auch jenseits einer Haltestelle einen Bus per Handzeichen anzuhalten. Generell sind viele britische Busfahrer sehr freundlich, was ihnen von den Fahrgästen beim Aussteigen durch ein einfaches ›*Thank you.*‹ bzw. von der älteren Generation durch ein ›*God bless you.*‹ gedankt wird.

Taxis

In vielen britischen Städten wird das Stadtbild von den typisch englischen Taxis mit hoher Fahrgastkabine, den *black cabs,* geprägt. Darüber hinaus sind auch *minicabs* unterwegs, die sich rein optisch kaum von normalen Autos unterscheiden. Lediglich ein weiteres Nummernschild weist auf den legalen Taxiservice hin.

Minicabs müssen Sie telefonisch bestellen, denn sie dürfen im Gegensatz zu *black cabs* keine Passagiere auf der Straße aufnehmen. Besonders spätabends sollten Sie nicht einfach einsteigen, wenn ein Auto neben Ihnen anhält und Ihnen eine Taxifahrt nach Hause anbietet. Es sind viele Betrüger unterwegs. In London gibt es daher den GPS-Service *CABWISE:* Per SMS an 60835 erhalten Sie die Telefonnummer der nächsten Taxizentrale.

Black cabs, die nicht unbedingt schwarz sein müssen, finden Sie am Taxistand *(taxi rank).* Zudem können Sie sich einfach an den Straßenrand (achten Sie auf Halteverbotslinien) stellen und ein *black cab* per Handzeichen anhalten, sofern das Taxischild auf dem Autodach orange leuchtet. Bis zu fünf Fahrgäste dürfen mitfahren, beachten Sie jedoch, dass es keinen Beifahrersitz und keinen Kofferraum gibt. Sie sitzen also immer in der Fahrgastkabine samt Koffern, Kinderwagen, Buggy mit Kind drin – oder was auch sonst Sie per Taxi transportieren möchten. Manche Londoner bewältigen einen ganzen Umzug per *black cab.*

Taxis sind erschwinglich und auch kurze Fahrten für ein paar Pfund sind üblich. Sowohl *minicabs* als auch *black cabs* haben ein Taxameter laufen. Nach einer Grundgebühr berechnet sich der Preis nach Tageszeit, Dauer und Länge der gefahrenen Strecke. An Sonn- und Feiertagen, nachts sowie für Gepäckstücke werden Sonderzuschläge verlangt. Die meisten britischen *Black-cab*-Fahrer folgen einem strikten Ehrenkodex und wählen grundsätzlich die kürzeste oder verkehrsgünstigste Strecke. *Minicab*-Fahrer unterliegen hingegen nur wenigen Regulierungen. Bei längeren Fahrten, z. B. zum Flughafen, sollten Sie nach einem Festpreis fragen.

Die meisten Großstadttaxis sind für eine Zahlung mit Kreditkarte ausgerüstet. Aber fragen Sie lieber vorher nach, wenn Sie kein Bargeld dabeihaben. Ein Trinkgeld von 10 % oder ein Aufrunden des Fahrpreises wird gerne gesehen, ist aber kein Muss.

Züge

Der Zugverkehr wird in Großbritannien von fünf großen (*First, Arriva, Virgin Trains* und *CrossCountry*) und ca. 25 regional operierenden privaten Verkehrsgesellschaften betrieben. Reisen Sie also vom Süden Englands in den Norden Schottlands, werden Sie in Zügen von mehreren verschiedenen Anbietern fahren. Dank eines gemeinsamen Buchungs- und Fahrplansystems *(National Rail)* ist es aber möglich, ein Ticket für die gesamte Strecke zu kaufen. Schwieriger wird es allerdings, wenn Sie eine der vielen Kundenkarten für Ermäßigungen erwerben möchten. Dann müssen Sie sich gegebenenfalls für ein Programm entscheiden.

Möchten Sie Ihre Zugfahrkarte nicht am Bahnhof kaufen, sondern lieber online buchen, nutzen Sie ▶ www.thetrainline.com, ▶ www.nationalrail.co.uk oder die Webseite der jeweiligen Bahngesellschaft. Dort können Sie alle Verbindungen und Preise abrufen, Tickets und Platzreservierungen kaufen und ausdrucken. *National Rail* bietet unter 08457 / 48 49 50 rund um die Uhr einen telefonischen Informationsdienst. Kombinierte Reiseverbindungen des Fern- und Nahverkehrs können Sie auch über ▶ www.transportdirect.info abrufen.

Meist werden Ihnen für eine Strecke verschiedene Routen und **Tarife** genannt. *Off-peak* bedeutet, dass Sie außerhalb der Hauptverkehrszeit deutlich günstiger fahren. Allerdings erstreckt sich die Hauptverkehrszeit mancherorts von 5 bis 10 h morgens und von 15 h nachmittags bis 20 h abends. Ein *return-ticket,* das die Rückfahrt einschließt, ist immer günstiger als zwei Einzelfahrscheine *(singles).* Ist Ihr Rückreisedatum noch nicht entschieden, können Sie auf ein *open-return* ausweichen. Fahren Sie am gleichen Tag hin und zurück, schauen Sie nach einem *day return ticket,* ein *any time day return* erlaubt eine freie Zugwahl. Buchen Sie Ihr Ticket, wenn möglich, einige Tage oder sogar Wochen im Voraus, dann fällt der Fahrpreis ebenfalls günstiger aus.

Keine Verkehrsmittel an Weihnachten

Während an Sonn- und Feiertagen die meisten Verkehrsmittel mit einem leicht reduzierten Fahrplan weiterfahren, herrscht am 25. Dezember absoluter Stillstand. Alle öffentlichen Verkehrsmittel stellen am Abend des 24. Dezember ihren Betrieb ein. Am 26. Dezember geht es gemäß Sonn- und Feiertagsfahrplan wieder weiter.

Überlandbusse

Weniger Geld, aber dafür mehr Zeit müssen Sie in eine Reise mit dem Überlandbus *(coach)* investieren. Mehrere Gesellschaften wie beispielsweise *National Express, Megabus, easyBus* und *Scottish Citylink* bedienen ein dichtes Streckennetz durch ganz Großbritannien. Tickets erhalten Sie über die Webseiten der jeweiligen Anbieter. Reiseinformationen finden Sie zudem unter ► www.transportdirect.info.

Mitfahrzentrale

Eine weitere Reisemöglichkeit bieten Mitfahrzentralen. Landesweit können Sie Ihre Mitfahrgelegenheit beispielsweise über ► www.carpooling.co.uk suchen oder anbieten.

Fähren

Im Inselstaat Großbritannien sind Fähren *(ferries)* ein nicht unbedeutendes Verkehrsmittel. An vielen Küstenhäfen finden Sie auch heute noch Ein-Mann-ein-Boot-Dienste, die zwischen zwei Anlegestellen hin und her pendeln. Aber auch in Städten, die am Wasser liegen, und selbst in London, fahren Pendler per Fährboot zur Arbeit.

Daneben können Sie von vielen britischen Häfen aus mit der Fähre kurze und lange Reisen antreten. Die Fährstrecken verbinden auch die zahlreichen kleineren britischen Inseln mit dem Festland. Auch Irland lässt sich auf dem Seeweg bestens erreichen.

Je nach Strecke sind ganz unterschiedliche lokale, nationale wie auch internationale Fährgesellschaften am britischen Markt vertreten. Für viele

Routen sind ▸ www.directferries.co.uk oder ▸ www.aferry.co.uk gute Anlaufstellen im Internet. Nützliche Informationen bietet auch die Tourismusseite ▸ www.visitbritain.com.

Inlandsflüge

Inlandsflüge *(domestic flights)* werden in Großbritannien hauptsächlich von *British Airways (BA), British Midland International (bmi)* und *Eastern Airways* angeboten. Aber auch britische Billigflieger wie *easyJet* und *bmibaby* bestreiten zahlreiche Inlandsstrecken. Daneben gibt es regionale Fluggesellschaften wie *Manx2* oder *Skybus.* ▸ www.flightmapping.com ist eine nützliche Webseite, um schnell nachzuschauen, welche Routen von welcher Airline geflogen werden.

Kapitel 8

Arbeitsleben

Einen Job zu finden, ist in Großbritannien in vielerlei Hinsicht einfacher als im deutschsprachigen Raum. Natürlich gilt auch hier, dass in Krisenzeiten branchenweit Einstellungsstopp herrscht und die Arbeitslosenrate durch Entlassungswellen steigt. Aber grundsätzlich sind britische Unternehmen flexibler. Oft herrschen weniger strenge Vorgaben, was Qualifikation und Berufserfahrung betreffen, sodass auch Quereinsteiger eine Chance erhalten. Nach einer Studie des Instituts für Arbeitsmarkt- und Berufsforschung (IAB) aus dem Jahr 2012 wechseln etwa drei Mal mehr Briten als Deutsche ein oder mehrere Male in ihrem Leben das Berufsfeld. Der Wechsel erfolgt häufiger freiwillig und führt zu einem höheren Lohn. Die Studie des IAB finden Sie unter **AiGB9**.

Diese Flexibilität des britischen Arbeitsmarktes wird zum einen durch wenig standardisierte Berufsausbildungen sowie vielfältige Möglichkeiten der unkomplizierten nebenberuflichen Weiterqualifizierung unterstützt. Zum anderen herrscht eine *Hire-and-fire*-Kultur – Arbeitnehmer genießen nur einen geringen Kündigungsschutz, Neueinstellungen erfolgen jedoch genauso kurzfristig.

Jobsuche

Wer sich aus dem Ausland um einen Job in Großbritannien bemüht, hat meist ein internationales Großunternehmen im Blick und durchläuft dort einen länderübergreifenden, mehrstufigen Recruiting-Prozess. Rund 90 % der britischen Unternehmen sind jedoch kleine und mittlere Betriebe mit weniger als 25 Mitarbeitern. Sie sind eher an Bewerbern interessiert, die bereits in Großbritannien leben, direkt erreichbar sind und kurzfristig anfangen können. Erst nach Großbritannien umzuziehen und sich dann um einen Job zu bewerben, kann daher oft der Schlüssel zum Erfolg sein.

Deutschkenntnisse sind in vielen Unternehmen ein großes Plus, da nur wenige Briten Fremdsprachen fließend sprechen. Auch das deutsche Ausbildungswesen ist allgemein bekannt und wird hoch geschätzt – insbesondere in handwerklichen wie auch technischen/technologischen und medizinischen Berufsfeldern.

Bei der Jobsuche *(job hunting)* empfiehlt es sich, mehrgleisig zu fahren:

Jobcenter Plus

Sofern Sie bereits über einen Wohnsitz in Großbritannien verfügen, können Sie sich beim *Jobcenter Plus* Ihres Wohnortes melden. Diese staatliche **Arbeitsagentur** kümmert sich vornehmlich um Langzeitarbeitslose (ab sechs Monate Arbeitslosigkeit) und ist neben der Vermittlung auch für die Auszahlung von Sozialleistungen zuständig. Ein Besuch beim *Jobcenter* lohnt sich vor allem, um genauere Informationen zu Ihrem Berufsbild in Großbritannien, Jobchancen und Bewerbungsmöglichkeiten zu erhalten. Ausgeschriebene Stellen durchsuchen oder ein eigenes Suchprofil erstellen, können Sie über *Universal Jobmatch.* Sie finden diesen Service der Jobcenter über ▶ www.gov.uk, Navigationspunkt *Working, jobs and pensions,* Stichwort *Finding a job.*

Personalvermittlungen

Neben den staatlichen Jobcentern sind privatwirtschaftliche Personalberatungen *(employment agencies, consultants)* eine gute Adresse. Schätzungsweise zwei Drittel aller Stellen, die ein höheres Qualifikationsniveau erfordern, werden über private Agenturen besetzt. Personalberatungen sind insbesondere in Städten weit verbreitet. Registrieren Sie sich einfach bei mehreren Agenturen, insbesondere bei denen, die auf Ihr Berufsfeld spezialisiert sind. Für Bewerber ist eine Vermittlung meist kostenfrei.

Eine Liste registrierter Personalvermittlungen finden Sie auf der Webseite der *Recruitment and Employment Confederation (REC)* unter ▶ www.rec.uk.com, Navigationspfad *Members/Directory of Members.*

Zeitungen

Stellenanzeigen *(situations vacant, appointments)* werden auch in vielen Tageszeitungen veröffentlicht: Jeder Tag der Woche gehört bestimmten Branchen. Lohnenswert ist zudem der Blick in die Lokalzeitung.

Jobportale der großen Tageszeitungen im Internet

Folgende Tageszeitungen bieten auf Ihren Webseiten ein Jobportal:

Guardian:	▶ http://jobs.guardian.co.uk
The Times:	▶ http://jobs.thetimes.co.uk
Daily Mail:	▶ http://jobs.dailymail.co.uk
The Daily Telegraph:	▶ http://jobs.telegraph.co.uk
The Independent:	▶ http://ijobs.independent.co.uk

Jobbörsen im Internet

Im Internet finden Sie verschiedene große nationale wie internationale Jobportale und Suchmaschinen. Hier können Sie Ihr Bewerberprofil anlegen und sich von interessierten Unternehmen kontaktieren lassen. Neben großen Portalen mit Matching-Funktionen sollten Sie auch kleineren, auf Ihr Berufsfeld spezialisierten Jobbörsen Beachtung schenken.

Jobbörsen und Suchmaschinen im Internet

Zu den großen Namen für die Online-Jobsuche zählen:
- ▶ www.jobs.co.uk
- ▶ www.monster.co.uk
- ▶ www.jobsite.co.uk
- ▶ www.jobsearch.co.uk
- ▶ www.reed.co.uk
- ▶ www.fish4.co.uk
- ▶ www.jobisjob.co.uk
- ▶ www.check4jobs.com
- ▶ www.careerbuilder.co.uk

Recherchieren Sie auch größere Arbeitgeber, die ihre eigenen Jobportale im Internet betreiben. Immer einen Besuch wert sind zudem große *Networking*-Portale. In Großbritannien ist insbesondere ▶ www.linkedin.com verbreitet.

Bewerben auf Englisch

Eine klassische Bewerbung *(application)* besteht in Großbritannien aus einem Anschreiben *(cover letter)* und einem ausführlichen Lebenslauf *(Curriculum Vitae, CV)*.

Während Sie im Anschreiben knapp auf Ihre Kenntnisse, Qualifikation und Motivation hinweisen, müssen Sie Ihren *CV* mit konkreten Erfahrungen und Know-how unterfüttern. Benennen Sie unterhalb einer Positionsbezeichnung in wenigen Stichworten, was Ihre jeweiligen Aufgaben waren. Nutzen Sie dazu aussagekräftige Verben. Denken Sie auch daran, Ihre Jobtitel evtl. auf britische Bezeichnungen anzupassen. Der eingedeutschte Begriff ›Manager‹ beispielsweise wird in Großbritannien sehr inflationär gebraucht. Möchten Sie also eine leitende Position mit Führungsverantwortung darstellen, reicht *›manager‹* nicht aus. Versuchen Sie über das Internet eine englische Stellenbezeichnung zu finden, die Ihrer Position am besten entspricht. Bei einem Studium sollten Sie ebenfalls in Stichpunkten Ihre besonderen Schwerpunkte (Schwerpunktfächer, Seminararbeiten, Abschlussthemen etc.) angeben.

Ihren *CV* sollten Sie durch **passende Überschriften** gut strukturieren: Ihren Berufsweg *(›Employment history‹, ›Career history‹, ›Experience‹, ›Work experiences‹)* stellen Sie chronologisch geordnet, umgekehrt zur deutschen Art und Weise dar. Beginnen Sie mit Ihrer letzten beruflichen Tätigkeit und enden Sie mit Ihrer Ausbildung *(›Qualification‹)* und Schulbildung *(›Education‹)* (ohne Grundschulzeit). Abschlüsse sollten Sie jeweils mit Note angeben. Der *CV* schließt mit besonderen Kenntnissen und Fähigkeiten *(›Additional skills‹)* und/oder persönlichen Interessen *(›Interests and activities‹, ›Hobbies and interests‹)*. Dann folgt der letzte Punkt *›References‹*, siehe nächster Abschnitt. Im Kopfbereich wie auch in der Fußzeile nennen Sie Ihren Namen und Ihre Kontaktadresse.

Viele britische Bewerber setzen an die Spitze Ihres *CV* ein kurz ausformuliertes Profil *(›Profile‹, ›Personal statement‹)* und/oder fassen Ihre wichtigsten beruflichen Erfolge *(›Key achievements‹)* bzw. Fähigkeiten *(›Key skills‹)* in einigen Stichpunkten zusammen.

Gut zu wissen: In Großbritannien werden wegen geltender Antidiskriminierungsgesetze keine Bewerbungsfotos verwendet. Machen Sie auch keine Angaben zu Ihrer Religion oder zu Ihrem Familienstand. Selbst Ihr Geburtsdatum und Ihre Nationalität müssen Sie nicht nennen. Der Lebenslauf wird außerdem nicht unterschrieben und nicht datiert.

Referenzen

Eine weitere Besonderheit einer britischen Bewerbung ist, dass Sie keine Zeugnisse beilegen, sondern zwei bis fünf Referenzen *(references)* angeben. Hierbei handelt es sich um Namen und Kontaktdaten von Personen, bei denen sich das Unternehmen persönlich über Sie informieren kann. Nennen Sie als Referenzgeber *(referee)* beispielsweise einen Ihrer früheren Arbeitgeber, einen ehemaligen Vorgesetzten, einen Universitätsprofessor oder Ausbilder bzw. jede andere Person, die Ihre Berufserfahrung, Arbeitsweise und persönlichen Eigenschaften beschreiben kann.

Wird Ihre Bewerbung näher in Betracht gezogen, wird das Unternehmen Ihre Referenzgeber kontaktieren und ihnen ein Formular zusenden. In vielen Fällen werden die Referenzgeber erst nach einem positiv verlaufenden Bewerbungsgespräch angesprochen. Falls Sie erst einmal keine Namen und Kontaktdaten angeben möchten, schreiben Sie am Ende Ihres *CV: ›References available on request.‹*.

Ihre Referenzgeber sollten Sie in jedem Fall vorab über die zu erwartende Kontaktaufnahme informieren und gegebenenfalls eine Übersetzungshilfe organisieren.

Anerkennung von Abschlüssen

Britische Personalverantwortliche können nicht immer nachvollziehen, was sich hinter einer deutschen, österreichischen oder schweizerischen Berufsausbildung oder -bezeichnung genau verbirgt. Mit genauen Erklärungen oder der Nennung eines vergleichbaren britischen Abschlusses können Sie diese Klippe umschiffen.

Bei Berufen, die eine staatliche Anerkennung voraussetzen, ist eine offizielle Akkreditierung eines ausländischen Abschlusses Pflicht. Und auch Fachexperten benötigen häufig eine Bestätigung, welche Einstellungskriterien sie erfüllen. Den Abgleich zwischen Ihrer deutschen, österreichischen oder schweizerischen Qualifikation und britischen Abschlüssen übernimmt das *National Recognition Information Centre for the United Kingdom.* Über die Webseite ▶ www.naric.org.uk können Sie ein *Statement of Comparability* oder einen ausführlicheren *Career Path Report* beantragen. Die Kosten betragen zwischen £ 48 und £ 108.

Nachhaken ist erwünscht

Generell wird in Großbritannien eine größere Aktivität während des Bewerbungsprozesses erwartet als im deutschsprachigen Raum. Rufen Sie den in der Anzeige genannten Ansprechpartner ruhig an und fragen Sie nach Details zur ausgeschriebenen Position, bevor Sie Ihre Bewerbung einsenden. Haken Sie später nach, ob Ihre Bewerbung berücksichtigt werden konnte. Nach einem ersten Bewerbungsgespräch sollten Sie außerdem einen kurzen Dankesbrief schreiben (Post oder E-Mail).

Vorstellungsgespräche

Vorstellungsgespräche *(job interviews)* werden in den meisten britischen Unternehmen ähnlich praxisorientiert ausgerichtet wie schriftliche Bewerbungen. Neben üblichen Bewerbungsfragen nach Ihrem Lebenslauf, Ihren Berufszielen und Ihren Erwartungen, sollten Sie sich daher auch auf einige **berufspraktische Gedankenspiele** vorbereiten. Je nach Job wird gerne nach Beispielsituationen gefragt, in denen Sie Ihre persönlichen Stärken (und Schwächen) erfahren haben. Möglich sind auch Szenarien, die Sie durchspielen sollen. Sie sollten außerdem erklären können, welche Eigenschaften Sie für die ausgeschriebene Stelle für besonders relevant halten. Daneben müssen Sie Ihre Berufserfahrung und Fähigkeiten auf die Anforderungen der zu besetzenden Stelle beziehen können. Alles in allem werden *soft skills* wie Teamfähigkeit, Kritikfähigkeit, Eigeninitiative, Problemlösefähigkeit etc. besonders auf den Prüfstand gestellt. Fachwissen ist für britische Chefs längst nicht alles.

Anstellung und Arbeitsvertrag

Grundsätzlich wird in Großbritannien zwischen drei Beschäftigungsformen *(employment status, work status)* unterschieden:

- ***Employee*** – Fest angestellte Mitarbeiter mit umfassenden Rechten und Pflichten
- ***Worker*** – Unterschiedliche Vertragsformen mit eingeschränkten Rechten und Pflichten
- ***Self-employed*** – Selbstständiger Auftragnehmer *(contractor)* bzw. Berater *(consultant)*

Sie können in Vollzeit *(permanent)* oder Teilzeit *(part-time)*, zeitlich befristet *(fixed-term)*, gelegentlich auf Abruf *(casual)*, saisonal *(seasonal)* oder ohne garantierte Stundenzahl *(zero-hours)* beschäftigt werden.

Detaillierte Informationen zu den verschiedenen Beschäftigungsformen erhalten Sie unter ▸ www.gov.uk, Navigationspfad *Employing people/ Contracts of employment and working hours*, Stichwort *Employment status.*

Zeitarbeit

Zeitarbeit *(temporary work)* ist in Großbritannien weit verbreitet. Zeitarbeitsfirmen *(temporary work agencies)* beschäftigen ihre Arbeitskräfte (*agency workers* oder *temps*) über unterschiedliche Verträge und vermitteln sie befristet an suchende Unternehmen weiter. Die Übergänge zwischen Zeitarbeit und Personalvermittlung sind oft fließend.

Als Zeitarbeiter haben Sie generell Anspruch auf bezahlten Urlaub, den gesetzlichen Mindestlohn und alle geltenden Vorschriften zur Arbeitssicherheit. Sobald Sie mehr als zwölf Wochen beim gleichen Unternehmen eingesetzt werden, genießen Sie dort die gleichen Rechte in Bezug auf Gehalt, Urlaub, Pausen- und Arbeitszeiten wie ein festangestellter Arbeitnehmer in vergleichbarer Position. Für Lohnfortzahlungen im Krankheitsfall, Mutterschaftsgeld und andere Sozialleistungen gelten für Zeitarbeiter spezifische Regelungen.

Arbeitsvertrag

Je nach angestrebtem Beschäftigungsverhältnis erhalten Sie einen Arbeitsvertrag *(employment contract, contract of service)*, der alle Vereinbarungen enthält, die über die gesetzlichen Mindestbestimmungen hinausgehen. Allerdings werden Arbeitsverhältnisse in Großbritannien nicht immer schriftlich definiert. Denn ein Vertrag zwischen Arbeitgeber und Arbeitnehmer wird gültig, sobald eine Tätigkeit aufgenommen wird. Innerhalb von zwei Monaten nach Beginn Ihres neuen Jobs müssen Sie aber zumindest eine **schriftliche Ausführung der Rahmenbedingungen Ihrer Tätigkeit** *(principal statement)* erhalten haben. Dies kann in Form einer ausführlichen Stellenbeschreibung oder auch durch ein verbindliches Handbuch für Mitarbeiter *(staff handbook)* geschehen.

Folgende Informationen zu Ihrem Arbeitsverhältnis müssen Ihnen vorliegen:

- Name Ihres Arbeitgebers *(employer)*
- Stellenbezeichnung und eine kurze Stellenbeschreibung (*job title* und *job description*)
- Datum des ersten Arbeitstages *(first day of employment)*
- Höhe des Gehalts und Zahlungsmodus *(pay rate)*
- Arbeitszeit *(hours of work)*
- Urlaubsanspruch *(holiday entitlement)*
- Arbeitsort *(work place)*
- Lohnfortzahlung im Krankheitsfall *(sick payment)*
- Probezeit *(probation period)*
- Kündigungsfristen *(notice period, notice of termination)*
- Informationen zu Beschwerde- und Disziplinarverfahren *(disciplinary and grievance procedures)*
- Informationen zu Tarifvereinbarungen *(collective agreements)*
- Altersversorgung *(pension schemes)*
- Bei befristeten Arbeitsverhältnissen: erster und letzter Arbeitstag *(first and last day of employment)*

Fachbegriffe in Ihrem Arbeitsvertrag

Falls Sie Schwierigkeiten haben, alle Fachbegriffe in Ihrem Arbeitsvertrag genau zu verstehen, nutzen Sie den *jargon buster* auf der Internetseite ► www.worksmart.org.uk.

Probezeit

Probezeiten *(probation period)* mit einer Kündigungsfrist von einer Woche und teils eingeschränkten Rechten sind in britischen Unternehmen die Norm. Die Dauer der Probezeit beträgt in der privaten Wirtschaft zwischen einem und zwölf Monaten. Im öffentlichen Sektor sind auch bis zu drei Jahre möglich. Bei längeren Probezeiten werden meist auch entsprechend längere Kündigungsfristen gewährt.

Während der Probezeit sollten mehrere Mitarbeitergespräche stattfinden, in denen Sie Rückmeldung zu Ihrer Arbeitsleistung erhalten. Nach Ablauf der Probezeit kann diese bei Bedarf verlängert werden. Ist jedoch alles zufriedenstellend, erhalten Sie eine schriftliche Bestätigung *(completion document)* und das Angestelltenverhältnis tritt wie vertraglich geregelt in Kraft. Bei nicht ausreichender Leistung muss Ihnen auf schriftlichem Weg gekündigt werden.

Gehälter und Zusatzleistungen

Wie überall variieren auch in Großbritannien Gehälter je nach Qualifikation, Berufserfahrung, Arbeitszeiten und Arbeitsort. Abgesehen davon sind Gehälter in der freien Wirtschaft reine Verhandlungssache. Lediglich in manchen Branchen wie auch im öffentlichen Dienst existieren Rahmenverträge und Tarifvereinbarungen mit Gewerkschaften.

Der **gesetzliche Mindestlohn** *(National Minimum Wage, NMW)* beträgt (Stand 2012):

- £ 6,19 für Angestellte über 21 Jahre
- £ 4,98 für Angestellte zwischen 18 und 20 Jahren
- £ 3,68 für Angestellte unter 18 Jahren
- £ 2,65 für Auszubildende im ersten Ausbildungsjahr

Neben einem festen Gehalt *(fixed salary)* sind in vielen Unternehmen leistungsbezogene variable Gehaltsbestandteile *(variable pay)* üblich. Dazu zählen beispielsweise Provisionen *(commisions)*, Prämien *(bonuses, merit pay)*, Gewinnanteile *(profit shares)* und Mitarbeiteranteile *(stock options)*. Eine private Krankenversicherung, Altersvorsorge, Firmenwagen und vieles andere mehr können weitere Zusatzleistungen *(benefits)* darstellen. Zusätzliches Urlaubsgeld oder ein 13. Monatsgehalt kennen Briten nicht.

Sie erhalten von Ihrem Arbeitgeber monatlich/wöchentlich eine **Gehaltsabrechnung** *(pay slip)*, die Ihren Bruttolohn, abgerechnete Urlaubstage, Abzüge für Einkommenssteuer und Sozialversicherungen und das daraus resultierende Nettoeinkommen ausweist. Weitere Informationen zu Steuern und Sozialabgaben finden Sie im Kapitel 10 *Steuern und Sozialversicherungsbeiträge* ab S. 153.

Arbeitszeiten

Die reguläre Wochenarbeitszeit beträgt in Angestelltenverhältnissen zwischen 35 und 40 Stunden, je nach vertraglicher Vereinbarung. Allerdings fallen die tatsächlichen Arbeitszeiten inklusive Überstunden in vielen britischen Unternehmen deutlich höher aus. Gesetzlich geregelt ist nur, dass eine Arbeitszeit von mehr als durchschnittlich 48 Stunden pro Woche nicht überschritten werden darf.

Überstunden müssen vom Arbeitgeber nicht bezahlt werden. In den meisten Unternehmen wird jedoch entweder ein finanzieller Ausgleich im Arbeitsvertrag geregelt oder es wird *time off in lieu (TOIL)* praktiziert. Damit ist das gemeint, was im deutschsprachigen Raum als ›Überstunden abfeiern‹ bezeichnet wird.

Urlaub und Krankheit

Der gesetzlich vorgeschriebene Urlaubsanspruch *(paid annual leave)* für Arbeiter und Angestellte in Vollzeit beträgt 28 Tage, inklusive Feiertage. Für andere Arbeitsverhältnisse, z. B. Teilzeit, wird ein anteiliger Anspruch berechnet. Weitere Urlaubstage können jedoch vertraglich geregelt werden.

Ihren bezahlten Urlaub müssen Sie bei Ihrem Arbeitgeber rechtzeitig beantragen. Rechtzeitig heißt per Gesetz: Mindestens doppelt so lange vorher wie die gewünschte Urlaubsdauer. Also zwei Wochen Urlaub müssen Sie bis spätestens vier Wochen vorher einreichen.

Ihr Arbeitgeber kann Ihren Urlaubsantrag mit einer Vorlaufzeit, die der geplanten Urlaubszeit entspricht, verweigern. Zwei Wochen beantragter Urlaub dürfen also höchstens zwei Wochen vor Urlaubsbeginn gestrichen werden. Daneben darf Ihr Arbeitgeber entscheiden, wann seine Mitarbeiter Urlaub nehmen müssen. So kann er beispielsweise verlangen, dass alle im August Urlaub nehmen.

Krankmeldung

Wenn Sie wegen Krankheit nicht zur Arbeit kommen können, sollten Sie Ihren Arbeitgeber umgehend informieren. Viele Unternehmen verlangen bei einigen Tagen Krankheit lediglich, dass ihre Mitarbeiter bei ihrer Rückkehr ein Formular *(self-certification, SC form, Employee's Statement of Sickness)* ausfüllen. Sind Sie länger als sieben Kalendertage krank, müssen

Sie laut Gesetz eine Krankschreibung (*Statement of Fitness for Work*, kurz: *fit note* – im Sprachgebrauch häufig auch als *›sick note‹* bezeichnet) Ihres Hausarztes vorlegen.

Eine Lohnfortzahlung im Krankheitsfall erhalten Sie nach vier Tagen Abwesenheit. Es wird zwischen zwei Formen unterschieden:

Statutory Sick Pay (SSP) – Ihr Unternehmen zahlt das gesetzlich vorgeschriebene Mindestkrankengeld in Höhe von £ 85,85 pro Woche für einen Zeitraum von maximal 28 Wochen. Um sich für *SSP* zu qualifizieren, müssen Sie mindestens £ 107 pro Woche brutto *(Lower Earnings Limit 2012/2013)* verdienen. Zu den weiteren Voraussetzungen informieren Sie sich unter ▶ www.gov.co.uk, Navigationspunkt *Working, jobs and pensions,* Stichwort *Sick leave.*

company sick pay – Ihr Unternehmen zahlt ein individuelles Krankengeld laut Arbeitsvertrag, das höher ist als das gesetzliche Minimum.

Sonderurlaub

Angestellte haben das Recht, kurzfristig unbezahlten Urlaub zu nehmen, wenn eine von ihnen abhängige Person eine Notfallbetreuung *(time off for dependants)* benötigt. Eltern gibt diese Regelung die Möglichkeit, einen Tag zu Hause zu bleiben oder den Arbeitsplatz zu verlassen, wenn beispielsweise die Kinderbetreuung ausfällt oder ein Kind krank wird.

Daneben gibt es in vielen Unternehmen Regelungen für Sonderurlaub aus dringenden familiären Gründen *(compassionate leave)*, z. B. bei einem Trauerfall. Auch für Weiterbildungen können Angestellte in Unternehmen mit mindestens 250 Mitarbeitern Sonderurlaub *(time to train)* beantragen.

Mutterschutz und Rechte für berufstätige Eltern

Mindestens 15 Wochen vor Beginn der errechneten Geburtswoche müssen Sie Ihren Arbeitgeber, am besten schriftlich, über Ihre **Schwangerschaft**, den errechneten Geburtstermin *(due date)* und den gewünschten Beginn Ihres Mutterschaftsurlaubs informieren. Ihr Arbeitgeber wird ein *Medical Certificate (MATB1)* Ihres Hausarztes oder der Vorsorgehebamme verlangen, das Sie ab der vollendeten 21. Schwangerschaftswoche erhalten. Für Vorsorgeuntersuchungen und Kurse für Schwangere *(antenatal care)* muss bezahlter Urlaub gewährt werden.

Ihren **Mutterschaftsurlaub** *(Statutory Maternity Leave, SML)* von maximal 52 Wochen Länge – bestehend aus 26 Wochen *Ordinary Maternity*

Leave (OML) und 26 Wochen *Additional Maternity Leave (AML)* – können Sie ab elf Wochen vor Beginn der errechneten Geburtswoche zu einem frei wählbaren Termin antreten. Gesetzlich festgeschrieben ist allerdings, dass Sie mindestens zwei Wochen (vier Wochen bei Fabrikarbeit) nach der Geburt zu Hause bleiben müssen *(Compulsory Maternity Leave).* Bei schwangerschaftsbedingtem Arbeitsausfall ab vier Wochen vor der Geburt beginnt der Mutterschaftsurlaub automatisch, unabhängig davon, was Sie mit Ihrem Arbeitgeber ursprünglich vereinbart hatten.

Eine Kündigung während Ihrer Schwangerschaft oder während des Mutterschaftsurlaubes ist unzulässig. Betriebsbedingt kann Ihnen jedoch jederzeit gekündigt werden. Ihr Arbeitgeber muss Ihnen in diesem Fall aber bevorzugt eine alternative Stelle anbieten, auch wenn andere Mitarbeiter für den Job qualifizierter wären als Sie.

Kehren Sie nach 26 Wochen *OML* ins Unternehmen zurück, haben Sie das Recht auf Ihren alten Arbeitsplatz. Nach maximal 52 Wochen (*OML* plus *AML*) kann Ihnen Ihr Arbeitgeber auch eine andere passende Stelle zu den gleichen vertraglichen Konditionen anbieten. Sie haben keinen Anspruch auf Teilzeit. Mehr zu flexiblen Arbeitszeiten lesen Sie im Abschnitt *Unbezahlte Elternzeit und flexible Arbeitszeiten* ab S. 127.

Mutterschaftsgeld

Sie erhalten während des Mutterschutzurlaubs keine Gehaltszahlungen. Sofern Sie 15 Wochen vor der errechneten Geburtswoche bei Ihrem Arbeitgeber mindestens 26 Wochen ununterbrochen beschäftigt waren und mindestens £ 107 brutto pro Woche verdienen *(Lower Earnings Limit 2012/1013),* erhalten Sie als Angestellte über Ihren Arbeitgeber für bis zu 39 Wochen Mutterschaftsgeld *(Statutory Maternity Pay).*

Beginnend mit Ihrem Mutterschutzurlaub werden Ihnen für die ersten sechs Wochen 90 % Ihres durchschnittlichen wöchentlichen Bruttoeinkommens ausgezahlt. Danach reduziert sich der Satz gegebenenfalls auf maximal £ 135,45 (2012/1013) pro Woche. Eine Verschiebung der Zahlungen ist bedingt möglich. Freiwillige zusätzliche Leistungen durch Ihren Arbeitgeber werden vertraglich geregelt.

Unter ▸www.gov.uk, Navigationspfad *Working, jobs and pensions/Holidays, time off, sick leave, maternity and paternity leave,* Stichwort *Statutory Maternity Pay (SMP),* finden Sie ein praktisches interaktives Tool, mit dem Sie Ihren jeweiligen Anspruch wie auch die Höhe der Zahlungen genau berechnen können.

Maternity Allowance

Werdende Mütter, die keinen Anspruch auf *Statutory Maternity Pay* von ihrem Arbeitgeber haben, etwa weil sie nicht ausreichend lange beschäftigt waren, nicht genügend verdient haben oder **selbstständig erwerbstätig** oder **arbeitslos** sind, können *Maternity Allowance* beantragen. Sie erhalten für 39 Wochen wöchentlich £ 135,45 (2012/2013) oder 90 % ihres durchschnittlichen Bruttowochenlohns, je nachdem, welcher Betrag geringer ist. Genauere Informationen finden Sie unter ▸ www.gov.uk, Navigationspfad *Working, jobs and pensions/Holidays, time off, sick leave, maternity and paternity leave,* Stichwort *Maternity allowance.*

Vaterschaftsurlaub

Unter den gleichen Voraussetzungen, die für Mutterschaftsurlaub und Mutterschaftsgeld gelten, können auch Väter innerhalb eines Zeitraumes von 56 Tage nach der Geburt ihres Kindes ein oder zwei Wochen Vaterschaftsurlaub nehmen *(Ordinary Statutory Paternity Leave).* In dieser Zeit erhalten Sie 90 % Ihres durchschnittlichen wöchentlichen Bruttoeinkommens bis maximal £ 135,45 *(Ordinary Statutory Paternity Pay).* Seit 2011 gibt es darüber hinaus die Möglichkeit, für weitere 26 Wochen zusätzlichen Vaterschaftsurlaub *(Additional Paternity Leave)* zu nehmen, sofern die Mutter des Kindes wieder an ihren Arbeitsplatz zurückkehrt. Der zusätzliche Vaterschaftsurlaub kann zwischen 20 Wochen und einem Jahr nach dem Geburtsdatum des Kindes genutzt werden. Sie erhalten für 26 Wochen *Additional Statutory Paternity Pay* in Höhe von maximal £ 135,45 pro Woche. Weitere Informationen: ▸ www.gov.uk, Navigationspfad *Working, jobs and pensions/Holidays, time off, sick leave, maternity and paternity leave,* Stichwort *Paternity leave.*

Unbezahlte Elternzeit

Nach mindestens einem Jahr Unternehmenszugehörigkeit kann jeder Elternteil bis zu 13 Wochen insgesamt, aber nur vier Wochen pro Kind pro Jahr, unbezahlte Elternzeit *(Parental Leave)* nehmen. Diese Elternzeiten können beansprucht werden, bis das Kind 5 Jahre alt ist.

Sie müssen Ihre geplanten Elternzeiten jeweils 21 Tage im Voraus bei Ihrem Arbeitgeber schriftlich beantragen. Sofern Ihr Arbeitgeber plausible Gründe angibt, darf er den von Ihnen gewünschten Zeitraum bis zu sechs Monate nach hinten verschieben. Zusätzliche Leistungen variieren von Unternehmen zu Unternehmen und sind meist im Handbuch für

Mitarbeiter festgehalten. Weitere Informationen, auch zu einer anteiligen Berechnung bei Teilzeitarbeit, finden Sie unter ▶ www.gov.uk, Navigationspunkt *Employing people,* Stichwort *Parental leave.*

Flexible Arbeitszeiten für Eltern

Eltern von Kindern bis zu einem Alter von 17 Jahren können bei ihrem Arbeitgeber einen Antrag *(making a statutory application)* auf flexible Arbeitszeiten *(flexible working)* stellen. Gemeint sind individuell aufgesetzte Arbeitszeitmodelle, bei denen ein Arbeitnehmer beispielsweise nur Teilzeit, nicht während der Schulferien oder an bestimmten Tagen von zu Hause aus arbeitet. Auch *job sharing* fällt unter das Schlagwort *flexible working.*

Im Bereich *Employing people/Contracts of employment and working hours* auf ▶ www.gov.uk finden Sie unter dem Stichwort *Flexible working* detailliertere Informationen.

Kinderbetreuungszuschüsse

Größere Arbeitgeber bieten Ihren Mitarbeitern häufig ein *Childcare Voucher Scheme,* bei dem Gehalt steuermindernd (maximal £ 22 bis £ 55 pro Woche je nach Steuersatz) in Gutscheine für eine kostengünstige Kinderbetreuung umgewandelt wird. Diese können dann in ausgewählten Betreuungseinrichtungen eingelöst werden. *Childcare vouchers* können Einfluss auf die Höhe der Ihnen zustehenden *Tax Credits* (Mehr dazu finden Sie auf S. 169) nehmen. Einen Online-Rechner finden Sie unter ▶ www.gov.uk, Navigationspfad *Benefits/Tax credits,* Stichwort *Childcare vouchers: better off calculator.*

Kündigung und Arbeitslosigkeit

Bei einer Kündigung *(dismissal)* durch den Arbeitgeber muss zwischen folgenden Formen unterschieden werden:

fair dismissal – Der Arbeitgeber kann einen Mitarbeiter jederzeit aus berechtigten Gründen entlassen, z. B. wegen Fehlverhalten oder mangelnder Qualifikation.

unfair dimissal – Der Arbeitgeber darf einem Mitarbeiter nicht ungerechtfertigt kündigen, z. B. wegen Schwangerschaft, Krankheit, Gewerkschaftsaktivität, Religion, Alter, etc.

redundancy –Kündigung wegen Stellenabbau oder Restrukturierung im Unternehmen. Der Arbeitsplatz fällt weg.

Sofern nicht im Arbeitsvertrag anders geregelt, gelten die **gesetzlichen Kündigungsfristen** *(Statutory Minimum Notice Periods),* die sich nach der Dauer der Betriebszugehörigkeit richten:

- Ein Monat bis zwei Jahre: mindestens eine Woche Kündigungsfrist
- Zwei Jahre bis zwölf Jahre: eine Woche Kündigungsfrist pro Jahr der Betriebszugehörigkeit
- Zwölf Jahre und mehr: zwölf Wochen Kündigungsfrist

Als Arbeitnehmer müssen Sie laut Gesetz lediglich eine Kündigungsfrist von einer Woche einhalten, wobei die meisten Arbeitsverträge oder Handbücher für Mitarbeiter deutlich längere Kündigungsfristen von mehreren Monaten vorsehen.

Wird Ihnen wegen Stellenabbau oder Restrukturierung gekündigt, erhalten Sie eine gesetzlich festgelegte **Abfindungszahlung** *(redundancy payment),* wenn Sie länger als zwei Jahre bei Ihrem Unternehmen beschäftigt gewesen sind. Die Höhe Ihrer Abfindung berechnet sich nach der Dauer der Betriebszugehörigkeit, Ihrem Alter und Ihrem durchschnittlichen Wochenlohn (Obergrenze: £ 400). Generell gilt:

- Ein halber Wochenlohn für jedes Jahr der Betriebszugehörigkeit, in dem Sie unter 22 Jahre alt gewesen sind.
- Ein Wochenlohn für jedes Jahr der Betriebszugehörigkeit, in dem Sie zwischen 22 und 41 Jahre alt gewesen sind.
- Eineinhalb Wochenlöhne für jedes Jahr der Betriebszugehörigkeit, in dem Sie über 41 Jahre alt gewesen sind.

Darüber hinaus kann Ihr Arbeitsvertrag zusätzliche Abfindungszahlungen vorsehen.

Abfindungen bis zu einer Höhe von £ 30.000 sind steuerfrei. Für die Beantragung von Arbeitslosengeld ist das *Jobcenter Plus* zuständig. Mehr zum Thema *Sozialleistungen* finden Sie im Kapitel 11 *Sozialleistungen* ab S. 169.

Weiterführende Informationen zum Thema *Kündigung* finden Sie unter ► www.gov.uk, Navigationspfad *Working, jobs and pensions/Redundancies, dismissals and disciplinaries.*

Gewerkschaft und Betriebsrat

Jeder hat in Großbritannien das Recht, einer oder mehreren Gewerkschaften *(trade unions)* beizutreten, ohne dadurch berufliche Nachteile zu erfahren. Eine Liste aller aktiven Gewerkschaften finden Sie unter ► www.certoffice.org, folgen Sie dem Navigationspfad *Trade Unions/Existing*

Trade Unions. Anzumerken ist, dass in vielen Branchen mehrere teilweise miteinander konkurrierende Gewerkschaften aktiv sind. Die meisten Gewerkschaften gehören dem Dachverband *Trades Union Congress, TUC* (► www.tuc.org.uk) an, siehe Mitgliederliste (Navigationspunkt *Unions*).

In größeren Unternehmen mit anerkannter Gewerkschaftsverbindung und Tarifverträgen werden Sie einen Gewerkschaftsvertreter *(union representative, union rep, lay representative, lay official, union steward, shop steward)* vorfinden, an den Sie sich bei Problemen mit Ihrem Arbeitgeber direkt wenden können.

Trotz entsprechender EU-Richtlinien sind institutionalisierte Arbeitnehmervertretungen in Form eines gewählten **Betriebsrates** in Großbritannien eher selten. Arbeitnehmer werden also meist nur durch ihren Gewerkschaftsvertreter repräsentiert, sofern vorhanden.

Beratung in arbeitsrechtlichen Fragen

Unrechtmäßige Kündigung, ausstehende Abfindungszahlung, Diskriminierung am Arbeitsplatz, Vertragsbruch oder ungerechte Bezahlung: Bei Streitigkeiten mit Ihrem Arbeitgeber können Sie kostenlos Rat beim *Citizens Advice Bureau* (► www.citizensadvice.org.uk) suchen, das Sie in jeder größeren Stadt finden. Ebenfalls unentgeltlich berät *Acas (Advisory, Conciliation and Arbitration Service),* informieren Sie sich zunächst auf der Webseite ► www.acas.org.uk. Ihre Rechte als Arbeitnehmer auf einen Blick und weitere praktische Tools finden Sie im Info-Portal des *Trades Union Congress* unter ► www.worksmart.org.uk. Darüber hinaus gibt es die *Pay and work rights Helpline* der britischen Regierung unter 0800 / 91 72 368.

Erreichen Sie trotz Beratung keine Einigung mit Ihrem Arbeitgeber, können Sie das *Employment Tribunal* anrufen. Weitere Informationen finden Sie unter ► www.gov.uk, Navigationspfad *Crime, justice and the lay/Courts, sentencing and tribunals,* Stichwort *Take your employer to an employment tribunal.*

Existenzgründung

Ein Unternehmen zu gründen, kann in Großbritannien vergleichsweise einfach sein. So müssen Sie sich beispielsweise als **Einzelunternehmer** *(self-employed sole trader)* lediglich online beim Finanzamt *(HM Revenue & Costums)* anmelden. Nutzen Sie dazu auf ► www.gov.uk den Online-Service *Register your new business with HMRC,* Navigationspfad *Businesses and self-employed/Setting up.* Ihren Gewinn versteuern Sie als Einkommen (inkl. Sozialabgaben). Dazu legen Sie eine simple Einnahmen-Überschuss-Rechnung an. Mehrwertsteuerpflichtig *(VAT registered)* werden Sie erst ab einem Umsatz von £ 77.000 (2012/1013), das Limit wird in jedem Steuerjahr angepasst.

Eine **Kapitalgesellschaft mit beschränkter Haftung**, eine *Private Limited Company*, ist deutlich aufwendiger zu führen als ein Einzelunternehmen, denn Sie benötigen eine Bilanz und müssen Körperschaftssteuer *(corporation tax)* wie auch Mehrwertsteuer abführen. Aber ihre Gründung ist ebenfalls verhältnismäßig unkompliziert. Es genügt ein einfacher Eintrag ins britische Handelsregister *(Companies House)*, den Sie gegen eine geringe Gebühr online unter ▶ www.companieshouse.gov.uk vornehmen können. Ein Grundkapital ist nicht notwendig. Sie müssen lediglich die Gesellschafter und ihre Anteile benennen. Ihre Gründung wird ans Finanzamt weitergeleitet, das Ihnen ein Informationspaket mit allen Steuerformularen und Hinweisen zusendet.

Unternehmensformen

Grundsätzlich sind für eine Gründung viele verschiedene Rechtsformen denkbar, die keinesfalls eins zu eins mit denen im deutschsprachigen Raum gleichzusetzen sind. Folgende Unternehmensformen werden am häufigsten gewählt und können hier nur ganz grob skizziert werden:

Self-employed/Sole trader – Sie arbeiten auf selbstständiger Basis, mit oder ohne Angestellte. Eine Einnahmen-Überschuss-Rechnung reicht aus. Ihren Gewinn versteuern Sie als Einkommen, Sie führen Sozialabgaben ab. Sie haften mit Ihrem privaten Vermögen.

Partnership – Sie machen sich mit einem oder mehreren Partnern gemeinsam selbstständig. Jeder Partner haftet mit seinem privaten Vermögen. Der per Einnahmen-Überschuss-Rechnung ermittelte Gewinn wird von jedem Partner anteilig als Einkommen versteuert. Die Partner zahlen Sozialabgaben.

Limited Liability Partnership (LLP) – Die Partner führen ein eigenständiges Unternehmen und haften nicht mit ihrem Privatvermögen. Der eine Partner ist nicht für die Fehler des anderen mitverantwortlich. Die *LLP* muss ins Handelsregister eingetragen werden. Eine Bilanz mit Jahresabschluss ist erforderlich. Die Partner versteuern ihren Gewinn als Einkommen.

Private Limited Company (Ltd.) **(Wales: *Cyf.*)** – Ins Handelsregister eingetragene Kapitalgesellschaft. Es gibt keine Mindesthöhe für das Grundkapital. Jeder Anteilseigner haftet bis zur Höhe seiner Anteile.

Die Anteilseigner können sich Dividenden statt Gehalt ausbezahlen, mit entsprechenden steuerlichen Vorteilen. Eine Bilanz mit Jahresabschluss ist notwendig. Das Unternehmen zahlt Körperschaftssteuer (corporation tax).

Public Limited Company (plc) (**Wales:** ***c.c.c.***) – Im Handelsregister eingetragene Aktiengesellschaft mit mindestens zwei Anteilseignern. Es müssen Aktien im Wert von mindestens £ 50.000 ausgegeben werden. Zwei oder mehr Geschäftsführer *(directors)* und ein Schriftführer mit buchhalterischen Kenntnissen *(company secretary)* bilden den Vorstand. Eine Bilanz mit Jahresabschluss ist erforderlich. Das Unternehmen zahlt Körperschaftssteuer *(corporation tax)*.

Informationen für Gründer

Das Informationsangebot im Internet für Gründer ist mehr als umfassend. Nutzen Sie für einen ersten Überblick das Angebot ► www.gov.uk, Navigationspunkt *Businesses and self-employed.* Hier finden Sie Hilfestellung von der Entwicklung der ersten Geschäftsidee über die Erstellung eines ausgefeilten Businessplans bis zur Abgabe der Steuererklärung. Sie können über direkte Verlinkungen notwendige Lizenzen für Ihre Unternehmensgründung abfragen, Finanzmöglichkeiten prüfen, ein Warenzeichen *(trade mark)* registrieren oder ein Unternehmen ins Handelsregister eintragen *(incorporate your company)* lassen. Darüber hinaus finden Sie alle Informationen zur Beschäftigung von Mitarbeitern, zu Sicherheitsvorschriften, Grundsteuer *(business rates)* wie auch zu Haftungs- und Versicherungsfragen.

Die Broschüre *Thinking of Working for yourself?*, herausgegeben von *HM Revenue & Customs,* bietet einen knapp gehaltenen Einstieg ins Thema Selbstständigkeit. Die Broschüre ist als PDF-Download unter dem Link ► www.hmrc.gov.uk/leaflets/se1.pdf erhältlich. Individuelle Fragen beantwortet die *Newly Self-Employed Helpline* unter 0845 / 91 54 515.

Spezifische Informationen für die Unternehmensgründung in Wales werden unter ► http://business.wales.gov.uk und für Gründungen in Schottland unter ► www.bgateway.com bereitgestellt.

Gut zu wissen: **Scheinselbstständigkeit** ist auch in Großbritannien ein Thema. Umfassende Informationen zu den entsprechenden *IR 35 rules* finden Sie beispielsweise bei *HM Revenue & Customs* unter ► www.hmrc.gov.uk/ir35.

Kapitel 9

Gesundheitswesen

Einst schrieb der *National Health Service (NHS)* Geschichte, weil er allen Bürgern eine kostenlose und einheitliche Gesundheitsversorgung ermöglicht, die aus Steuermitteln und nicht aus Sozialabgaben finanziert wird. Seit seinem Gründungsjahr 1948 hat das britische Vorzeigemodell jedoch deutlich an Glanz verloren. Insbesondere die schwerfällige Bürokratie und die langen Wartezeiten für viele Krankenhausbehandlungen stehen in der öffentlichen Kritik. Ob beim Arzt im Wartezimmer oder auf einer Party: Sie werden viele Geschichten hören, wie jemand vom *NHS* falsch, gar nicht oder viel zu spät behandelt wurde. Darüber unterhalten sich Briten fast genauso gerne wie über das Wetter – scheint doch beides gleichermaßen unabänderlich zu sein.

Es muss aber auch gesagt werden, dass der *NHS* nicht in jeder Hinsicht seinem schlechten Ruf gerecht wird. Die britische Ärzteausbildung genießt weltweit eine hohe Anerkennung und mit einem engagierten Haus- oder Facharzt an der Seite, lassen sich die meisten bürokratischen Hindernisse bewältigen. Viele Einwanderer aus dem deutschsprachigen Raum sind daher mit der ärztlichen Versorgung in ihrem britischen Heimatort sehr zufrieden, während andere vor allem mit grundsätzlichen Unterschieden im System hadern.

Jeder wird seine guten wie schlechten Erfahrungen mit dem *NHS* machen. Ein gesundes Maß an Eigeninitiative ist aber – wie überall – manchmal der einzige Weg, um im Krankheitsfall den für einen selbst richtigen Arzt wie auch die passende Behandlungsmethode zu finden.

Strukturen des *NHS*

Der *National Health Service* ist in England, Wales *(NHS Wales)* und Schottland *(NHS Scotland)* jeweils eigenständig, wobei sich das schottische System deutlich vom englischen und walisischen unterscheidet. Die primäre medizinische Versorgung der Bevölkerung durch Hausärzte, Zahnärzte, Optiker und Apotheken wird jeweils über regionale *Primary Care Trusts (PCT)* (Schottland: *National Boards*) bereitgestellt. Krankenhäuser, Pflegedienste, Heime und Verwaltungen werden über viele weitere *NHS trusts* organisiert, die zumindest in England und Wales auch auf private Dienstleister zurückgreifen. Eine tiefgreifende Reform des englischen *NHS* ist in

Planung. Detaillierte Informationen zu den Strukturen des *NHS* sowie zur für Sie zuständigen regionalen Organisation finden Sie im Internet:

- ***NHS England:*** ► www.nhs.uk
- ***NHS Wales:*** ► www.nhsdirect.wales.nhs.uk
- ***NHS Scotland:*** ► www.show.scot.nhs.uk

Jeder rechtmäßig in Großbritannien lebende Bürger *(ordinarily resident)* – ob Angestellter, Selbstständiger, Arbeitsloser, Student, Au-Pair, Rentner, Schüler oder Kleinkind, ob mit oder ohne britischen Pass, ob Steuerzahler oder nicht – ist über den *NHS* **beitragsfrei versichert**. Lediglich Touristen und Menschen, die Großbritannien länger als sechs Monate verlassen haben, müssen für eine *NHS*-Behandlung zahlen, nicht aber für Notfallmaßnahmen (siehe dazu auch den Abschnitt zur *Europäischen Versicherungskarte* ab S. 140).

Registrierung beim Hausarzt

Den Dreh- und Angelpunkt der medizinischen Betreuung bildet der Hausarzt *(general practioner, family doctor)*, kurz *GP* genannt. Er allein entscheidet nach seiner ersten Diagnose, ob ein Patient einen Facharzt aufsuchen sollte oder nicht. Mit anderen Worten: Zum *GP* gehen Sie nicht nur, wenn Sie sich krank fühlen oder verschreibungspflichtige Medikamente benötigen, sondern auch, wenn Sie eine Untersuchung durch einen Orthopäden, Hals-Nasen-Ohrenarzt, Gynäkologen, Dermatologen oder Psychotherapeuten wünschen. Diese **Fachärzte** sind nur in Krankenhäusern tätig, wo sie zusätzliche ambulante Sprechstunden abhalten. Ihr *GP* wird Sie dorthin überweisen, wenn er es für notwendig hält. Anderenfalls wird er Sie selbst behandeln bzw. in eine seiner Spezialsprechstunden *(clinics)* bestellen. Auch Babys und Kinder werden vornehmlich in der *GP*-Praxis betreut. Siehe dazu auch den nachfolgenden Abschnitt *Sprechstunden.*

Vor diesem Hintergrund ist es essentiell, dass Sie sich nach Ihrer Ankunft in Großbritannien gleich bei einem Hausarzt oder in einer Gemeinschaftspraxis *(GP surgery, practice)* registrieren lassen, damit Sie bei Bedarf eine Anlaufstelle haben. Prinzipiell dürfen Sie Ihren *GP* frei wählen. Die oben genannten *NHS*-Webseiten bieten praktische Suchfunktionen, um Hausarztpraxen nach den eigenen Bedürfnissen auszusuchen. Die Realität sieht vielerorts jedoch nach wie vor so aus, dass Sie für eine Registrierung im unmittelbaren **Einzugsgebiet** *(practice boundaries)* einer Praxis leben müssen. Aber nicht jede Praxis nimmt jederzeit neue Patienten auf. Sich bei einem *GP* zu registrieren, kann daher in manchen Gegenden eine Herausforderung sein.

Rufen Sie am besten alle infrage kommenden Praxen an und fragen Sie direkt nach, ob Sie im Einzugsgebiet leben müssen und ob neue Patienten akzeptiert werden. Die Registrierung erledigen Sie dann am besten in der Praxis selbst. Dort füllen Sie ein Formular aus, legen einen aktuellen Adressnachweis (siehe ab S. 70) und Ihren Pass oder ein anderes Ausweisdokument mit Bild vor. Größere Praxen bieten eine Vorregistrierung über das Internet an. Nach der Registrierung erhalten Sie eine *NHS*-Nummer, unter der alle Befunde abgelegt werden. Der Besuch beim *GP* ist generell kostenlos. Lediglich für einige Behandlungen werden Zuschüsse verlangt, über die Sie jedoch im Vorfeld genau informiert werden. Sie müssen beim Arztbesuch weder eine Versichertenkarte vorlegen noch eine Gebühr zahlen.

Sprechstunden

Die meisten Hausarztpraxen haben von Montag bis Freitag zwischen 8 und 18 h geöffnet. Einige Praxen bieten an einem Abend pro Woche längere Öffnungszeiten oder eine Samstagssprechstunde an.

Neben diesen allgemeinen Sprechzeiten des *GP* finden in größeren Praxen sogenannte *clinics* statt. Damit sind Spezialsprechstunden gemeint, die entweder einer der Hausärzte oder speziell ausgebildete Krankenschwestern durchführen. Oft werden auch Fachärzte aus *NHS*-Krankenhäusern in die Praxis eingeladen. Folgende *clinics* werden häufig angeboten:

antenatal clinic – Schwangerschaftsbetreuung durch eine Hebamme
baby clinic – Vorsorgeuntersuchungen für Babys und Kleinkinder
family planning/contraception clinic – Kinderwunsch, Verhütung und Schwangerschaftsabbrüche
immunisation clinic – Impfungen für Kinder und Erwachsene
well woman/gynaecology clinic – Beratung bei frauenspezifischen Gesundheitsfragen
well man – Beratung bei männerspezifischen Gesundheitsfragen
minor illness drop-in – Offene Sprechstunde für Patienten mit Grippe- und Erkältungssymptomen, Magen-Darm-Problemen oder Hautausschlägen
minor surgery – Durchführung von kleineren operativen Eingriffen
travel clinic – Reisemedizin
flu clinic – Grippeimpfung und Behandlung von Grippekranken in der Winterzeit
blood test clinic – Bluttests
diabetes clinic/asthma clinic etc. – Beratung für Patienten mit chronischen Erkrankungen wie Diabetes oder Asthma etc.

Zusätzlich zu den Angeboten in Ihrer *GP*-Praxis finden Sie in einigen Städten und Regionen zudem kostenfreie *family health clinics, sexual health clinics, woman well clinics* und *young people clinics.*

Health visitors

Die meisten Hausarztpraxen arbeiten mit Gemeindeschwestern, sogenannten *health visitors*, zusammen. *Health visitors* besuchen Schwangere, Familien mit Babys und Kleinkindern oder Menschen mit chronischen Krankheiten, Behinderungen und anderen gesundheitlichen Problemen regelmäßig zu Hause. Sie führen medizinische Behandlungen durch und geben Ratschläge zu Gesundheitsfragen. Vor allem, wenn Sie kleine Kinder haben oder unter einer Krankheit leiden, sollten Sie einen per Brief angekündigten Erstbesuch Ihres *health visitors* nicht ausschlagen. Sie erhalten als Neuankömmling viele wertvolle Informationen aus erster Hand.

Arztbesuch

Im Gegensatz zu den oft kühl und steril eingerichteten Arztpraxen im deutschsprachigen Raum, wirken viele britische Praxen altmodisch und verstaubt. Nicht nur die Möbel strahlen Gediegenheit aus. Auch die medizinischen Geräte werden vielerorts erst ersetzt, wenn sie tatsächlich ihren Geist aufgegeben haben und nicht etwa, weil technische Neuerungen auf den Markt gekommen sind. Noch dazu tragen die meisten *GPs* keinen weißen Kittel, sondern sitzen in Alltagskleidung hinter ihrem Schreibtisch. Nicht immer werden Sie sich daher auf Anhieb wie beim Arzt fühlen.

Viele Einwanderer aus den deutschsprachigen Ländern beklagen sich, dass sie ihr *GP* gar nicht richtig untersucht. Das liegt nicht nur an der knapp bemessenen Sprechzeit, denn Termine werden im 10-Minuten-Takt vergeben. In der Tat fassen viele britische Ärzte ihre Patienten wenig an. Sie fragen höflich nach Symptomen, aber ein routinemäßiges Abhören und Abtasten oder das systematische Ausschließen möglicher Ursachen bleibt meist aus. In vielen Fällen wird Ihnen Ihr Arzt sehr schnell und nur auf der Grundlage Ihrer Schilderungen ein Medikament verschreiben. Erst wenn das nicht hilft und Sie wiederkommen, wird er Sie eingehender untersuchen und zusätzliche Tests anordnen.

Diese durchaus kostensparende Vorgehensweise lässt sich gutheißen oder nicht. Das große Missverständnis entsteht jedoch, wenn Patienten aus dem deutschsprachigen Raum nach dem ersten für sie enttäuschenden Arztbesuch den gleichen Doktor nicht ein weiteres Mal aufsuchen, obwohl sie sich immer noch krank fühlen. Sie sagen sich stattdessen: ›Noch so einen Arztbesuch kann ich mir doch sparen.‹ Der britische Arzt hätte jedoch erst dann sein Können unter Beweis gestellt.

Behalten Sie also immer im Hinterkopf, dass Sie in Großbritannien kaum Untersuchungen und Tests erhalten, um Krankheiten sicherheitshalber auszuschließen. Erst wenn ein akuter Verdacht besteht, wird die gesamte Maschinerie in Gang gesetzt. Wer jedoch ein System mit umfassender Vor- und Nachsorge gewöhnt ist, wird damit hadern, dass durch diese abwartende Haltung manches nicht rechtzeitig entdeckt wird. Auch internationale Statistiken zeigen, dass das präventive System im deutschsprachigen Raum letztlich mehr Menschen das Leben rettet oder ihre Lebensdauer verlängert.

Haben Sie also das Gefühl, dass Sie oder auch Ihr Kind ernsthafter erkrankt sein könnten als Ihr Hausarzt wahrzunehmen scheint, kommen Sie auf jeden Fall wieder, pochen Sie auf weitere Untersuchungen oder gehen Sie gegebenenfalls sofort in die Notaufnahme des Krankenhauses. Mehr dazu erfahren Sie im Abschnitt *Notfälle* ab S. 143.

Kleines Glossar für den Arztbesuch

backache – Rückenschmerzen
blisters – Bläschen
blocked nose, nasal congestion – Verstopfte Nase
blood pressure – Blutdruck
blood sample – Blutprobe
chesty cough – Husten mit Schleimbildung
cold – Erkältung, Schnupfen haben
coughing, a cough – Husten
dizziness, vertigo – Schwindelgefühl
Do you have anything for a cough? – Haben Sie etwas gegen Husten?
drowsiness – Trägheit, Schläfrigkeit
dry cough – Trockener Husten, Reizhusten
flu – Grippe
headache – Kopfschmerzen
inflammation – Entzündung
jab – Impfung, Spritze
mucous – Schleim
pain in the abdomen – Bauchschmerzen
pain in the chest, chest pain – Brustschmerzen
pain killer – Schmerzmittel
rash – Hautausschlag
runny nose – Laufende Nase

side effects – Nebenwirkungen
sniffles – Schnupfen
sore throat – Halsschmerzen
stool sample – Stuhlprobe
to be ill/sick with, to come down with – An etwas erkrankt sein
to be nauseous – Übelkeit, sich übergeben müssen
to have the runs, to have the squits, diarrhoera – Durchfall
to prescribe, prescription – Etwas verschreiben, Rezept
to vomit, to throw up, to be sick, to puke (Kinder) – Sich übergeben
tonsilities – Angina, Mandelentzündung
tummy ache – Magenschmerzen
tummy bug, stomach bug – Magen-Darm-Grippe

Kinderkrankheiten
chickenpox – Windpocken
croup cough, croupy cough, barking cough – Krupphusten
hand and foot disease – Hand-Fuß-Mund-Krankheit
measles – Masern
mumps – Mumps
rubella – Röteln
scabies – Skabies, Krätze (Milben)
scarlet fever – Scharlach
sixth disease – Drei-Tage-Fieber
slapped cheek disease, fifth disease – Ringelröteln
whooping cough – Keuchhusten

Alternativen zum *GP*

Sind Sie mit Ihrem *GP* unzufrieden, können Sie sich in einer anderen Praxis neu registrieren lassen – vorausgesetzt, Sie wohnen innerhalb der festgelegten Grenzen. Bitten Sie Ihre alte Praxis um die Übersendung Ihrer Unterlagen, damit im Ernstfall keine notwendigen Informationen fehlen.

Gut zu wissen: Ihr *GP* kann sich auch von Ihnen ›trennen‹, indem er Sie von seiner Patientenliste streicht, z. B. weil Sie wiederholt Termine nicht wahrgenommen haben oder eine verschriebene Behandlung verweigern.

In vielen Städten stehen Ihnen neben Ihrer lokalen Hausarztpraxis auch die relativ neuen ***NHS Walk-in Health Centres*** offen. In diesen medizinischen Behandlungszentren können Sie sieben Tage die Woche zwischen 8 und 20 h mit und ohne Registrierung sowie mit und ohne Termin einen *GP* oder eine Krankenschwester konsultieren.

Privatsprechstunden

Schwierig wird es im *NHS*-System, wenn Sie zu einer gestellten Diagnose gerne eine zweite Meinung einholen möchten und/oder sich Ihr *GP* weigert, Sie zu einem Facharzt zu überweisen. In vielen Fällen bietet sich dann nur ein Besuch bei einem Facharzt als Selbstzahler *(self funding)* an. Viele *NHS*-Ärzte in höherer Position *(consultants)* empfangen Patienten mit und ohne private Zusatzversicherung (Mehr dazu im Kapitel 12 *Versicherungen* ab S. 186) auch in einer Privatsprechstunde. Daneben arbeiten in großen Städten auch einige private *GPs* sowie Fachärzte mit eigener Privatpraxis oder Privatkliniken. Sobald Ihre (zweite) Diagnose vorliegt, können Sie für nachfolgende Behandlungen entweder weiter selbst zahlen oder ins *NHS*-System zurückkehren. Es ist also möglich und durchaus üblich, zwischen dem *NHS* und privaten Behandlungen hin und her zu wechseln.

Eine private Einrichtung auswählen

Private Praxen und Kliniken werden von verschiedenen Trägern betrieben. Während fast überall die Unterbringung luxuriös ist, reicht die Qualität der medizinischen Behandlung von exzellent bis zu unterdurchschnittlich. Es wäre falsch, davon auszugehen, dass eine Privatklinik immer besser ist als ein *NHS*-Krankenhaus. Informieren Sie sich daher genau über die Behandlungsmethoden wie auch die Qualifikation der behandelnden Ärzte verschiedener Kliniken.

Geeignete Privatkliniken filtern Sie z. B. unter ► www.privatehealth.co.uk heraus. Nutzen Sie die Suchfunktionen unter *Hospitals, Clinics & Services*. Ärzte mit Privatsprechstunde finden Sie unter *Health Professionals*. Eine kostenpflichtige Datenbank mit privaten Fachärzten wird unter ► www.specialistinfo.com angeboten.

Deutschsprachige Ärzte

In den britischen Großstädten finden Sie sowohl *NHS*-Praxen mit deutschsprachigen Ärzten als auch von deutschen Ärzten geführte Privatpraxen inkl. Zahnarztpraxen. Bitte beachten Sie, dass auch deutsche Mediziner nur Medikamente und Behandlungen verschreiben dürfen, die in Großbritannien zugelassen sind. Die Deutsche Botschaft hält eine Liste mit deutschsprachigen Ärzten aller Fachrichtungen bereit, abzurufen unter ► www.london.diplo.de, Navigationspunkt *Rechts- und Konsularwesen, Pass- und Visainformationen*, rechte Randspalte unter *Anträge und Listen zum Herunterladen*.

NHS Direct

Eine medizinische Beratung rund um die Uhr, auch an Sonn- und Feiertagen, bietet *NHS Direct* (Schottland: *NHS24*). Unter der Telefonnummer 0845 / 46 47 (Schottland: 0845 / 4 24 24 24) können Sie bei auftretenden Symptomen mit einem Arzt sprechen. Ein Großteil der Anfragen wird über die interaktive Internetseite ► www.nhsdirect.nhs.uk (Schottland: ► www.nhs24.com) abgefangen. Mittels gezielter Multiple-Choice-Fragen beschreiben Sie Ihre Symptome und erhalten entweder einen Rückruf von einem der *NHS Direct*-Ärzte oder automatisch generierte Behandlungsvorschläge.

NHS Direct erfreut sich zunehmender Beliebtheit, weil man zu jeder Tageszeit bequem von zu Hause aus mit einem Arzt sprechen kann. Nicht immer sind jedoch die gestellten Ferndiagnosen verlässlich und oft sind lange Wartezeiten bis zum Rückruf des Arztes zu überbrücken. Bei ernsten Erkrankungen sollten Sie daher lieber in die Notaufnahme des nächsten Krankenhauses fahren. Mehr dazu erfahren Sie im Abschnitt *Notfälle* ab S. 143.

Europäische Versicherungskarte für Auslandsreisen

Für vorübergehende Aufenthalte im europäischen Ausland sollten Sie beim *NHS* eine Europäische Versicherungskarte, die *European Health Insurance Card (EHIC card),* beantragen. Mit dieser Karte erhalten Sie europaweit (EU-Staaten plus Island, Kroatien, Liechtenstein, Mazedonien, Norwegen und Schweiz) die jeweils im Land üblichen staatlichen medizinischen Gesundheitsleistungen. In einigen Ländern müssen Sie die Gebühren erst selbst zahlen, erhalten aber zurück in Großbritannien eine entsprechende Erstattung. Weitere Informationen finden Sie unter ► www.ehic.org.uk.

Mit der Europäischen Versicherungskarte in Großbritannien

Falls Sie nur für maximal zwölf Monate von Ihrem Arbeitgeber nach Großbritannien entsandt worden und weiterhin in Deutschland, Österreich oder der Schweiz angestellt sind, können Sie über die Europäische Versicherungskarte (meist ist diese in der regulären Versicherungskarte integriert) Ihrer dortigen gesetzlichen Versicherung den *NHS* nutzen und sich eventuell anfallende Gebühren (z. B. Zahnarzt) erstatten lassen. Auch Rentner und Studenten können über ihre Europäische Versicherungskarte Leistungen in Anspruch nehmen.

Zahnarzt

Zahnärzte sind in *dental clinics* des *NHS* wie auch in privat geführten Zahnarztpraxen tätig. Die *NHS*-Bürokratie hat allerdings dazu geführt, dass immer mehr Zahnärzte mit eigener Praxis nur noch eine bestimmte Quote an *NHS*-Patienten oder ausschließlich Privatpatienten akzeptieren. In manchen Gegenden kann es daher schwierig sein, einen *NHS*-Zahnarzt zu finden bzw. ist für einen Termin mit längeren Wartezeiten zu rechnen. Die gute Nachricht ist jedoch, dass Sie in England und Wales einen Zahnarzt Ihrer Wahl aufsuchen können – ohne Registrierung und damit unabhängig von Ihrem Wohnort. Nutzen Sie die Suchfunktionen unter ► www.nhs.uk, um einen Zahnarzt in Ihrer Nähe zu finden, der *NHS*-Patienten akzeptiert.

Als *NHS*-Patient müssen Sie beim Zahnarzt die Kosten selbst tragen. In England und Wales gibt es derzeit drei Kostenkategorien (Finanzjahr 2012/2013):

band 1 – Für Vorsorge- oder Notfallbehandlungen zahlen Sie £ 17,50.
band 2 – Für einfache Füllungen *(fillings)* bei Karies *(tooth decay)*, Wurzelbehandlungen *(root canal work)* oder Zahnextraktion *(removal of teeth)* werden £ 48 berechnet.
band 3 – Alle komplexeren Behandlungen wie Kronen *(crowns)*, Brücken *(bridges)* und Prothesen *(dentures)* erfordern eine Zuzahlung von £ 209.

Jede Behandlung, ganz gleich wie viele Einzeltermine damit verbunden sind, wird nur einmal nach einer der drei Kategorien berechnet.

Besonderheiten beim Zahnarztbesuch in Wales und Schottland

Wales

Registrierung: In Wales erleichtert eine Registrierung bei einem lokalen Zahnarzt die Terminvereinbarung. Sie ist aber keine Voraussetzung für eine Behandlung. Suchen Sie einen Zahnarzt über ► www.nhsdirect.wales.nhs.uk.

Kosten: Wie in England werden zahnärztliche Behandlungen in drei Kostenkategorien unterteilt: *band 1:* £ 12; *band 2:* £ 39; *band 3:* £ 177.

Regelmäßige *check-ups* sind für Patienten unter 25 und über 60 Jahre kostenfrei. Weitere Informationen finden Sie unter ► www.nhsdirect.wales.nhs.uk/localservices/dentistfaq.

Schottland

Registrierung: In Schottland müssen Sie sich bei einem Zahnarzt, der *NHS*-Patienten empfängt, zunächst wie bei einem Hausarzt registrieren. In einigen Regionen führen Zahnärzte lange Wartelisten, sodass Sie auf einen Termin mehrere Wochen oder Monate warten müssen. Suchen Sie einen Zahnarzt über ► www.show.scot.nhs.uk.

Kosten: Einfache Untersuchungen sind in Schottland kostenfrei. Danach wird nach einer Gebührenordnung abgerechnet. Sie müssen 80 % der Behandlungskosten bis maximal £ 384 selbst zahlen.

Kostenbefreiung

Für Kinder unter 16 Jahre, Schüler unter 18 Jahre, Schwangere und Mütter bis zwölf Monate nach der Geburt sowie für Arbeitslosen- oder Sozialhilfeempfänger verschiedener Bezugskategorien ist in England, Wales und Schottland jede Zahnarztbehandlung kostenlos. Personen mit niedrigem Einkommen können ein *NHS Tax Credit Exemption Certificate* für kostenlose Behandlungen beantragen. Detaillierte Informationen rund um das Thema *Zahnarztbehandlung und Kostenunterstützung* finden Sie unter ► www.nhsbsa.nhs.uk, Navigationspunkt *Help with Health Costs.*

Optiker

Sehtests *(eye tests),* die Verschreibung und Anpassung von Brillen *(glasses)* und Kontaktlinsen *(contact lenses)* sowie die Erstdiagnose einer Weit- oder Kurzsichtigkeit *(long sightedness, short sightedness)* übernehmen in Großbritannien Optiker (*optometrists* oder *ophthalmic opticians*) mit eigener Praxis. In Brillengeschäften (z. B. *Specsavers, Vision Express*) oder in der Optikerabteilung bei *Boots* arbeiten hingegen *dispensing opticians,* die nur Brillengläser und Kontaktlinsen anfertigen und anpassen. Viele größere Läden beschäftigen zusätzlich auch ausgebildete Optiker, die einen Sehtest durchführen dürfen.

Die Kosten für einen Sehtest beim *NHS* oder im Optikergeschäft variieren. Für folgende Patientengruppen in England und Wales werden die Kosten vom *NHS* getragen:

- Kinder unter 16 Jahre bzw. Schüler unter 18 Jahre
- Senioren über 60 Jahre
- Patienten mit Augenerkrankungen oder dem familiären Risiko einer Augenerkrankung
- Arbeitslosen- oder Sozialhilfeempfänger je nach Bezugskategorie

In Schottland sind Sehtests kostenlos.

Die **Kosten für Brillen und Kontaktlinsen** werden für Kinder und Schüler, Arbeitslosen- oder Sozialhilfeempfänger bestimmter Bezugsgruppen sowie für komplexe Linsensysteme mittels sogenannter *NHS optical vouchers* getragen oder teilfinanziert. Personen mit niedrigem Einkommen können ebenfalls finanzielle Unterstützung beantragen. Genauere Informationen erhalten Sie bei Ihrem Optiker oder unter ► www.nhsbsa.nhs.uk/HealthCosts.

Alternative Therapien

Die Kosten für Heilpraktiker, Homöopathie, Osteopathie, Akupunktur etc. werden vom *NHS* nur getragen, wenn diese alternativen Heiltherapien von einem registrierten *GP*, einer registrierten Hebamme oder in einem *NHS*-Krankenhaus durchgeführt werden. Sie müssen also in Ihrer Wohngegend eine *GP*-Praxis finden, die über Mitarbeiter mit einer entsprechenden Zusatzausbildung verfügt. Eine andere Möglichkeit ist, dass Sie Ihren *GP* um eine Überweisung zu einem alternativ arbeitenden Facharzt/Therapeuten bitten. Letztlich hängt jedoch vieles davon ab, wie Ihr lokal zuständiger *NHS-Trust* und Ihr *GP* Alternativmedizin als Behandlungsmöglichkeit einschätzen.

Die Mehrheit der Briten sucht alternativmedizinisch arbeitende Praxen als Selbstzahler auf. Weil viele Praxen wiederum nur Privatkunden behandeln, fallen ihre Preislisten entsprechend moderat aus. Achten Sie jedoch darauf, dass die Praxis Ihrer Wahl einer der großen Dachorganisationen angehört, wie z. B. der *British Homeopathic Association,* dem *General Osteopathic Council,* dem *British Acupuncture Council* etc., damit Sie sich der fachlichen Qualifikation Ihrer Therapeuten sicher sein können.

Homöopathische Mittel und pflanzliche Medikamente erhalten Sie in großen Apotheken. Von der EU für den freien Verkauf zugelassene pflanzliche Arzneien tragen das Siegel *THR* für *Traditional Herbal Remedy. Health Shops* führen ebenfalls ein kleines Sortiment, wobei ihr Schwerpunkt eindeutig auf Nahrungsergänzungsmitteln *(food supplements)* liegt. Darüber hinaus gibt es spezialisierte Versandhändler für Naturheilmittel, die Sie am besten nach Empfehlung Ihres Therapeuten auswählen. In vielen Einkaufszentren werden Sie auf kleine Läden mit chinesischer Medizin stoßen, die teilweise einer Kette angehören.

Notfälle

In einem Notfall wählen Sie den **Notruf** unter 999 oder 112. Über das Handy funktioniert häufig nur die 112!

Wenn Sie in der Lage sind, selbst ein Krankenhaus aufzusuchen, gehen Sie direkt in die Notaufnahme. Diese wird in britischen Krankenhäusern entweder als *A&E (Accident and Emergency)* oder *casualty department* bezeichnet. Daneben finden sich in den meisten Krankenhäusern offene Sprechstunden für leichtere Verletzungen, die als *minor injury units* geführt werden. Der Weg zum Krankenhaus wird auf Verkehrsschildern mit einem ›*H*‹ für ›*Hospital*‹ angezeigt.

Bei nicht lebensbedrohlichen Verletzungen und Erkrankungen müssen Sie in der Notaufnahme britischer Krankenhäuser mit mehrstündigen Wartezeiten rechnen. Nehmen Sie deshalb alles mit, was Sie womöglich brauchen.

Im Krankenhaus

Welche Behandlungen in welchen *NHS*-Krankenhäusern durchgeführt werden, ist als Laie oft schwierig zu durchschauen. Denn in jeder Region wird die medizinische Versorgung der Bevölkerung unterschiedlich auf die zur Verfügung stehenden Einrichtungen aufgeteilt.

Die meisten Krankenhäuser werden als *general hospital* klassifiziert und bieten eine breite Palette an Behandlungen an. Daneben wird je nach regionaler Zuordnung zwischen *community hospitals* und *district hospitals* unterschieden. Krankenhäuser, die mit Universitäten zusammenarbeiten, Ärzte ausbilden und Forschung betreiben, heißen *teaching hospitals* oder *university hospitals.* Daneben gibt es diverse kleinere Spezialkliniken für bestimmte Krankheitsbilder.

Krankenhaus auswählen

Sobald Sie von Ihrem *GP* eine Überweisung *(referral)* für einen Facharzt im Krankenhaus oder für eine Krankenhausbehandlung *(treatment)* bzw. OP *(surgery)* erhalten haben, können Sie selbst entscheiden, wohin Sie gehen möchten. Sie müssen je nach Ihrem Wohnsitz lediglich ein Krankenhaus innerhalb Englands, Schottlands oder Wales auswählen. Mit den Angaben auf Ihrem ***appointment request letter***, den Sie von Ihrem *GP* erhalten, können Sie Ihre Krankenhaustermine online über den Internetdienst ► www.chooseandbook.nhs.uk oder telefonisch unter 0845 / 60 88 88 8 selbst buchen. Auch Ihre *GP*-Praxis kann für Sie Termine vereinbaren.

Generell sind die Qualitätsunterschiede zwischen einzelnen Krankenhäusern und auch zwischen einzelnen Regionen groß. Wahrscheinlich wird Ihnen Ihr *GP* ein Krankenhaus empfehlen oder Ihnen eine Liste möglicher Kliniken mitgeben. Auch auf den Webseiten des *NHS,* z. B.

▶ www.nhs.uk, können Sie Krankenhäuser nach ihrer Nähe zu Ihrem Wohnort, ihrer fachlichen Spezialisierung, statistisch erfassten Qualitätsangaben sowie den hinterlassenen Patientenbewertungen ausfiltern. Nach Ihrer Sucheingabe erscheinen die jeweiligen *key facts* für die infrage kommenden Krankenhäuser.

Die durchschnittliche **Wartezeit** für eine Operation liegt bei acht Wochen, die nach den Statuten des *NHS* erlaubte maximale Wartezeit beträgt 18 Wochen. Damit diese Vorgabe nicht überschritten wird, werden Ihnen nach Ablauf der Frist Alternativen zu Ihrer ursprünglichen Krankenhauswahl angeboten. Bei Verdacht auf Krebs reduziert sich die maximale Wartezeit auf zwei Wochen, zumindest bis zum Ersttermin im Krankenhaus. Selbstverständlich gelten diese Wartezeiten nicht für lebensrettende Maßnahmen. Und auch wenn sich der Zustand eines Patienten während der Wartezeit deutlich verschlechtert, kann der *GP* über den direkten Kontakt mit dem Facharzt eine Beschleunigung der Behandlung erreichen. Dennoch kann auch bei wenig bedrohlichem, aber schmerzhaftem Krankheitsbild eine mehrwöchige Wartezeit an den Nerven zerren, sodass einige Briten entweder auf eine private Zusatzversicherung (Mehr dazu ab S. 186) zurückgreifen oder sogar ins Ausland reisen, um sich dort behandeln zu lassen. Eine Kostenübernahme durch den *NHS* kann im Einzelfall ausgehandelt werden.

Informationen für die Klinik- und Ärzteauswahl

Die *Care Quality Commission* prüft die Einhaltung von Qualitätsstandards in Krankenhäusern und Heimen. Einblick in die jeweiligen Bewertungen erhalten Sie unter ▶ www.cqc.org.uk. Empfehlenswert ist außerdem der *Dr Foster Hospital Guide*: Nutzen Sie die Online-Tools unter ▶ www.drfoster.co.uk, um mögliche Kliniken und ihre Leistungen miteinander zu vergleichen oder einen geeigneten Spezialisten ausfindig zu machen. Unter ▶ www.specialistinfo.com steht Ihnen zudem eine kostenpflichtige Datenbank zur Verfügung, die auf bestimmte Krankheitsbilder spezialisierte Fachärzte bzw. Kliniken umfasst.

Unterbringung und Aufenthalt

Einwanderer aus dem deutschsprachigen Raum trauen ihren Augen kaum, wenn sie in einem gemischten Krankensaal mit 18 Betten untergebracht werden. Die Regel sind jedoch Drei- und Vierbettzimmer, während Einzel- und Zweibettzimmer mit und ohne Badezimmer in vielen Krankenhäusern nur gegen eine Zuschlagszahlung *(pay beds)* angeboten werden.

Krankenhausaufenthalte fallen in Großbritannien so kurz wie möglich aus. Kostendruck und Wartezeiten führen dazu, dass alle *NHS*-Patienten schnellstmöglich nach Hause entlassen werden. Die Nachsorge erfolgt über ambulante Termine bei den behandelnden Ärzten, später beim *GP.*

Krankenhauspersonal

Die Aufgabenverteilung und Rangordnung des Krankenhauspersonals ist in Großbritannien etwas anders organisiert als im deutschsprachigen Raum. Wichtig zu wissen ist, dass der Beruf der Krankenschwester *(nurse)* wie auch der Hebamme *(midwife)* an einer Hochschule erlernt werden kann, sodass dort ausgebildete Fachkräfte mit akademischem Grad fast ähnliche Aufgaben wie Ärzte *(medical doctor)* übernehmen dürfen. Daneben ist geringer qualifiziertes Personal *(staff nurses)* für die reine Pflege der Patienten oder für administrative Aufgaben verantwortlich. Das gesamte Pflegepersonal einer Station *(ward)* untersteht einer Oberschwester (*department matron* oder *divisional matron*), die von mehreren erfahrenen Schwestern *(sisters)* unterstützt wird.

Der jeweilige Rang einer Pflegekraft lässt sich meist an ihrer Kleidung *(uniform)* erkennen, die aber von Krankenhaus zu Krankenhaus unterschiedlich aussehen kann. Tendenziell stehen dunklere Farbtöne für höhere Ränge. Eine komplett weiße Kleidung ist für medizinisches Personal eher unüblich. Nur Therapeuten tragen häufig weiße Hemden mit dunklen Hosen und heben sich dadurch optisch von den Pflegekräften ab. Krankenschwestern – und auch männliche Pfleger – werden mit ›*Nurse*‹ plus Nachnamen angesprochen, z. B. ›*Nurse Jones*‹.

Die medizinische Leitung einer Station oder Abteilung unterliegt einem Oberarzt, *consultant* genannt. Fachärzte ohne Führungsaufgaben werden als *associates* und *staff specialists* bezeichnet. Ärzte in der Ausbildung sind *junior doctors:* Frisch von der Universität kommen *foundation trainees,* die zwei Jahre später zu *speciality/specialist registrars* aufsteigen. In einigen Regionen, insbesondere in Schottland, können andere Positionsbezeichnungen üblich sein.

Ärzte sind meist seriös gekleidet. *Consultants* tragen einen Anzug oder zumindest Hemd und Krawatte. Weiße Kittel sind keine Pflicht. Ärzte werden generell mit ›*Doctor*‹ plus Nachname angesprochen, unabhängig davon, ob sie promoviert haben oder nicht. Chirurgen bevorzugen jedoch die Anrede mit ›*Mr*‹, ›*Mrs*‹ oder ›*Miss*‹ plus Nachname. Denn ursprünglich konnte man in Großbritannien nur über ein langes Training und nicht über ein medizinisches Studium Chirurg werden. ›*Mister*‹ ist daher in medizinischen Kreisen höher angesehen als ›*Doctor*‹.

Schwangerschaft und Geburt

Nach einem positiven Schwangerschaftstest zu Hause suchen Sie als erstes Ihren *GP* auf. Er wird auf Basis Ihrer Angaben den Geburtstermin *(due date)* ausrechnen, Ihre Schwangerschaft im *NHS*-System erfassen und Sie an eine lokale Hebamme überweisen. Dort beginnt Ihre Schwangerenvorsorge mit einem ersten *booking appointment*, nachdem Sie acht bis zwölf Wochen schwanger sind. Dieser rund zweistündige Termin kann, je nachdem wo in Ihrem Heimatort der Hebammenservice angesiedelt ist, entweder im Krankenhaus oder in Ihrer *GP*-Praxis stattfinden. Einige Hebammen bevorzugen auch Hausbesuche. Es werden mögliche Risiken besprochen und einige erste Tests durchgeführt. Sie erhalten einen Mutterpass *(NHS maternity book)*, in dem alle weiteren Untersuchungsergebnisse dokumentiert werden.

Je nach Befund Ihrer Erstuntersuchung werden alle weiteren Termine der Schwangerenvorsorge geplant. Ihr *GP* oder Ihre Hebamme wird zudem das Krankenhaus informieren, welches Ihnen einen Termin für einen ersten Ultraschall *(dating scan)* zuschickt. Dieser findet um die 12. Schwangerschaftswoche statt und dient dazu, den genauen Geburtstermin zu bestätigen. Ein weiterer Ultraschall zur Feindiagnostik *(anomaly scan)* wird meist um die 20. Schwangerschaftswoche angesetzt.

Eine Messung der Nackenfalte wird nicht überall in Großbritannien vom *NHS* getragen, kann aber privat durchgeführt werden. Auf freiwilliger Basis wird der *Triple Test (AFP test)* um die 15. Schwangerschaftswoche kostenfrei angeboten, um Wahrscheinlichkeiten für bestimmte Krankheitsbilder zu errechnen. Zusätzlich zu den Ultraschallterminen im Krankenhaus werden Sie regelmäßige Termine bei Ihrer Hebamme erhalten. Im Vergleich zu einer Schwangerenvorsorge im deutschsprachigen Raum werden tendenziell weniger Untersuchungen angesetzt. Dies ändert sich jedoch prompt, falls bestehende Risiken erkannt werden.

Fragen Sie Ihre Hebamme oder Ihren *GP* nach einem *Maternity Exemption Certificate (MatEx)*. Denn während Ihrer Schwangerschaft sind viele Behandlungen und Medikamente kostenlos. Außerdem können Sie an diversen *NHS*-Kursen für Schwangere teilnehmen.

Geburt

Das Krankenhaus für die Geburt Ihres Kindes dürfen Sie sich in den meisten Regionen aussuchen. Ihre Hebamme wird Ihnen dazu weitere Informationen geben. Vielerorts können Sie sich zwischen einer rein von Hebammen geleiteten Geburtsstation *(maternity unit)* – und damit für eine möglichst natürliche Geburt – und einer medizinisch-technisch ausgerichteten Station mit Kreißsälen *(delivery suite)* entscheiden, die sich insbesondere dann empfiehlt, wenn Komplikationen zu erwarten sind. Hier treffen Sie vor allem auf *obstetricians,* Gynäkologen der Fachrichtung Geburtshilfe.

Gut zu wissen: Anders als im deutschsprachigen Raum werden in britischen Geburtsstationen neben einer PDA *(epidural)* kurzfristig wirkendes Lachgas *(entonox)* und Reizstrom *(TENS machine)* als Schmerzmittel während der Wehen angeboten. Genaue Informationen erhalten Sie in einem Geburtsvorbereitungskurs. Achtung: In vielen Regionen sind diese Kurse der Krankenhäuser sehr früh ausgebucht.

Weil viele Geburtsstationen nur knapp ausgestattet sind, sollten Sie alles, was Sie direkt nach der Geburt benötigen, lieber selbst mitbringen. Daneben greifen viele Britinnen gerne auf einen privaten *doula service* zurück: Eine Geburtsbegleiterin unterstützt Sie vor, während und nach der Geburt im Krankenhaus, wenn die dortigen Hebammen nur Zeit für das Nötigste haben. Weitere Informationen finden Sie unter ▶ www.doula.org.uk.

Falls Ihnen Ihr lokales *NHS*-Krankenhaus nicht zusagt, sind auch Hausgeburten mit unabhängigen Hebammen bzw. Geburten in einem von Hebammen geleiteten Geburtszentrum *(birth center)* möglich.

Bis rund vier Wochen nach der Geburt wird Sie eine Hebamme regelmäßig zu Hause besuchen und bei Ihrem Baby die ersten Entwicklungsuntersuchungen durchführen. (Weitere Informationen finden Sie im Infokasten *Vorsorgeuntersuchungen und Impfungen für Kinder* auf S. 149). Danach übernimmt Ihre lokale Gemeindeschwester *(health visitor)* diese Aufgabe. Es kann ratsam sein, nach einer Stillberatung konkret zu fragen. Laut des *Infant Feeding Survey 2010* stillen in Großbritannien nur 23 Prozent der Mütter sechs Wochen und länger nach der Geburt weiter. Die von der WHO empfohlenen sechs Monate reine Stillzeit ohne Zufüttern erreicht nur ein Prozent aller britischen Mütter.

Begleitung durch den *NCT*

Der *National Childbirth Trust (NCT)* ist eine private Wohltätigkeitsorganisation für werdende und junge Eltern. In den zahlreichen regionalen Zweigstellen werden diverse Kurse für Schwangere und junge Eltern angeboten. Gerade wer während der Schwangerschaft neu nach Großbritannien kommt, findet hier sehr leicht erste Kontakte. Registrieren Sie sich daher frühzeitig beim *NCT* und nutzen Sie während Ihrer Schwangerschaft die *NCT*-Webseite als umfassende Informationsquelle: ▶ www.nct.org.uk.

Vorsorgeuntersuchungen und Impfungen für Kinder

Die Entwicklung von Babys und Kindern wird gemäß eines Entwicklungs- und Impfplans *(Healthy Child Programme)* begleitet, sodass bis zur Einschulung im Alter von 4 bis 5 Jahren mehrere Untersuchungen in der Hausarztpraxis anstehen. Alle Ergebnisse werden in einem *red book*, dem *Personal Child Health Record* oder *PCHR*, festgehalten, welches kurz nach der Geburt ausgestellt worden ist. Der britische Vorsorgeplan entspricht nicht den Vorsorgeuntersuchungen für Babys und Kinder im deutschsprachigen Raum. Auch der Impfplan und vor allem die verwendeten Kombinationsimpfstoffe unterscheiden sich. Ziehen Sie mit Kleinkindern nach Großbritannien, ist der Wechsel vom einen ins andere Vorsorgesystem nicht immer einfach. Wer dem Thema Impfen ohnehin kritisch gegenübersteht, sollte sich gegebenenfalls überlegen, erst ab einem bestimmten Zeitpunkt dem britischen Impfplan zu folgen, um doppelte Gaben einzelner Impfstoffe zu vermeiden. Allerdings zeigt das *NHS*-Personal in Impffragen meist nur wenig Flexibilität und wird sich nur ungern mit einem mitgebrachten Impfpass näher auseinandersetzen. Wissenswert ist, dass in Großbritannien

- Kombinationsimpfungen wie die MMR (Masern, Mumps, Röteln) zu anderen Zeitpunkten gegeben werden.
- nicht flächendeckend gegen Windpocken, Rotaviren (erst ab Herbst 2014) und Hepatitis B geimpft wird.
- die einfache Meningokokken-Imfpung als *Meningitis C (MenC)* bezeichnet und dreifach gegeben wird. Auffrischungen werden insbesondere für Schüler und Studenten bis zu einem Alter von 24 Jahren empfohlen.
- eine Vitamin-D-Prophylaxe für Babys und Kleinkinder oft nicht explizit empfohlen wird. Aktuelle Kampagnen weisen jedoch auf eine steigende Zahl von Rachitis-Fällen durch Vitamin-D-Mangel hin.
- Schülerinnen zwischen 12 und 13 Jahren in der Schule gegen Gebärmutterhalskrebs *(cervical cancer jab, HPV vaccination)* geimpft werden.

Eine Übersicht zu den Vorsorgeuntersuchungen und Impfungen in Großbritannien finden Sie unter **AiGB10**.

Apotheke

Eine Apotheke *(chemist, pharmacy)* finden Sie entweder innerhalb der allgegenwärtigen Drogerie- und Apothekenkette *Boots*, als Filiale einer großen Apothekenkette (z. B. *Lloyds Pharmacy*) oder auch in großen Supermarktfilialen (z. B. *Tesco Pharmacy*). Unabhängige Einzelhändler sind meist nur noch in Dörfern vertreten.

In vielen Apotheken erhalten Sie weitreichende Serviceleistungen. So können Sie sich beispielsweise in privaten Sprechzimmern zu Medikamenten beraten lassen.

Medikamente

Freiverkäufliche Medikamente *(over the counter medicines, OTC)* liegen in den Selbstbedienungsregalen der Apotheken aus. Kopfschmerztabletten oder Grippemittel wie auch viele weitere Präparate einer offiziellen *general sales list* sind zudem einfach im Supermarkt erhältlich. Meist gilt jedoch eine Mengenbeschränkung, nach der Sie nicht mehr als 32 Tabletten auf einmal kaufen dürfen.

Daneben gibt es **apothekenpflichtige Medikamente**, für die eine Beratung durch einen Apotheker vorgeschrieben ist. Bei *Boots* liegen viele dieser Präparate zwar ebenfalls frei zugänglich in den Regalen aus. Sie befinden sich aber in einer Schutzhülle und sind deutlich mit dem Hinweis versehen, vor dem Kauf einen Apotheker zu konsultieren. Dies bedeutet, dass Sie nur an der Kasse im Apothekenbereich bezahlen können und dort über mögliche Risiken und Nebenwirkungen aufgeklärt werden – unabhängig davon, wie oft Sie diese vielleicht bereits gehört haben.

Beachten Sie, dass in Großbritannien häufig andere Medikamente als im deutschsprachigen Raum frei erhältlich oder verschreibungspflichtig sind. Das beste Beispiel bieten **Verhütungsmittel**. So erhalten Sie die ›Pille danach‹ zur Schwangerschaftsverhütung nach ungeschütztem Geschlechtsverkehr *(emergency contraceptive pill, morning-after pill)* in Großbritannien rezeptfrei in der Apotheke oder in Gesundheitszentren *(family health clinic, sexual health clinic)* des *NHS*. Besser ist es natürlich, den *GP* aufzusuchen. Verhütungsmittel wie die Anti-Baby-Pille sind zwar rezeptpflichtig, können aber auch von ausgebildeten Mitarbeitern der Gesundheitszentren ohne medizinische Untersuchung verschrieben werden. Übrigens sind Verhütungsmittel auf Rezept kostenlos.

Rezeptpflichtige Medikamente erhalten Sie nur am Verkaufstresen der Apotheke gegen Vorlage eines Rezeptes *(prescription)* Ihres Arztes. Füllen Sie dazu zunächst die Rückseite Ihres Rezeptscheins vollständig aus.

Wegen der meist geringen Ladenflächen werden die meisten Medikamente kurzfristig aus entfernt liegenden Lagerräumen geholt, sodass Sie mit einer Wartezeit zwischen zehn Minuten und mehreren Stunden rechnen sollten. Vielerorts finden Sie einen Wartebereich für Kunden oder Sie erledigen in der Zwischenzeit weitere Einkäufe. Achten Sie darauf, dass es in größeren Apotheken zwei Tresen gibt: an dem einen geben Sie Ihr Rezept ab, an dem anderen erhalten Sie Ihre Medikamente in einer neutralen Papiertüte.

Übrigens werden viele Medikamente aus Großpackungen in Behälter abgefüllt und mit den Einnahmevorschriften versehen. Nicht immer ist ein Beipackzettel des Herstellers zu den möglichen Risiken und Nebenwirkungen dabei.

Rezeptgebühren

In England müssen Sie bei der Einlösung eines Rezeptes eine Gebühr *(prescription costs)* in Höhe von £ 7,65 (Finanzjahr 2012/2013) bezahlen. Falls Sie mehr als vier Rezepte pro Quartal oder mehr als 15 pro Jahr erhalten, können Sie bei Ihrem Hausarzt oder in Ihrer Apotheke über das Formular *FP95* ein *Prescription Prepayment Certificate* erwerben und zahlen damit nur noch pauschal £ 29,10 pro Quartal oder £ 104 pro Jahr.

Kinder unter 16 Jahre, Schüler unter 18 Jahre, Arbeitslosen- oder Sozialhilfeempfänger bestimmter Bezugskategorien, Patienten über 60 Jahre, Patienten mit chronischen Erkrankungen, Schwangere und junge Mütter können sich von der Rezeptgebühr befreien *(Medical Exemption Certificate, MedEx)* lassen. Fragen Sie Ihren Hausarzt oder Apotheker.

In Schottland und Wales ist die Rezepteinlösung generell kostenlos.

Repeat prescription service

Nehmen Sie ein Medikament über einen längeren Zeitraum ein, erhalten Sie von Ihrem *GP* ein erstes Rezept zusammen mit einem Bestellformular für ein Folgerezept *(repeat prescription request)*. Sobald sich die Packung Ihres Medikaments dem Ende zuneigt, füllen Sie dieses Formular aus und geben es am Empfang Ihrer *GP*-Praxis ab. Bis der nächste Kontrolltermin ansteht, können Sie so ohne weitere Arzttermine immer weitere Rezepte abholen.

Oder aber Sie nutzen einen *repeat prescription service* einer Apotheke, die für Sie die jeweiligen Folgerezepte über ein Online-System rechtzeitig bei Ihrem *GP* einholt und die Medikamente zur Abholung für Sie bereitstellt oder Ihnen per Post zusendet.

Rezepte aus dem europäischen Ausland

Rezepte aus dem europäischen Ausland werden in britischen Apotheken nur im äußersten Notfall eingelöst. Dazu wird zunächst in einer Datenbank nachgesehen, ob der verschreibende Arzt in der EU zugelassen ist.

Dabei treten oft bereits die ersten Schwierigkeiten auf. Daneben können nur Medikamente ausgegeben werden, die in Großbritannien zugelassen sind. Einfacher ist es daher, einem *GP* die Situation zu erklären. Er wird dann das europäische Rezept gegen ein britisches eintauschen oder nach eigenem Ermessen entscheiden, was zu tun ist.

Notdienste

Da Sie in Großbritannien **Apotheken** in großen Drogerieketten und Supermärkten finden, profitieren Sie von erweiterten Öffnungszeiten. Eine Liste mit Apotheken, die nachts oder während der Feiertage geöffnet haben, finden Sie meist unter dem Stichwort *Local Services* auf der Webseite Ihres lokalen *NHS Primary Care Trust.* Oder kontaktieren Sie einfach NHS Direkt unter 0845 / 46 47 (Schottland: NHS24 unter 0845 / 4 24 24 24).

Hier erfahren Sie auch, welchen **Arzt oder Zahnarzt** Sie außerhalb der normalen Öffnungszeiten aufsuchen können. Daneben können Sie auch Ihre *GP*-Praxis anrufen und dort eine entsprechende Ansage abhören. In vielen Orten sind jedoch jenseits der regulären Sprechzeiten nur die **Notaufnahmen** in den Krankenhäusern – mit der Abteilung *minor injuries unit* für kleinere Verletzungen und *A&E* für ernsthafte Erkrankungen – geöffnet.

Tierarzt

Tierärzte *(veterinary surgeons, vets)* arbeiten in Großbritannien als Privatärzte. Qualitätsstandards von Praxen und Fachpersonal werden vom *Royal College of Veterinary Surgeons (RCVS)* geprüft. Eine *RCVS*-akkreditierte Praxis ist also immer von Vorteil. Tierarztpraxen in Ihrer Nähe finden Sie über ▶ www.rcvs.org.uk. Eine Registrierung Ihres Tieres bei einer Praxis ist vorteilhaft, aber nicht zwingend erforderlich.

Für die meisten Behandlungen werden genaue Kostenvoranschläge erstellt, es gibt zudem übersichtliche Preislisten. Bezahlt wird immer direkt nach der Behandlung in bar oder mit Debit-/Kreditkarte. Tierarztpraxen, die einer Kette angehören und/oder sich innerhalb großer Zoohandlungen befinden, sind meist deutlich günstiger.

Kapitel 10

Steuern und Sozialversicherungsbeiträge

Großbritannien ist sicherlich kein Niedrigsteuerland. Aber viele *basic rate taxpayers* mit einem mittleren Einkommen (bis £ 34.370) erhalten dank eines persönlichen Freibetrags und einem pauschalen Basissteuersatz von 20 % am Monatsende einen zufriedenstellenden Nettolohn ausbezahlt. Selbstständige profitieren von wenig steuerlicher Bürokratie und Gründer einer Kapitalgesellschaft können einige profunde Steuervorteile realisieren. Die Beiträge zur Renten- und Sozialversicherung *(National Insurance)* fallen mit einem Basissatz von 12 % des Einkommens für Angestellte moderat aus. Für die Krankenversicherung werden keine zusätzlichen Abgaben erhoben, denn das staatliche Gesundheitssystem *NHS* wird durch Steuergelder finanziert. Auf der anderen Seite gibt es in Großbritannien keine Steuerprogression, keine Zusammenveranlagung für Eheleute und kaum Abschreibungen, was sich für viele Einwanderer im Vergleich nachteilig auswirken kann.

Im folgenden Kapitel erhalten Sie einen groben Überblick über das Steuer- und Sozialabgabensystem mit zahlreichen Hinweisen, wo Sie weiterführende Informationen in leicht verständlicher Form finden. Bitte beachten Sie, dass das Finanzministerium in jedem Steuerjahr – **das britische Finanzjahr verläuft vom 6. April bis zum 5. April des Folgejahres** – Freibeträge, Zuschüsse und Steuersätze neu anpasst. Eine Aktualisierung der Zahlen finden Sie jedes Jahr im April unter **AiGB1**. Dennoch ist es immer empfehlenswert, sich zum betreffenden Zeitpunkt an offizieller Stelle final über ein persönliches Finanzthema zu informieren.

Die hier als Orientierungsgrößen aufgeführten Beträge entsprechen den gültigen Werten des Steuerjahres 2012/2013.

Steuerstatus für Ausländer

Das britische Steuersystem unterscheidet zwischen *resident, ordinarily resident, domiciled* und *non-domiciled.* Für Ausländer, die außerhalb Großbritanniens Vermögen besitzen und Einkünfte erzielen, bietet diese nicht immer einfach und exakt abzugrenzende Klassifizierung Möglichkeiten der Steuerersparnis im Vergleich zur Ansässigkeit in ihrem Heimatland. In groben Zügen lassen sich die unterschiedlichen britischen Steuerstatus folgendermaßen skizzieren:

resident – Sobald Sie in einem Steuerjahr mehr als 183 Tage in Großbritannien verbringen, gelten Sie aus steuerlicher Sicht für dieses Jahr zumindest als *resident* (*residence* – Aufenthalt/Wohnort). Sie werden außerdem als *resident* betrachtet, nachdem Sie sich rein rechnerisch in bis zu vier aufeinanderfolgenden Jahren mindestens 91 Tage pro Jahr in Großbritannien aufgehalten haben. Kommen Sie mit der Absicht nach Großbritannien, für drei Jahre oder länger zu bleiben (z. B. dreijähriger Mietvertrag und mindestens 183 Tage gewöhnlicher Aufenthalt pro Jahr), gelten Sie bereits ab Anreisedatum als *resident* und zusätzlich auch als *ordinarily resident* (*ordinary residence* – gewöhnlicher Aufenthalt). Sie werden außerdem als *ordinarily resident* eingestuft, wenn Sie Ihren Aufenthalt Jahr für Jahr verlängern.

domiciled/non-domiciled – *Domiciled* (*domicile* – Heimatbezug) ist, wer entweder von Geburt an Brite ist oder aber als Ausländer seinen einzigen bürgerlich-rechtlichen Wohnsitz bewusst und dauerhaft nach Großbritannien verlegt. Möchten Sie *non-domiciled (non-dom)* bleiben, müssen Sie einen Heimatort außerhalb Großbritanniens nachweisen können und klar erkennen lassen, dass Sie nicht für immer in Großbritannien bleiben möchten.

Die verschiedenen Steuerstatus wirken sich folgendermaßen aus:

Sind Sie kein *resident,* zahlen Sie nur Einkommenssteuer auf Arbeitseinkommen, Renten, Mieten und Zinsen, die innerhalb Großbritanniens erwirtschaftet wurden. Im Ausland erzieltes Einkommen ist steuerfrei, selbst wenn Sie es nach Großbritannien transferieren. Es gelten die Steuergesetze Ihres Heimatlandes.

Sind Sie in einem Steuerjahr *resident,* aber noch kein *ordinarily resident,* zahlen Sie auf Ihr gesamtes in Großbritannien erwirtschaftetes Einkommen Einkommenssteuer. Einkünfte aus dem Ausland müssen nur versteuert werden, wenn Sie diese nach Großbritannien transferieren *(remittance basis).*

Sind Sie sowohl *resident* als auch *ordinarily resident,* müssen Sie in Großbritannien erwirtschaftetes Einkommen versteuern. Sie zahlen Einkommenssteuer auf im Ausland erzieltes Einkommen, das Sie nach Großbritannien überführen. Darüber hinaus unterliegt Ihr Einkommen der britischen Steuer, wenn Sie im Ausland für einen britischen Arbeitgeber oder in Großbritannien für einen ausländischen Arbeitgeber tätig sind.

Sobald Sie als *UK domiciled* gelten, unterliegt Ihr gesamtes Welteinkommen der britischen Einkommenssteuer – unabhängig davon, ob Sie dieses nach Großbritannien transferieren oder nicht. Lediglich auf Renten aus dem Ausland erhalten Sie eine Steuerminderung.

Der Steuerstatus *resident,* aber *non-domiciled,* ist daher für alle erstrebenswert, die als Ausländer in Großbritannien das Welteinkommensprinzip vermeiden möchten, etwa weil sie hohe Einnahmen aus internationalen Aktien erzielen. Allerdings ist bei einem längeren Aufenthalt die Absicht, auf keinen Fall dauerhaft in Großbritannien zu verbleiben und *domiciled* zu werden, nachzuweisen. Nehmen Sie schließlich den *Non-dom*-Status innerhalb von zehn Jahren für sieben Jahre in Anspruch und versteuern im Ausland erwirtschaftetes Einkommen nur nach Transfer, müssen Sie zudem jährlich eine pauschale Abgabe von £ 30.000 zahlen. Nach zehn Jahren *Non-dom*-Status innerhalb von zwölf Jahren erhöht sich diese Abgabe auf £ 50.000. Und nach 17 Jahren *non-domiciled* in Großbritannien innerhalb von 20 Jahren wird jeder voll steuerpflichtig.

Sie sollten sich vor einer Entscheidung zwischen verschiedenen Steuerstatus von einem Steuerfachmann beraten lassen.

Sozialversicherungsnummer

Sobald Sie in Großbritannien einen Job antreten oder eine selbstständige Tätigkeit aufnehmen, müssen Sie eine *National Insurance Number* beantragen. Über diese Sozialversicherungsnummer werden Ihnen Ihre geleisteten Steuern und Sozialversicherungsabgaben zugeordnet. Darüber hinaus dient Ihnen Ihre *National Insurance Number* Ihr (britisches) Leben lang als Kennnummer im gesamten Sozialversicherungssystem.

Rufen Sie für die Antragstellung beim zentralen *Jobcenter Plus* unter 0845 / 60 00 643 an. Sie erhalten einen Gesprächstermin *(evidence of identity interview)* in dem für Sie zuständigen Regionalbüro. Dort müssen Sie ausreichende Identitätsnachweise vorlegen. Bringen Sie daher neben Ihrem Pass möglichst alle weiteren vorhandenen Dokumente wie Personalausweis, Geburtsurkunde, Heiratsurkunde und Führerschein mit.

Jugendliche mit Wohnsitz in Großbritannien erhalten kurz vor Ihrem 16. Geburtstag automatisch eine *National Insurance Number.*

Einkommenssteuer

Einkommenssteuer *(income tax)* wird in Großbritannien erhoben auf *(taxable income):*

- Einkommen aus nicht-selbstständiger Arbeit *(income from employment)*
- Einkommen aus selbstständiger Arbeit *(income form self-employment)*
- Altersrente (staatlich und privat) *(pension)*

- Staatliche Sozialleistungen *(state benefits)* wie *Carer's Allowance, Jobseeker's Allowance, contribution based Employment and Support Allowance, Bereavement Allowance*
- Zinsen *(interest on savings)*
- Dividenden britischer Unternehmen *(dividends)*
- Mieteinnahmen *(rental income)*
- Einnahmen aus einem Trust *(trusts)*
- Sachleistungen des Arbeitgebers *(company benefits)*, wie Privatnutzung des Firmenwagens, Benzin, private Krankenversicherung, Wohnung, Kredit, etc.

Steuerfrei sind *(non-taxable income):*
- Zinseinkommen aus steuerfreien Sparprodukten *(interest on tax-free savings)*
- Staatliche Zuschüsse *(tax credits)*
- Staatliche Sozialleistungen *(state benefits)* wie *Child Benefit, Maternity Allowance, Employment and Support Allowance (income based), Disability Living Allowance, Pension Credit, Income Support (certain payments)*

Persönlicher Steuerfreibetrag

Jeder, der in Großbritannien ansässig ist, erhält einen persönlichen Freibetrag *(tax-free personal allowance)* in Höhe von £ 8.105 (2012/2013), der von der Einkommensteuer ausgenommen ist. Ab einem Gesamteinkommen von £ 100.000 entfällt der Freibetrag. Sind Sie über 65 Jahre alt, ändert sich Ihr Freibetrag (65 bis 74 Jahre: £ 10.500, ab 75 Jahre: £ 10.660, mit Abzügen bei Einkommenshöhen über £ 25.400).

Einkommenssteuersätze

Die Einkommenssteuer wird nach Einkommensbändern *(income bands)* mit unterschiedlichen Steuersätzen *(tax rates)* berechnet. Je nach Gehaltshöhe werden also mehrere Steuersätze abschnittsweise angewendet:

Steuersätze und Einkommensbänder für die Steuerjahre 2012/2013 und 2013/2014		
Starting savings rate	10 %	£ 0–£ 2.710/2.790
Basic rate	20 %	£ 0–£ 34.370/32.010
Higher rate	40 %	£ 34.371/32.011– £ 150.000

Steuersätze und Einkommensbänder für die Steuerjahre 2012/2013 und 2013/2014		
Additional rate	50 % (ab April 2013: 45 %)	über £ 150.000
Tax-free personal allowance (bis 65 Jahre)		£ 8.105/£ 9.440

Quelle: *HMRC* (Stand 11/2012)

Alle Einkunftsarten werden nacheinander veranlagt, wobei zuerst Einkommen aus einem Arbeitsverhältnis, aus selbstständiger Tätigkeit, aus Renten und Miet- und Pachteinnahmen *(non-savings income)* unter Berücksichtigung des persönlichen Freibetrages versteuert werden, gefolgt von Einkommen aus Sparguthaben *(savings)* und schließlich aus Dividenden *(dividends)*. Einen Online-Steuerrechner *(tax calculator)* für das jeweils aktuelle und das kommende Steuerjahr finden Sie unter **AiGB11**.

Rechenbeispiele:

1. Bei einem Gehalt von £ 40.000 zahlen Sie auf die ersten £ 34.370 abzüglich des persönlichen Freibetrags in Höhe von £ 8.105 20 % Steuern. Auf die verbleibenden £ 5.630 werden 40 % Steuern erhoben.
2. Verdienen Sie weniger als Ihr persönlicher Freibetrag von £ 8.105, erhalten aber Zinsen, werden die ersten £ 2.710 mit der *starting savings rate* von 10 % besteuert, jedes weitere Pfund mit dem regulären Steuersatz.
3. Erreichen Sie mit Ihrem Arbeitseinkommen bereits das 20-Prozent-Band und nach Abzug Ihres Freibetrags liegt Ihr gesamtes Einkommen über £ 2.710, werden alle Zinseinkünfte mit 20 % oder einem höheren Steuersatz besteuert. Die *starting savings rate* kommt nicht zur Anwendung.
4. Liegt Ihr Einkommen nach Abzug Ihres persönlichen Freibetrags unterhalb von £ 2.710, werden Ersparnisse bis zur Höhe der Differenz zwischen £ 2.710 und dem zu versteuernden Einkommen mit 10 % besteuert. Weitere Zinsen unterliegen dem nächsthöheren Steuersatz von 20 %.

Banken und Bausparkassen behalten automatisch 20 % der Zinsen ein und führen diese ans Finanzamt ab. Gegebenenfalls müssen Sie zu viel einbehaltene Steuer beim *HMRC* über ein *R40 Tax Repayment Form* zurückfordern, oder zu wenig einbehaltene Steuer über ein *Self Assessment Tax Return* nachzahlen.

Achtung: Auch Kinder sind nach Abzug des persönlichen Freibetrags (!) steuerpflichtig, wenn entsprechend hohe Ersparnisse auf ihren Namen angelegt sind.

Für Dividenden gelten andere Steuersätze und Regelungen, lassen Sie sich beraten.

Ehepartner

Ehepartner werden in Großbritannien als unabhängige Personen *(independant taxation)* betrachtet. Jeder gibt seine eigene Steuererklärung ab, sofern Einkommen erzielt wird. Es gibt kein Ehegattensplitting oder vergleichbare steuerliche Vorteile für Verheiratete. Lediglich, wenn ein Partner vor dem 6. April 1935 geboren wurde, kann *married couples allowance* geltend gemacht werden (siehe dazu: ▶ www.hmrc.gov.uk/incometax/married-allow.htm). Allerdings bieten sich bei unterschiedlicher Einkommenshöhe einige Steuersparmöglichkeiten, beispielsweise durch eine geschickte Aufteilung gemeinsamer Ersparnisse (siehe Rechenbeispiele zur *starting savings rate* auf S. 157).

Tipps zur Steuerersparnis

Der *Daily Mail Tax Guide, The Daily Telegraph Tax Guide* und das *Tax Handbook* aus der Reihe *Which? Essential Guides* sind jährlich neu aufgelegte Steuerratgeber, die jeweils ab April/Mai für die aktuelle Steuererklärung im Buchhandel erhältlich sind. Sie bieten in einfach geschriebenem Englisch eine gute Grundlage zum britischen Steuerrecht für Privatpersonen wie auch praktische Tipps zur Steuerersparnis.

Ausführliche Informationen zum Thema Einkommenssteuer finden Sie unter ▶ www.gov.uk, Navigationspfad *Money and tax/Income tax.*

Lohnsteuerabzugsverfahren

Sind Sie bei einem Unternehmen fest angestellt und verdienen Sie mehr als das *Lower Earnings Limit* (2012/2013: £ 5.564 pro Jahr oder £ 107 pro Woche), wird Ihr Arbeitgeber Ihre Einkommenssteuer (plus Ihrem Beitrag zur *National Insurance*) von Ihrem Gehalt abziehen und über das *Pay As You Earn System (PAYE)* direkt an das britische Finanzamt, *Her Majesty's Revenue & Customs (HMRC),* abführen.

Für jeden Mitarbeiter liegt dazu ein ***PAYE tax code*** vor, der alle persönlichen Abzüge und den anzuwendenden Steuersatz enthält. Eine Übersicht, wie sich Ihr *tax code* zusammensetzt, finden Sie im Internet unter ▸ www.hmrc.gov.uk/incometax/codes-basics.htm. Als neuer Mitarbeiter aus dem Ausland müssen Sie bei Ihrem Arbeitgeber voraussichtlich ein *P46* Formular ausfüllen. Wechseln Sie später einmal den Job, erhalten Sie von Ihrem Arbeitgeber ein *P45* Formular, welches Sie dann Ihrem neuen Arbeitgeber vorlegen. Damit wird ein reibungsloser Übertrag Ihrer Steuerzahlungen im laufenden Steuerjahr gewährleistet.

Nach der Neuaufnahme eines Jobs oder bei sonstigen Veränderungen, wie beispielsweise Heirat, Scheidung, Geburt eines Kindes, Aufnahme oder Beendigung einer zweiten beruflichen Tätigkeit etc. – welche Sie *HMRC* eigenverantwortlich mitteilen müssen –, wird Ihnen eine *Notice of Coding (P2 form)* ausgestellt. In dieser Bescheinigung werden alle gewährten Freibeträge und Berechnungen für das kommende Steuerjahr aufgeführt.

Ihr Arbeitgeber stellt Ihnen zudem monatlich eine **Gehaltsabrechnung** *(pay slip)* aus, in der ebenfalls alle *PAYE*-Abgaben ausgewiesen sind. Am Ende eines Steuerjahres bekommen Sie zu guter Letzt noch ein *P60* Formular zur finalen Übersicht über Ihr Gehalt und Ihre Steuern sowie möglicherweise ein simples *P810 Tax Review Form,* das Sie ausgefüllt an das *HMRC* zurücksenden müssen. Wurde ein falscher *tax code* verwendet, können Sie innerhalb bestimmter Fristen eine Korrektur/Rückerstattung beantragen.

Banken und Bausparkassen führen die anfallende Einkommenssteuer auf **Zinsen** an das *HMRC* direkt ab *(tax at source).* **Dividenden** sowie **Miet- und Pachteinnahmen** müssen Sie selbst versteuern (siehe S. 157 und nachfolgenden Abschnitt). Auf Antrag können Sie bis zu £ 2.500 gesondertes Einkommen über *PAYE* direkt besteuern lassen. Arbeiten Sie auf selbstständiger Basis oder erzielen Sie zusätzlich zu Ihrem Gehalt höhere Einkünfte aus anderen Quellen, müssen Sie ein ***Self Assessment Tax Return*** *(SA 100)* ausfüllen und die entsprechende Einkommenssteuer selbst abführen. Mehr dazu lesen Sie im nachfolgenden Abschnitt.

Steuererklärung per Selbstveranlagung

Als Angestellter mit zusätzlichen Einkünften (Zinsen, Mieten, Pacht, Renten, Kapitalerträge) oder als selbstständig Erwerbstätiger müssen Sie die erhobene Einkommenssteuer selbst abführen, indem Sie beim *HMRC* ein *Self Assessment Tax Return (SA100)* einreichen. Weitere Informationen erhalten Sie unter ▸ www.gov.uk, Navigationspfad *Money and tax/Self Assessment,* Stichwort *Register for Self Assessment.*

Zunächst ist eine Registrierung für das Online-System *Government Gateway* (▸ www.gateway.gov.uk) notwendig, die erst nach Zusendung eines Aktivierungscodes per Post abgeschlossen werden kann. Planen Sie daher rund zwei Wochen Vorlaufzeit ein. Sie benötigen für die Erstregistrierung zudem Ihre *National Insurance Number* (siehe dazu auch S. 155). Nach Abschluss Ihrer Registrierung erhalten Sie eine persönliche Steuernummer *(Unique Taxpayer Reference, UTR),* die Sie für alle weiteren Transaktionen mit der Steuerbehörde benötigen. Es ist natürlich auch möglich, das Steuerformular schriftlich auszufüllen und per Post zu senden. Kontaktieren Sie dazu das *HMRC* unter 0845 / 30 00 627, um sich die Unterlagen zusenden zu lassen.

Die Online-Bearbeitung des Steuerformulars ist übersichtlich gestaltet und wird von umfassenden Hilfsseiten bzw. Informationsflyern flankiert. Nach einigen Multiple-Choice-Fragen werden Ihnen genau die Seiten angezeigt, die Sie bearbeiten müssen. Nehmen Sie bei etwaigen Verständnisfragen ohne Scheu die kostenlose *Self-Assessment Helpline* unter 0845 / 90 00 444 in Anspruch. Daneben sind diverse Softwareprodukte erhältlich, die das erstmalige Ausfüllen des Steuerformulars ebenfalls erleichtern.

Gut zu wissen: Nach britischem Rechtsverständnis darf die Finanzbehörde nicht davon ausgehen, dass jeder Bürger ein Steuerexperte ist. Sie werden also bei Ihrem *self assessment* nicht nur genau angeleitet, sondern dürfen für etwaige Fehler – damit ist natürlich keine bewusste Steuerhinterziehung gemeint – nicht übermäßig zur Verantwortung gezogen werden. Auch Belege müssen Sie erst einmal nicht mit einreichen, sondern machen alle Angaben nach bestem Wissen und Gewissen. Im Zweifelsfall wird Sie das *HMRC* schriftlich auffordern, zusätzliche Informationen oder Nachweise einzureichen. Ihre Fehler werden dann korrigiert.

Die Prüfung von Steuererklärungen erfolgt nach dem Zufallsprinzip. Steuerprüfungen bei kleinen Betrieben werden sporadisch und meist nur bei Auffälligkeiten durchgeführt. Laut Einschätzung einiger deutscher Steuerexperten in London erfolgen Steuerprüfungen in Großbritannien vergleichsweise selten.

Taxaid hilft bei Problemen mit der Steuerbehörde

Das Computersystem des *HMRC* ist für seine Fehleranfälligkeit berüchtigt. Hilfestellung bei Problemen mit der Steuerbehörde, etwa weil Sie eine Rückerstattung nicht erhalten oder eine Nachzahlung nicht leisten können bzw. wollen, finden Sie beispielsweise bei der Wohltätigkeitsorganisation *Taxaid* (kostenfreie *Helpline:* 0345 / 20 37 79). Unter ► www.taxaid.org.uk erhalten Sie zudem viele nützliche Informationen zu Regeln und Rechten für Steuerzahler. Bitte beachten Sie, dass *Taxaid* keine kostenlose Steuerberatung leistet.

Fristen

Das britische Steuerjahr läuft vom 6. April bis zum 5. April des nachfolgenden Jahres. Der Einsendeschluss für das schriftliche *Self Assessment Tax Return* ist der **31. Oktober**. Haben Sie die Frist versäumt, können Sie Ihre Steuererklärung immer noch online ausfüllen. Die Online-Bearbeitung des *Self Assessment Tax Return* muss erst bis zum **31. Januar** abgeschlossen sein.

Die Steuerzahlung ist ebenfalls bis zum 31. Januar fällig. Bei einer Online-Abgabe am Stichtag muss also auch gleichzeitig eine Überweisung erfolgen. Sofern Sie wünschen, dass zusätzlich zu zahlende Einkommenssteuer über *PAYE* eingezogen wird, ist die Frist der 30. Dezember.

Selbstständigen und Angestellten mit zusätzlichen Einkünften, die im Schnitt mehr als £ 1.000 Einkommenssteuer abführen, müssen eine **Vorauszahlung** *(payment on account)* für das jeweils laufende Steuerjahr leisten. Wer einmal im System drin ist, zahlt in der Regel zweimal pro Jahr Einkommenssteuer: am 31. Januar und am 31. Juli, jeweils die Hälfte der Steuersumme aus dem Vorjahr. Daneben werden am 31. Januar etwaige Nachzahlung aus dem vorausgegangenen Jahr fällig oder zu viel vorausgezahlte Steuern wird verrechnet. Die Endsumme wird als *balancing payment* bezeichnet. Erwarten Sie für das laufende Jahr geringere Einnahmen, können Sie einen Antrag auf Minderung Ihrer Vorauszahlungen stellen.

Zwei Länder, zwei Steuerjahre

Wahrscheinlich werden Sie Ihren neuen Job nicht genau zum Beginn des britischen Finanzjahres angetreten haben. Daher müssen Sie nur ab dem Tag Ihres ersten britischen Einkommens hier Einkommenssteuer zahlen, sofern Sie planen, für mindestens zwei Jahre im Land zu bleiben und zuvor kein *ordinary resident* (Mehr dazu siehe ab S. 153) gewesen sind. In jedem anderen Fall kann Ihr gesamtes im britischen Steuerjahr angefallenes Einkommen steuerpflichtig werden, unabhängig davon, ob Sie dieses in Großbritannien oder noch in Deutschland, Österreich oder der Schweiz verdient haben.

Haben Sie Einkommensteile bereits in Ihrem Heimatland (Steuerpflicht an der Quelle) versteuert, greift das jeweilige Doppelbesteuerungsabkommen und Sie können in Ihrer britischen Steuererklärung die bereits gezahlte Einkommenssteuer zur Verrechnung angeben. Da das britische Steuerjahr nicht dem Kalenderjahr entspricht, sind exakte Zuordnungen und Berechnungen häufig schwierig. Hinzu kommen umständliche Währungsumrechnungen. Lassen Sie sich gegebenenfalls beraten. Viele Steuerberater bieten günstige Pauschalpreise, um Fragen dieser Art zu klären.

Fristversäumnis

Haben Sie die jeweilige Frist zur Einreichung des *Self Assessment Tax Return* versäumt, müssen Sie pauschal £ 100 Strafe zahlen – unabhängig davon, ob Sie Steuer schulden oder nicht. Ist Ihre schriftliche Steuererklärung bis zum 31. Januar oder Ihre Online-Erklärung bis zum 30. April immer noch nicht eingegangen, erhebt die Steuerbehörde £ 10 für jeden weiteren Versäumnistag.

Für **ausstehende Zahlungen** werden ab 30 Tagen 5 % Säumniszuschlag, mindestens jedoch £ 300, berechnet. Bei einem Jahr Verspätung klettert der Zuschlag auf 15 % der fälligen Steuersumme oder mindestens £ 900. Zusätzlich werden nach Ermessen der Behörde Zinsen angesetzt.

Sozialversicherungsbeiträge

Nur wer Sozialversicherungsbeiträge *(National Insurance Contributions, NICs)* zahlt, erwirbt das Recht auf bestimmte staatliche Leistungen wie Arbeitslosengeld, Mutterschaftsgeld, Altersrente, Hinterbliebenenrente und Invalidenrente. (Mehr dazu lesen Sie in Kapitel 11 *Sozialleistungen* ab S. 169.) Arbeitnehmer und Arbeitgeber teilen sich den Beitrag, wobei der Arbeitgeberanteil höher ausfällt. Für Selbstständige gelten andere Beitragssätze, die zu staatlichen Leistungen in geringerem Umfang führen. Für welche Leistungen Sie sich qualifizieren, hängt davon ab, in welche Klasse Sie einzahlen.

Angestellte

Als Angestellter zahlen Sie ab einem Wochenlohn von £ 146 (Steuerjahr 2012/2013) *class 1 NIC*. Verdienen Sie zwischen £ 146 und £ 817 (2012/2013) pro Woche, wird Ihr Arbeitgeber für Sie einen Gehaltsanteil von 12 % sowie seinen etwas höheren Arbeitgeberanteil an das *HMRC* abführen. Sofern Ihr Gehalt mehr als £ 817 pro Woche beträgt, fallen für jedes darüber liegende Pfund zwei weitere Prozentpunkte an. Auch Sachleistungen des Arbeitgebers führen zu weiteren *NIC*.

Einkommen bis £ 107 pro Woche *(Lower Earnings Limit 2012/2013)* sind sozialversicherungsfrei. Verdienen Sie zwischen £ 107 und £ 146 wöchentlich, erhalten Sie *National Insurance Credits,* die zumindest zu einer Basisversorgung durch die *National Insurance* und zu einer Aufrechterhaltung Ihrer Anspruchsjahre führen.

Class-1a-Abgaben müssen von Arbeitgebern (nicht von Arbeitnehmern) geleistet werden, die ihren Mitarbeitern Firmenwagen für den privaten Gebrauch oder ähnliche Leistungen zur Verfügung stellen.

Selbstständige

Sind Sie selbstständig erwerbstätig, zahlen Sie je nach Einkommenshöhe *class 2* und *class 4 NIC.* Für ***class 2 NIC*** müssen Sie wöchentlich £ 2,65 entrichten, sofern Sie einen Gewinn von mehr als £ 5.595 pro Jahr verbuchen. Die Zahlung ist jeweils am 31. Januar und 31. Juli fällig.

Bei einem jährlichen Gewinn zwischen £ 7.605 und £ 42.475 werden zusätzlich 9 % ***class 4 NIC*** berechnet. Für jedes Pfund, das Sie darüber hinaus Gewinn schreiben, müssen Sie weitere 2 % entrichten. *Class 4 NIC* führen Sie gemeinsam mit Ihrer Einkommenssteuer ab.

Class 2 und *class 4* Zahlungen berechtigen Selbstständige nicht zum Bezug von Arbeitslosengeld. Auch die staatliche Rente ist auf die Grundrente begrenzt.

Freiwillige Beiträge

Class 3 NIC können freiwillig gezahlt werden, um während einer beitragsfreien Zeit keine Anspruchsjahre zu verlieren oder um potenzielle Rentenleistungen zu erhöhen. Es ist sowohl ein wöchentlicher Beitrag in Höhe von £ 13,25 möglich wie auch die Zahlung von Einmalbeträgen, beispielsweise um bestehende Versicherungslücken auszugleichen.

Zuständigkeitsregelungen bei Doppelversicherung

Bei einem beruflich bedingten, zeitlich befristeten Auslandsaufenthalt in Großbritannien (Entsendung) gelten für Deutsche, Österreicher und Schweizer die Zuständigkeitsregelungen im Rahmen des neuen Europarechtes für die Sozialversicherung. Weitere Informationen sollten Sie von Ihrem Arbeitgeber erhalten.

Die britischen Sozialversicherungsvorschriften sind anzuwenden, wenn Sie im Rahmen eines unbefristeten Arbeitsverhältnisses oder im Rahmen eines längeren, zeitlich befristeten Arbeitsverhältnisses ausschließlich in Großbritannien arbeiten.

Detaillierte Informationen zum Thema Sozialversicherungsbeiträge erteilt das *National Insurance Contributions Office* im *HMRC* unter 0845 / 30 21 479 bereit. Einen guten Überblick zum Thema finden Sie unter ► www.gov.uk, Navigationspfad *Money and tax/National Insurance.*

Steuern und Abgaben für Kapitalgesellschaften

Auch wenn das britische System in vielerlei Hinsicht gradliniger aufgebaut ist als beispielsweise die deutsche Steuergebung, sollten Sie als Existenzgründer aus dem Ausland für Detailfragen einen Steuerberater hinzuziehen. Dieser kann Sie auch zu möglichen Steuervorteilen beraten, die sich für ausländische Unternehmer über einen *Non-domicile*-Steuerstatus oder die Nutzung der britischen Offshore-Gebiete realisieren lassen.

Daher im Folgenden nur ein kurzer Überblick über die Steuern und Abgaben für Kapitalgesellschaften.

Körperschaftssteuer

Kapitalgesellschaften zahlen *corporation tax.* Bei einem Gewinn von nicht mehr als £ 300.000 beträgt die *small profits rate* 20 % (2012/2013). Die gestaffelten Körperschaftssteuersätze werden in jedem Steuerjahr angepasst.

Sozialversicherungsabgaben

Beschäftigen Sie Mitarbeiter, müssen Sie Sozialversicherungsabgaben *(National Insurance)* in Höhe von 13,8 % der Bruttolöhne abführen. Abgabenfrei sind Niedriglohnjobs bis maximal £ 107 pro Woche *(Lower Earnings Limit 2012/2013).*

Grundsteuer

Für Ihr Büro oder Ihre Betriebsstätte erhebt die zuständige Gemeinde eine jährliche Grundsteuer *(business rate).* Die Höhe der Grundsteuer variiert von Gemeinde zu Gemeinde und richtet sich nach Fläche und Lage wie auch dem Mietwert der Immobilie. Es wird ein landesweiter Multiplikationsfaktor zugrunde gelegt. Kleine Unternehmen profitieren von reduzierten Tarifen. Achtung: In vielen gewerblichen Mietobjekten ist die Grundsteuer in der Miete bereits eingerechnet. Beim Hinweis *›plus rates‹* ist die Grundsteuer noch nicht enthalten.

Mehrwertsteuer
Als Unternehmer müssen Sie sich ab einem Jahresumsatz von £ 77.000 (Steuerjahr 2012/2013) zur *Value Added Tax (VAT)* anmelden. Daneben sind freiwillige Registrierungen möglich.

Detailliertere Informationen für Unternehmer finden Sie unter ▶ www.gov.uk, Navigationspunkt *Businesses and self-employed*, z. B. unter dem Stichwort *Business tax*.

Kapitalertragssteuer

Auf den realisierten Gewinn beim Verkauf von Immobilien, Aktien und Wertgegenständen erhebt der britische Staat eine Kapitalertragssteuer *(capital gains tax)*. Von der Steuer befreit sind unter anderem persönliche Gegenstände, die nicht mehr als £ 6.000 wert sind, wie auch private Fahrzeuge, Haushaltsgegenstände und das Eigenheim.

Der Steuersatz beträgt 18 % bzw. 28 % je nach Einkommenssteuersatz bzw. Gewinn im jeweiligen Steuerjahr. Für Privatpersonen gilt ein jährlicher Freibetrag in Höhe von £ 10.600 (2012/2013) pro Person. Ehepartner können also den doppelten Freibetrag nutzen. Wertverluste können mit Gewinnen verrechnet werden. Informieren Sie sich über Berechnungsgrundlagen und Anwendungsregeln unter ▶ www.gov.uk, Navigationspfad *Businesses and self-employed/Business tax*, Stichwort *Capital gains tax*.

Um Kapitalertragssteuer zu zahlen, müssen Sie ein *Self Assessment Tax Return* ausfüllen. Mehr dazu finden Sie im Abschnitt *Steuererklärung* ab S. 159.

Erbschafts- und Schenkungssteuer

Erbschafts- und Schenkungssteuer *(inheritance tax)* wird ab Überschreiten einer Freigrenze von £ 325.000 (Steuerjahr 2012/2013) Nachlass- oder Schenkungswert erhoben. Der Steuersatz beträgt 40 %. Von der Steuer ausgenommen ist das Vererben/Verschenken an den Ehepartner oder an eine registrierte Wohltätigkeitsorganisation. Schenkungen zu Lebzeiten sind bis zu einer Höhe von £ 3.000 pro Jahr steuerfrei. Eine Übertragung dieses Freibetrags ins Folgejahr ist möglich. Einzelgeschenke von bis zu £ 250 werden nicht hinzugezählt. Schenkungen mit einem höheren Wert, die in den sieben Jahren vor dem Tod des Vererbenden erfolgt sind, werden jedoch nachträglich in den Nachlasswert miteingerechnet und müssen gegebenenfalls versteuert werden. In diesem Fall reduzieren sich die Steuersätze gleitend, je nachdem wie viele Jahre eine Schenkung zurückliegt.

Ehepaare können die Freigrenze für ihre Kinder (oder sonstige Erben) auf £ 650.000 verdoppeln, indem jeder seinen Freibetrag von £ 325.000 im Falle seines Todes auf den Partner überträgt.

Das Thema Erbschaftssteuer ist komplex und wird für Ausländer in Großbritannien durch viele weitere Faktoren beeinflusst. Informieren Sie sich daher zunächst auf ▸ www.gov.uk, Navigationspfad *Money and tax/Inheritance tax* und lassen Sie sich von einem international erfahrenen Steuerfachmann beraten, auch in Fragen einer möglichen Doppelbesteuerung.

Gemeindesteuer

Gemeindesteuer *(council tax)* müssen alle Einwohner eines Ortes zahlen, unabhängig davon, ob sie im Eigenheim oder zur Miete wohnen. Jede Wohneinheit wird auf Basis ihrer Größe und einer Wertschätzung (entspricht nicht dem aktuellen Marktwert) einem *council tax band* von A bis H (Wales: A bis I) zugeordnet. Diese Tarifzonen belegt jede Gemeinde mit einer individuellen Steuer. Die Höhe je *council tax band* variiert also von Gemeinde zu Gemeinde.

Die Gemeindesteuer wird für mindestens zwei Erwachsene pro Wohneinheit berechnet. Lebt ein Erwachsener alleine, reduziert sich seine Gemeindesteuer um 25 %. Wohngemeinschaften, bei denen sich jeder Bewohner noch in der Ausbildung befindet, erhalten meist 50 % Rabatt. Reine Studenten-WGs zahlen keine *council tax.* Weitere Ausnahmeregelungen gelten vielerorts für Zweitwohnsitze, Ferienhäuser und leerstehende Häuser.

Mit dem Einzugstag müssen Sie sich bei Ihrer Gemeinde in das ***council tax register*** eintragen lassen. Ihre *Council-tax*-Rechnung können Sie entweder einmal jährlich oder in meist zehn Teilzahlungen begleichen. Etwaige Rabatte werden nicht automatisch berücksichtigt, sondern müssen schriftlich beantragt werden.

Unter ▸ www.gov.uk, Navigationspfad *Housing and local services/Council tax,* finden Sie die Einteilung der *council tax bands* sowie praktische Direktverlinkungen, um den für Sie geltenden Gemeindesteuersatz herauszusuchen. Oder rufen Sie die Webseite der *Valuation Office Agency* unter ▸ www.voa.gov.uk auf.

Kfz-Steuer

Als Fahrzeughalter werden Sie für die Nutzung öffentlicher Straßen zur Kasse gebeten, indem Sie (halb-)jährlich an die *Driver and Vehicle Licensing Agency (DVLA)* eine *Vehicle Excise Duty (VED)*, *car* oder *road tax* genannt, abführen (Überweisung oder Einzahlung auf der Post). Sie erhalten eine Steuerplakette, die Sie innen an der Windschutzscheibe befestigen.

Die Höhe der Kfz-Steuer wird jedes Jahr neu für 13 Steuerklassen (*band A* bis *band M*) nach CO_2-Ausstoß, Treibstoffart und Erstregistrierungsjahr des Fahrzeugs berechnet. Halter umweltfreundlicher Fahrzeuge werden günstiger besteuert. Dieser Effekt wird durch eine *show room tax* verstärkt: Im ersten Jahr nach einer Neuzulassung fällt für emissionsarme Neuwagen (*band A* bis *band D,* bis maximal 130 CO_2 g/km) gar keine oder nur eine sehr geringe Steuer an, während Autos mit hohem CO_2-Ausstoß kräftiger besteuert werden. Den CO_2-Wert Ihres Autos finden Sie auf dem Fahrzeugschein *(V5C, logbook).*

► http://carfueldata.dft.gov.uk bietet Ihnen verschiedene Tools, um CO_2-Ausstoß und die jeweilige Steuerklasse einzelner Fahrzeugmodelle miteinander zu vergleichen. Unter ► www.roadtaxprices.co.uk finden Sie darüber hinaus Fahrzeuglisten innerhalb einzelner Steuerklassen – diese Seite ist unbedingt empfehlenswert, wenn Sie beispielsweise gezielt ein Auto der Steuerklasse *band A* kaufen möchten.

Rund drei Wochen vor Ablauf Ihrer Steuerplakette erhalten Sie automatisch ein Erinnerungsschreiben *(V11 reminder),* dass Sie die Kfz-Steuer erneuern müssen.

Der Online-Service der *DVLA* für die Zahlung der Kfz-Steuer ist unter ► www.gov.uk, Navigationspfad *Driving, transport, and travel/Car taxes and tax discs,* Stichwort *Car tax (vehicle licence)* zu erreichen. Sie benötigen die 11-stellige Referenznummer Ihres Fahrzeugscheins und Ihr Kennzeichen. Die *DVLA* wird prüfen, ob Ihr Fahrzeug versichert ist und über ein *MOT Certificate* (Mehr zum Thema *MOT* finden Sie im Kapitel 6 *Autofahren* ab S. 97) verfügt. Haben Sie bereits ein Erinnerungsschreiben für die (halb-)jährliche Erneuerung Ihrer Kfz-Steuer erhalten, nutzen Sie einfach die dort aufgeführte 16-stellige Referenznummer. In beiden Fällen wird Ihnen Ihre Steuerplakette innerhalb von wenigen Werktagen per Post zugesandt.

Mehrwertsteuer

Mehrwertsteuer *(Value Added Tax, VAT)* wird in Großbritannien über drei verschiedene Sätze erhoben: Der reguläre Mehrwertsteuersatz *(standard rate)* beträgt 20 %. Für einige Güter, wie beispielsweise Heizöl, Gas und Strom, Energiesparmaßnahmen, Autokindersitze, Verhütungsmittel oder auch Hilfsmittel, um mit dem Rauchen aufzuhören, gilt ein ermäßigter Steuersatz *(reduced rated)* von 5 %. Von der Mehrwertsteuer ausgenommen *(zero rated)* sind diverse Nahrungsmittel, Bücher, Zeitungen, Kinderkleidung, Fahrscheine, Finanzdienstleistungen, Schulungsmaßnahmen,

Kulturangebote, Güter für Personengruppen mit spezifischem Bedarf (z. B. Hilfsmittel für Behinderte und Senioren) und vieles andere mehr. Eine entsprechende Übersicht finden Sie unter ► www.gov.uk, Navigationspfad *Money and tax/VAT,* Stichwort *VAT rates.*

Weitere Steuern

Der britische Staat erhebt unter anderen die folgenden Steuern:

stamp duty reserve tax – Beim Kauf von britischen Aktien über einen Broker (elektrisches System) wird eine Steuer von 0,5 % auf das Transaktionsvolumen erhoben.

stamp duty on buying shares – Beim Kauf von britischen Aktien über ein schriftliches Formular wird eine Stempelsteuer in Höhe 0,5 % des Transaktionsvolumens, aufgerundet auf den nächsten £ 5-Betrag, fällig.

stamp duty land tax – Grunderwerbssteuer, die einmalig beim Kauf einer Immobilie zu zahlen ist, sofern der Kaufpreis mehr als £ 125.000 beträgt. Weitere Informationen finden Sie im Kapitel 3 *Haus- oder Wohnungssuche* ab S. 54.

alcohol/tabacco taxes – Auf den Kauf von Alkohol und Tabak wird eine Steuer erhoben, die jeweils 2 bzw. 5 % über der Inflationsrate liegt. Die Steuer wird über den Verkaufspreis eingeholt.

Detailliertere Informationen: ► www.gov.uk, Navigationspunkt *Money and tax.*

Kapitel 11

Sozialleistungen

Der britische Wohlfahrtsstaat stellt derzeit mehr als 50 verschiedene soziale Leistungen *(state benefits)* zur Verfügung, die miteinander kombiniert werden können. Das System steht im Großen und Ganzen auf drei Säulen: steuerfreie Zuschüsse *(tax credits),* beitragsunabhängige Sozialleistungen *(non-contributory benefits)* und beitragsabhängige Sozialleistungen *(contribution-based benefits).* Wer Anspruch auf soziale Unterstützungsleistungen hat und welche *benefits* sich für die jeweilige individuelle Situation eignen, wird fallweise geprüft. Das ist aufwendig, langwierig und ob die Einzelentscheidungen immer gerecht ausfallen, sei dahingestellt. Ab April 2013 tritt daher für einen Großteil der Sozialleistungen ein *benefit cap* in Kraft. Auf diese Weise soll sichergestellt werden, dass eine bestimmte Höchstgrenze je Haushalt (£ 500 pro Woche für Paare/Familien oder Alleinerziehende bzw. £ 350 für Alleinstehende ohne Kinder) nicht überschritten wird. Die britische Regierung arbeitet zudem an einer umfassenden *welfare reform bill,* um Sozialleistungen transparenter, einfacher und effizienter zu gestalten. Zwischen Herbst 2013 und Ende 2017 werden Sozialhilfeempfänger im arbeitsfähigen Alter sukzessive auf den *Universal Credit* umgestellt. Dann wird es statt mehrerer miteinander kombinierter *benefits* nur noch eine einzige Zahlung pro Monat geben. Weitere Informationen finden Sie unter ► www.dwp.gov.uk, Navigationspfad *Policy/Universal Credit.*

Steuerfreie Zuschüsse

Unter *tax credits* werden **steuerfreie Zuschüsse** des *HMRC* für **Geringverdiener** *(Working Tax Credit)* und/oder **Familien mit Kindern** *(Child Tax Credit)* verstanden. Die Höhe der jährlichen Zahlungen steigt und fällt mit den genauen Lebensumständen, die dem *HMRC* unmittelbar angegeben werden müssen. Eine Rolle bei der Berechnung spielt eine Mindestzahl an wöchentlichen Arbeitsstunden, die Höhe des Einkommens, die Zahl der Kinder und die Höhe der Betreuungskosten.

Tax credits können nur schriftlich beantragt werden. Dazu benötigen Sie ein ***tax credits claim pack,*** das Sie bei der *Tax Credit Helpline* unter 0345 / 30 03 900 bestellen können. Sie werden zu Ihrem Einkommen im vergangenen Steuerjahr befragt und sollten Ihre *National Insurance Number* bereithalten. Weitere Informationen wie auch einen sehr nützlichen *tax credits calculator* finden Sie unter ► www.gov.uk, Navigationspfad *Benefits/Tax credits.* Ob Sie sich für *tax credits* qualifizieren, können Sie mit Hilfe des *tax credit questionnaire* prüfen. Neuankömmlinge in Großbritannien werden in der Regel gebeten, die *Tax Credit Helpline* (s.o.) anzurufen.

Tax credits sollen ab Herbst 2013 durch den *Universal Credit* ersetzt werden.

Sozialleistungen mit und ohne Bezug zur *National Insurance*

Sozialleistungen werden danach unterschieden, ob sie nur Personen gewährt werden, die ausreichend in die *National Insurance* (Mehr zum Thema *Sozialversicherungsbeiträge* finden Sie im Kapitel 10 *Steuern und Sozialabgaben* ab S. 162) eingezahlt haben oder ob sie rein nach Bedürftigkeit vergeben werden.

Zu den **beitragsunabhängigen Sozialleistungen** *(non-contributory benefits)* gehören unter anderen:

- Einkommensbeihilfe *(Income Support)* (wird ab Herbst 2013 durch den *Universal Credit* ersetzt)
- Wohngeld *(Housing Benefit)* (wird ab Herbst 2013 durch den *Universal Credit* ersetzt)
- Kindergeld *(Child Benefit)*
- Einkommensabhängiges Arbeitslosengeld *(income-based Jobseeker's Allowance)* (wird ab Herbst 2013 durch den *Universal Credit* ersetzt)
- Einkommensabhängige Invalidenrente *(Employment and Support Allowance ‚income-related' element)* (wird ab Herbst 2013 durch den *Universal Credit* ersetzt)
- Pflegegeld *(Attendance Allowance)*
- Pflegebeihilfe *(Carer's Allowance)*
- Hilfe zum Lebensunterhalt für Behinderte *(Disability Living Allowance)* (wird für Menschen zwischen 16 und 64 Jahre ab 2013 ersetzt durch *Personal Independence Payment*)
- Arbeitsunfallgeld *(Industrial Injuries Disablement Benefit)*
- Einkommensbeihilfe für Rentner *(Pension Credit)*

Zu den **beitragsgebundenen Sozialleistungen** *(contribution-based benefits)* zählen:

- Staatliche Rente *(State Pension):* Grundrente *(Basic State Pension)* und Zusatzrente *(Additional State Pension)*
- Hinterbliebenenrente *(Bereavement Allowance)* und Hinterbliebenenpauschale *(Bereavement Payment)*

- Beitragsabhängige Invalidenrente *(Employment and Support Allowance)*
- Beitragsabhängiges Arbeitslosengeld *(Jobseeker's Allowance)*
- Mutterschaftsgeld *(Maternity Allowance)*

Selbstständige, die *class 2* und *class 4 NICs* gezahlt haben, erhalten nur eine Grundrente und kein Arbeitslosengeld.

Die richtigen Anlaufstellen finden

Die Verwaltung der Leistungen unterliegt dem *Department for Work and Pensions (DWP)* und seinen nachgeordneten Behörden: Für Menschen im arbeitsfähigen Alter sind die *Jobcenter Plus* zuständig. Behinderte und ihre Pflegepersonen wenden sich an den *Disability and Carers Service.* Rentner kontaktieren die *Pension Services.* Daneben müssen Stadtverwaltung *(Local Council)* und Steuerbehörde *(HM Revenue & Customs, HMRC)* einbezogen werden.

Übersichtliche und verständliche Informationen wie auch die jeweils richtigen Anlaufstellen finden Sie unter ► www.gov.uk, Navigationspunkt *Benefits.* Unter *Benefits entitlement* stoßen Sie auf den interaktiven *Beneftis adviser,* mit dem Sie prüfen können, ob und für welche Sozialleistungen Sie eventuell berechtigt sind. Die Broschüre *Benefits and Pension Rates* unter ► www.dwp.gov.uk/docs/dwp035.pdf informiert über die aktuellen Sätze, die für die einzelnen *benefits* gezahlt werden. Darüber hinaus unterstützen die Berater der lokalen *Citizens Advice Bureaus* (► www.citizensadvice.org.uk) ihre Bürger bei entsprechenden Fragen und Problemstellungen. Auch die Wohltätigkeitsorganisation *Turn2us* stellt auf ihrer Webseite ► www.turn2us.org.uk unter dem Navigationspunkt *Information & Resources* thematisch gebündelte Übersichten und Informationen bereit, welche Leistungen unter welchen Voraussetzungen bezogen werden können. Daneben wurde hier eine Datenbank zu diversen Hilfs- und Fördergeldern *(grants)* angelegt, die von Wohltätigkeitsvereinen für Menschen in schwierigen Lebensumständen bereitgestellt werden. Eine kostenfreie *Helpline* unter 0808 / 220 00 bietet individuelle Unterstützung.

Kindergeld

Familien mit Kindern profitieren vor allem vom beitragsungebundenen, steuerfreien Kindergeld *(Child Benefit).* Das Kindergeld beträgt für das erste Kind £ 20,30 und für jedes weitere Kind £ 13,40 pro Woche. Es wird bis zum 16. Geburtstag ausgezahlt und ist bei entsprechendem Ausbildungsnachweis bis auf ein Alter von 20 Jahren verlängerbar.

Sobald ein Elternteil alleine (also nicht beide Eltern zusammen!) mehr als £ 50.000 netto im Jahr verdient, wird das Kindergeld mit einer *tax charge* belegt. Für ein Einkommen zwischen £ 50.000 und £ 60.000 wird für jede £ 100 über der Grenze von £ 50.000 1 % des Kindergeldes abgezogen. Ab £ 60.000 Jahreseinkommen ist die *tax charge* genauso hoch wie das Kindergeld, sprich, es wird kein Kindergeld mehr ausgezahlt.

Rechenbeispiel: Ein Partner verdient £ 54.000 und liegt damit £ 4.000 über der Grenze von £ 50.000. £ 4.000 entsprechen 40 mal £ 100. Die *tax charge* beträgt also 40 % (40 mal 1 %) des ausbezahlten Kindergeldes.

Gut zu wissen: Um nach einem Umzug in Großbritannien Kindergeld zu beantragen, müssen Sie in der Regel einen als dauerhaft betrachteten Hauptwohnsitz *(ordinarily resident)* vorweisen. Sie können zudem nach einer Bescheinigung gefragt werden, dass Sie in Ihrem Heimatstaat kein Kindergeld mehr beziehen. Denken Sie also daran, dass Sie die Behörden in Ihrem Heimatstaat (z. B. die Familienkasse in Deutschland) über Ihren dauerhaften Wegzug ins Ausland umgehend informieren müssen, wenn Sie dort bereits Kindergeld bezogen haben. Die Abmeldung beim Einwohnermeldeamt reicht nicht aus, genauso wenig wie die Aufgabe des Wohnsitzes erst in der nächsten Steuererklärung mitzuteilen. Zu Unrecht bezogenes Kindergeld kann als Steuerhinterziehung über Ländergrenzen hinweg geahndet werden.

Alles zum Thema Kindergeld erfahren Sie unter ▶ www.gov.uk, Navigationspfad *Benefits/Child Benefit* oder rufen Sie die *Child Benefit Helpline* an unter 0845 / 30 21 444.

Unterstützung für Geringverdiener

Geringverdiener können je nach ihren persönlichen Umständen zusätzlich zu ihren *tax credits* (siehe Abschnitt *Steuerfreie Zuschüsse* oben) sowohl Einkommensbeihilfe *(Income Support)* als auch Wohngeld *(Housing Benefit)* oder eine Sozialwohnung *(council flat)* beantragen. Möglich sind zudem Hilfestellung bei der Zahlung der Hypothekenzinsen *(Support for Mortgage Interest)*, Mietzuschüsse *(Local Housing Allowance)*, Heizkostenzuschüsse in Kaltwetterperioden *(Cold Weather Payment)*, zinsfreie Kredite in Krisenzeiten *(Crisis Loans)* und weitere Kredite für bestimmte Notsituationen. Familien mit Kindern erhalten generell höhere Zuschüsse.

Menschen mit geringem Einkommen werden ab Herbst 2013 in das neue *Universal-Credit*-Programm aufgenommen, das die oben genannten Sozialleistungen größtenteils ersetzt.

Geringverdiener mit Kindern

Schulkinder können für kostenlose Mahlzeiten *(Free School Meals)* in der Schulkantine eingeschrieben werden. Bei der Anschaffung einer Babyausstattung für das erste Kind greift der *Sure Start Maternity Grant* mit rund £ 500 werdenden Eltern mit geringem Einkommen unter die Arme. Im Rahmen des *Healthy Start Schemes* werden zudem Gutscheine für frisches Obst, Gemüse, Milch und Babynahrung ausgegeben.

Weitere Informationen: ► www.gov.uk, Navigationspfad *Benefits/Jobseeker's Allowance and low income benefits* bzw. *Benefits for families* bzw. *Heating and housing benefits.*

Arbeitslosengeld

Wer sich arbeitslos meldet oder weniger als 16 Wochenstunden arbeitet, erhält über 182 Tage *contribution-based Jobseeker's Allowance.* Für über 25-Jährige beträgt die maximale Summe dieses beitragsabhängigen Arbeitslosengeldes £ 71,00 pro Woche (2012/2013). Jüngere Menschen erhalten wöchentlich maximal £ 56,25 ausgezahlt. Paaren wird gemeinsam maximal £ 111,45 gewährt. Voraussetzung ist nicht nur, dass in den vergangenen zwei Steuerjahren ausreichend *National Insurance Contributions (NIC)* gezahlt worden sind. Dem Betroffenen muss zudem unverschuldet gekündigt worden sein. Wer ohne triftigen Grund selbst gekündigt hat, sieht einer Sperre zwischen einer Woche und den vollen 182 Tagen entgegen und erhält schlimmstenfalls kein Arbeitslosengeld. Für Jugendliche und Menschen über 60 Jahre gelten zusätzliche Regeln.

Arbeitslose, die entweder nicht genügend *NIC* geleistet haben oder nach Ablauf der 182 Tage nicht wieder in Arbeit sind, erhalten *income-based Jobseeker's Allowance.* Die maximal ausgezahlten Wochensätze sind identisch mit der beitragsabhängigen *Jobseeker's Allowance.* Allerdings werden bei der Berechnung das gesamte Haushaltseinkommen (Einkommen des Partners) wie auch Ersparnisse über £ 6.000 berücksichtigt, was zu Abzügen führen kann.

Für die Auszahlung beider Arbeitslosengelder wird ein aktives Bemühen um einen neuen Job vorausgesetzt, das in einem *jobseeker's agreement* festgehalten wird. Zusätzlich können weitere Sozialleistungen *(state benefits)* beantragt werden, wie beispielsweise Wohngeld *(Housing Benefit).* Wer aus der Arbeitslosigkeit heraus einen Job aufnimmt, kann für eine befristete Übergangszeit weitere Zuschüsse (z. B. *Return to Work Credit, Help with Travel Expenses, Job Grant*) erhalten.

Weitere Informationen: ► www.gov.uk, Navigationspfad *Benefits/Jobseeker's*

Allowance and low income benefits. Ab Herbst 2013 werden das *income-based Jobseeker's Allowance* wie auch die weiteren Zuschüsse duch den *Universal Credit* ersetzt.

Staatliche Rente

Wie fast überall in Europa steht auch das britische Rentensystem vor großen Herausforderungen. Eine schrittweise Anhebung des Rentenalters wie auch eine umfassende Reform der Rentenberechnung sollen der Tatsache gerecht werden, dass in Zukunft immer mehr Menschen immer länger leben werden. Bereits jetzt sieht sich rund ein Drittel aller britischen Rentner mit alleiniger staatlicher Versorgung unterhalb der Armutsgrenze, wobei viele wiederum nicht die ihnen zustehenden weiteren Unterstützungsleistungen *(state benefits)* beantragen – teils aus Unwissenheit, teils aus Stolz.

Das frühestmögliche Rentenalter liegt derzeit für Männer und Frauen bei 65 Jahren. Zwischen 2034 und 2036 soll es nach aktueller Gesetzeslage 67 Jahre betragen, zwischen 2044 und 2046 68 Jahre. Aktualisierte Gesetzesentwürfe sehen jedoch bereits für den Zeitraum 2026 bis 2028 eine Erhöhung des Rentenalters auf 67 Jahren vor. Außerdem ist es nun erlaubt, auch nach Erreichen des Rentenalters und trotz Bezug einer Rente weiterzuarbeiten.

Die staatliche Versorgung setzt sich in Großbritannien aus einer Grundrente und einer zusätzlichen Rente sowie einer Rentenbeihilfe und weiteren Sozialleistungen zusammen.

Grundrente

Die Höhe der staatlichen Grundrente *(Basic State Pension)* berechnet sich nach den Jahren, in denen Sie in die *National Insurance* eingezahlt haben (Mehr dazu im Kapitel 10 *Steuern und Sozialversicherungsbeiträge* ab S. 162). Für den maximalen Satz benötigen

- Männer, die nach dem 6. April 1945 geboren wurden, 30 Beitragsjahre.
- Frauen, die nach dem 6. April 1950 geboren wurden, 30 Beitragsjahre.
- Männer, die vor dem 6. April 1945 geboren wurden, 44 Beitragsjahre.
- Frauen, die vor dem 6. April 1950 geboren wurden, 39 Beitragsjahre.

Können Sie die notwendigen Beitragsjahre für den maximalen Satz nicht vorweisen, aber mindestens ein Viertel davon, erhalten Sie eine individuell berechnete Rentenzahlung. Daneben besteht die Möglichkeit, in den Jahren vor Rentenbeginn noch fehlende Beitragsjahre auszugleichen, indem Sie freiwillige *NIC class 3* (siehe dazu Kapitel 10 *Steuern und Sozialversicherungsbeiträge* ab S. 163) zahlen.

Erziehungszeiten für Kinder unter 12 Jahren, in denen Sie Kindergeld *(Child Benefit)* bezogen haben, werden automatisch über *National Insurance Credits* mitgezählt. Auch weitere Anrechnungszeiten sind möglich. Informieren Sie sich dazu genauer unter ▶ www.gov.uk, Navigationspfad *Working, jobs and pensions/State Pension,* Stichwort *National Insurance Credits.*

Im Steuerjahr 2012/2013 beträgt die **maximale Grundrente** £ 107,45 pro Woche. Ehepartner, die selbst nicht berufstätig waren, erhalten über die *National Insurance* ihres Partners maximal £ 64,40 wöchentlich. Die Rentensätze werden in jedem Jahr unter Berücksichtigung der Inflationsrate neu berechnet.

Weitere Informationen zum Thema Grundrente wie auch zu Themen wie Frührente oder aufgeschobene Rente finden Sie unter ▶ www.gov.uk, Navigationspfad *Working, jobs and pensions/State Pension.* Der ***State Pension calculator*** errechnet online, mit wie viel staatlicher Rente Sie in welchem Alter ungefähr rechnen dürfen. Sie erhalten außerdem Tipps, um Ihre Rente rechtzeitig zu optimieren. Individuelle Fragen zur Rente beantwortet das *National Pension Center* unter 0845 / 30 13 011. Darüber hinaus gibt es *Local Service Information Points,* die Sie über ▶ www.dwp.gov.uk lokalisieren können.

Zusatzrente

Für eine staatliche Zusatzrente *(Additional State Pension)* können Sie Beiträge einzahlen, wenn Sie

- in einem Angestelltenverhältnis mehr als £ 5.564 pro Jahr (2012/2013) verdienen.
- Kinder unter 12 Jahren betreuen und Kindergeld *(Child Benefit)* erhalten.
- eine pflegebedürftige Person pflegen oder ein Pflegekind betreuen und entsprechende Sozialleistungen beziehen.
- Sozialleistungen wegen Krankheit oder Behinderung in Anspruch nehmen.

Nicht in die staatliche Zusatzrente einzahlen düfen Sie, wenn Sie

- selbstständig erwerbstätig sind.
- arbeitslos sind.
- sich in der Ausbildung befinden.

Für Arbeitnehmer besteht die Möglichkeit, aus der staatlichen Zusatzrente auszusteigen und stattdessen beispielsweise über den Arbeitgeber in einen Pensionsfonds einzuzahlen (Weitere Informationen finden Sie im nachfolgenden Abschnitt).

Informationen im Internet: ▶ www.gov.uk, Navigationspfad *Working, jobs and pensions/State Pension,* Stichwort *Additional state pension*

Workplace Pensions

Seit 2012 sind Arbeitgeber nach dem *Pension Act 2008* gesetzlich verpflichtet, ihren Mitarbeitern die Beteiligung an einem unternehmensinternen Rentenfonds *(Workplace Pension)* oder am unternehmensübergreifenden *National Employment Savings Trust* (*NEST;* ▶ www.nestpensions.org.uk) anzubieten. Daneben nutzen viele Unternehmen branchenspezifische Pensionspläne. Arbeitnehmer und Arbeitgeber zahlen in die entsprechenden Fonds ein und profitieren jeweils von einer Steuerersparnis. Der *NEST* kann auch von Selbstständigen für die Altersvorsorge genutzt werden.

Detailliertere Informationen finden Sie unter ▶ www.gov.uk, Navigationspfad *Working, jobs and pensions/Workplace and personal pensions.*

Rentenbeihilfe

In Form von steuerfreien staatlichen Zusatzzahlungen *(Pension Credits)* werden Rentenzahlungen auf ein von der Regierung garantiertes Minimum in Höhe von £ 142,70 für eine alleinstehende Person und £ 217,90 für Paare (2012/2013) aufgestockt. Unter bestimmten Voraussetzungen, die sich unter anderem auf vorhandene Ersparnisse beziehen, können weitere *savings credits* gewährt werden. Weitere Informationen wie auch einen *Pension credit calculator* finden Sie unter ▶ www.gov.uk, Navigationspfad *Working, jobs and pensions/State Pension,* Stichwort *Pension Credit.*

Weitere Sozialleistungen für Rentner

Zu den weiteren Sozialleistungen *(state benefits)* für Rentner, die je nach persönlichen Lebensumständen gewährt werden, zählen unter anderen:

Winter Fuel Payment – Finanzielle Unterstützung für Heizkosten

Cold Weather Payment – Finanzielle Unterstützung in besonders kalten Wintern

Warm Front Scheme England – Kostenübernahme für Maßnahmen zur Wärmeisolierung des Eigenheims (England)

Over 80 Pension – Beitragsunabhängige Rentenzahlungen für Menschen über 80 Jahre
Housing Benefit – Zuzahlungen zur Miete (ab Herbst 2013 ersetzt durch *Universal Credit*)
Health Benefit – Befreiung von der Rezeptgebühr, kostenlose Zahnarztbehandlungen und Sehtests, Zuzahlungen für Sehhilfen etc.
Free TV Licence – Kostenloses Fernsehen für Menschen über 75 Jahre
Free Bus Travel – Kostenlose Seniorenkarte für den Bus
Community Care Grants – Einmalige finanzielle Unterstützung in Notlagen

Ausführliche Informationen zu diesem Thema finden Sie auf der Webseite der Hilfsorganisation *Age UK* unter ▸ www.ageuk.org.uk. Außerdem: ▸ www.gov.uk, Navigationspfad *Benefits/Heating and housing benefits*. Ab 2013/2014 werden sich mit dem neuen *Universal Credit* Programm auch Änderungen für Rentner ergeben, wenn die oben genannten *benefits* teilweise abgeschafft werden.

Bezug einer staatlichen Rente aus mehreren Ländern

Über das Europarecht werden nationale Sozialversicherungssysteme verschiedener EU-Staaten miteinander in Einklang gebracht. Für die Schweiz gelten derzeit noch einige gesonderte Vereinbarungen.

Haben Sie als deutscher, österreichischer oder Schweizer Staatsangehöriger sogenannte Anwartschaften in ihrer Rentenversicherung erworben, bleiben Ihnen diese Ansprüche auch bei einem dauerhaften Umzug nach Großbritannien erhalten. Das Gleiche gilt für Rentenbeiträge, die Sie im Laufe Ihres Lebens in anderen EU-Mitgliedsstaaten eingezahlt haben. Jeder einzelne Mitgliedsstaat, in dem Sie versichert waren, zahlt Ihnen später eine Rente, sobald Sie die dortigen Voraussetzungen (Altersgrenze, Beitragszeiten) erfüllt haben. Dazu werden die Beitragsjahre länderübergreifend gezählt: Sowohl Deutschland, Österreich und die Schweiz als auch Großbritannien erkennen die Beitragszeiten oder Anrechnungszeiten an, die im jeweils anderen Land geleistet worden sind. Die Beitragszahlungen selbst spielen jedoch für die jeweilige Rentenhöhe keine Rolle. Es werden für die im anderen Land gezahlten Beiträge theoretische Beitragswerte kalkuliert.

Wissen Sie bereits, dass Sie Ihren Lebensabend später zurück in Deutschland oder in Österreich verbringen möchten, können Sie mit freiwilligen Beiträgen – unabhängig von Ihrem jetzigen Auslandswohnsitz – Ihre dortige Rente weiter erhöhen. Lassen Sie sich gegebenenfalls beraten, ob diese Option für Sie vorteilhaft ist.

Wohnen Sie beim Erreichen des Rentenalters in Großbritannien, stellen Sie dort Ihren Rentenantrag. Haben Sie dort keine Rentenansprüche, können Sie Ihren Antrag auch in Ihrem Heimatstaat stellen – sofern Sie dort zuletzt versichert waren. Sobald Sie einen Rentenantrag gestellt haben, gilt dieser für alle Staaten, in denen Sie Versicherungszeiten zurückgelegt haben. Sind Ihre Angaben zu Versicherungs- und Wohnzeiten vollständig, werden alle zuständigen Stellen automatisch informiert.

Rentenauskunft einholen

Wenn Sie wissen möchten, wie es um Ihre deutsche Rente bestellt ist, beantragen Sie bei der Deutschen Rentenversicherung eine Rentenauskunft. Wenden Sie sich dazu entweder an die Regionalstelle, an die Sie Ihre letzten Beiträge gezahlt haben. Für Anfragen zu Rentenangelegenheiten mit Bezug zu Großbritannien ist darüber hinaus die Regionalstelle Deutsche Rentenversicherung Nord, Standort Hamburg, zuständig. Weitere Details finden Sie unter ▶ www.deutsche-rentenversicherung.de, Top Link *Versicherungsträger*. Der Navigationspunkt *Ausland und Rente* führt zu weiteren Informationen und Broschüren für Auswanderer mit deutscher Staatsangehörigkeit.

Informationen zur Rente in der Schweiz: Schweizerische Ausgleichskasse, ▶ www.zas.admin.ch

Informationen zur Rente in Österreich: Pensionsversicherungsanstalt, ▶ www.pensionsversicherung.at

Als Rentner nach Großbritannien ziehen

Sind Sie zum Zeitpunkt Ihres Umzugs nach Großbritannien bereits in Rente, erhalten Sie – mit wenigen Ausnahmen – auch weiterhin Ihre deutsche (österreichische oder schweizerische) Rentenzahlung ohne Abzüge.

Die geplante Verlagerung Ihres Lebensmittelpunktes sollten Sie rund zwei Monate vor dem Umzugstag der Rentenversicherung schriftlich mitteilen, um Zahlungsverzögerungen zu vermeiden. Informieren Sie sich dort sicherheitshalber über die genauen Konditionen Ihres Rententransfers ins Ausland.

Gut zu wissen: Erhalten Sie als deutscher Rentner in Großbritannien nur Ihre deutsche Rente, gilt für Sie das deutsche Krankenversicherungsrecht. Kontaktieren Sie daher vor Ihrem Umzug auch Ihre deutsche Krankenversicherung, wie Sie medizinische Leistungen des *NHS* in Anspruch nehmen können.

Kapitel 12

Versicherungen

Während die Versicherungsbranche bereitwillig alles nur Erdenkliche versichert – von der Klinikbehandlung für exotische Haustiere über den Boiler im Haus, die abgesagte Hochzeit bis zur Geburt von Mehrlingen –, zeigen sich die Briten allgemein weniger sicherheitsorientiert als beispielsweise die Deutschen. Schätzungen zufolge sind nur rund die Hälfte aller Eigenheime ausreichend versichert. Eine Haftpflichtversicherung stellt ebenfalls eher die Ausnahme als die Regel dar und wird nur als Zusatzoption innerhalb einer Hausrats- oder Reiseversicherung angeboten. Lediglich die privaten Krankenversicherer erfreuen sich steigender Umsätze: Mit immer längeren Wartezeiten auf Operationen und Behandlungen in *NHS*-Krankenhäusern sorgen mittlerweile besserverdienende Briten, häufig über eine Gruppenversicherung ihres Arbeitgebers, für den Ernstfall vor. Daneben fordern Hypothekenbanken ihre Kunden verstärkt dazu auf, den Zahlungsausfall bei Arbeitslosigkeit oder Berufsunfähigkeit ausreichend abzusichern.

Versicherung abschließen

Versicherungen lassen sich auf ganz unterschiedlichen Wegen erwerben. Neben dem Besuch eines Versicherungsbüros in der Innenstadt, können Sie einen Versicherungsvertreter zu sich nach Hause bestellen. Für Sachversicherungen mag ein unabhängiger Versicherungsmakler, der Produkte unterschiedlicher Anbieter vertreibt, der richtige Ansprechpartner sein. Lebensversicherungen und Produkte mit Auswirkung auf Hypothek und Rente kann ein Finanzberater am besten erklären. Daneben erhalten Sie bei Ihrer Bank Versicherungsprodukte und Empfehlungen. Oder Sie betreiben im Internet eigene Recherchen: Zahlreiche Tarifvergleichsseiten helfen Ihnen dabei, die Angebote verschiedener Versicherungen auf einen Klick einander gegenüberzustellen. Daneben finden sich im Netz diverse Direktversicherer, die keine Provisionen an Vertreter zahlen und Ihnen daher oft die günstigsten Preise bieten können. Und zu guter Letzt vertreiben auch diverse Einzelhändler, Reiseveranstalter, Autoclubs, Kreditkartengesellschaften, Hypothekenbanken, die Post und sogar die großen Supermarktketten verschiedene Versicherungen, meist zu kundenfreundlichen Konditionen.

Tarifvergleiche im Internet

Um verschiedene Versicherungsangebote miteinander zu vergleichen, nutzen Sie eine der folgenden *comparison sites* im Internet:

- www.moneysupermarket.com
- www.comparethemarket.com
- www.confused.com
- www.thinkmoney.com
- www.gocompare.com
- www.beaththatquote.com
- www.healthinsurancecompare.co.uk

Von Sonderpreisen profitieren

Wie bei allen Finanzprodukten lassen sich in Großbritannien auch bei Versicherungen immense Preisvorteile durch das Nutzen von Sonderaktionen realisieren. Die meisten Sachversicherungen haben zudem nur eine Laufzeit von einem Jahr. Statt also zeitsparend einfach einer Verlängerung des bestehenden Vertrags zuzustimmen, können Sie kostensparend alle Jahre wieder von einem Anbieter zum anderen springen, um dort aktuelle Lockangebote für Neukunden in Anspruch zu nehmen. Haben Sie zuvor im Internet oder über einen lokalen Makler entsprechende Versicherungsvergleiche durchgeführt, individuelle Angebote *(quotes)* eingeholt und wissen Sie über die jeweiligen vertraglichen Konditionen genau Bescheid, sparen Sie auf diese Weise im Jahr durchaus mehrere Hundert Pfund. Es kostet allerdings etwas Zeit, diese Recherche für jede einzelne Versicherung zu betreiben.

Sind Sie mit Ihrer aktuellen Versicherungsgesellschaft sehr zufrieden, gibt es dennoch manchmal eine Möglichkeit, Geld zu sparen: Lassen Sie den Vertrag zum genannten Zeitpunkt auslaufen und füllen Sie ein paar Stunden später einen Antrag auf Neuversicherung aus. Oft erhalten Sie den gleichen Versicherungsvertrag zu besseren Konditionen für Neukunden. Sie sollten jedoch genau schauen, ob Sie langfristig als Altkunde ohne Schadensfälle mit einem über mehrere Jahre angesammelten *no claims discount* besser gestellt sind als ein Neukunde mit Willkommensbonus.

Übrigens sind die meisten Online-Versicherungen nach einem finalen Klick sofort gültig. Danach besteht eine 14tägige Kündigungsfrist *(cooling off period),* falls Sie es sich doch noch anders überlegen. Sie erhalten die Unterlagen zunächst per E-Mail und später per Post.

Gut zu wissen: Automatische Vertragsverlängerungen sind in Großbritannien eher unüblich. Sie müssen nach Ablauf der Laufzeit eine Weiterführung des Vertrags aktiv bestätigen. Das ist im Alltag schnell vergessen und nicht immer wird Sie die Versicherung rechtzeitig darauf aufmerksam machen, wenn Sie eine entsprechende E-Mail übersehen haben.

Genauso schnell kann ein fehlender Zahlungseingang für das Anschlussjahr zum stillschweigenden Versicherungsende führen. Nach Ablauf eines Versicherungsjahres müssen Sie also bei den meisten Produkten erstens die Police verlängern und zweitens eine entsprechende Zahlung der Prämie neu anweisen.

Wohngebäudeversicherung

Weil das Eigenheim für Briten den höchsten Stellenwert einnimmt, ist auch die Wohngebäudeversicherung *(buildings insurance)* unter allen Versicherungen die Nummer eins. Hypothekenbanken bestehen in der Regel darauf, dass ein Haus bereits mit der Unterschrift auf dem Kaufvertrag umfassend versichert ist.

Beim Abschluss der Wohngebäudeversicherung wird für die Höhe der Police meist die Summe zugrunde gelegt, die nötig wäre, um das Haus nach einer Zerstörung komplett neu aufzubauen. Nutzen Sie zur Berechnung den *Building Cost Information Service (BCIS)* der *Royal Institution of Chartered Surveyors (RICS)* mit zusätzlichem Online-Rechner der *Association of British Insurers (ABI)* unter ▶ http://abi.bcis.co.uk. Denkmalgeschützte, reetgedeckte, historische Häuser mit schwacher Bausubstanz sind meist teurer zu versichern. Daneben beeinflusst die Höhe eines Selbstbehalts die monatliche Versicherungsprämie.

Mit der Eigenheimversicherung sind in der Regel alle erdenklichen Schäden am und im Haus abgesichert, aber fragen Sie besser nach, wenn sich zwei Versicherungsangebote deutlich voneinander unterscheiden. Prüfen sollten Sie auch, inwieweit eine Versicherung bei Elementarschäden greift. Da Großbritannien in den vergangenen Jahren einige Wetterkapriolen erfahren hat, haben sich die Versicherungsgesellschaften durch Beitragserhöhungen für die Zukunft gewappnet. Auch die vertraglichen Leistungen werden gerne jährlich angepasst, sodass Sie nicht nur wegen potenzieller Kostenersparnis (siehe oben), sondern auch aus reiner Vorsicht einen bestehenden Vertrag nicht ungesehen verlängern sollten.

Auch sollten Sie einen prüfenden Blick darauf werfen, ob Ihr Haus wirklich den Risiken unterliegt, die ihm die Versicherung unterstellt. Vielerorts zahlen Nachbarn ganz unterschiedliche Versicherungsprämien, weil beispielsweise die eine Versicherung ein besonderes Risiko wegen Absenkung oder Erdrutschen sieht, während die andere das betroffene Wohngebiet als ungefährdet einstuft. Gleiches kann passieren, wenn Sie nach einer stürmischen Nacht wie Ihre Nachbarn einen Sturmschaden am Dach als Versicherungsschaden einreichen. Die eine Versicherung erkennt den Sturm als solchen an, die andere spricht von etwas Wind und starker Abnutzung der Dachziegel.

Probleme mit der Versicherung?

Kostenlose Unterstützung bei Auseinandersetzungen mit einer Versicherungsgesellschaft erhalten Sie beim unabhängigen *Financial Ombudsman Service* unter ► www.financial-ombudsman.org.uk.

Unabhängige Informationen und Hinweise zu Beratungsstellen bietet außerdem *The Money Advice Service* unter ► www.moneyadviceservice.org.uk.

Hausratsversicherung

Fast genauso wichtig wie die Gebäudeversicherung ist die Hausratsversicherung *(contents insurance)* für Eigentümer oder Mieter, zumal diese in Großbritannien häufig mit einer Vielzahl an Zusatzleistungen wie z. B. einer Haftpflichtversicherung *(personal liability insurance, third party liability)*, Rechtsschutzversicherung *(legal protection, legal costs insurance)* oder einer Reise(kranken-)versicherung *(travel insurance)* verknüpft wird. Die *contents insurance* versichert daher nicht nur den gesamten Hausrat gegen Verlust, sondern kann zu einer Art Rund-um-Versicherung für die ganze Familie erweitert werden. Häufig werden auch *buildings insurance* (siehe oben) und *contents insurance* zu einer *home insurance* miteinander kombiniert.

Beim Abschluss einer Versicherungspolice sollten Sie daher genau überlegen, welche Leistungen Sie benötigen. Der Basisschutz bezieht in der Regel Schäden und Diebstahl mit ein, wobei einige Wertgegenstände ausgeschlossen bzw. nur kostenpflichtig mitversichert werden.

Zusätzliche Versicherungsbestandteile können sein:

- Übernahme von selbst verursachten Schäden im eigenen Haus *(accidental damage)*
- Notfallreparaturen und Notunterkunft im Hotel *(home emergency assistance)*
- Vermögensschäden durch Kreditkartenmissbrauch *(credit card fraud)*
- Verlust mitgenommener Gegenstände wie Fahrräder, Kameras, Laptops und Handys *(personal possessions cover)*

- Kostenübernahme für einen Rechtsbeistand bei Streitigkeiten mit Nachbarn oder Arbeitgeber *(legal protection)*
- Haftpflichtversicherung *(personal liability insurance)*

Die **Höhe Ihrer Versicherungsprämie** lässt sich beeinflussen durch:

- einen freiwilligen Selbstbehalt *(voluntary excess)*, zusätzlich zum vertraglichen Selbstbehalt *(compulsory excess)*.
- die Art der Wertermittlung: aktueller Wert des Gegenstandes *(second-hand value)* oder Neuwert bei Neuanschaffung *(full replacement, new for old)*.
- die Wahl zwischen einer dynamischen *(index-linked policy)* Versicherung, bei der sich der geschätzte Wert des Hausrats jedes Jahr automatisch erhöht, und einer fixen Versicherungssumme.
- die Entscheidung zwischen einer selbst kalkulierten Versicherungssumme *(sum-insured)* oder einer durchschnittlichen Versicherungssumme je nach Größe der Wohnung (bedroom-rated). Achtung: Die Größe einer Wohnung wird nicht nach Quadratmetern, sondern nach Anzahl der Schlafzimmer kategorisiert.
- Sicherheitsmaßnahmen (Alarmanlage, Sicherheitsschlösser), um die Einbruchgefahr zu senken.

Bevor Sie sich jedoch die niedrigste mögliche Versicherungsprämie zusammenstellen, bedenken Sie die **Konsequenzen einer Unterversicherung**. Denn stellt die Versicherungsgesellschaft bei einem Schaden fest, dass die vereinbarte Versicherungssumme deutlich unter dem tatsächlichen Wert Ihres Hausrates liegt, kann sie die Entschädigung kürzen. Ein Beispiel: Ihr gesamter Hausrat hat einen Wert von £ 50.000. Sie haben diesen jedoch nur für £ 30.000 versichert. Bei einem Schaden erhalten Sie möglicherweise nur 60 % der tatsächlich entstandenen Kosten, da Sie um 40 % unterversichert waren.

Kfz-Versicherung

Eine Kfz-Versicherung *(motor insurance, car insurance)* ist für jeden Autofahrer eine kostspielige Pflicht. Hohe Versicherungsprämien sind vor allem einer steigenden Kriminalität (Autodiebstahl, Randale, Versicherungsbetrug) zu verdanken.

Generell wird in Großbritannien zwischen drei Versicherungsstufen unterschieden:

third party – Eine *third party insurance* deckt nur Schäden ab, die Fahrer oder Beifahrer anderen Autos oder Personen zugefügt haben. Mit anderen Worten: Tragen Sie die Schuld an einem Unfall, müssen Sie für die Schäden an Ihrem eigenen Auto selbst aufkommen.

third party, fire & theft – Zusätzlich zu den oben genannten Schäden zahlt die Versicherung auch bei Diebstahl oder Zerstörung durch Feuer bzw. Blitzeinschlag.

fully comprehensive – Die *fully comprehensive insurance* entspricht in etwa der deutschen Vollkaskoversicherung und greift manchmal sogar noch weiter. Neben den oben genannten Personen- und Sachschäden wie auch Diebstahl sind selbst verursachte Schäden am eigenen Auto mitversichert. Daneben werden Glasschäden, Sturm- und Hochwasserschäden ersetzt. Weitere optionale Leistungen wie Unfallgeld, die Kosten für einen Leihwagen, Anwaltskosten etc. können eingeschlossen werden.

Daneben bemisst sich die **Versicherungsprämie** nach

- Führerschein: *full driving licence* oder *provisional licence* (Fahrschüler)
- Fahrpraxis
- Teilnahme am staatlich zertifizierten Fahrtraining *Pass Plus*
- Persönliche Unfallstatistik
- Fahrzeugmodell und Baujahr
- Parkmöglichkeiten für das Fahrzeug (Garage, Einfahrt oder auf der Straße)
- Zusätzliche Fahrer

Eine Kfz-Versicherung läuft in erster Linie auf Ihren Namen und Ihr Auto. Daneben können Sie weitere (Gelegenheits-)Fahrer Ihres Autos namentlich nennen *(named driver)* oder generell festlegen, dass jeder Fahrer Ihres Autos mitversichert ist. Umgekehrt müssen Sie darauf achten, ob Sie versichert bleiben, wenn Sie selbst ein anderes Auto fahren, das Ihnen nicht gehört. Viele *Comprehensive*-Versicherungen reduzieren sich in diesem Fall automatisch auf die *Third-party*-Kategorie. Jeder Fahrer, den Sie Ihrer Versicherungspolice hinzufügen, erhöht Ihre Prämie. Handelt es sich um einen Fahranfänger, schlägt sich das deutlich auf den Preis nieder.

Blackbox für junge Fahrer

Wegen des statistisch hohen Unfallrisikos im ersten Jahr nach der Fahrprüfung stellt nicht mehr der Kauf des ersten eigenen Autos, sondern die Höhe der Versicherungsprämie für junge Fahrer die größte finanzielle Hürde dar. Viele Jugendliche erhalten nach bestandener Fahrprüfung einen Kostenvoranschlag für eine *young driver's insurance* in Höhe von rund £ 2.000 oder mehr pro Jahr. Dann müssen Jugendliche nicht nur darauf hoffen, dass sie hin und wieder das Auto ihrer Eltern ausleihen dürfen, sondern auch, dass sie ihren Sohn/ihre Tochter als (teuren) weiteren Fahrer in ihre Versicherungspolice aufnehmen.

Fahranfänger zwischen 17 und 25 Jahre können ihre Versicherungskosten maßgeblich senken, indem sie an einem *Blackbox*-Programm teilnehmen. Ein ins Auto eingebauter Fahrtenschreiber bewertet den Fahrstil und belohnt, wenn das Auto nachts nicht gefahren wird.

Ihre Versicherungsprämie reduziert sich um bis zu 70 %, wenn Sie nach fünf Jahren für ein versichertes Auto einen ***no claims bonus (NCB)*** (oder *no claims discount*) geltend machen können. Achten Sie auf entsprechende Klauseln in Ihrem Versicherungsvertrag.

Ihren *NCB* können Sie beim Wechsel der Versicherung in den meisten Fällen übertragen, Ihre Angaben zu Unfällen in der Vergangenheit werden überprüft. Kommen Sie aus dem Ausland, müssen Sie mit Ihrer Versicherung sprechen, ob auch Ihr dortiges unfallfreies Fahren berücksichtigt werden kann.

Daneben wirkt sich maßgeblich aus, wo Sie Ihr Auto nachts abstellen. Dabei wird eine Garage oder eine private Einfahrt positiv gewertet, während bestimmte Postleitzahlenbereiche die Prämie automatisch in die Höhe treiben.

Im Ausland unterwegs

Viele *Comprehensive*-Versicherungen reduzieren sich bei Fahrten ins Ausland automatisch auf die niedrigste Versicherungskategorie *third party*. Andere Versicherer gewähren den gewählten Schutz auch im EU-Ausland, allerdings nur für eine bestimmte Zeitdauer. Überprüfen Sie Ihre Versicherungsbedingungen, bevor Sie sich mit Ihrem Auto auf die Fähre oder in den Tunnel begeben und Großbritannien verlassen.

Daneben ist es in Ländern wie beispielsweise Albanien, Weißrussland, Bosnien und Herzegowina, Serbien, Mazedonien oder in der Türkei erforderlich, den bestehenden Versicherungsschutz über eine internationale **grüne Versicherungskarte** *(green card)* nachzuweisen. Aber auch in manchen EU-Staaten tut sich die lokale Polizei leichter, wenn Sie bei einem Unfall eine *green card* vorlegen. Sie erhalten die grüne Versicherungskarte von Ihrem Versicherungsunternehmen.

Pannenhilfe

Teils in Kooperation mit und teils unabhängig von den großen Autoclubs *Automotive Association (The AA), Royal Automobile Club (RAC)* und *Green Flag* bieten viele Versicherungsgesellschaften eine Pannenhilfe *(breakdown cover)* an. Auch die Reparatur- und Abschleppkosten werden übernommen. Weitere Leistungen wie ein kostenloser Mietwagen, Rücktransporte, Versicherungsschutz im europäischen Ausland etc. sind meist optional wählbar.

Reiseversicherung

Eine Reiseversicherung *(travel insurance)* umfasst in der Regel eine Reiserücktrittsversicherung *(unexpected travel cancellation)*, eine Auslandskrankenversicherung *(emergency medical treatment)* mit Rücktransport *(transport back home)*, eine Reisegepäckversicherung *(loss of luggage)* wie auch eine weltweit gültige Haftpflicht *(third party liability)*.

Gut zu wissen: Reiseversicherungen mit einjähriger Gültigkeit sind häufig günstiger als der Abschluss einer Police pro Urlaub. Aber achten Sie darauf, ob Sie nicht viele Versicherungsbestandteile bereits über Zusatzleistungen Ihrer Kreditkarte oder anderer Finanzprodukte erworben haben.

Private Krankenversicherung

Zusätzlich zu Ihrer kostenfreien Versorgung durch den *NHS* können Sie in Großbritannien bei mehreren Hundert verschiedenen Anbietern eine private Krankenversicherung *(private medical insurance, PMI)* abschließen.

Prinzipiell wird in Großbritannien unter einer privaten Krankenversicherung eher eine **Zusatzversicherung** verstanden, die Behandlungen innerhalb des *NHS* ergänzen, nicht ersetzen soll. Daher gilt auch für Privatversicherte, dass sie im Krankheitsfall zunächst ihren *GP* aufsuchen müssen, der sie gegebenenfalls zu einem Facharzt ins Krankenhaus überweist. Mit dieser Überweisung *(referral)* können sie dann eine Privatklinik oder eine Privatabteilung in einem *NHS*-Krankenhaus auswählen. Dort werden sie von Privatärzten behandelt, von denen einige eine Privatsprechstunde innerhalb ihrer *NHS*-Tätigkeit anbieten. Die private Versicherung übernimmt die Kosten für alle Untersuchungen und Behandlungen, die außerhalb des *NHS* durchgeführt worden sind. Achtung: Bei einigen Versicherern müssen Sie die Behandlungsrechnungen zunächst selbst begleichen, ehe Sie anschließend die geleistete Zahlung zurückfordern können. Andere Gesellschaften rechnen direkt mit dem Arzt oder der Klinik ab.

Beim Abschluss einer privaten Versicherung sollten Sie besonders auf die Unterscheidung zwischen akuten Erkrankungen *(acute conditions)* und chronischen Krankheiten *(longterm illnesses)* achten. Die meisten privaten Versicherungen zielen nur auf akute, kurzfristig heilbare Erkrankungen ab, wobei Hausarztbesuche, Notarztbehandlungen, Schwangerschaft und Geburt wie auch Zahnarztbesuche nicht eingeschlossen sind. Langfristige Krankheiten wie Krebs oder Diabetes werden per se ausgeschlossen. Für solche Behandlungen werden weitere, deutlich teurere Versicherungspakete *(private health insurance plans)* angeboten. Auch eine Komplettversicherung, die den Besuch privater *GPs* einschließt, können Sie erwerben.

Ähnlich wie im deutschsprachigen Versicherungswesen lassen sich über den Ausschluss einzelner Leistungen, teurerer Kliniken wie auch durch einen Selbstbehalt *(shared risk policy)* die monatlichen **Versicherungsprämien** reduzieren. Für Patienten, die eine private Versicherung hauptsächlich abschließen, um die Wartezeiten für Behandlungen beim *NHS* zu umgehen, stehen verschiedene Optionen zur Verfügung. Ein Beispiel: Der Versicherungsnehmer lässt sich in einem *NHS*-Krankenhaus operieren, wenn dort die Wartezeit unter vier Wochen liegt. Ist dies nicht der Fall, zahlt die Versicherung die schnellere Privatbehandlung.

Für Zahnarztbesuche, Sehhilfen oder andere medizinische Behandlungen, die im *NHS* selbst gezahlt werden müssen, können Sie bei privaten Versicherungsgesellschaften einen ***cash plan*** abschließen: Sie erhalten für jede notwendige Behandlung eine Barzahlung, die Sie beliebig verwenden können.

Einige Krankenversicherer fordern vor Vertragsabschluss eine Gesundheitsprüfung und schließen Vorerkrankungen zumindest für einen bestimmten Zeitraum aus. Andere wiederum erheben ab einer Altersgrenze höhere Beiträge. Allein aus diesem Grund lohnt sich ein Preis-Leistungsvergleich vor Vertragsabschluss. Achtung: Häufig rechnet es sich eher, für solche Sonderausgaben ein Sparkonto bei der Bank zu eröffnen. Zu den bekanntesten Krankenversicherungen in Großbritannien zählt Bupa. Das Unternehmen betreibt eigene Privatkliniken und medizinische Zentren, die Sie auch als Selbstzahler oder mit einer privaten Versicherung eines anderen Anbieters aufsuchen können. Weitere Informationen unter ► www.bupa.co.uk.

Bestehende Versicherungen weiterführen

Waren Sie bereits vor Ihrem Umzug nach Großbritannien privat krankenversichert, dürfen Sie laut EU-Verordnung Ihren privaten Krankenversicherungsschutz weiterführen. Nachdem Sie Ihren Wohnsitz nach

Großbritannien verlegt haben, ist eine Neuaufnahme einer privaten Krankenversicherung in Ihrem Heimatland jedoch ohne dortigen Wohnsitz nicht mehr möglich. Besprechen Sie spezielle Fragestellungen am besten mit Ihrer Versicherungsgesellschaft direkt, da auch eine Anwartschaft während Ihrer Abwesenheit eine Alternative sein kann, um aufgebaute Rückstellungen nicht zu verlieren.

Haustierversicherung

Der Abschluss einer Haustierversicherung *(pet insurance),* die Behandlungskosten beim Tierarzt übernimmt, ist bei britischen Hunde- und Katzenbesitzern zunehmend beliebt. Häufig können auch Hasen und Kaninchen versichert werden. Haustierversicherungen erhalten Sie bei den meisten großen Versicherungsgesellschaften wie auch bei einigen Spezialversicherern (z. B. Petplan), die häufig mit Tierarztpraxen *(vet surgeries)* und Zoofachgeschäften *(pet shops)* kooperieren.

Lebensversicherung und Einkommensausfall

Unter dem Begriff *life insurance* oder *term insurance* wird in Großbritannien vornehmlich eine Risikolebensversicherung verstanden, über die beim Ableben des Versicherungsnehmers den Begünstigten eine vereinbarte Kapitalsumme ausgezahlt wird. Unterschieden wird zwischen einer ***level term policy***, bei der zu jedem Zeitpunkt der gleiche Betrag ausgezahlt würde, und einer ***decreasing policy*** oder ***mortgage policy:*** Im Zeitverlauf reduziert sich der potenzielle Auszahlungsbetrag parallel zur abnehmenden Höhe einer bestehenden Hypothek. Denn die *mortgage policy* zielt vor allem darauf ab, dass ein Eigenheim abbezahlt werden kann, sollte der Hauptnernährer einer Familie vorzeitig sterben. Alternativ zu einer Einmalzahlung kann ein monatliches Familieneinkommen *(family income)* vereinbart werden. Daneben können je nach Versicherungsgesellschaft weitere Laufzeiten (von *short term* bis *whole-life*) und Auszahlungsmodalitäten vereinbart werden.

Auch die Erweiterung der Versicherung um das Element ***critical/terminal illness cover*** ist möglich: Wird bei Ihnen eine schwere/nicht heilbare Krankheit diagnostiziert, erhalten Sie eine vereinbarte Versicherungssumme, um Hypothekenzahlungen bei Arbeitsausfall leisten oder zusätzliche medizinische Kosten tragen zu können.

Ebenfalls möglich ist eine ***mortgage payment protection insurance,*** die im Falle einer Arbeitsunfähigkeit die monatlichen Hypothekenzahlungen absichert. Viele Hypothekenbanken binden diese Restschuldversicherung in den Kreditvertrag ein.

Ein ***income protection plan*** oder eine ***accident, sickness and unemployment insurance*** greift im Falle einer dauerhaften Berufsunfähigkeit. Sie erhalten eine monatliche Rentenzahlung. Reine Unfallversicherungen *(accident insurance)* werden als alleinstehende Versicherung eher selten angeboten. Nur die *occupational accident insurance,* die Arbeitgeber für ihre Mitarbeiter abschließen, ist Pflicht.

Lebensversicherungen wie auch Versicherungen im Falle einer vorübergehenden Arbeits- oder dauerhaften Berufsunfähigkeit laufen parallel zu möglichen staatlichen Leistungen wie auch zu Kompensationen des Arbeitgebers bei Arbeitsunfällen. Daher sollten Sie diese Verträge mit Hilfe eines Beraters genau auf Ihre persönlichen Umstände abstimmen.

Private Rentenversicherung

Private Altersvorsorge *(private pension scheme)* ist für viele Briten nach wie vor ein Fremdwort. Nach Angaben von *Age UK* zahlen nur etwa 40 % der männlichen und 32 % der weiblichen Arbeitnehmer regelmäßig in eine private Altersvorsorge ein. Auch wenn die Regierung kein Geheimnis daraus macht, wie schlecht es in Zukunft um die staatliche Rente bestellt sein wird. Gut zu wissen: Die meisten Ansparformen vermindern die Einkommenssteuerlast.

Viele britische *pension schemes* sehen mit dem Erreichen des Rentenalters die Auszahlung einer steuerfreien Kapitalsumme *(lump sum)* vor. Diese wird anschließend, meist über einen Folgevertrag, in eine Sofortrente *(annuity)* umgewandelt. Fällige Einkommenssteuer für die monatliche Rente führt die Versicherungsgesellschaft im Namen ihrer Kunden direkt über das *PAYE*-System ab. Weitere Informationen finden Sie beispielsweise bei ▸ www.annuitydirect.co.uk.

Private Rentenversicherungen erhalten Sie in Großbritannien bei Banken, Versicherungsgesellschaften und Bausparkassen. Die Modalitäten der Verträge variieren und machen eine sorgfältige Prüfung unabdingbar.

Kapitel 13

Familienangelegenheiten

Aus Familienangelegenheiten werden schnell ›Staatsangelegenheiten‹, bei denen Sie trotz Ihres deutschen, österreichischen oder Schweizer Passes in erster Linie britischem Familien- oder Erbschaftsrecht unterliegen. Daher ist es ratsam, über einige Besonderheiten Bescheid zu wissen, wenn Sie nach Ihrem Auslandsumzug beispielsweise heiraten und/oder Kinder bekommen. Zur Absicherung Ihrer Familie ist für den Fall der Fälle ein Testament empfehlenswert, um nicht ungewollt der Entscheidungsbefugnis britischer Behörden zu unterliegen.

Eheschließung

In Großbritannien heiraten Paare entweder kirchlich *(religious marriage)* oder standesamtlich *(civil marriage).* Beides ist gleichermaßen rechtskräftig.

Für eine **kirchliche Trauung** sollten Sie sich an das Pfarramt oder den Pfarrer persönlich wenden, um Voraussetzungen, Formalitäten, Kosten und Vorbereitungen zu besprechen. Entscheidend ist jedoch, dass am Ende der Zeremonie beide Partner den Eintrag im Eheregister *(marriage register)* unterzeichnen und eine offizielle Heiratsurkunde *(marriage certificate)* erhalten. Daher ist Voraussetzung, dass der Pfarrer bzw. die religiöse Einrichtung für Eheschließungen zugelassen ist.

Für eine standesamtliche Trauung müssen Sie sich mindestens sieben Tage zuvor im Distrikt des Standesamtes *(register office)* aufgehalten haben. Dort bestellen Sie Ihr Aufgebot *(put up the banns, giving notice of intention),* das mindestens 16 Tage öffentlich gewesen sein muss, ehe Sie heiraten dürfen. Ihre Eheschließung muss innerhalb eines Jahres erfolgen.

Romantische Hochzeiten auch ohne Kirche

Ein britischer Standesbeamter kann sowohl im Standesamt als auch in einem für Eheschließungen zugelassenen Raum *(venue with wedding licence)* eine Trauung vollziehen. Daher ist eine rechtskräftige Eheschließung auch in lizenzierten Hotels und Restaurants wie auch in Schlössern und Herrschaftshäusern möglich, die individuelle Hochzeiten ausrichten. Wer also im deutschsprachigen Raum eine kirchliche Trauung weniger aus religiösen Gründen, sondern mehr aus einem Sinn für Romantik heraus gewählt hätte, findet in Großbritannien vielfältige Alternativen.

Formalitäten

Für das Aufgebot benötigen Sie einen gültigen Reisepass, einen Adressnachweis (Mehr dazu ab S. 70; ohne britischen Wohnsitz: Personalausweis, Hotelrechnung etc.) und Ihre Geburtsurkunde. Fordern Sie bei der Meldebehörde Ihres Geburtsortes einen internationalen Auszug aus dem Geburtsregister an, dann verfügen Sie über eine englischsprachige Geburtsurkunde. Sollte ein Partner bereits verheiratet gewesen sein, müssen Sie außerdem einen ins Englische übersetzten Nachweis über die Auflösung der Ehe erbringen, z. B. ein Scheidungsurteil *(Decree Absolute of Divorce)* oder einen Totenschein *(death certificate)* plus vorherige Heiratsurkunde *(marriage certificate)*. Erkundigen Sie sich nach genaueren Vorgaben im zuständigen Standesamt. Das Mindestalter für eine Eheschließung ist 18 Jahre, mit Einverständnis der Eltern 16 Jahre.

Ein Aufgebot kostet ca. £ 35 pro Person, der Eintrag der Eheschließung weitere £ 40. Das Ausstellen der Heiratsurkunde wird pro Exemplar (ca. £ 4) berechnet. Daneben setzt die jeweilige Gemeinde weitere Kosten für die Trauungszeremonie an. Mit dem ersten Anruf bei Ihrem lokalen Standesamt erhalten Sie in der Regel ein Informationspaket mit allen notwendigen Unterlagen und Preislisten vorab zugesandt.

Nach der Trauung in Anwesenheit zweier Trauzeugen und dem Eintrag ins britische Heiratsregister *(marriage register)* gelten Sie auch in Deutschland, Österreich und der Schweiz als verheiratet.

Heiraten oder nicht?

Viele Paare sagen, dass sie kein Stück Papier benötigen, das ihnen ihre Beziehung bescheinigt. Im Alltagsleben in Großbritannien stellen sie dann aber vielleicht fest, dass ihnen als nicht verheiratetes Paar so manche Steine in den Weg gelegt werden. Das *Citizens Advice Bureau* hat auf seiner Webseite unter ► www.adviceguide.org.uk übersichtlich zusammengestellt, welche rechtlichen Unterschiede für verheiratete und nicht-verheiratete Paare bestehen. Folgen Sie dem Navigationspfad *Your family/Family/Living together, marriage and civil partnership* zur Seite *Living together and marriage: legal differences.*

Hochzeitszeremonie

Hochzeitspaare können kirchliche Zeremonien zu einem Großteil mitbestimmen. Für standesamtliche Eheschließungen steht meist eine Musik- und Textauswahl zur Verfügung. Daneben können nach Absprache mit dem Standesbeamten individuelle Texte integriert werden, besonders üblich sind selbst verfasste Ehegelübde *(vows)*.

Essentiell sind jedoch die Worte des rechtlich bindenden **Eheversprechens**, die als *statutory declaratory and contracting words* bezeichnet werden. Den genauen Wortlaut finden Sie unter **AiGB12**.

Ringe tauschen dürfen sie sowohl bei einer kirchlichen als auch einer standesamtlichen Trauung. Übrigens tragen Briten ihren Ehering an der linken Hand.

Namensänderung nach britischem Recht

Auf Wunsch können Sie mit der Eheschließung Ihren Namen ändern lassen. Generell sind die wählbaren Alternativen in Großbritannien etwas großzügiger gestaltet als im deutschsprachigen Raum. So lässt sich beispielsweise ein früherer Mädchenname als Mittelname *(middle name)* eintragen oder zu einem Doppelnamen mit oder ohne Bindestrich kombinieren. Es ist sogar möglich, aus den Nachnamen beider Partner einen ganz neuen, individuellen Nachnamen zu bilden *(meshing)*.

Als deutscher oder österreichischer Staatsbürger müssen Sie bei Ihrer Botschaft eine **Ehenamenserklärung** abgeben. Ist Ihre Namensänderung offiziell, können Sie auch Ihren Pass umschreiben lassen. Schweizer müssen ihre Eheschließung samt Namensänderung der schweizerischen Auslandsvertretung melden. Weitere Informationen zur Vorgehensweise und vor allem zu den mitzubringenden Dokumenten erhalten Sie bei der jeweiligen Botschaft.

Schließlich sollten Sie auch in Großbritannien alle offiziellen Stellen über Ihre Namensänderung informieren. Falls notwendig, können Sie dazu beim Standesamt weitere Kopien Ihrer Heiratsurkunde erwerben, vielerorts wird aber auch eine selbst angefertigte Kopie akzeptiert.

Apostille für britische Urkunden

Deutschsprachige Behörden verlangen für die Anerkennung einer in Großbritannien ausgestellten Urkunde, dass diese mit einer Apostille versehen wird. Dabei handelt es sich um eine Beglaubigung der Echtheit des Dokuments für den internationalen Rechtsverkehr. Eine Apostille erhalten Sie, indem Sie die betreffende Urkunde zusammen mit einem Antragsformular, Rückumschlag und einem Scheck über die zu zahlenden Gebühren (ca. £ 30) an das britische Legalisationsbüro *(The Legalisation Office (FCO))* schicken. Alle notwendigen Informationen finden Sie unter dem Stichwort *Legal Services* auf der Webseite des *Foreign & Commonwealth Office* unter ► www.fco.gov.uk.

Besonderheiten bei der Eheschließung in Schottland

Alter: In Schottland ist das heiratsfähige Alter 16 Jahre.

Aufgebot: Ob religiöse oder standesamtliche Heirat: Sie müssen 15 Tage bis drei Monate vor der Trauung beim Standesamt ein Aufgebot bestellen. Die meisten Standesämter bevorzugen ein Aufgebot vier bis sechs Wochen vor dem Trautermin. Es gibt keine Regelung, wie lange Sie sich vor der Trauung im jeweiligen Bezirk des Standesamtes aufgehalten haben müssen. Sind Sie kürzer als zwei Jahre in Schottland ansässig, kann Sie der Standesbeamte nach einem ins Englische übersetzten Ehefähigkeitszeugnis *(certificate of no impediment to marriage)* fragen.

Ort: Standesämter, Kirchen, lizenzierte Räume. Auf Antrag ist eine standesamtliche Trauung im eigenen Haus möglich.

Marriage schedule: Vor einer religiösen Trauung erhalten Sie vom zuständigen Standesamt ein *marriage schedule.* Nach der kirchlichen Zeremonie wird dieses Dokument von allen Beteiligten unterzeichnet und an das Standesamt weitergeleitet. Dort wird die Eheschließung registriert. Bei einer standesamtlichen Trauung legt Ihnen der Standesbeamte den *marriage schedule* zur Unterzeichnung direkt vor.

Weitere Informationen erhalten Sie unter ► www.gro-scotland.gov.uk, Navigationspfad *Registration/Getting married in Scotland.*

Eingetragene Partnerschaft

Gleichgeschlechtliche Paare können in Großbritannien eine Partnerschaft *(civil partnership)* eintragen lassen, die im Großen und Ganzen mit den gleichen Rechten und Pflichten verbunden ist wie eine Ehe.

Die Trauung wird in einem Standesamt oder in einem anderen Gebäude mit Hochzeitslizenz von einem Standesbeamten unter Anwesenheit von zwei Zeugen durchgeführt. Hinsichtlich Aufgebot und Vorbereitung gelten die gleichen Voraussetzungen wie bei einer standesamtlichen Eheschließung. Kirchliche Zeremonien werden allerdings nicht gewährt. Eine Änderung der Gesetze von einer *civil partnership* hin zur *same-sex marriage* befindet sich derzeit in der politischen Diskussion.

Einbürgerung

Nach fünf Jahren gewöhnlichem Aufenthalt in Großbritannien oder nach drei Jahren Ehe mit einem Briten können Sie die britische Staatsbürgerschaft beantragen. Voraussetzung für Ihre Einbürgerung *(naturalisation)* sind jedoch gute Englischkenntnisse und eine allgemein gute Führung. Darüber hinaus müssen Sie den *Life in the UK Test* bestehen oder einen speziellen Englischkurs absolvieren. Schließlich werden Sie zu einer Einbürgerungszeremonie eingeladen, bei der Sie einen Eid ablegen. Seit 2007 ist eine Einbürgerung in einen EU-Staat möglich, ohne die ursprüngliche Staatsbürgerschaft zu verlieren. Sie können also Ihren jetzigen Pass behalten, wenn Sie die britische Staatsbürgerschaft beantragen. Aber auch ohne britische Staatsbürgerschaft können Sie dauerhaft in Großbritannien leben.

Weitere Informationen zum Thema Einbürgerung erhalten Sie unter ► www.gov.uk, Navigationspfad *Citizenship and life in the UK/British citizenship and moving to the UK,* Stichwort *Becoming a British citizen.*

Geburt eines Kindes

Innerhalb von 42 Tagen (Schottland: 21 Tage) nach der Geburt eines Kindes müssen Sie seinen Namen im Geburtenregister des Standesamtes am Geburtsort *(registering a birth)* eintragen lassen. Sie können gegebenenfalls auch ein Standesamt in Ihrer Nähe aufsuchen, welches die Papiere entsprechend weiterleitet. Daneben bieten viele Krankenhäuser einen entsprechenden Service gleich nach der Geburt an.

Sind Vater und Mutter des Kindes miteinander verheiratet, reicht es, wenn ein Partner den Eintrag vornehmen lässt. Bei unverheirateten Eltern sollten entweder beide Partner persönlich unterschreiben oder ein Partner benötigt eine schriftliche Vollmacht *(statutory declaration form)* des anderen. Dies ist wichtig, wenn beide Partner das Sorgerecht *(parental rights and responsibilities, PRRs)* erhalten sollen. Ansonsten reicht der Eintrag durch die Mutter des Kindes, die den Vater später nachtragen lassen *(re-registering a birth)* kann, wenn sie das wünscht.

Nach der Eintragung erhalten Sie entweder sofort oder einige Tage später per Post eine **Geburtsurkunde** *(birth certificate short version).* Eine Geburtsurkunde mit Eintrag der Eltern *(birth certificate full version)* können Sie gegen Gebühr erwerben.

Staatsbürgerschaft

Mit der Geburt in Großbritannien erhält Ihr Kind die britische Staatsbürgerschaft, sofern Sie über einen legalen britischen Wohnsitz verfügen. Weitere Informationen erhalten Sie unter ▶ www.gov.uk, Navigationspfad *Citizenship and life in the UK/British passport eligibility* oder bei der *UK Border Agency* unter ▶ www.ukba.homeoffice.gov.uk. Die Annahme der deutschen, österreichischen oder schweizerischen Staatsbürgerschaft ist ebenfalls möglich, wenn zumindest ein Elternteil die jeweilige Staatsbürgerschaft besitzt. Sie können von Anfang an für Ihr Kind beide oder nur einen Pass beantragen.

Um im ersten Schritt die Geburt in Ihrem Heimatstaat registrieren zu lassen, müssen Sie bei der Botschaft eine Geburtsanzeige abgeben. Sind Sie als Eltern nicht verheiratet und möchten, dass Ihr Kind den Familiennamen des Vaters trägt, kann eine Namenserklärung notwendig sein. Informieren Sie sich genau, welche Dokumente (Originale und selbst angefertigte Kopien) vorzulegen sind. Die deutsche Botschaft verlangt beispielsweise:

- Geburtsurkunde des Kindes *(full version)*
- Geburtsurkunden beider Elternteile
- Ggf. rechtskräftiges Scheidungsurteil
- Ggf. Heiratsurkunde sowie ggf. einen Nachweis, dass Sie einen Ehenamen führen (z. B. Namensbescheinigung oder deutsche Heiratsurkunde)
- Gültige Reisepässe beider Elternteile (ggf. Personalausweis)
- Ggf. Einbürgerungsurkunde oder Staatsangehörigkeitsausweis
- Adressnachweis
- Abmeldebescheinigung aus Deutschland
- Britische Geburtsurkunden von allen gemeinsamen Kindern *(full version)* oder deutsche Geburtsurkunden

Weitere Informationen erhalten Sie unter ▶ www.london.diplo.de, Navigationspfad *Visa, Passport and Consular Services/Other legal and consular matters (A-Z)/Registration of birth.* Für Schweizer Bürger: ▶ www.eda.admin.ch, Navigationspfad *Regional Consular Centre London/Civil status affairs/Registering changes/Registration of Birth.* Für Österreicher: ▶ www.bmeia.gv.at, Bereich *Österreichische Botschaft in London,* Navigationspfad *Ratgeber/Allgemeine Informationen/Geburt/Staatsbürgerschaftsnachweis.*

Sorgerecht

In Großbritannien teilen sich Eltern das Sorgerecht, welches als *parental rights and responsibilities (PRRs)* bezeichnet wird. Voraussetzung für die gemeinsame elterliche Verantwortung ist, dass der Vater bei der Geburt eines Kindes (Schottland: zum Zeitpunkt der Zeugung oder danach) mit dessen Mutter verheiratet gewesen ist oder aber beide Eltern gemeinsam beim Standesamt die Geburt haben registrieren lassen (siehe oben). Daneben ist eine rechtliche Vereinbarung mit der Mutter, mit oder ohne richterliche Verfügung *(parental responsibility agreement),* möglich. In allen anderen Fällen erhält die Mutter automatisch das Sorgerecht, es sei denn, ein Gericht urteilt anders. Das lange Zusammenleben mit Mutter und Kind gibt einem Vater per se keine rechtlich bindende Verantwortung für ein Kind. Diese Gesetzgebung soll sich allerdings in den nächsten Jahren ändern.

Taufe oder Namensfeier

Für eine kirchliche Taufe *(christening, babtism)* Ihres Kindes sollten Sie sich direkt an das Pfarramt Ihrer lokalen Gemeinde *(parish)* wenden. Die jeweiligen Regeln hinsichtlich der zu benennenden Taufpaten *(godparents, godmother, godfather)* oder Taufzeugen *(baptism witnesses)* wie auch zur Vorbereitung der Taufe variieren.

Daneben bieten britische Standesämter nicht-religiöse Feiern zur Namensgebung *(naming ceremonies).* Ähnlich wie bei einer kirchlichen Taufe wird das Kind in der Gemeinde willkommen geheißen und erhält seinen Namen. Ein bis zwei Paten sollen das Kind auf seinem Lebensweg begleiten. Informieren Sie sich bei Ihrem lokalen Standesamt über die Einzelheiten.

Scheidung

Anders als in anderen EU-Staaten hat bei Scheidungen in Großbritannien das Domizilprinzip Vorrang. Dies bedeutet, dass auch Nicht-Briten mit Wohnsitz in Großbritannien nach britischem Recht geschieden werden. Lassen Sie sich rechtzeitig von einem Anwalt beraten, insbesondere dann, wenn Sie trotz Ihres Lebensmittelpunktes in Großbritannien nach Ihrem Heimatrecht geschieden werden möchten.

Bleiben Sie vor Ort, ist Voraussetzung, dass Sie mindestens ein Jahr verheiratet gewesen sind. Sie müssen einen Scheidungsgrund darlegen, der beweist, dass Ihre Ehe zerrüttet *(irretrievably broken down)* ist. Anerkannte Gründe sind beispielsweise Ehebruch oder ein inakzeptables Verhalten des Partners. Es wird jedoch keine Schuldzuweisung ausgesprochen. Oder aber Sie müssen beide mindestens zwei Jahre voneinander getrennt gelebt haben. Wünscht nur ein Partner die Scheidung, müssen fünf Jahre Trennung nachgewiesen werden.

Eine Scheidung im gegenseitigen Einvernehmen ist auch ohne Anwälte und Gerichtsverhandlung möglich und wird unter dem Schlagwort ***undefended divorce*** beim Familiengericht/Scheidungsgericht *(county court)* Ihres Wohnortes (oder an jedem anderen Ort) innerhalb weniger Monate durchgeführt (siehe dazu auch das Thema *Justiz* in Kapitel 2 *Wissenswertes* ab S. 27). Nur wenn gemeinsame Kinder vorhanden sind, kann es sein, dass das Gericht eine Anhörung *(court hearing)* ansetzt. (Kinder ab 9 Jahren können vom Gericht befragt werden.) Sie erhalten zunächst eine vorläufige Scheidungsurkunde, ein *Decree Nisi.* Geht alles glatt und niemand erhebt Einspruch, erhalten beide Partner nach sechs Wochen und einem Tag eine finale *Decree Absolute of Divorce,* eine Scheidungsurkunde *(divorce certificate).*

Ist ein Partner mit der Scheidung nicht einverstanden oder sind Vermögenswerte, Unterhaltszahlungen und Sorgerechte erst zu klären, wird eine sogenannte ***defended divorce*** vor Gericht verhandelt. Rechtlicher Beistand durch einen Scheidungsanwalt mit Gerichtszulassung *(barrister)* ist für beide Partner absolut empfehlenswert. Sie müssen viele weitere Dokumente ausfüllen und auch die Kosten können hoch ausfallen.

Gut zu wissen: Unterhaltsfragen und Vermögensaufteilung sind in Großbritannien nicht automatisch Teil des Scheidungsprozesses. Entsprechende Regelungen müssen vor Gericht gesondert beantragt werden. Es gibt auch keinen Güterstand per se. Daher kann auch nicht einfach nach dem Prinzip Gütergemeinschaft oder Zugewinngemeinschaft geteilt werden. Stattdessen wird das Billigkeitsprinzip angewendet: Es werden aktueller Lebensstandard, finanzieller Bedarf und künftige berufliche Entwicklungen zugrunde gelegt. Ist ein Partner nicht erwerbstätig, werden potenziell erreichbare Einkommenshöhen einkalkuliert. Auch Jahre nach einer Scheidung ist es noch möglich, einen Antrag auf finanzielle Versorgung *(financial support)* zu stellen.

Divorce capital of Europe?

London gilt als der Ort für lukrative Scheidungen. Auch nach einigen wenigen Ehejahren sprechen Scheidungsgerichte der mittelloseren Seite die Hälfte des Vermögens des reicheren Partners zu. Eheverträge *(prenup agreements)* werden vor Gericht oft nicht anerkannt. Seit Ende 2010 zeichnet sich jedoch eine Wende ab, nachdem erstmals ein Ehevertrag vor dem englischen *Supreme Court* standhielt. Damit wurde ein Präzedenzfall geschaffen, um von der allgemein praktizierten *Fifty-fifty*-Regelung Abstand zu nehmen und differenzierter zu entscheiden.

Scheidung einreichen

Um die Scheidung einzureichen, können Sie entweder einen Scheidungsantrag *(divorce petition)* des Gerichts verwenden oder Sie laden die Scheidungspapiere unter ► www.justice.gov.uk herunter. Weitere Informationen und Links finden Sie unter ► www.gov.uk, Navigationspfad *Birth, deaths, marriages and care/Marriage, civil partnership and divorce,* Stichwort *Get a divorce.* In Schottland erhalten Sie alle notwendigen Informationen in der *Library* unter ► www.scotcourts.gov.uk. Des Weiteren benötigen Sie Ihre Heiratsurkunde *(marriage certificate)* und müssen Angaben zu gemeinsamen Kindern machen.

Eine in Großbritannien durchgeführte Scheidung wird von den Behörden im deutschsprachigen Raum anerkannt. Möchten Sie nach der Scheidung einen anderen Namen annehmen, müssen Sie bei der Botschaft eine Namenserklärung abgeben.

Wohn- und Besuchsregelungen für Kinder

Die britische Justiz geht davon aus, dass sich Eltern gemeinsam auf eine Sorgerechts- und Unterhaltsregelung verständigen. Erst wenn keine Einigung erzielt werden kann, trifft ein Gericht eine Entscheidung. Während die gemeinsame elterliche Verantwortung *(parental rights and responsibilities, PRRs)* meist trotz Scheidung bestehen bleibt, werden vor Gericht konkrete Wohn- *(residence order)* und Besuchsrechte *(contact order)* ausgehandelt. Das Kindeswohl steht immer im Mittelpunkt und britische Gerichte werden nach Möglichkeit die Wünsche der Kinder anhören. So verfügt beispielsweise auch nicht der geschiedene Elternteil über das Recht, seine Kinder am Wochenende zu sehen, sondern es ist umgekehrt: Die Kinder erhalten das Recht, ihren Vater (oder ihre Mutter) regelmäßig zu besuchen.

Für den Unterhalt sind ebenfalls beide Elternteile verantwortlich, auch wenn die Kinder nur bei einem Elternteil leben. Eine finanzielle Unterstützung kann freiwillig vereinbart werden. Fachliche Hilfe bietet der *Child Maintenance Options Service* (► www.cmoptions.org).

Um ausbleibende Unterhaltszahlungen einzufordern, kann die *Child Support Agency (CSA)* angerufen werden. Sie schreitet ein, um den Unterhalt eines Kindes zu sichern, notfalls über Sozialleistungen.

Mit den Kindern zurück in die Heimat?

Nach einer Scheidung von Ihrem britischen Partner nach Deutschland, Österreich oder in die Schweiz zurückzukehren, steht Ihnen frei, solange Sie keine gemeinsamen Kinder haben. Sind Kinder da, die ihren Lebensmittelpunkt in Großbritannien haben, ist ein Umzug nicht nur emotional schwierig zu bewältigen, sondern auch rechtlich. Haben beide Elternteile die *PRRs*, werden diese im Sinne des Haager Kindesentführungsübereinkommens in EU-Staaten interpretiert: Es ist Ihnen grundsätzlich verwehrt, mit Ihren Kindern Großbritannien ohne Einverständnis des geschiedenen Partners zu verlassen, wenn dadurch seine *PRRs* verletzt werden und vereinbarte Besuchsrechte zum Wohl des Kindes nicht eingehalten werden können. Lediglich Urlaubsreisen von bis zu vier Wochen Dauer dürfen ohne Erlaubnis angetreten werden.

Familienmediation

Weil sich Gerichte aus Familienstreitigkeiten zunehmend herauszuhalten versuchen, ist die Familienmediation *(family mediation),* die außergerichtliche Einigungen herbeizuführen versucht, weit verbreitet. Suchen Sie eine entsprechende Stelle in Ihrer Nähe unter ▶ www.familymediationhelpline.co.uk oder nutzen Sie die Angebote der Hilfsorganisation *National Family Mediation,* zu finden unter ▶ www.nfm.org.uk. Ihr Anwalt empfiehlt Ihnen vielleicht auch *ADR. ADR* steht für *Appropriate Dispute Resolution* und umfasst Mediation und andere Konfliktlösungsmöglichkeiten. Informieren Sie sich unter ▶ www.adrnow.org.uk.

Testament

Ganz nüchtern betrachtet: Auch im Todesfall unterliegen Sie dem englischen, schottischen oder walisischen Recht und seinen jeweiligen Besonderheiten. Haben Sie nicht über ein Testament *(last will)* einen gesetzlichen Vertreter benannt und genaue Vermögensregelungen getroffen, müssen sich Ihre Erben auf die korrekte Umsetzung der jeweiligen Behörden verlassen. So ist es beispielsweise nicht immer gegeben, dass der Partner automatisch das gesamte Vermögen des Verstorbenen erbt und auch der Begriff des ›Pflichtteils‹ ist hier unbekannt. Konten werden eingefroren, bis die Gerichte entschieden haben. Und das kann dauern.

Sollte Ihnen als Eltern etwas zustoßen, werden Ihre Kinder nicht automatisch an die nächsten Verwandten in Deutschland, Österreich oder der

Schweiz übergeben. Erst einmal ist der britische Staat für sie verantwortlich, bis in einem häufig langwierigen Verfahren geprüft worden ist, wer die nächsten Verwandten im Ausland sind.

Es ist daher in jedem Alter empfehlenswert, ein Testament zu verfassen, das genau klärt, wie im Falle Ihres Todes verfahren werden soll und wer die Vormundschaft *(guardianship)* für Ihre minderjährigen Kinder übernimmt. So geben Sie Ihren Verwandten im Ausland die notwendigen Rechte an die Hand, alles in Ihrem Sinne zu regeln.

Ein Testament aufzusetzen, ist gar nicht so schwierig wie es vielleicht klingt. Viele Firmen sind auf das Schreiben von Testamenten spezialisiert – achten Sie aber darauf, dass der Anbieter registriert ist. Auch Anwaltskanzleien bieten einen *Will-writing-Service* an. Die Kosten belaufen sich für eine Einzelperson auf ca. £ 100 und für Paare auf £ 200 bis £ 250. Sind Vermögensaufteilung und Vormundschaftsfragen für Kinder außerhalb Großbritanniens zu regeln, ist eine professionelle Beratung mit *Will-writing-Service* unbedingt ratsam. Ansonsten können Sie auch auf eines der zahlreichen *Do-it-yourself*-Pakete zurückgreifen, die Sie im Buchhandel wie auch im Internet erhalten.

Sie müssen in Ihrem Testament folgende ›Ämter‹ vergeben:

executors – Freunde, Verwandte oder auch Anwälte, die als Testamentsvollstrecker Ihre finanziellen Angelegenheiten (Haus verkaufen, Rechnungen bezahlen, Konten auflösen, Steuerschulden begleichen etc.) abwickeln, nachdem sie bei Gericht einen Erbschein *(grant of probate)* beantragt haben.
trustees – Langfristige Vermögensverwaltung, z. B. für den Lebensunterhalt minderjähriger Kinder
guardians – Ein oder mehrere Sorgeberechtigte für minderjährige Kinder
witnesses – Zeugen für die Unterzeichnung des Testaments

Darüber hinaus wird unterschieden zwischen

single will – Testament für eine Einzelperson
mirror wills – Testament für Paare, die sich gegenseitig als Erbe einsetzen

Sterbeurkunde und Erbschein

Den Tod eines Angehörigen mit Wohnsitz in Großbritannien müssen Sie innerhalb von fünf Tagen (Schottland: acht Tage) dem lokalen Standesamt *(register office, registrar's office)* melden. In der Regel werden Sie aufgefordert, einen Totenschein *(death certificate)*, die Geburtsurkunde *(birth certifiacte)* und ggf. die Heiratsurkunde *(marriage certificate)* vorzulegen. Sie erhalten im Anschluss eine Sterbeurkunde *(certificate of registration of death)* und die Erlaubnis zur Bestattung *(certificate for burial or cremation).* Für eine Überführung des Leichnams zurück in Ihr Heimatland benötigen Sie in einigen Fällen eine gesonderte Erlaubnis.

Sofern der Verstorbene ein Testament hinterlassen hat, kann der dort benannte Testamentsvollstrecker *(executor)* bei Gericht *(probate registry)* einen **Erbschein** *(grant of probate)* beantragen, um die gewünschte Vermögensverteilung einzuleiten und finanzielle Angelegenheiten abzuwickeln. Wurde kein Testament hinterlassen, dürfen nur die nächsten Angehörigen einen entsprechenden Erbschein *(grant of representation)* beantragen, der in diesem Fall auch als *grant of letters of administration* (Schottland: *grant of confirmation*) bezeichnet wird.

Weitere Informationen, beispielsweise welche Behörden Sie über den Tod eines Angehörigen unterrichten müssen oder wie Sie eine Beerdigung organisieren, erhalten Sie unter ▶ www.gov.uk, Navigationspfad *Births, deaths, marriages and care/Death and bereavement.* Auch das *Citizens Advice Bureau* hilft Ihnen bei Fragen weiter, nicht zuletzt auch über die Webseite unter ▶ www.adviceguide.org.uk, Navigationspfad *Relationships/Death and wills.* Für Schottland finden Sie alle Informationen unter ▶ www.gro-scotland.gov.uk unter dem Navigationspunkt *Registration.*

Nachlassabwicklung

Um ein Erbe in Ihrem Heimatstaat antreten zu können, müssen Sie ein vom dortigen Nachlassgericht erteilten Erbschein oder ein Testamentsvollstreckerzeugnis vorlegen. Der entsprechende Antrag beinhaltet eine eidesstattliche Erklärung und muss daher vom Nachlassgericht oder einem Notar beurkundet werden. Gleiches gilt für eine Ausschlagserklärung, wenn Sie das Erbe nicht antreten möchten. Es ist jedoch in den meisten Fällen möglich, diese Beurkundung bei der jeweiligen Auslandsvertretung vorzunehmen.

Verstirbt ein deutscher, österreichischer oder Schweizer Staatsangehöriger in Großbritannien, wird als erstes britisches Recht angewendet, wie in den Abschnitten *Sterbeurkunde und Erbschein* weiter oben sowie unter *Erbschafts- und Schenkungssteuer* in Kapitel 10 *Steuern und Sozialversicherungsbeiträge* ab S. 165 beschrieben.

Kapitel 14

Krippe, Kindergarten, Schule und Ausbildung

Wer zum ersten Mal im Ausland lebt und seine Kinder ins dortige Schulsystem gibt, wird nicht nur Unterschiede im Lehrplan feststellen, sondern auch im Erziehungsstil. Das ist nicht immer einfach, weil jedem seine Kinder mehr als alles andere am Herzen liegen. Kulturelle Unterschiede rund um das Thema Schule werden daher oft besonders intensiv empfunden.

So vermissen viele Eltern aus dem deutschsprachigen Raum in britischen Krippen und Vorschulen ganz besonders das freie, fantasiereiche Spiel. Stattdessen erhalten sie regelmäßige Berichte, wie sich ihre Kinder gemäß den strukturierten Lernplänen entwickeln. Und auch die Einschulung im Alter von 4 bis 5 Jahren erscheint vielen Eltern unnötig früh. Denn trotz spielerischem Lernen werden den Kindern in der Schule doch lange Phasen des disziplinierten Stillsitzens und Zuhörens abverlangt. Zwar sind die Erfolge schnell zu sehen, wenn knapp 5-Jährige bereits erste Wörter lesen und schreiben können. Aber viele Eltern sehen sich im ersten wie auch in den nachfolgenden Grundschuljahren im ständigen Kampf, ihren Kindern neben der Ganztagesschule etwas mehr ›Kindheit‹ zu gewähren.

Von den meisten Eltern sehr positiv bewertet wird hingegen der hohe Stellenwert, den sogenannte *›soft skills‹* wie Gemeinschaftssinn, Rücksichtnahme, Kooperation und Kommunikationsfähigkeit im britischen Erziehungsverständnis einnehmen. Das beginnt bereits bei den Allerkleinsten, die höflich an der Rutsche anstehen, ohne zu drängeln. Auch wird keiner dem anderen den Bauklotzturm umwerfen, ohne dafür erstens *›I am sorry‹* zu sagen und zweitens – mit oder bereits ohne Aufforderung der Erzieher – gleich beim Wiederaufbauen zu helfen. In höheren Schuljahren wird beispielsweise das freie Sprechen vor der morgendlichen Schulversammlung geübt und Teamgeist ist nicht nur im Sportunterricht gefragt.

Daneben wird sehr viel gelobt, was für das deutsche Empfinden manchmal etwas zu viel des Guten erscheint. So werden in vielen Schulen wöchentlich Auszeichnungen für besondere Errungenschaften vergeben. Dabei lässt sich nicht leugnen, dass es den Kindern meist sehr gut tut, wenn ihre individuellen Leistungen Anerkennung finden – gerade dann, wenn sie nicht unbedingt zu den Klassenbesten zählen. Deshalb gibt es auch ›Orden‹ für fleißiges Üben, tapferes Probieren, besonderes Engagement oder gegenseitige Hilfe.

Auch Wohltätigkeit ist in den Schulen fest verankert: Ihr Haushaltsbudget sollte daher jeden Monat einige Pfund Spendengelder für Charity-Aktionen vorsehen. Vom Kuchenverkauf über lustiges Verkleiden bis zum Bungeejumping vom Schuldach – für den guten Zweck ist außerdem persönlicher Einsatz gefragt.

Krippe und Vorschule

Die meisten Krippen *(day nursery, nursery school)* bieten eine Betreuung für *under fives* an. Damit sind alle Kinder gemeint, die das Schulalter noch nicht erreicht haben. Bereits ab einem Alter von drei Monaten (manchmal auch ab 0 Monate) können Babys halb- oder ganztags in eine Krippe gegeben werden. Kleinkinder zwischen 1 und 3 Jahren werden als *toddler* bezeichnet und in entsprechenden Altersgruppen betreut. 4-Jährige gelten als *pre-schoolers* oder *rising fives* und werden sukzessive auf den bevorstehenden Schulanfang vorbereitet. Je nach lokalem Angebot können Vorschulkinder auch von der Krippe in die Vorschulklasse einer Grundschule *(pre-school)* wechseln.

Sure Start children's centres

Sure Start ist ein Familienförderprogramm in England. In einem lokalen Zentrum *(children's centre)* stehen Familien kostenlos Kinderbetreuung, Spielgruppen, ein Gesundheitsdienst und Beratungen zur Verfügung. Ein *Sure Start children's center* in Ihrer Region finden Sie über die Suchfunktion unter ► www.gov.uk/find-sure-start-childrens-centre.

Generell sind Krippenplätze in Großbritannien ausreichend vorhanden. Allerdings werden die meisten Plätze von privaten Einrichtungen kostenpflichtig zur Verfügung gestellt. Die Gebühren variieren sehr stark je nach Angebot. Daneben gibt es in einigen Regionen wenige staatliche Krippen mit kostenlosen oder zumindest günstigen Plätzen. Schätzungen zufolge verwenden Familien durchschnittlich ein Viertel ihres Einkommens für die Krippenbetreuung.

Ab dem Trimester (Januar, April, September) nach dem dritten Geburtstag (in einigen Pilotprojekten bereits ab dem zweiten Geburtstag) bis zum Schulstart erhält jedes Kind vom britischen Staat einen Gutschein *(Early Years Education Funding)* über **15 Wochenstunden kostenlose Betreuung** in einer Krippe oder Vorschule während der 38-wöchigen Schulzeit pro Jahr *(term-time).* Auch in privaten Einrichtungen zahlen Sie dann nur noch für zusätzlich in Anspruch genommene Stunden. Fragen Sie aber vor der Anmeldung sicherheitshalber nach, ob gutscheingesponserte Plätze zur Verfügung stehen. Weil die Einschulung der älteren Kinder im September erfolgt, sind die Chancen auf einen freien Platz im Herbst am größten.

Daneben bieten viele Arbeitgeber ein Gutscheinsystem, bei dem Gehalt in Kinderbetreuungsstunden *(Childcare Vouchers)* umgewandelt wird. Mehr dazu lesen Sie in Kapitel 8 *Arbeitsleben* ab S. 128.

Early Years Foundation Stage

Jede Krippe in England folgt einem umfassenden Lehrplan für Kinder unter 5 Jahren. *Early Years Foundation Stage (EYFS)* definiert sieben Lernfelder, die durch verschiedenste Aktivitäten gefördert werden. Die Entwicklung von Krippen- und Vorschulkindern wird anhand einzelner Meilensteine bewertet. Zu den Lernfeldern zählen:

- *communication and language*
- *physical development*
- *personal, social and emotional development*
- *literacy*
- *mathematics*
- *understanding of the world*
- *expressive arts and design*

Anmeldung

Private Krippen haben generell keine Einzugsgebiete wie die den Grundschulen angeschlossenen *nurseries* und *pre-schools.* Die Anmeldung erfolgt direkt bei der Einrichtung selbst. Meist dürfen Sie zwischen verschiedenen *sessions* wählen, die entweder vormittags oder nachmittags stattfinden. Viele Krippen bieten eine warme Mahlzeit an.

In einigen städtischen Gebieten sollten Sie sich frühzeitig um einen Krippenplatz bemühen und sich gegebenenfalls auf die Warteliste *(waiting list)* setzen lassen. Fragen Sie bei einem ersten Anruf einfach höflich nach, ob es eine Warteliste gibt. Wahrscheinlich werden Sie zu einem Besuch in der Einrichtung eingeladen und dort alles Weitere erfahren.

Nutzen Sie Ihren ersten Besuch auch, um sich einen persönlichen Eindruck der Krippe zu verschaffen. Es sei an dieser Stelle gesagt, dass viele private Einrichtungen in alten viktorianischen Wohnhäusern residieren. Daher wirken die Räume häufig verhältnismäßig klein, insbesondere wenn man aus dem deutschsprachigen Raum kommend weitläufige moderne Kindergartengebäude gewohnt ist. Im Gegensatz dazu werden Ihre Kinder aber in britischen Einrichtungen von einem deutlich niedrigeren Betreuungsschlüssel profitieren, nach dem auf einen Erzieher nur vier bis acht Kinder (je nach Altersgruppe) kommen. Generell wird die Betreuung sehr liebevoll und individuell gestaltet, sodass Sie sich vom ersten optischen Eindruck einer Einrichtung nicht abschrecken lassen sollten.

Mehr zur Qualität einer Einrichtung erfahren Sie zudem in den jeweiligen *OFSTED*-Reports unter ▶ www.ofsted.gov.uk (Mehr zum Thema *OFSTED* im Abschnitt *Schulen bewerten: OFSTED und league tables* ab S. 209) Eine Liste mit Kinderbetreuungseinrichtungen erhalten Sie bei Ihrem *Family Information Service,* zu finden über die Homepage Ihrer Stadtverwaltung, oder Sie kontaktieren das *Family Resource Center UK* unter 0800 / 32 89 148.

Von Allergie bis *Calpol*

Bei der Anmeldung in einer Betreuungseinrichtung werden Sie einen ganzen Stapel an Formularen ausfüllen müssen. Dabei geht es meist um Fragen wie, ob das Kind Allergien hat oder für Ausflüge das Gelände der Einrichtung verlassen darf. Meist wird auch Ihre Zustimmung für die Gabe von *Calpol* im Krankheitsfall abgefragt. Dabei handelt es sich um einen pink- oder lilafarbenen Paracetamol-Saft, der Kindern ab einem Alter von zwei Monaten gegeben werden darf. *Calpol* gilt in Großbritannien als Allerheilmittel und wird daher oft sehr schnell verabreicht. In vielen Krippen lautet die Devise: Erst wenn *Calpol* nicht hilft, werden die Eltern angerufen, um das Kind abzuholen.

Eingewöhnungszeit

Im deutschsprachigen Raum bieten moderne Betreuungseinrichtungen häufig eine mehrwöchige Eingewöhnungsphase an, in der ein Elternteil so lange vor Ort bleibt, bis sich das Kind an die neue Umgebung gewöhnt hat. In Großbritannien werden Eltern ab Tag 2 von den Erziehern höflich, aber bestimmt nach Hause geschickt – auch wenn das Kind weint. Viele deutschsprachige Eltern reagieren darauf schockiert. Wichtig zu wissen ist aber, dass sich aufgrund des günstigeren Betreuungsschlüssels tatsächlich ein Erzieher *(key worker)* ausnahmslos mit dem neuen Kind beschäftigt und ihm über die Eingewöhnungszeit hinweghilft. Da dies in Einrichtungen im deutschsprachigen Raum mit weniger Personal oft nicht möglich ist, werden hier die Eltern sehr viel stärker in die Eingewöhnung eingebunden. Der britische Erziehungsstil sieht hingegen vor, dass kleine Kinder zuallererst lernen, sich richtig von ihren Eltern zu verabschieden. Und tatsächlich ist es bei vielen so, dass die Tränen sofort versiegen, wenn sie den Moment des Abschiednehmens überwunden haben. Daher werden Ihnen britische Erzieher sagen: Warum machen Sie es Ihrem Kind so schwer, indem Sie das Verabschieden so lange hinauszögern? Dies ist ein Beispiel für unterschiedliche pädagogische Ansichten zwischen zwei Ländern, die jeder für sich bewerten muss.

Tagesmutter

Eine Alternative zur Krippe bieten von der Gemeinde akkreditierte Tagesmütter und -väter *(childminder)*, die ebenfalls *Early Years Education Funding Vouchers* akzeptieren. Sie werden von *OFSTED* regelmäßig inspiziert und müssen ein polizeiliches Führungszeugnis *(criminal reference bureau check, CRB)* vorlegen. Nutzen Sie die Suchfunktion unter ► www.ofsted.gov.uk, um *OFSTED*-registrierte Tagesmütter in Ihrer Region zu finden. Eventuell werden Sie zu Ihrem lokalen *Family Information Service* weitergeleitet. Oder Sie kontaktieren das *Family Resource Center UK* unter 0800 / 32 89 148 und fordern eine Adressliste an.

Schulsystem

Die gesetzliche **Schulpflicht** *(compulsory school attendance)* beginnt in Großbritannien im Trimester *(term)* nach dem fünften Geburtstag des Kindes und reicht bis zu einem Alter von 16 Jahren. Ab Sommer 2013 müssen Jugendliche bis zu einem Alter von 17 Jahren in einer Vollzeitausbildung (Schule, Berufsausbildung oder Arbeitsverhältnis mit Teilzeitausbildung) bleiben.

In der Praxis werden die meisten Kinder zum Schuljahresanfang im September vor ihrem fünften Geburtstag eingeschult und sind somit erst 4 Jahre alt. Einige Stadtverwaltungen erlauben aber, dass die Jüngsten statt am Stichtag 1. September erst in einem der nachfolgenden *terms* Anfang Januar oder sogar erst nach Ostern ihren Schulplatz wahrnehmen.

Das erste Jahr in der **Grundschule** *(primary school)* wird als *reception year* bezeichnet und ist in etwa mit einer Vorschule vergleichbar. Kinder, die später eingeschult werden, erhalten meist ausreichend Gelegenheit, aufzuholen, damit im nachfolgenden *Year 1* alle auf dem gleichen Stand sind. Die Grundschulzeit erstreckt sich über insgesamt sieben Jahre. In einigen Regionen dauert sie neun Jahre und ist noch einmal unterteilt: Jüngere Kinder gehen zur *infant school* oder *first school*, ältere zur *junior school* oder *middle school*.

Mit 11 bzw. 13 Jahren folgt der Wechsel zur **weiterführenden Schule** *(secondary school, senior school, upper school, high school),* welche im Alter von 16 Jahren entweder abgeschlossen oder um zwei weitere Schuljahre verlängert werden kann. Diese **Oberstufe** wird als *sixth form* (auch *secondary plus*) bezeichnet. Alternativ bieten *Colleges* mit unterschiedlicher fachlicher Ausrichtung ein *sixth form* an.

Schullandschaft

Rund 90 % aller schulpflichtigen Kinder besuchen eine staatliche Schule. Daneben gibt es zahlreiche Privatschulen *(independent schools, public schools).* Auch der Unterricht zu Hause *(home tuition)* durch Eltern oder Privatlehrer ist in Großbritannien möglich.

Staatliche Schulen werden von unterschiedlichen Trägern betrieben:

community school – Wie der Name schon sagt, sind *community schools* in der Hand der lokalen Stadtverwaltung *(Local Education Authority, LEA).* Die Schulplätze werden nach Nähe des Wohnorts zur Schule *(catchment area)* vergeben.

foundation and trust schools – Diese Schulen werden von einem unabhängigen Träger geleitet, erhalten aber staatliche Zuschüsse. Die Zulassungskriterien werden vom Träger unter Berücksichtigung des lokalen Bedarfs bestimmt.

voluntary-aided schools – Sind fast immer kirchliche Schulen *(faith schools).* Sie tragen im Namen entweder den Zusatz ›*catholic*‹ oder ›*CE*‹ für ›*Church of England*‹. Die Leitung wie auch die gesamte Ausrichtung der Schule ist eng mit der lokalen Kirche verknüpft. *Voluntary aided* bedeutet, dass die Schule aus kirchlichen und staatlichen Mitteln finanziert wird. Die Zulassungskriterien entsprechen meist denen einer *community school,* nur mit dem Unterschied, dass getaufte Kinder und Kinder aus Familien, die regelmäßig die Kirche besuchen, bevorzugt aufgenommen werden. In vielen Schulen sind jedoch auch Kinder anderen Glaubens willkommen. Schulen kirchlicher Träger werden vielerorts wegen guten Leistungsergebnissen im Vergleich zu den *community schools* von Eltern bevorzugt – ein Tatbestand, der viele zu regelmäßigen Kirchgängern werden lässt. Oft heißt es unter Eltern, für die nur eine kirchliche oder eine private Schule infrage kommt: ›*You either pray or pay.*‹

voluntary-controlled schools – Diese Schulen stellen eine Mischform aus *community* und *voluntary-aided schools* dar. Meist werden die Mitarbeiter von der Stadt beschäftigt, während das Schulgebäude einer (kirchlichen) Organisation gehört, die in der Schulleitung mit Stimmrechten vertreten ist.

academies – Sind relativ neu und werden von Sponsoren (andere Schulen, Universitäten, Unternehmen, Wohltätigkeitsorganisationen, Kirchen etc.) verwaltet. Sie unterliegen nicht der Kontrolle der *LEA,* sondern werden direkt von der britischen Regierung finanziert. Viele bestehende Schulen durchlaufen den Wandel zu einer *academy,* um mehr erzieherische Freiheiten, Spezialisierung und interne Reformen zu erzielen.

free schools – Freie Schulen sind seit 2011 erlaubt und werden auf Initiative von Eltern, Lehrern, Organisationen, Unternehmen oder Glaubensgruppen neu gegründet. Sie werden als *academies* geführt und von der britischen Regierung finanziert. Sie folgen im Einklang mit dem nationalen Lehrplan eigenen pädagogischen Grundsätzen.

special schools – Gemeint sind Förderschulen für Kinder mit (Lern-)Behinderungen *(Special Educational Needs, SEN).* Finanzierung und Organisation variieren.

Weiterführende Schulen werden unterschieden nach:

comprehensive schools – Im Einzugsgebiet der Schule wohnende Schüler werden ohne Aufnahmeprüfung in eine Gesamtschule aufgenommen. Bis zur Wahl der Abschlussfächer ist der Unterricht für alle Schüler gleich.

public, selective secondary schools – Für diese wenigen *grammar schools* im ganzen Land dürfen sich nur Schüler bewerben, die eine schulinterne Aufnahmeprüfung bestanden haben. In vielen Regionen nehmen *grammar schools* nur die besten 2 bis 5 % eines Jahrgangs auf. In einigen *counties* nehmen Schüler im letzten Jahr der Grundschule auf freiwilliger Basis an einem *11+ exam* teil. Das Ergebnis entscheidet über die Aufnahmechancen an selektiven Sekundarschulen. Weil die Leistungs- und Wettbewerbsorientierung während der gesamten Schulzeit aufrechterhalten wird, benötigt ein Großteil der *grammar schooler* ein Schulleben lang private Nachhilfe.

specialist schools – Sind Sekundarschulen mit einer bestimmten Ausrichtung, z. B. auf musische Fächer, Sport, Technologie und Wirtschaft etc. Auch Berufsschulen *(vocational colleges)* gehören dazu.

Bewerbung um einen Schulplatz

Etwa ein Jahr bevor Ihr Kind eingeschult werden soll, erhalten Sie von Ihrer Stadtverwaltung *(council)* ein Informationspaket zur Schulwahl.

Analog wird die Bewerbungszeit für den Übergang in die *secondary school* eingeläutet. Online oder schriftlich füllen Sie schließlich einen Bewerbungsbogen aus, in dem Sie mehrere präferierte Schulen angeben können. Einsendeschluss ist meist im Januar des Einschulungs- oder Übertrittjahres. Das Ergebnis erhalten Sie im Frühjahr.

Schulen vergleichen: *OFSTED* und *league tables*

Im internationalen Vergleich liegen britische Schulen im Mittelfeld. In der PISA-Studie, an der 2009 60 Staaten teilnahmen, erreichte Großbritannien im Fach Mathematik Rang 28 (Schweiz: 8, Deutschland: 16, Österreich: 24), in Naturwissenschaften Rang 16 (Deutschland: 13, Schweiz: 15, Österreich: 30) und im Leseverständnis Rang 25 (Schweiz: 14, Deutschland: 20, Österreich: 31).

Sicherlich hält nicht jeder die PISA-Ergebnisse für aussagekräftig. Nicht leugnen lässt sich jedoch, dass die Qualität staatlicher Schulen innerhalb des Landes sehr stark variiert. Vor allem in städtischen Gebieten sind große Klassen, von denen ein hoher Anteil nur wenig Englisch spricht, die Regel. So wird es für Lehrer immer schwieriger, die Lernstandards aufrechtzuerhalten und die Kinder zu guten Abschlussnoten zu führen.

Vor diesem Hintergrund konsultieren Eltern zwei Informationsquellen, um die bestmöglichen Schulen für ihren Nachwuchs ausfindig zu machen:

OFSTED steht für *Office for Standards in Education, Children's Services and Skills.* Die Regierungsorganisation inspiziert und bewertet alle Kinderbetreuungseinrichtungen, Schulen und Bildungsstätten in England. Ein offizieller Report mit Benotung zwischen 1 und 4 wird veröffentlicht und ist somit für jedermann zugänglich. Schulen, die von *OFSTED* die Note 1 *(outstanding)* oder die Note 2 *(good)* erhalten haben, werden erst nach fünf Jahren erneut geprüft. Schulen mit der Note 3 *(satisfactory/requires improvement)* oder 4 *(inadequate)* erhalten Auflagen und werden mindestens alle drei Jahre hinsichtlich ihres Fortschrittes erneut überprüft. *OFSTED* sichert somit Qualitätsstandards im Bildungswesen, wird allerdings von Lehrern kritisiert: Einheitliche Prüfstandards sind ein Problem, genauso wie die Frage, was genau bewertet wird oder werden sollte.

Nichtsdestotrotz sollten Sie sich vor der Schulwahl mit den *OFSTED*-Ergebnissen der Schulen in Ihrem Umkreis näher befassen. Nutzen Sie dazu die Suchfunktion per *postcode* unter ► www.ofsted.gov.uk. Die *inspection reports* sind sehr ausführlich und Sie erfahren einiges über die betreffende Schule. Entscheiden Sie dann selbst, welche Kriterien für Sie persönlich am wichtigsten sind.

Seit Ende 2011 betreibt *OFSTED* unter ▶ http://parentview.ofsted.gov.uk eine Elternseite. Hier lesen Sie, was Eltern über eine Schule denken, und haben somit einen direkten Vergleich zwischen der Bewertung durch die *OFSTED*-Inspektoren und den persönlichen Erfahrungen von Familien.

Zusätzlich zu den *OFSTED*-Ergebnissen können Sie in England ***school league tables*** oder *performance tables* hinsichtlich der von den Schülern einer Schule erzielten Leistungen in bestimmten Prüfungen *(National Curriculum Tests, NCTs, früher auch Standard Assessment Tasks, SATs)* abrufen. Die Fächer Englisch, Mathematik und Naturwissenschaften stehen dabei im Vordergrund. Die Berechnungen dieser Rankings sind recht komplex und es ist unbedingt empfehlenswert, sich zunächst einmal mit den Erklärungsseiten zu beschäftigen, ehe man von den Leistungsergebnissen konkret auf das Unterrichtsniveau einer Schule schließen kann. Nutzen Sie als Einstieg den folgenden Link: ▶ www.education.gov.uk/schools/performance.

Je besser eine Schule bei *OFSTED* und in den *leagues tables* abschneidet, desto höher sind ihre Bewerberzahlen. Denn sowohl für den Übertritt in die gewünschte Sekundarschule als auch für die Aufnahme eines Hochschulstudiums werden bestimmte Leistungen gefordert. In hoch bewerteten Schulen sind die Chancen der Kinder deutlich höher, ausreichend gute Noten zu erzielen.

OFSTED und *Rankings* sind aber nicht immer alles. Häufig ist auch der persönliche Eindruck das Zünglein an der Waage: Kontaktieren Sie daher die Schulen, die für Sie infrage kommen. Die meisten veranstalten regelmäßig einen **Tag der offenen Tür** *(open day)* oder *school tours,* damit sich Eltern ausreichend informieren können, bevor sie ihre Auswahl treffen.

Zuteilung eines Schulplatzes

Viele gut bewertete Schulen werden in den Bewerbungsbogen häufiger als Präferenz *(preferred choice)* angegeben als Plätze vorhanden sind. Bedingt durch Immigration und eine steigende Geburtenrate kämpfen zudem viele Stadtverwaltungen mit einer stetig wachsenden Zahl an Schulkindern. Die gesetzlich festgeschriebene maximale Klassenstärke von 30 Kindern ist daher vielerorts schon lange ausgeschöpft und Schulen bleibt oft keine andere Wahl, als auf Anweisung des *councils* eine Klasse mehr in einem mobilen Containerklassenzimmer aufzunehmen. Es wird also in jeglicher Hinsicht eng in vielen Schulen. Daher ist die Bewerbung um einen Schulplatz in einigen Gebieten für Eltern eine anstrengende Zeit des Hoffens und Bangens.

Jede Schule, die mehr Bewerber als Plätze hat *(oversubscribed school),* vergibt diese vorrangig an Kinder, die in ihrem Schulbezirk ***(catchment*** *area)* leben. Je näher ein Kind am Schultor wohnt, umso größer sind seine Chancen, einen Platz zu erhalten. Davon ausgenommen werden lediglich Kinder, die besondere soziale oder medizinische Bedürfnisse oder bereits ältere Geschwister in der jeweiligen Schule haben. Dieses Auswahlverfahren nach *oversubscription criterias* wird vom *council* durchgeführt.

Ihre Wohnadresse ist somit der *catchment area* einer bestimmten Schule zugeordnet. Sie können diese Schule als präferierte Schule in Ihrer Bewerbung angeben. Damit erhöhen Sie Ihre Chancen maßgeblich, dass Ihr Kind in dieser Schule angenommen wird. Allerdings gibt es keine Garantie, denn Ihre Bewerbung konkurriert mit allen anderen Kindern im Einzugsgebiet, die vielleicht als Geschwisterkind bevorzugt aufgenommen werden oder eben per Luftlinie ein paar Meter näher an der Schule wohnen. Selbst wenn Ihr Kind bereits in die Vorschulklasse einer Grundschule geht, garantiert dies leider nicht die spätere Aufnahme in die *reception class.*

Entspricht die Schule Ihres Wohngebietes nicht Ihren Vorstellungen, haben Sie die Möglichkeit, in Ihrer Bewerbung andere Schulen anzugeben. Sie müssen aber beachten, dass diese Schulen nur Kinder außerhalb ihres Einzugsgebietes aufnehmen, wenn nicht alle Plätze vergeben sind.

Gut zu wissen: Wo gute Schulen ein knappes Gut sind, ziehen viele Eltern rund ein Jahr vor der Einschulung ihres ersten Kindes in das Einzugsgebiet einer bevorzugten Schule, um ihre Chancen auf einen Platz abzusichern. Sie zahlen dafür eine höhere Miete oder kaufen ein teureres Haus. Ist das Kind einmal in der Schule aufgenommen, ziehen viele wieder in eine günstigere Gegend um. Nachfolgende Geschwisterkinder werden meist aufgenommen, auch wenn sie nicht mehr in der *catchment area* leben.

Achtung: Das Angeben der Adresse eines Freundes oder zu kurzfristiges Umziehen führen nicht zum Ziel. Vom Zeitpunkt der Bewerbung bis zur Einschulung muss die Wohnadresse hieb- und stichfest sein. Mitarbeiter der *LEA* oder der Schule überprüfen oft durch persönliche Hausbesuche, manchmal sogar durch Privatdetektive, ob ein Kind auch wirklich unter der in der Bewerbung angegebenen Adresse wohnt.

Leider ist es auch möglich, dass Sie trotz strategisch gewählter Präferenzen in keiner Ihrer Wunschschulen angenommen werden. Dann wird Ihnen die Stadtverwaltung den nächstgelegenen Schulplatz zuweisen. Dies kann unter Umständen bedeuten, dass Sie morgens einmal quer durch die Stadt fahren müssen, um Ihr Kind zur Schule bzw. zwei oder mehrere Kinder zu verschiedenen Schulen zu bringen. Außerdem sind Sie möglicherweise nicht mit dem *OFSTED*-Report und dem Ranking der Schule zufrieden.

Kostenlose Fahrt zur Schule

Kinder im Alter zwischen 5 und 8 Jahren, die mehr als zwei Meilen, und Kinder zwischen 8 und 16 Jahren, die mehr als drei Meilen von der Schule entfernt wohnen, haben einen gesetzlichen Anspruch auf eine kostenlose Fahrt zur Schule *(free school transport),* sofern sie die nächstgelegene Schule besuchen. Informieren Sie sich bei Ihrer Stadtverwaltung, wie dort diese Regelung gehandhabt wird. Es können Schulbusse im Einsatz sein oder Sie und Ihr Kind erhalten eine kostenlose Jahreskarte für öffentliche Verkehrsmittel.

Es bleiben Ihnen in diesem Fall mehrere Möglichkeiten, mit unterschiedlichen Erfolgsaussichten und vor allem emotionalen Belastungen für Ihr Kind:

- Ist Ihr Kind noch keine 5 Jahre alt, kann es weiter in die *nursery* gehen. Wenn die Schulpflicht eintritt, im *term* nach dem fünften Geburtstag, muss Ihnen das council einen Schulplatz zur Verfügung stellen.
- Sie können die Entscheidung der *LEA* anfechten *(to appeal),* sofern Sie dafür gute Gründe haben.
- Sie können den zugewiesenen Platz annehmen, sich aber für eine gewisse Zeit auf die Warteliste Ihrer favorisierten Schulen setzen lassen. Unter Umständen wird im Laufe des *reception years* ein Wechsel möglich. Auch in *Year 1* können Sie sich erneut für einen Platz an einer anderen Schule bewerben.
- Schlagen Sie den angebotenen Schulplatz aus und wenden Sie sich an eine private Schule. Nach ein oder zwei Jahren kann der Wechsel in die staatliche Schule rund um Ihren Wohnort sehr viel einfacher sein.

Hinsichtlich aller Möglichkeiten sollten Sie sich vom *admission team* der *LEA* an Ihrem Wohnort beraten lassen.

Bewerbung im laufenden Schuljahr

Familien, die aus dem Ausland nach Großbritannien ziehen, brauchen meist während des Schuljahres und für Kinder unterschiedlichen Alters Schulplätze. Auch in diesem Fall müssen Sie sich über das *council* und nicht bei den Schulen direkt bewerben. Nichtsdestotrotz sollten Sie die Schulen Ihrer Wahl kontaktieren und in einem Gespräch abklopfen, wie

Ihre Aufnahmechancen stehen. Zeugnisse müssen nicht unbedingt vorgelegt werden, da die Kinder ihrem Alter entsprechend einer Jahrgangsstufe zugeteilt werden. Spezifische Fragen zum Thema Schulbeginn beantwortet auch das *Advisory Center for Education* unter 0808 / 80 05 793 (► www.ace-ed.org.uk).

Kinder mit (Lern-)Behinderung

Während sich Eltern im deutschsprachigen Raum für ihr (lern-)behindertes Kind einen Integrationsplatz in einer normalen Schulen oft erst schwer erkämpfen müssen, sind ***Special Educational Needs (SEN)*** im britischen System fest verankert. Unter *SEN* werden Lernschwierigkeiten wie Legasthenie *(dyslexia)* und Dyskalkulie *(dysclculia)*, aber auch Einschränkungen durch Hörschädigung *(hearing impairment)* oder Sehschwäche *(visual impairment)*, moderate Verhaltensstörungen *(behavioural, emotional and social problems)*, Aufmerksamkeits-Defizit-(Hyperaktivitäts)-Syndrom *(ADS and ADHS)*, Autismus *(autism)* und leichte geistige oder körperliche Behinderungen *(disabilities)* verstanden. Daneben fallen diverse Krankheitsbilder unter *SEN*.

Nach einem *assessment* durch Mitarbeiter der *LEA* unter Beteiligung von Lehrern, Hausarzt und Schulpsychologe erhalten betroffene Kinder ein *SEN statement* mit entsprechenden Unterstützungsmaßnahmen, die an der Schule von einem *Special Educational Needs Co-ordinator (SENCO)* in die Wege geleitet werden. Neben großzügigeren Zeiten für Aufgaben und Prüfungen, gesonderten Lehrmaterialien sowie notwendigen Hilfsgeräten werden ausgebildete Zusatzkräfte *(teaching assistants)* im Klassenraum zur Verfügung gestellt, die sich den Kindern mit *SEN* besonders widmen. Die Integration eines *SEN*-Kindes in den normalen Schulbetrieb ist also unbedingt erwünscht.

Leider unterliegen viele *councils* rigorosen Sparmaßnahmen, sodass *SEN-statements* vor dem Hintergrund der damit verbundenen zusätzlichen Kosten nicht immer rein nach Bedarf ausgestellt werden. Auch das Angebot an staatlichen Förder- und Sonderschulen für Kinder, bei denen eine Integration in den normalen Schulbetrieb schwerfällt, ist nicht ausreichend. Wer es sich finanziell leisten kann, weicht auf Angebote im privaten Sektor aus.

Erste Anlaufstellen für Eltern mit potenziellen *SEN*-Kindern sind die *LEA* oder auch der Hausarzt. Darüber hinaus können Sie sich mit einzelnen Fragen an das *Advisory Center for Education* unter 0808 / 80 05 793 bzw. ► www.ace-ed.org.uk oder die *Parent Partnership Services (PPS)* mit lokalen Büros (► www.parentpartnership.org.uk) wenden. Entscheidungen der *LEA* können über ein Tribunal angefochten werden, unter

► www.justice.gov.uk finden Sie die Publikation *How to appeal against a SEN decision.* Bei der privaten Schul- und Internatsberatung *Gabbitas Education* (► www.gabbitas.co.uk) können Sie außerdem das Buch *Schools for special needs – a complete guide* erwerben. Darüber hinaus finden sich in Großbritannien diverse Selbsthilfegruppen und Vereinigungen, die Kinder mit *special educational needs* und ihre Eltern unterstützen.

Privatschulen und Internate

Britische Privatschulen *(independent schools, public schools, private schools)* und Internate *(boarding schools),* vor allem Eliteschmieden wie Eton, Harrow, Winchester und St. Paul's, sind weltweit berühmt. Dabei darf aber nicht vergessen werden, dass private Schulen in Großbritannien Teil des Systems sind und weder nur den Besten noch nur Kindern mit problematischer Schulkarriere vorbehalten sind. Privatschulen stehen vor allem für eine Erweiterung des nationalen Lehrplans (mehr zum *National Curriculum* ab S. 219) und vielfältigere Lernangebote. Neben kleinen Klassen und einer individuellen Betreuung schreiben sich Privatschulen insbesondere die persönliche Entwicklung und Charakterfestigkeit ihrer Schüler auf die Fahne.

Die **Privatschullandschaft** gestaltet sich folgendermaßen:

all through school – Schulen mit eigener Krippe/Vorschule und *sixth form* für Schüler von 2 oder 3 bis 18 Jahre
pre-preparatory school (pre-prep) – Vor- und Grundschule für Kinder bis 7 Jahre
preparatory school (prep), junior school – Grundschule für Kinder von 7 bis 11 bzw. 13 Jahre
lower school – Sekundarschule für Kinder von 11 bis 13 Jahre
senior school – Sekundarschule für Kinder von 11 bzw. 13 bis 18 Jahre
sixth form – Sekundarschule für Jugendliche ab 16 Jahre
single sex school – reine Mädchen- oder Jungenschule
co-education school, mixed school – gemischte Schule für Jungen und Mädchen

Auswahl einer Privatschule

Für eine private Schulausbildung ihrer Kinder nehmen viele Eltern finanzielle Einbußen in Kauf. Bei der Auswahl einer geeigneten Privatschule sollten Sie daher zunächst die **Schulgebühren** miteinander vergleichen, die bei etwa £ 400 pro Monat für einen Grundschulplatz anfangen und in der Sekundarschule bis zum Wert eines Kleinwagens pro Schuljahr – bei Eliteinternaten auch pro *term* – reichen können.

In einigen Regionen kann jedoch die monatliche Gebühr für eine Privatschule geringer ausfallen als der Aufschlag, den Sie für ein kreditfinanziertes Haus zahlen müssen, das im Einzugsgebiet einer guten staatlichen Schule hohe Aufnahmechancen garantiert. Unbedingt einkalkulieren müssen Sie eine jährliche Erhöhungen der privaten Schulgebühren, während der Wert eines Hauses wahrscheinlich über die Jahre steigt – sofern die Schule nicht ihr gutes Ranking verliert oder sich die *catchment area* ändert. Werfen Sie zudem einen Blick auf Möglichkeiten eines Schulstipendiums *(scholarship)* wie auch spezielle Finanzierungsprodukte, die Kreditgesellschaften Schulen und Eltern bieten. Marktführer ist hier die Firma *School Fee Plan,* weitere Informationen unter ▶ www.sfpschoolfees.co.uk.

Daneben ist es empfehlenswert, sich mit dem **Ethos** einer Schule sehr genau zu befassen. Eltern aus dem deutschsprachigen Raum werden bei einigen Privatschulen mit Erziehungsstilen konfrontiert, die vielleicht etwas gewöhnungsbedürftig sind. So gibt es Schulen mit einer sehr disziplinierten, fast militärischen Ausrichtung, die beispielsweise eine Kadettenausbildung für Jungen anbieten. Andere Schulen sind sehr traditionsorientiert oder religiös, sodass sich Kinder ohne entsprechendes Elternhaus hier eher schwer tun. Auch können Schulen extrem leistungsorientiert sein, weil sie die künftige Elite des Landes mit entsprechenden Führungsqualitäten stellen wollen.

Ebenfalls im Privatsektor angesiedelt sind Schulen mit spezieller pädagogischer Ausrichtung, die beispielsweise Kinder mit besonderen Begabungen *(gifted children)* oder Lernschwierigkeiten *(special needs)* aufnehmen. Auch **Montessori- oder Waldorf-Schulen** *(Steiner schools)* werden mit nur wenigen Ausnahmen von privaten Trägern geführt. Weitere Informationen finden Sie unter ▶ www.montessori.org.uk bzw. ▶ www.steinerwaldorf.org.

Schüler privater Schulen schneiden bei den nationalen Abschlussprüfungen überdurchschnittlich gut ab. Überhaupt ebnen Privatschulen den weiteren **Ausbildungsweg** im selektiven britischen Bildungssystem: Kinder, die eine private Grundschule besucht haben, schaffen mit einer deutlich höheren Wahrscheinlichkeit die Aufnahmeprüfung staatlicher und damit kostenloser *grammar schools* oder die *Common Entrance Exams (CEE)* privater Sekundarschulen. Schüler, die ihre Hochschulreife an einer *grammar school* oder einer privaten Sekundarschule erworben haben, erhalten wiederum leichter Zugang zu den Top-Universitäten des Landes. Ein Beispiel: Während etwa 10 % aller britischen Schüler eine Privatschule besuchen, haben rund 50 % der Studenten in *Oxford* und *Cambridge* ihren Abschluss auf einer Privatschule gemacht.

Feeder schools in London

Das Angebot an guten staatlichen Schulen ist in vielen Stadtvierteln Londons besonders spärlich gesät. Privatschulen in und um London verzeichnen daher eine starke Nachfrage und reagieren darauf mit strengsten Aufnahmekriterien und hohen Schulgebühren. Es ist daher nicht unüblich, dass sich Eltern bereits kurz nach der Geburt ihres Kindes in Wartelisten gut gerankter *nursery schools* eintragen, die ihre Kinder auf die späteren Aufnahmeprüfungen an privaten Grundschulen vorbereiten.

Weil sich die *nursery schools* ihre Erfolgsraten nicht verderben möchten, führen sie bereits mit 3-Jährigen interne *assessments* durch. Nur die mit dem größten Potenzial erhalten einen Platz. Die nachfolgenden privaten Grundschulen führen dann weitere Aufnahmetests durch und geben bei gleichen Ergebnissen häufig Kindern den Vorzug, die aus ausgewählten *nursery schools* zu ihnen stoßen.

Und so zieht sich das Prinzip der sogenannten ***feeder schools*** von der *nursery school* bis hin zur Sekundarschule oder sogar Universität immer weiter durch. Einige Eltern wählen daher bereits bei der Geburt (wenn nicht sogar schon vor der Zeugung) gedanklich einige Top-Sekundarschulen aus und wenden sich dann den vorgelagerten *feeder schools* zu.

Internate

Internate *(boarding schools)* nehmen Kinder bereits ab einem Alter von 4 oder 7 Jahren auf. Es gibt unterschiedliche Konzepte: Viele Schulen haben sowohl Tages- *(day pupils)* als auch Internatsschüler *(boarders).* Andere betreuen Kinder vor allem unter der Woche, das heißt am Wochenende kehren die Schüler zu ihrer Familie zurück. Wieder andere Internate erlauben den Schülern nur an zwei Wochenenden pro *term* einen Besuch zu Hause. Meist sind die Kinder in Wohngemeinschaften mit einem Betreuer untergebracht.

Große Internate gleichen einer klassischen Campus-Universität mit eigenen Geschäften, Sporteinrichtungen, Bibliothek, Clubräumen, Kantine und Kino. Die Internatsleitung organisiert die gesamte Freizeitgestaltung und bietet Ausflüge, Einkaufstouren und abendliche Theaterbesuche. Vom Internatsarzt über den persönlichen Mentor bis zur Wäscherei ist alles inklusive. Die hohen Schulgebühren garantieren allerdings keine luxuriöse Unterkunft. In vielen Internaten gleichen die Schlafräume eher einem Mehrbettzimmer in einer Jugendherberge. Das ist Teil des Ethos eines britischen Internates.

Schulbewertungen

Private Schulen müssen staatlichen Vorgaben entsprechen und werden von *OFSTED* oder vom *Independent Schools Council (ISC)* regelmäßig inspiziert. Sie haben also die Möglichkeit, die entsprechenden Inspektionsberichte unter ▶ www.ofsted.gov.uk oder ▶ www.isc.co.uk abzurufen. Weitere Informationen und Porträts von Privatschulen und Internaten finden Sie beispielsweise im *Good Schools Guide,* erhältlich als Buch oder Online-Abo unter ▶ www.goodschoolsguide.co.uk. Ähnliche Informationen bietet *The Independent Schools Guide* der privaten Schul- und Internatsberatung *Gabbitas* (▶ www.gabbitas.co.uk). Das Webportal *Guide to Independent schools* unter ▶ www.guidetoindependentschools.com und das zugehörige Buch bieten ebenfalls zahlreiche Schulprofile. Tageszeitungen wie *The Times* veröffentlichen einmal im Jahr ihre eigenen Schul-Rankings.

Anmeldung

Je nach Knappheit des Angebots in Ihrer Region müssen Sie sich für einen Platz in einer *pre-preparatory school* ein bis zwei Jahre vor Schulbeginn anmelden. Am Ende der nachfolgenden *preparatory school* nehmen die meisten Schüler an einem *Common Entrance Exam (CEE)* teil, dessen Ergebnis darüber entscheidet, welche private Sekundarschule besucht werden kann. Auch Kinder staatlicher Grundschulen, die auf eine private Sekundarschule wechseln möchten, müssen das *CEE* ablegen. Einige Schulen führen eigene Aufnahmeprüfungen durch. Die *CEE* werden je nach Zeitpunkt des Übertritts entweder im *Year 6* mit 11 bis 12 Jahren oder im *Year 8* mit 13 bis 14 Jahren abgelegt.

Ziehen Sie aus dem Ausland nach Großbritannien, sollten Sie die Schulen Ihrer Wahl so früh wie möglich direkt kontaktieren. Zum einen finden sich in verschiedenen Jahrgängen meist immer freie Plätze, nachdem andere Kinder die Schule verlassen haben. Oder es gibt ein bestimmtes Kontingent an Schulplätzen für ausländische Kinder, die jenseits des üblichen Bewerbungsprocedere vergeben werden.

Schuljahr und Ferien

Das Schuljahr beginnt in England und Wales in der ersten Septemberwoche und läuft in drei Trimestern *(terms)* bis Mitte/Ende Juli:

- ***autumn term:*** September bis Weihnachten
- ***spring term:*** Januar bis Ostern
- ***summer term:*** April bis Ende Mitte/Ende Juli

In der Mitte jedes Trimesters gibt es jeweils eine Woche Ferien, die als *half term* oder *mid term* bezeichnet wird. Die Sommerferien dauern rund sechs Wochen, die Weihnachts- und Osterferien jeweils etwa zwei bis drei Wochen. Die genauen Feriendaten werden je nach Lage der Weihnachts- und Osterfeste vom *council* bestimmt. Es gibt also keine landesweit einheitlichen Ferien. Privatschulen gewähren im Schnitt längere Ferien und legen ihren Ferienbeginn meist ein paar Tage zeitversetzt.

Zusätzlich zu den regulären Ferienzeiten können Eltern ihre Kinder mit Erlaubnis der Schulleitung bis zu zehn weitere Tage pro Schuljahr zu Hause lassen. Dieser Sonderurlaub wird für Familienangelegenheiten, nicht aber für einen frühzeitigen Aufbruch in den Urlaub gewährt.

Unentschuldigte Abwesenheit *(to truant)* kann schnell zu einem Hausbesuch durch das Jugendamt *(social services)* führen. Auch Strafzahlungen *(truancy fines)* sind möglich.

Schultag

Ein Schultag fängt zwischen 8.30 und 9.00 h an. An vielen Schulen wird zehn Minuten vor Unterrichtsbeginn eine Schulversammlung in der Aula abgehalten und/oder es findet eine formelle Anwesenheitsabfrage *(calling the register)* statt. Wer zu spät kommt, muss sich erst im Schulsekretariat melden. Hier werden auch Krankmeldungen entgegengenommen.

In einer rund einstündigen Mittagspause können die Kinder die Schulkantine besuchen oder ihre von zu Hause mitgebrachten Butterbrote essen. Der Schultag endet zwischen 15.30 und 16 h.

Die Schule stellt auch in Sachen **Freizeitgestaltung** einen Dreh- und Angelpunkt dar: Der Mittwochnachmittag ist vielerorts für gemeinsame sportliche Aktivitäten reserviert. Daneben werden nach dem Unterricht zahlreiche *after-school-clubs* für Musik und weitere Sportarten angeboten. Samstagvormittags finden Sportwettkämpfe mit anderen Schulen oder Orchesterproben statt.

Berufstätige Eltern profitieren von gebührenpflichtigen *breakfast clubs* ab 8 h, Betreuungsangeboten nach Schulschluss und *holiday clubs* während der Ferien.

Schuluniform

Der Großteil britischer Schulen verlangt das Tragen einer Schuluniform *(school uniform)* in bestimmten Grundfarben. Insbesondere in Privatschulen sind zudem Blazer, Krawatte (häufig auch für Mädchen), Pullover sowie eine Schultasche, alles jeweils mit Schulemblem, Pflicht.

Schulspezifische Dinge erhalten Sie entweder in einem Schul-Shop oder unter einer bestimmten Bezugsadresse. Die dazugehörige Grundausstattung bestehend aus grauen, dunkelblauen oder schwarzen Röcken und Kleidern *(pinafore dresses)*, karierten Sommerkleidern *(gingham dresses)* bzw. langen und kurzen Hosen, Blusen oder Hemden, Strümpfen sowie Sportsachen *(PE kits)* und Jogginganzügen für die *pre-schooler* sind in fast allen Kinderbekleidungsgeschäften fester Bestandteil des Sortiments. In vielen Orten führen auch ein oder zwei Geschäfte alle Schuluniformen der Region komplett.

Für Preisbewusste gilt: Nutzen Sie für den Einkauf der Schuluniform-Basics die halbjährlichen Sonderaktionen ›*Back to school*‹ der großen Ladenketten (einschließlich Supermärkte). Daneben veranstalten viele Schulen und Kirchen in regelmäßigen Abständen Secondhand-Märkte für Schuluniformen.

Als Neuankömmlinge aus dem Ausland sollten Sie darauf achten, wie streng an Ihrer Schule die Uniformregeln eingehalten werden: Einige Schulen, vor allem Privatschulen, fordern das Tragen der jeweiligen Sommer- oder Winteruniform strikt nach Kalender. Dann gehen die Kinder bis Mitte Oktober in kurzen Hosen und Röcken zur Schule, auch wenn es morgens bereits winterlich kalt ist. Meist wird aber etwas Gestaltungsspielraum gegeben, solange die Grundfarben eingehalten werden. Aber pinke Haarsprangen, bunte Socken oder braune statt schwarze Schuhe können Ihnen einen bösen Brief der Schulleitung bescheren.

Besonders Teenager tun sich mit dem erstmaligen Tragen einer Schuluniform anfangs schwer. Meist sind die Vorbehalte aber schnell vergessen. Wie ihre britischen Schulkameraden sind auch Jugendliche aus dem deutschsprachigen Raum irgendwann stolz auf ihre Uniform, die ihre Zugehörigkeit zu ihrer Schule und zu einer Gruppe von Freunden demonstriert. Rebellische Individualität wird über modische Haarschnitte, gewagte Rocklängen und ein lässiges Tragen des Hemdes über der Hose ausgedrückt.

Nationaler Lehrplan

Der Schulunterricht in England folgt einem nationalen Lehrplan *(National Curriculum)* mit altersspezifischen Schuljahren und *Key stages.* Bis zu einem Alter von 13 bis 14 Jahren ist der Unterricht für alle Kinder landesweit einheitlich.

Übersicht Schuljahre und *Key stages*

Alter	Schuljahr	Stufe des nationalen Lehrplanes	Prüfung am Jahresende
Primary school			
3–4	*nursery/ pre-school*	*Early Years Foundation Stage (EYFS)*	–
4–5	*reception*	*Early Years Foundation Stage (EYFS)*	–
5–6	*Year 1*	*Key stage 1*	*phonics screening*
6–7	*Year 2*	*Key stage 1*	*teacher assessments*
7–8	*Year 3*	*Key stage 2*	–
8–9	*Year 4*	*Key stage 2*	–
9–10	*Year 5*	*Key stage 2*	–
10–11	*Year 6*	*Key stage 2*	*National Curriculum Tests (NCTs/teacher assessments)*
Secondary school			
11–12	*Year 7*	*Key stage 3*	*teacher assessments*
12–13	*Year 8*	*Key stage 3*	*teacher assessment*
13–14	*Year 9*	*Key stage 3*	*teacher assessments*
14–15	*Year 10*	*Key stage 4*	–
15–16	*Year 11*	*Key stage 4*	*GCSE*
16–17	*Year 12*	*sixth form*	*AS-Level exams*
17–18	*Year 13*	*sixth form*	*A-Level exams*

Die **Kernfächer** Englisch *(English)*, Mathematik *(maths)* und Naturwissenschaften *(science)* sind in allen *Key stages* Pflicht. Daneben werden weitere Fächer je Jahrgangsstufe unterrichtet, wie

- Bürgerkunde *(citizenship)*,
- Design und Technologie *(design & technology)*,
- Geografie *(geography)*,
- Geschichte *(history)*,
- Informations- und Kommunikationstechnologie *(information & communication technology, ICT)*,
- Kunst und Design *(art & design)*,

- Musik *(music),*
- Sozialkunde *(Personal, social and health education, PSHE)* und
- Sport *(physical education, PE).*

Zusätzliche Fächer werden auf freiwilliger Basis angeboten.

Der **Fremdsprachenunterricht** *(modern foreign languages, MFL)* ist ab Beginn der Sekundarschule Pflicht. Allerdings bieten mehr und mehr Grundschulen Fremdsprachen bereits ab *Key stage 1* an. Meist ist Französisch die erste Fremdsprache. Spanisch oder Deutsch folgen später als Wahlfächer.

Das **Leistungsniveau** einzelner Schüler je Fach wird an den meisten Schulen nach acht *levels* (1 bis 8) mit je drei *sub-levels (a, b, c)* bewertet. Ein *a* bedeutet, dass das Kind den Stoff eines *levels* sicher beherrscht und mit dem nächsten *level* beginnen kann. Ein *b* steht für gute, ausbaufähige Ergebnisse und ein *c* signalisiert den Beginn eines *levels.* Jedes Kind arbeitet sich über die Schuljahre hinweg individuell die acht Leistungsniveaus hinauf und zwar von 1c auf 1b, 1a, 2c, 2b, 2a, 3c usw. Innerhalb einer Klasse entstehen daher verschiedene Leistungsgruppen. Die meisten Schulen geben einen Orientierungsrahmen, welches Leistungsniveau in welchem Jahr erreicht werden sollte *(target plans),* z. B.:

- *Year 1: level 1b*
- *Year 2: level 2b*
- *Year 3: level 2a/3c*
- *Year 4: level 3b*
- *Year 5: level 3a/4c*
- *Year 6: level 4b* usw.

Einige Schüler liegen darüber, andere benötigen weitere Unterstützung, um die gesetzten Ziele zu erreichen. Durch die flexiblen Leistungsniveaus (*levels* und *sub-levels*) ist auch bei schlechten Leistungen die Wiederholung eines Schuljahres nur eine allerletzte Alternative, z. B. nach langer Krankheit des Schülers. Es wird sehr viel mehr Wert darauf gelegt, dass die Altersstruktur einer Klasse homogen bleibt. Bei nicht bestandenen Wahlfächern ab *Key stage 4* muss der Schüler entweder die Prüfung wiederholen oder kann im folgenden Schuljahr den Kurs nicht mehr belegen.

Nähere Informationen zum nationalen Lehrplan und den jeweiligen Leistungsniveaus finden Sie unter ► www.education.gov.uk/schools, Navigationspunkt *Teaching and learning.*

Ab dem Schuljahr 2013/2014 sind weitreichende Reformen des nationalen Lehrplans, der Fächerwahl und der nachfolgenden Abschlussprüfungen geplant.

Zeugnisse

In jedem Schuljahr, zumindest aber am Ende jeder *Key stage,* erhalten Sie ein/en Zeugnis/Bericht *(report)* über die erzielten Leistungen Ihres Kindes in den jeweiligen Fächern. Diese resultieren aus den *teacher assessments* bzw. den *National Curriculum Tests* (später *GCSE, AS-* und *A-Level exams*).

Notensystem

Prüfungen und Arbeiten werden mit den Noten *A* bis *F* bewertet. Für herausragende Leistungen ist auch ein *A* (A star)* möglich:

*A**	*outstanding*
A	*excellent*
B	*above average*
C	*average*
D	*below average*
E	*poor*
F	*failed*

Zur weiteren Differenzierung werden auch Zwischennoten gegeben, wie beispielsweise ein *B/C* oder auch ein *B-* oder *B+* *(B minus, B plus).*

Für viele Abschlussprüfungen gilt ein leicht abgewandeltes Notensystem, das entweder von *A** bis *E* oder auch von *A** bis *G* reichen kann, wobei dann die Noten *E, F* und *G* zwischen *marginal fail, clear fail* und *bad fail* unterscheiden.

Schulabschlüsse

An britischen Schulen können folgende Abschlüsse erworben werden:

General Certificate of Secondary Education (GCSE)

Zum Beginn der *Key stage 4* wählen die Schüler acht bis neun Pflicht- (Mathematik, Englisch, Naturwissenschaften) und Wahlfächer, die sie in den kommenden beiden Schuljahren bis zu den Prüfungen für das *General Certificate of Secondary Education (GCSE)* belegen. Einige Privatschulen bieten das *International General Certificate of Secondary Education (IGCSE)* mit internationaler Ausrichtung an.

Achtung: Nach aktuellen Regierungsplänen soll das *GCSE* in den kommenden Jahren reformiert werden.

General Certificate of Education Advanced (A), A-Levels

A-Levels, die zum Hochschulstudium berechtigen, werden am Ende des zweijährigen *sixth form* an einer Schule oder einem *college* durch erfolgreiche Prüfungen erworben. Voraussetzung für die Einschreibung ins *sixth form* sind meist mindestens fünf *A** bis *C*-Noten in den *GCSE*-Prüfungen.

A-Levels können in rund 45 verschiedenen Fächern absolviert werden. Die meisten Schüler wählen drei bis fünf Fächer. Da Universitäten für jedes Studienfach bestimmte *A-Levels* voraussetzen, sollten Schüler bei der Wahl ihrer Kurse bereits ungefähr wissen, was sie später einmal studieren möchten. Gut zu wissen: Einige *A-Level*-Fächer werden von anspruchsvollen Universitäten als *soft choices* angesehen und reichen daher in hart umworbenen Studienfächern für die Aufnahme nicht aus.

Ein *A-Level* besteht aus verschiedenen Modulen. Nach *Year 12* findet eine erste Prüfung statt, die zu einem *AS-Level (Advanced Subsidiary)* führt. Nach *Year 13* werden die nachfolgenden Module *A2* geprüft und der Absolvent erhält das *A-Level (= AS plus A2).*

Achtung: Nach aktuellen Regierungsplänen sollen die *A-Levels* in den kommenden Jahren reformiert werden.

In Deutschland, Österreich oder der Schweiz studieren?

Wer nach Abschluss der *A-Levels* zurück in der deutschsprachigen Heimat studieren möchte, sollte darauf achten, dass er seine Fächer so wählt, dass sie den Voraussetzungen für Abitur oder Matura entsprechen. Mindestens vier Prüfungen sollten daher in allgemeinbildenden Fächern inklusive einer Sprache, Mathematik und einer Naturwissenschaft erfolgen. Drei der vier Fächer müssen als *A-Level* geprüft werden, für das vierte genügt meist ein *AS-Level.* Für weitere Informationen zu Deutschland greifen Sie auf das Informationssystem zur Anerkennung ausländischer Bildungsabschlüsse unter ► http://anabin.kmk.org zu. In Österreich und der Schweiz entscheiden die Hochschulen direkt.

Diplomas

Diplomas, die ebenfalls zum Hochschulstudium berechtigen, können durch eine Kombination aus betriebspraktischen Erfahrungen und Unterricht in 14 verschiedenen Fächern absolviert werden. *Diploma*-Kurse sind zudem mit *A-Level*- und *GCSE*-Kursen kombinierbar.

International Baccalaureate

Viele britische Schulen bieten das *International Baccalaureate* an, das eine grenzüberschreitende Hochschulzugangsberechtigung enthält. Die Lehrpläne für die Schulen werden von der privaten *International Baccalaureate Organization (IBO)* erstellt und in das *Primary Years,* das *Middle Years* und das *Diploma Programme* unterteilt. Für den Abschluss müssen die Schüler Kurse aus sechs verschiedenen Bereichen, drei bis vier davon als Leistungskurse, belegen. Weitere Informationen finden Sie unter ► www.ibo.org.

Cambridge International Examinations

Die *University of Cambridge* bietet Privatschulen und einigen ausgewählten staatlichen Schulen einen fünfstufigen Lehrplan, der zu verschiedenen international anerkannten Abschlüssen führt. 14- bis 16-Jährige absolvieren in Anlehnung an das britische Schulsystem unter anderen das *Cambridge International General Certificate of Secondary Education (IGCSE)* oder das *Cambridge International Certificate of Education (ICE).* 16- bis 19-Jährige erwerben die *Cambridge International AS-* und *A-Levels* oder das *Cambridge Pre-U* bzw. das *Cambridge Advanced International Certificate of Education (AICE)* als konkrete Vorbereitung für ein Hochschulstudium. Weitere Informationen erhalten Sie unter ► www.cie.org.uk.

Deutschsprachige und internationale Schulen

Die einzige deutschsprachige Auslandsschule in Großbritannien ist die Deutsche Schule in Richmond/London. Die Privatschule wird von der Bundesrepublik Deutschland finanziell gefördert und unterrichtet Kinder vom Kindergartenalter bis zum Abitur gemäß dem Lehrplan des Landes Baden-Württemberg. Im Schuljahr 2012/2013 betragen die Schulgebühren £ 5.690. Der Schweizer Elternverein berechnet einen Zusatzbeitrag von £ 390 für einen Schweizer Lehrer. Weitere Informationen finden Sie unter ► www.dslondon.org.uk.

In Culham, Oxfordshire, befindet sich eine **Europäische Schule** mit einem deutschsprachigen Zweig. Diese wird jedoch 2017 ihre Pforten schließen. Bis dahin ist aber eine Aufnahme in höheren Jahrgangsstufen möglich, sofern der Abschluss vor 2017 oder zurück im deutschsprachigen Raum angestrebt wird. 2012 wurde auf dem Schulgelände die **Europa**

School UK, eine britische *free school* (siehe S. 208) gegründet, die Kinder ab dem Grundschulalter aufnimmt und auf das *European Baccalaureate* vorbereitet. Weitere Informationen zur Europäischen Schule Culham finden Sie unter ▶ www.esculham.eu. Mehr zur neuen Europa School UK erfahren Sie unter ▶ www.europaschooluk.org.

Ebenfalls als *free school* soll 2013/2014 in Southwalk, London, die deutsch-englische *Judith-Kerr-Primary School* (▶ www.jkps.org.uk) eröffnen. Daneben befindet sich die *International Academy of Greenwich* im Entstehen (▶ www.internationalacademygreenwich.org.uk). Weitere *Free-school*-Aktivitäten mit internationalem Bezug sind künftig zu erwarten.

Eine weitere Alternative bietet die **Deutsche Fernschule**, die im Auftrag des Auswärtigen Amtes deutsche Kinder im Ausland betreut. Der komplette Grundschulunterricht kann per Fernunterricht absolviert werden. Informieren Sie sich unter ▶ www.deutsche-fernschule.de.

Für die Klassenstufen fünf bis zehn übernimmt das Institut für Lernsysteme (ILS) die Betreuung des Fernunterrichts für deutschsprachige Kinder im Ausland. Hier kostet ein komplettes Schuljahr zwischen € 2.040 und € 2.724. Auf den Haupt- oder Realschulabschluss bereitet zudem die Flex-Fernschule vor, die sich wegen ihres heilpädagogischen Konzeptes besonders für Kinder mit Lernschwierigkeiten eignet. Weitere Informationen finden Sie unter ▶ www.ils.de/deutscher_schulunterricht_an_jedem_ort_der_welt.php und ▶ www.flex-fernschule.de.

Internationale Schulen

Legen Sie weniger Wert auf Unterricht in deutscher Sprache, können sich aber mit dem britischen Schulsystem nicht so recht anfreunden, sollten Sie einen Blick auf internationale Schulen werfen. Davon gibt es rund um London ca. 15 Stück, die meisten sind amerikanische oder französische Schulen. Aber auch in anderen Regionen sind einige internationale Schulen angesiedelt. Nutzen Sie für Ihre Suche beispielsweise *The Independent Schools Directory* unter ▶ www.indschools.com, da die meisten internationalen Schulen in privater Hand sind.

Wege in den Beruf

Neben einem Universitätsstudium (Mehr dazu im Kapitel 15 *Studium an der Universität* ab S. 232) führen in Großbritannien viele Wege in den Beruf. Vor allem Berufsschulen *(vocational colleges)* sind nach dem Schulabschluss wie auch später zur Weiterqualifizierung beliebt. Daneben können unterschiedliche Lerneinheiten verschiedener Anbieter *(Business and Technology*

Education Council, OCR Nationals, City & Guilds) nach dem Baukastenprinzip zu einer Qualifikation kombiniert werden. Was im deutschsprachigen Raum die Volkshochschule ist, wird in Großbritannien, regional unterschiedlich organisiert, als *community college* oder *evening classes* angeboten.

Stark verbreitet sind die ***General National Vocational Qualifications** (GNVQs),* die in rund 15 Fächern auf drei verschiedenen Niveaus – *foundation, intermediate* und *advanced* – qualifizieren. Diese Vollzeitausbildungen werden insbesondere im Anschluss an die *GCSEs* besucht. Nach rund zwei Jahren und dem erfolgreichen Abschluss des Fortgeschrittenenkurses ist auch ein Wechsel an die Universität möglich.

Junge Erwachsene zwischen 16 und 25 Jahren, die bereits berufstätig sind, können tätigkeitsspezifische modulare Ausbildungswege wählen, die zu den ***National Vocational Qualifications** (NVQs)* führen. Die Teilnehmer kombinieren dazu eine Ausbildung in einem Unternehmen mit Unterricht an einer Berufsschule.

Gut zu wissen: Es gibt in Großbritannien keine Wehrpflicht, allerdings bietet das Militär für britische Staatsbürger viele Berufsausbildungen und auch Studienstipendien an (▶ www.army.mod.uk).

Bewertungsrahmen

Weil es so viele verschiedene Bildungsanbieter mit breitgefächerten Kursen, Lehr- und Studiengängen wie auch Abschlüssen gibt, hat die britische Regierung einheitliche Bewertungsrahmen geschaffen:

- Der ***National Qualifications Framework** (NQF)* mit neun Qualifikationsebenen basiert auf einem Punktesystem. Diverse Kurse und Lehrgänge mit unterschiedlichsten Fächern und Abschlüssen erhalten eine Einstufung innerhalb des Bewertungsrahmens, sodass Arbeitgeber die Qualität einer Ausbildung besser einschätzen können.
- Daneben steht ein ***Qualifications and Credit Framework** (QCF)* für berufliche Weiterbildungen. Einzelne Kurse werden mit Punkten belohnt, welche kumuliert zur nächsthöheren Qualifikationsstufe führen.
- Hochschulabschlüsse werden in den ***Framework for Higher Education Qualifications** (FHEQ)* eingeordnet.

Für das bessere Verständnis, hier einige Beispiele:

Schulabgänger mit einer Note zwischen *D* und *G* in ihren *GCSEs* erhalten automatisch das *NQF level 1.* Eine Note zwischen *A** und *C* führt zu einem *NQF level 2. A-Levels* oder der *International Baccalaureate* entsprechen dem *NQF level 3.* Auf der gleichen Stufe steht beispielsweise ein College-Lehrgang, der mit dem *National Vocational Qualifications (NVQs) level 3* abgeschlossen wurde. Höhere Berufsausbildungen, die mit einem *Higher National Certificate (HNC)* oder *Diploma (HND)* ausgezeichnet wurden, führen mindestens zum *NQF level 5.*

Ein *Certificate of Higher Education,* welches beispielsweise durch ein einjähriges Studium an einer Universität erworben werden kann, entspricht dem *FHEQ level 4* im *Framework for Higher Education.* Nachfolgende Ebenen bilden *diplomas* und *foundation degrees,* die dem *FHEQ level 5* entsprechen. Ein *Bachelor degree* der Universität wäre *level 6,* ein *Master degree* erreicht *level 7.* Diese höchsten Stufen können beispielsweise auch mit berufsbegleitenden *advanced professional degrees* des *Business and Technology Education Councils (BTECs)* durch berufliche Lehrgänge erreicht werden. Eine übersichtliche Grafik finden Sie unter **AiGB13**.

Mit anderen Worten: Sie können auf vielfache Weise Ihre berufliche Qualifikation erhöhen. Informieren Sie sich berufsspezifisch, beispielsweise bei einem Berufsverband. Daneben stellt das *Office of Qualifications and Examinations Regulation (Ofqual)* diverse Publikationen und Suchfunktionen im *Register of Regulated Qualifications* zur Verfügung: ► www.ofqual.gov.uk.

Ausbildungen

In rund 190 verschiedenen Berufsbildern können junge Erwachsene bis 24 Jahre in britischen Unternehmen eine anerkannte Ausbildung *(apprenticeship)* machen. Die Ausbildungsdauer beträgt ein bis vier Jahre. Je nach Ausgangsniveau und Ausrichtung der Ausbildung werden drei Qualifikationsebenen unterschieden:

- ***Intermediate Apprenticeship*** – gleichwertig mit fünf guten *GCSEs*
- ***Advanced Level Apprenticeship*** –gleichwertig mit zwei guten *A-Levels*
- ***Higher Apprenticeships*** – führt zu *NVQ level 4* oder *5,* auch *foundation degree*

Auszubildende erhalten den nationalen Mindestlohn *(National Minimum Wage, NMW)* (Mehr dazu auf S. 123). Nach einer gewissen Einarbeitungszeit zahlen die meisten Unternehmen ihre Auszubildenden jedoch ihren Leistungen entsprechend. Weitere Informationen finden Sie auch unter ► www.apprenticeships.org.uk.

Besonderheiten des Schul- und Ausbildungssystems in Schottland

Schulen: Schottland verfügt über eine vergleichsweise große Zahl an staatlichen Konfessionsschulen. Der Großteil ist katholisch. Selektive *grammar schools* wurden landesweit abgeschafft, wobei einige Schulen nach wie vor den Begriff ›*grammar school*‹ im Namen führen. Daher werden auch keine *11+* oder *Common Entrance Exams (CEE)* geschrieben.
Achtung: *Secondary schools* werden häufig als ›*high schools*‹ bezeichnet. Der Begriff ›*public school*‹ steht in Schottland für staatliche Schulen und nicht wie in England und Wales für private gebührenpflichtige Schulen.

Qualitätsprüfung: Schottische Schulen werden nicht von *OFSTED*, sondern von *Her Majesty's Inspectorate of Education* inspiziert. Berichte zu einzelnen Schulen können Sie unter ► www.hmie.gov.uk, Navigationspunkt *Reports* einsehen. Berichte über *Colleges* finden Sie auf der Webseite der *Quality Assurance Agency for Higher Education:* ► www.qaa.ac.uk.

Schuljahr und Einschulung: Das schottische Schuljahr beginnt Mitte August und läuft bis Ende Juni. Die Einschulung erfolgt im Alter zwischen 4½ und 5½ Jahren. Der Stichtag für die Einschulung ist der 1. März: Kinder, die zwischen März und August geboren wurden, werden im August eingeschult und sind zwischen fünf und 5½ Jahre alt. Kinder, die zwischen September und Februar Geburtstag haben, beginnen die Schule im August zuvor und sind zwischen 4½ und knapp 5 Jahren alt, wobei auf Antrag der Eltern die Einschulung um ein Jahr nach hinten verschoben werden darf. Von 3 bis 5 bzw. 5½ Jahren besuchen die Kinder eine der Schule angeschlossene *nursery*. Die Grundschulzeit dauert sieben Jahre, von *Primary 1* bis *Primary 7* (*P1* bis *P7*). Es folgen vier Jahre Sekundarschule, die um zwei weitere Jahre verlängert werden kann: *Secondary 1* bis *Secondary 6* (*S1* bis *S6*).

Lehrplan: In Schottland gibt es keinen festgeschriebenen nationalen Lehrplan, sondern lediglich einen Orientierungsrahmen für Lehrer *(national curricular guidelines for the Primary 1 to Secondary 2 age-range).*
Bis 2014 soll flächendeckend ein neuer ***Curriculum for Excellence*** eingesetzt werden, der allen Schülern reichhaltigere Lernerfahrungen und eine gezieltere persönliche Entwicklung ermöglichen soll. Weitere Informationen finden Sie unter ► www.ltscotland.org.uk.

Sprachen: Bereits in der Grundschule wird eine Fremdsprache (Französisch, Spanisch oder Deutsch) eingeführt. Einige Schulen unterrichten teilweise noch in gälischer Sprache oder bieten Gälisch zumindest als zusätzliches Unterrichtsfach.

Schulabschlüsse: Schottische Schüler können folgende Schulabschlüsse ablegen:

Standard Grades – Prüfungen im Alter zwischen 15 und 16 Jahren in rund acht Fächern (vergleichbar mit *GCSEs*). *Standard Grades* können auf drei Qualifikationsniveaus abgelegt werden: *Standard Grade Foundation, Standard Grade General, Standard Grade Credit.*

Access und Intermediate – An einigen Schulen wird über sogenannte *National Courses* bestehend aus *National Units* eine Sequenz an Qualifikationen und Prüfungen angeboten, die von *Access 1, 2* und *3* bis *Intermediate 1* und *2* reicht. Der Abschluss *Intermediate 2* entspricht ungefähr dem *Standard Grade Credit* und bildet das Sprungbrett zu den nachfolgenden Schuljahren *S5* und *S6.*

Higher und ***Advanced Higher (Highers)*** – Im Schuljahr *S5,* mit etwa 17 Jahren, folgen die *Higher Grades,* ein Jahr später in *S6* die *Advanced Higher exams* (vergleichbar mit *AS-* und *A-Levels*). Für den Hochschulzugang berechtigen bereits die *Higher Grades* in *S5.* Die Mehrheit der Schüler bleibt jedoch bis *S6,* da das *Advanced Higher exam* dem *Higher National Certificate* an Universitäten und Colleges entspricht.

Scottish Baccalaureate – An einigen Schulen werden ein interdisziplinäres *Advanced Higher Scottish Baccalaureate* in *Languages* und ein *Advanced Higher Scottish Baccalaureate* in *Science* angeboten.

Alle Informationen zu schottischen Abschlüssen finden Sie auf der Webseite der *Scottish Qualifications Authority (SQA)* unter ► www.sqa.org.uk.

Mit dem neuen *Curriculum for Excellence* werden zwischen den Schuljahren 2013/2014 und 2015/2016 auch die neuen Abschlusskurse und -prüfungen ***National Qualifications*** eingeführt. *National 4* und *National 5* ersetzen *Standard Grade General, Standard Grade Credit, Intermediate 1* und *Intermediate 2.* Die Access-Abschlüsse weichen den *National 1, 2,* und *3. Standard Grade Foundation* wird ebenfalls *National 3.* Weitere Informationen: ► www.educationscotland.gov.uk

Berufsausbildung: Berufliche Qualifikationen können über *Further Education Colleges* oder durch eine Ausbildung *(apprenticeship)* in einem Betrieb erworben werden. *National Courses* an Schulen und *Colleges* führen zu verschiedenen Qualifikationsebenen:

Group awards – *National Units* werden nach dem Baukastenprinzip zu einzelnen *group awards* zusammengeführt.

National Progression Awards (NPAs) – Qualifikationsstufen in bestimmten Berufsausbildungen, die von *Access 2* bis *Higher* reichen. Meist berufsbegleitende Teilzeitprogramme.

National Certificates – Abschlüsse für Vollzeitausbildungen an *Colleges.*

Daneben können praxisbasierte *General Scottish Vocational Qualifications (GSVQ)* und *Scottish Vocational Qualifications (SVQ)* erreicht werden. An berufsbildenden *colleges* und an einigen Universitäten werden *Higher National Qualifications (Higher National Certificate (HNC) und Higher National Diploma (HND))* erzielt. Wie in England und Wales, werden auch schottische Abschlüsse und Qualifikationen erst über einen Bewertungsrahmen miteinander vergleichbar. Mehr zum ***Scottish Credits and Qualifications Framework (SCQF)*** erfahren Sie unter ► www.scqf.org.uk.

Eine übersichtliche Grafik finden Sie unter **AiGB14**.

Besonderheiten des Schul- und Ausbildungssystems in Wales

Schulen: Die meisten Sekundarschulen sind nicht-selektive *comprehensive schools.*

Qualitätsprüfung: Schulen in Wales werden nicht von *OFSTED,* sondern von *Her Majesty's Inspectorate for Education and Training in Wales* inspiziert. Berichte zu einzelnen Schulen können Sie unter ► www.estyn.gov.uk, Navigationspunkt *Inspection Reports* einsehen.

Lehrplan: Schulen in Wales folgen einem modernisierten zweistufigen Lehrplan, der Schritt für Schritt den bisherigen britischen *National Curriculum* ersetzt:

- ***Foundation Phase*** – Lehrplan für 3- bis 7-Jährige mit dem Grundsatz: *Learning by doing.*
- ***Learning Pathways 14–19*** – individuelle Lehrpläne für 14- bis 19-Jährige mit maßgeschneiderten Lern- und Fördermöglichkeiten sowie flexiblen Optionen bei der Fächerwahl.

Weitere Informationen finden Sie unter ► www.wales.gov.uk, Navigationspfad *Topics/Education and skills.*

Sprache: Etwa ein Fünftel aller Grundschulen in Wales unterrichten in Walisisch *(Welsh medium education).* An allen anderen Schulen ist Walisisch in den *Key stages 1* bis *4* ein Pflichtfach. In vielen Regionen stellen Schulen und/oder *LEA* Nachilfeunterricht für Kinder ohne Walisischkenntnisse zur Verfügung.

Schulabschlüsse: Neben den in Wales verpflichtenden *GCSEs* und freiwilligen *A-Levels* bieten immer mehr Schulen, *Colleges* und Bildungsanbieter die *Welsh Baccalaureate Qualifications (WBQ)* auf drei Ebenen: *Level 1 Welsh Baccalaureate Foundation Diploma, Level 2 Welsh Baccalaureate Intermediate Diploma* und *Level 3 Welsh Baccalaureate Advanced Diploma.* Jeder Abschluss setzt zusätzlich zu traditionellen *AS-* und *A-Levels, NVQs, BTECs* und/oder *GCSEs* ein Kernprogramm mit persönlichkeitsorientierten Fächern voraus. Weitere Informationen: ► www.welshbaccalaureate.org.uk.

Berufsausbildung: Die verschiedenen Qualifikationsstufen entsprechen weitestgehend dem englischen System. Eine übersichtliche Grafik finden Sie unter **AiGB15**. Allerdings gibt es in Wales einige zusätzliche Möglichkeiten, wie beispielsweise das allgemein berufsbildende Programm *Essential Skills Wales* oder verschiedene Initiativen der walisischen Regierung zur Förderung von Ausbildungen und Trainings in Unternehmen *(apprenticeships).*

Kapitel 15

Studium an der Universität

Cambridge und Oxford, kurz als *Oxbridge* bezeichnet, gehören ohne Zweifel zu den berühmtesten Universitäten. Studierende aus der ganzen Welt bewerben sich hier, die Aufnahmekriterien sind entsprechend hoch. Daneben bietet der weitläufige britische Hochschulsektor mit mehr als 300 Universitäten, Colleges und Instituten eine vielfältige Auswahl an über 50.000 Kursen. Da ist wirklich für jeden das passende Studienfach dabei.

Neben den altehrwürdigen Universitäten mit Gründungsdatum zwischen dem 12. und 16. Jahrhundert (Oxford, Cambridge, St. Andrews, Glasgow, Aberdeen und Edinburgh) stehen die traditionellen Universitäten des 19. Jahrhunderts (Colleges in London und Wales) und des beginnenden 20. Jahrhunderts, zu denen auch die sechs viktorianischen *red brick universities* in Manchester, Birmingham, Liverpool, Leeds, Sheffield und Bristol zählen. Zwischen 1920 und 1960 wurden einige weitere Unis in mittelgroßen Städten gegründet. In den 60er-Jahren verdoppelte sich schließlich die Zahl der Einrichtungen im ganzen Land auf 43, indem bürogebäudeähnliche *plate glass universities* hochgezogen wurden. Unter dem Begriff *new universities* werden ehemalige Fachhochschulen *(polytechnics)* verstanden, die erst nach 1992 den Universitätsstatus erhielten. Gleichzeitig wurden bis dato einige tatsächlich neue Universitäten ins Leben gerufen.

Ganz grob lässt sich sagen: Je älter eine Universität ist, desto stärker liegt ihr Fokus auf Forschungstätigkeiten und klassischen Studienfächern. Je jünger eine Universität ist, desto mehr stehen Praxisorientierung und stark nachgefragte Ausbildungen an erster Stelle wie beispielsweise *motorsport engineering, media production, computer animation, leisure management, criminology* oder *fashion marketing*.

Die Betreuung der Studierenden ist an so gut wie allen britischen Universitäten persönlich und individuell. Ein Studium wird darüber hinaus als eine unvergleichliche Lebenserfahrung betrachtet: Vor allem Campus- und College-Universitäten, in denen Studierende auf dem Unigelände wohnen, bieten eine lebendige, oft multikulturelle Gemeinschaft.

Großbritannien könnte also das Uniparadies schlechthin sein, wären da nicht massive Budgetkürzungen, die nun durch erhöhte Studiengebühren ausgeglichen werden sollen. Studienanfänger in England und Wales müssen seit dem Studienjahr 2012/2013 bis zu £ 9.000 pro Studienjahr zahlen.

Studiengänge und Abschlüsse

Studiengänge *(degree courses)* werden an britischen Universitäten entweder als *undergraduate degrees* für Studienanfänger oder als aufbauende *post-graduate degrees* bei entsprechender Vorqualifikation angeboten. Das gleiche Studienfach kann an verschiedenen Universitäten deutlich andere Inhalte umfassen.

Undergraduate studies

Undergraduate studies dauern drei bis vier Jahre und sind entweder als Studiengang mit einem Hauptfach *(single subject)*, mit zwei Hauptfächern *(joint subjects)* oder mit einem Hauptfach und zwei bis drei Nebenfächern *(combined subjects)* konzipiert.

Besonders im ersten Jahr sind fast alle Vorlesungen Pflicht und in einen ausgearbeiteten Stundenplan integriert. Dazugehörige Kurse und Seminare erinnern sehr stark an Schulunterricht. Erst ab dem zweiten oder dritten Studienjahr können durch verschiedene Kursmodule eigene Studienschwerpunkte gesetzt werden.

Technische und wirtschaftswissenschaftliche Studienfächer werden häufig als ***sandwich courses*** angeboten: Sie durchlaufen neben Ihrer akademischen Ausbildung an der Universität verschiedene betreute Praktika in Unternehmen. Ein Studium in Human-, Zahn- oder Veterinärmedizin dauert zwischen fünf und sechs Jahren und umfasst ebenfalls praktische Erfahrungen, meist in der Universität angeschlossenen Lehrkrankenhäusern oder Arztpraxen.

Ihr erstes Studium schließen Sie mit einem ***undergraduate degree*** (oder *first degree*) ab, je nach Fachrichtung kann das ein *Bachelor of Arts (BA)* oder ein *Bachelor of Science (BSc)* sein. Das jeweilige Studienfach ist häufig im Abschlusstitel enthalten, z. B. steht *BEng* für *Bachelor of Engineering, BDes* für *Bachelor of Design* und so fort.

Die meisten *Bachelor-degree*-Kurse tragen den Zusatz ***Honours*** bzw. *BA (Hons)* oder *Bsc (Hons)*. Damit ist das Erreichen einer bestimmten Punktzahl durch Kurse und Prüfungen verbunden. Nur wer am Ende gerade so besteht, erhält einen *ordinary degree* ohne die Klassifizierung *Honours*.

Gekleidet im schwarzen Talar *(gown)* mit Doktorhut und Quaste *(academic cap, graduate cap, mortarboard)* nehmen Sie während der festlichen Abschlusszeremonie *(graduation ceremony)* Ihren *Bachelor-degree* mit einer der folgenden Noten entgegen:

- *First-Class Honours (First or 1st)*
- *Upper Second-Class Honours (2:1)*

- *Lower Second-Class Honours (2:2)*
- *Third-Class Honours (3rd)*
- *Ordinary degree (pass)*

Fail oder *unclassified* lautet das Urteil, wenn die erbrachten Leistungen für einen Abschluss nicht ausreichend waren.

In Oxford und Cambridge wird ein jeweils abweichendes Examenssystem verwendet. Die Klassifizierung *Honours* wird hier nur für besondere Examensnoten vergeben. Einige wenige Universitäten zeichnen besondere Leistungen auch mit einem *First-Class Honours with Distinction,* umgangssprachlich *starred first* genannt, aus. An anderen Universitäten steht ein *Double First* für zwei *First-Class Honours* in unterschiedlichen Fächern, selten wird bei herausragenden Leistungen in zwei oder drei Fächern auch ein *Double-Starred First* oder gar ein *Triple-Starred First* verliehen. Viele schottische und einige wenige englische Universitäten setzen hingegen für einen *Honours-degree* grundsätzlich eine vierjährige Studienzeit voraus oder bieten anspruchsvollere *Master degrees* als *undergraduate studies* an, z. B. einen *Master of Engineering (MEng).* Medizinstudenten schließen ihr Studium mit einem *Bachelor of Medicine (MBChB)* ab. Juristen erhalten für ihren Abschluss einen *Bachelor of Law (LLB (Hons)).*

In berufsbezogenen Studienfächern können Sie an einigen Universitäten und *Colleges* zweijährige ***foundation degrees*** wie auch *diplomas,* z. B. das *Higher National Diploma (HND)* oder das *Diploma of Higher Education (DipHE),* erwerben. Einjährige Kurse werden meist mit einem *Certificate of Higher Education* abgeschlossen. An vielen Universitäten ist es Usus, Studierende eines *BA*-Kurses nach frühzeitigem **Studienabbruch** oder nach einem nicht bestandenen Examen je nach Zahl der vollendeten Studienjahre ein *HND* oder *DipHE* bzw. nach nur einem Studienjahr ein *Certificate of Higher Education* auszustellen.

Postgraduate studies

Unter der Voraussetzung eines guten *BA*-Abschlusses – an vielen Universitäten wird darunter mindestens ein *Upper Second-Class Honours (2:1)* oder ein äquivalenter Abschluss aus dem Ausland verstanden – können Sie sich für einen *post-graduate degree course* (oder *second degree*) einschreiben. So führt vielerorts ein weiteres Studienjahr zu einem *Master of Arts (MA)* oder *Master of Science (MSc).* Viele *Master*-Titel enthalten analog zu den *Bachelor*-Bezeichnungen eine Abkürzung für das Studienfach, z. B. *MComp* für *Master of Computing, MGeol* für *Master of Geology* oder auch *LLM* für *Master of Law.* Eine Liste mit *Degree*-Abkürzungen finden Sie unter ▤AiGB16. Einige der großen Universitäten verleihen einen *Master of Letters (MLitt),* der etwas höher angesehen ist, als ein *MA* oder *MSc. Master-*Titel werden je nach Examensleistung als *pass, pass with merit* oder *pass with distinction* klassifiziert.

Etwas anderes stellt sich der Erwerb des weltweit bekannten ***MBA*** dar: Für diesen *Master of Business Administration* müssen Sie ein anderthalb bis zweijähriges Studium durchlaufen. Studienvoraussetzung ist meist nicht nur ein erster Hochschulabschluss, sondern auch eine mehrjährige Berufserfahrung im Management eines Unternehmens.

Cambridge und Oxford erlauben Studenten mit *Bachelor-*Abschluss nach einer bestimmten Zahl an Jahren einen *Master-*Titel ohne weitere Prüfungen zu beantragen. Dieser ***Oxbridge MA*** wird mit *MA (Oxon)* bzw. *MA (Cantab)* abgekürzt und steht mehr für eine langjährige Zugehörigkeit als für weitere Studienleistungen.

Möchten Sie in Ihrem Studienfach **Forschung** betreiben, ist bei entsprechender Eignung ein *research degree* das nächste Ziel. Dazu erfolgt an den meisten Universitäten zunächst ein rund zweijähriger forschungsorientierter *M-Phil-*Kurs, der mit einer Abschlussarbeit *(M-Phil thesis)* und einer mündlichen Prüfung *(viva)* endet. Im positiven Fall wird der Titel *Master of Philosophy (M-Phil)* verliehen, welcher häufig Voraussetzung für die anschließende Aufnahme in ein ein- bis zweijähriges Promotionsprogramm ist. Im Gegensatz zum deutschsprachigen Raum gelten Doktoranden an britischen Universitäten ebenfalls als Studenten, die einen *PhD-*Kurs belegen.

Für eine **Promotion** zum *Doctor of Philosophy* (*PhD;* je nach Universität auch als *DPhil* bezeichnet) werden eine Doktorarbeit *(PhD-thesis)* plus mündliche Prüfung *(viva)* verlangt. Die meisten *PhD-*Studenten arbeiten dazu ihre *M-Phil-thesis* weiter aus. Vor diesem Hintergrund wird der *M-Phil* zu einer Art Zwischenprüfung auf dem Weg zur Promotion.

Gut zu wissen: Auch in naturwissenschaftlichen Fächern wird ein *Master* bzw. *Doctor of Philosophy* verliehen. Mediziner werden allerdings *Doctors of Medicine* (*MD* oder *DM*). Weitere Titelvariationen gibt es in Cambridge und Oxford.

Bestehen Sie Ihre *PhD-*Prüfung nicht, werden Sie automatisch auf das Level *M-Phil* zurückgestuft. Aus diesem Grund ist das reine Belegen eines *M-Phil-*Kurses ohne das Ziel Promotion nicht zu empfehlen, da diesem Titel ein entsprechendes Stigma anhaftet.

Einige Universitäten bieten einen neu konzipierten ***Master of Research degree (MRes)*** an, der ebenfalls auf das Doktorandenstudium vorbereitet, aber stärker als der *M-Phil* auch ohne nachfolgende Promotion Anerkennung findet. Im Kommen befinden sich außerdem einige stärker berufsbezogene ***doctorates,*** wie beispielsweise der *Doctor of Engineering (EngD),* der *Doctor of Education (EdD)* oder der *Doctor of Social Sciences (DSocSci)*. Herausragende Forschungsleistungen und eine besonders hohe Zahl an Veröffentlichungen werden an einigen Universitäten auch mit *higher doctorates* ausgezeichnet. Darunter fallen beispielsweise der *Doctor of Sciences (DSc/ScD)* oder der *Doctor of Letters (DLitt/LittD)*.

Die Habilitation über eine Habilitationsschrift gibt es im britischen Hochschulsystem nicht. Den Titel ***professor*** verleihen Universitäten entweder als Ehrenauszeichnung oder für besonders bedeutende wissenschaftliche Leistungen. Abgesehen davon ist der Professorentitel meist Lehrstuhlinhabern vorbehalten.

Titelbezeichnungen auf Visitenkarten und in Signaturen

Anders als im deutschsprachigen Raum werden britische Abschlüsse und Titel hinter dem Namen aufgeführt. Oft folgen weitere Abkürzungen für Zusatzausbildungen oder Zugehörigkeiten zu berufsspezifischen Vereinigungen:

Markus Mustermann BEng, MSc, PhD, MIEEE, MIET

Herr Mustermann hat also einen *Bachelor of Engineering (BEng)*, einen *Master of Science (MSc)* und einen *Doctor of Philosophy (PhD)* erlangt. Daneben ist er *Member of the Institute of Electrical and Electronics Engineers (MIEEE)* und *Member of the Institution of Engineering & Technology (MIET)*.

In der mündlichen oder schriftlichen Anrede wird nur der Doktortitel dem Namen vorangestellt. Professoren werden nur als ›*Professor*‹, nicht als ›*Professor Doctor*‹ angesprochen. Abkürzungen erfolgen ohne Punkt:

›*Dear Dr Mustermann*‹ ...

›*Dear Prof Mustermann*‹ ...

Studienfach auswählen

Insgesamt fällt das Kursangebot britischer Universitäten vielfältiger als an den meisten deutschsprachigen Hochschulen aus. Flexible Kombinationsmöglichkeiten erlauben zudem individuelle Schwerpunktsetzungen. Auch nebenberufliche Teilzeitstudiengänge sind mittlerweile zur Normalität geworden. Gleiches gilt für das *distance learning,* welches an vielen Universitäten durch modernste technische Mittel zu einem effektiven Lernsystem entwickelt worden ist.

Einen umfassenden Überblick zu allen ***Undergraduate*-Kursen** an britischen Hochschulen finden Sie auf der Webseite der *Universities and Colleges Admissions Services (UCAS)* ▶ www.ucas.com unter dem Navigationspunkt *Course search.* Dort können Sie für jeden Studiengang die anbietenden Universitäten abrufen und Studienschwerpunkte miteinander vergleichen. Die *UCAS* sind die zentrale Zulassungsstelle für die Studienplatzvergabe und bieten daher die aktuellsten Informationen. Eine Auflistung aller ***postgraduate degrees*** beinhaltet ▶ www.prospects.ac.uk, Navigationspunkt *Postgraduate study.*

Daneben können Sie sich direkt an die **universitätsinternen Zulassungsstellen** *(admission offices)* wenden. Auch lokale Karriereberatungen *(career services),* die Sie an einzelnen Universitäten oder auch innerhalb Ihrer Stadtverwaltung finden, geben Hilfestellung bei der Auswahl des richtigen Studienfaches.

Studenten mit Behinderung werden an britischen Hochschulen angemessen gefördert und finden unter ▶ www.skill.org.uk spezifische Informationen zur Kurswahl.

Universität auswählen

Haben Sie sich für ein Studienfach entschieden, gilt es, passende Universitäten auszuwählen. Gut sortierte Ratgeberliteratur für einen ersten Überblick führt der *UCAS Bookstore:* ▶ www.ucasbooks.co.uk. Besonders empfehlenswert sind Titel, die eine jährlich aktualisierte Gesamtübersicht über Kurse und Universitäten bieten. Dazu zählen beispielsweise *The Guardian University Guide, Times Good University Guide, Which Uni, Top Universities Guide, Choosing your Degree Course* oder der *Virgin Alternative Guide to British Universities.* Die *UCAS* selbst geben jährlich *The Big Guide* heraus. Kein Buch kann jedoch den persönlichen Eindruck ersetzen. Daher sollten Sie die Tage der offenen Tür *(open days)* der infrage kommenden Hochschulen besuchen. Die entsprechenden Daten finden Sie im Bereich der Kurssuche auf ▶ www.ucas.com oder auf den jeweiligen Uni-Homepages.

Ihren Studienerfolg sichern Sie vor allem durch gute **Studienbedingungen** ab, die Sie an den meisten britischen Universitäten vorfinden werden. Dazu tragen nicht nur geringe Teilnehmerzahlen pro Kurs bei, sondern auch zahlreiche *tutorials* – von Tutoren geleitete kleine Lerngruppen, die das Studium begleiten. Auch auf Prüfungen sollte intensiv vorbereitet werden, durch weitere *tutorials* wie auch sogenannte *mock exams:* das Bearbeiten von Aufgabenblättern unter realen Prüfungsbedingungen. Bei vielen Studiengängen ist zudem die vorhandene technische Ausstattung der entscheidende Faktor.

Neben weiteren Kriterien wie Höhe der Studiengebühren, Nähe zum Wohnort, Lebenshaltungskosten, Unterbringung und Freizeitangebote kann auch die **Reputation** einer Universität wichtig sein. Das gilt sicherlich nicht für alle Studienfächer gleichermaßen. Aber Absolventen der Wirtschafts- oder Rechtswissenschaften wie auch der Medizin oder Naturwissenschaften werden bei Bewerbungen nicht nur nach ihrer Examensnote beurteilt, sondern auch nach der Herkunft ihres Abschlusses. Ein gutes Zeugnis der einen Uni zählt manchmal mehr als ein noch besseres Zeugnis der anderen Uni.

In der Konsequenz berücksichtigen viele große Arbeitgeber für Einstiegspositionen nur noch Bewerbungen, die von Absolventen bestimmter Universitäten eingehen.

Universitäten der *Russel Group*

Die *Russel Group* (► www.russellgroup.ac.uk) repräsentiert 20 führende britische Universitäten, die höchste Standards in Forschung und Lehre verkörpern. Daher wird ein Abschluss an einer dieser Universitäten von vielen britischen wie auch internationalen Arbeitgebern besonders hoch bewertet. Zur *Russel Group of leading universities* zählen derzeit:

- University of Birmingham
- University of Bristol
- University of Cambridge
- Cardiff University
- University of Edinburgh
- University of Glasgow
- Imperial College London
- King's College London
- University of Leeds
- University of Liverpool
- London School of Economics & Political Science
- University of Manchester
- Newcastle University
- University of Nottingham
- University of Oxford
- Queen's University Belfast
- University of Sheffield
- University of Southampton
- University College London
- University of Warwick

Hochschulrankings

Vor diesem Hintergrund interessieren sich Studienbewerber in Großbritannien mehr als in vielen anderen Ländern für die ***league tables,*** jährliche Hochschulrankings, die von Buchverlagen und großen Tageszeitungen herausgegeben werden. Allen voran steht *The Complete University Guide,* der in Zusammenarbeit mit der Tageszeitung *The Independent* produziert wird, online zu erreichen unter: ► www.thecompleteuniversityguide.co.uk. Das Ranking erfolgt nach neun gewichteten Kriterien, zu denen Einstiegsvoraussetzungen, Zufriedenheit, Examensnoten, Jobaussichten, Studienabbrüche, Forschungsergebnisse wie auch Ausstattung zählen. Nach ähnlicher Methode ranken auch *The Guardian* (► www.guardian.co.uk/education/universityguide) bzw. *The Sunday Times* und *The Times* (kostenpflichtig abrufbar unter ► www.timesplus.co.uk) britische Universitäten.

Viele Hochschulen beklagen, dass in allen Rankings jedes Jahr die gleichen Unis ungefähr auf den gleichen Plätzen landen. Die *new universities* verlieren dabei regelmäßig gegenüber den traditionellen Unis, obwohl sie für bestimmte Fächer und Zielgruppen eine hervorragende Alternative darstellen. Auch die Hochschulen im Mittelfeld finden Rankings nur wenig aussagekräftig, da sich fundamentale Veränderungsmaßnahmen im Ranking kaum widerspiegeln. Wer sich jedoch erstmals mit der britischen Hochschullandschaft auseinandersetzt, findet hier trotz aller Kritik gute Anhaltspunkte, um seine Auswahl einzukreisen.

Vergleichsmöglichkeiten zwischen einzelnen Universitäten und Studiengängen bietet außerdem die Webseite von *Unistats:* ► www.unistats.ac.uk. Hier finden Sie die Ergebnisse der jährlich durchgeführten nationalen **Meinungsumfrage unter Studierenden** *(National Student Survey)* und ein offizielles *Key Information Set (KIS)* mit Informationen zu Studiengebühren, Studienform und Berufschancen.

Von staatlicher Seite wird die Qualität einer Hochschule durch die *Quality Assurance Agency for Higher Education (QAA)* in spezifischen *institution reports* bewertet. Diese *Audits* auf ► www.qaa.ac.uk sollten Sie vielleicht nicht von A bis Z lesen. Aber Sie können viele Informationen zu Organisation und Struktur Ihrer favorisierten Bildungseinrichtung herausfiltern wie auch mögliche Schwachpunkte ausmachen.

Streben Sie einen *postgraduate-degree* bzw. eine Promotion an, sind die Resultate der letzten ***Research Assessment Exercise (RAE)*** (► www.rae.ac.uk) informativ, um die Forschungsleistungen einzelner Universitäten richtig einzuordnen. Dabei handelt es sich um eine Evaluation eines Fünf-Jahres-Zeitraums hinsichtlich der internationalen Bedeutung eingereichter Forschungspublikationen. 2014 soll ein *Research Excellence Framework*

(REF) das aktuelle Bewertungssystem ablösen. Weitere Informationen: ► www.hefce.ac.uk

College-Universitäten

Als College-Universitäten *(collegiate universities)* werden Hochschulen bezeichnet, die aus einem Zusammenschluss mehrerer Colleges bestehen. Die Universität als solches verfolgt eher administrative Aufgaben.

Die **Colleges der Universitäten Oxford, Cambridge und Durham** dienen beispielsweise vor allem der Unterbringung und Betreuung der Studierenden. Viele Studienfächer können daher in mehreren Colleges studiert werden, wobei Seminare und Vorlesungen sowohl im jeweiligen College selbst als auch collegeübergreifend für alle als Teil des Uni-Lehrangebots stattfinden. Examen werden jedoch nur von der Universität abgenommen.

Durch das gemeinsame Wohnen im College, oft in kleinen Wohneinheiten gemeinsam mit einem Tutor, wird ein intensives Lernen rund um die Uhr gewährleistet. Alle Mahlzeiten werden gemeinsam im Speisesaal des Colleges eingenommen. Versammlungen sind ebenfalls fester Bestandteil des Alltags. Bei diesen Anlässen wird in vielen traditionsverhafteten Colleges das Tragen einer Robe (*gown*, in Oxford: *subfusc*) samt Doktorhut *(mortarboard)* verlangt. Auch das Einhalten bestimmter Rituale ist erwünscht. Weitere Informationen: ► www.ox.ac.uk, ► www.cam.ac.uk

Die **Londoner Universität** wird aus einer Föderation aus Colleges und Instituten gebildet, die im Vergleich zu Oxford, Cambridge und Durham eine noch größere Unabhängigkeit genießen: Jedes der 18 Colleges setzt seine individuellen Aufnahmekriterien, Studien- und Prüfungsordnungen fest. Lediglich administrative Bereiche wie auch übergreifende Einrichtungen liegen zentral in der Hand der University of London. Trotzdem sind starke Unabhängigkeitsbestrebungen zu spüren. 2007 löste sich beispielsweise das Imperial College London vollständig aus dem Verbund und wurde eine eigenständige Universität. Weitere Informationen: ► www.london.ac.uk

Weitere englische College-Universitäten sind die University of Lancaster, die University of York und die University of Kent.

Achtung: Der Begriff ›*university college*‹ wird nicht nur von College-Universitäten verwendet, sondern auch von Colleges, die nur eingeschränkt akademische Titel verleihen oder (noch) keinen Universitätsstatus erlangt haben.

Zulassungsvoraussetzungen

Erfolgreich abgeschlossene *A-* und *AS-Levels* (Schottland: *Highers*) oder ein anderer vergleichbarer Schulabschluss wie beispielsweise der *International Baccalaureate* und das *Cambridge Pre-U* bilden die Bewerbungsvoraussetzung für ein Studium an einer britischen Universität. (Mehr zu den verschiedenen Schulabschlüssen lesen Sie im Kapitel 14 *Krippe, Kindergarten, Schule und Ausbildung* ab S. 222.) Daneben berechtigen ausländische Schulabschlüsse wie Abitur und Matura zur Aufnahme eines Studiums. Die jeweiligen **Zulassungsprofile** *(entry profiles)* aller angebotenen Studiengänge finden Sie über die Suchfunktion *Course search* auf ▶ www.ucas.com. Grundvoraussetzungen wie die Hochschulzugangsberechtigung werden als *›general requirements‹*, fachspezifische Anforderungen als *›course requirements‹* bezeichnet. Letztere umfassen Interviews, Tests, Arbeitsproben, fachspezifische Zertifikate etc.

Jede Universität setzt für jedes Studienfach individuell ein Minimum an *A-Levels* mit bestimmten Noten, oft auch in vorgeschriebenen Fächerkombinationen *(minimum entry requirements),* voraus. Daneben werfen viele zusätzlich einen Blick auf die *GCSEs* eines Bewerbers. Britische Universitäten stehen aber auch Erwachsenen, die bereits berufstätig sind/waren *(mature students)* und sich weiterqualifizieren möchten, offen. Daher führen berufliche Qualifikationen wie beispielsweise *BTECs level 3, advanced diplomas, NVQs level 3* etc. ebenfalls zur Hochschulzulassung – mit oder ohne zusätzlichen *A-Levels* aus der Schulzeit.

Weil Universitäten bei der Gestaltung ihrer Bewerbungskriterien freie Hand haben, entsteht ein weiteres Ranking: Die Hochschulen mit dem besten Ruf stellen an ihre Bewerber die höchsten Ansprüche. Wer eher mittelmäßige Abschlussnoten vorzuweisen hat, qualifiziert sich im gleichen Studienfach für Universitäten des Mittelfelds und so fort.

UCAS tariff points

Um Zulassungsvoraussetzungen übersichtlicher und einheitlicher zu gestalten, werden Schulabschlüsse, auch aus dem Ausland, und alle berufsbildenden Qualifikationen von den *UCAS* in ein Punktesystem *(UCAS tariff)* umgerechnet. Universitäten können damit für ihre Studiengänge eine Minimumpunktzahl *(UCAS tariff points)* voraussetzen, die durch bestimmte Abschlüsse/Fächerkombinationen erreicht werden muss.

Mit anderen Worten: Für viele Studienfächer lassen sich über diverse Abschlüsse und Qualifikationen Punkte sammeln, die letztlich zum gewünschten Hochschulzugang berechtigen. Weitere Informationen wie auch die gültigen Punktetabellen finden Sie unter ▶ www.ucas.com.

Nachweis englischer Sprachkenntnisse

Bewerber aus der EU müssen für die Aufnahme eines Studiums an einer britischen Universität solide Englischkenntnisse nachweisen. In der Regel wird eines der nachfolgenden Sprachzertifikate verlangt, wobei Hochschulen unterschiedliche Mindestnoten voraussetzen:

- *International English Language Testing System (IELTS)* – Der knapp dreistündige Test wird weltweit in rund 500 Testzentren durchgeführt. Die Kosten belaufen sich auf ca. € 190. Weitere Informationen: ► www.ielts.org
- *Cambridge Certificate in Advanced English (CAE)* – Die fünfstündige Prüfung für das *Certificate of Advanced English* der *University of Cambridge* kann weltweit in rund 2.700 Zentren abgelegt werden. Die Kosten betragen rund € 150. Weitere Informationen: ► www.cambridgeesol.org
- *Cambridge Certificate of Proficiency in English (CPE)* – Das *Cambridge Certificate of Proficiency in English (CPE)* ist anspruchsvoller als das *CAE*. Daher erkennen die meisten britischen Hochschulen bereits das Bestehen des Tests als Sprachnachweis an. Der Test kostet rund € 150. Weitere Informationen: ► www.cambridgeesol.org
- *Test of English as a foreign language (TOEFL)* – Der US-amerikanische *TOEFL-Test* wird auch von vielen britischen Universitäten anerkannt. Der Test kostet je nach Land zwischen $ 150 und $ 240. Weitere Informationen: ► www.toefl.org

Steht allen offen: The Open University

Möchten Sie komplett von zu Hause aus studieren, ist The Open University (► www.open-university.co.uk) die richtige Adresse. Das britische Pendent zur deutschen Fernuniversität Hagen steht, wie der Name bereits sagt, allen offen. Zumindest für viele *Undergraduate*-Kurse bestehen keine Zulassungsbeschränkungen. Ein Studium ist auch ohne entsprechenden Schulabschluss möglich. Darüber hinaus genießt die britische Open University national wie international einen sehr guten Ruf. Viele britische Unternehmen finanzieren ihren Mitarbeitern ein weiterführendes nebenberufliches Studium.

Einige britische Universitäten beteiligen sich zudem an *Coursera*. Das amerikanische Sozialprojekt bietet kostenlose Online-Fernkurse, die mit einem Zertifikat abgeschlossen werden können: ► www.coursera.org.

Bewerbungsprozess

Das Studienjahr beginnt an den meisten britischen Universitäten Anfang Oktober und teilt sich in drei Trimester *(terms)*. Das *autumn term* läuft von Oktober bis Dezember, das *spring term* von Januar bis März und das *summer term* von April bis Juli. Studienbeginn ist daher Ende September/ Anfang Oktober, einige Unis nehmen aber auch im Januar und April neue Studenten auf.

Der **Online-Bewerbungsprozess** für die erstmalige Aufnahme eines Studiums *(full-time undergraduate courses)* erfolgt zwischen Anfang September und dem 15. Januar vor Beginn des ersten Studienjahres im nachfolgenden September. Weil viele Schüler zu diesem Zeitpunkt ihre *A-Level*-Prüfungen noch nicht geschrieben haben, bewerben sie sich mit geschätzten Endnoten *(predicted grades)*, die sie von ihren Fachlehrern erhalten.

Nach einer Registrierung bei den *UCAS* unter ► www.ucas.com/students/apply können Sie Ihre Bewerbung für maximal fünf ausgewählte Kurse/Universitäten online ausfüllen. Um ihre Chancen zu erhöhen, wählen viele Bewerber das gleiche Fach an fünf verschiedenen Universitäten aus. Anderen ist die favorisierte Universität das Wichtigste, daher geben sie lieber unterschiedliche Kurse an.

Achtung: Bei medizinischen Studiengängen läuft die Bewerbungsfrist bereits am 15. Oktober des Vorjahres aus, für künstlerische Studiengänge liegt der Bewerbungsschluss zwischen Anfang und Mitte März des laufenden Jahres.

Die Erzrivalen **Oxford und Cambridge** fordern, dass man sich für eine Seite entscheidet. Man darf sich also nicht gleichzeitig für Oxford und Cambridge bewerben. (Bei *postgraduate studies* gibt es diese Einschränkung nicht mehr.) Bewerbungen müssen zwischen dem 1. September und 15. Oktober im Jahr vor dem geplanten Studienbeginn über das *UCAS*-Online-Formular eingehen. Wird man nicht angenommen, kann man sich bis Mitte Januar noch für andere Universitäten bewerben.

Bei College-Universitäten (siehe dazu S. 240) ist es möglich, sich über das *UCAS*-Bewerbungsverfahren entweder für ein spezielles College zu bewerben oder aber eine offene Bewerbung *(open application)* einzureichen. In beiden Fällen liegt die finale Entscheidung letztlich beim *admission office*.

Ausfüllen des *UCAS*-Online-Formulars

Folgen Sie beim Ausfüllen Ihrer *UCAS*-Bewerbung genau den Anweisungen und nutzen Sie auch die angebotenen Online-Hilfen, die sich hinter dem

Fragezeichensymbol verbergen. Auch mit nicht-britischen Qualifikationen lässt sich das Formular meist ohne Probleme vollständig ausfüllen. Ausländische Schulabschlüsse finden Sie in den alphabetischen Auswahlmenüs, allerdings wird das Land vorangestellt: Haben Sie also das deutsche Abitur, wählen Sie ›*Germany* – Zeugnis der Allgemeinen Hochschulreife (Abitur)‹ aus. Ein bereits abgeschlossenes Diplom- oder Magisterstudium geben Sie nach aktueller EU-Richtlinie entweder als ein ›*Degree (EU Masters)*‹ oder ›*Degree (EU Bachelor)*‹ an. Vorsicht mit dem Begriff ›*diploma*‹, der nicht mit einem deutschen Uni-Diplom vor Einführung der Bachelor-und Master-Abschlüsse vergleichbar ist. Tragen Sie unter ›*grade*‹ außerdem immer Ihre Abschlussnote nach deutschem, österreichischem oder schweizerischem Notensystem ein. Die *UCAS* rechnen internationale Abschlüsse selbst um.

Ihrer Bewerbung müssen Sie außerdem ein **Motivationsschreiben** *(personal statement)* beigelegen, in dem Sie Ihre besonderen Fähigkeiten und Ihr Interesse am ausgewählten Studienfach darlegen. Darüber hinaus benötigen Sie mindestens ein **Referenzschreiben**, das Schulabgänger von einem ihrer Lehrer erhalten. Haben Sie bereits Berufserfahrung, können Sie auch einen Vorgesetzten oder jede andere Person bitten, die Ihre persönlichen Eigenschaften und Ihre zu erwartenden Leistungen im gewählten Studienfach beurteilen kann.

Die *UCAS* leiten Ihre Bewerbung an die von Ihnen ausgewählten Universitäten online weiter. Diese sehen nicht, bei welchen anderen Universitäten Sie sich außerdem bewerben. Achtung: Einige Colleges führen unabhängig von der Zulassungsstelle *UCAS* ein internes Bewerbungsverfahren mit direkten Bewerbungen durch. Hier müssen Sie sich vor Ort informieren.

Gut zu wissen: Der Bewerbungsprozess um einen Studienplatz ähnelt in Großbritannien trotz der zentralen Organisation eher der Bewerbung um einen Job: Ein herausragendes Motivationsschreiben kann zu einem persönlichen Interview führen. Wer hier überzeugt, erhält möglicherweise einen Studienplatz, auch wenn die Schulnoten nicht hundertprozentig den formalen Voraussetzungen entsprechen.

Studienplatzangebote zu- und absagen

Jede in Ihrer Bewerbung genannte Universität entscheidet für sich alleine, ob sie Ihnen einen Studienplatz anbietet oder nicht. Diese Angebote *(offers)* können Sie über ein Online-Tracking-System innerhalb der *UCAS*-Webseite verfolgen. Von einigen Universitäten werden Sie vielleicht erst zu einem Interview eingeladen oder Sie müssen einen Aufnahmetest bestehen bzw. Arbeitsproben gemäß Aufgabenstellung einreichen.

Studienplatzangebote treffen entweder als *conditional offer* oder *unconditional offer* ein. Ein ***conditional offer*** ist meist an die Bedingung geknüpft, dass jemand seine geschätzten Noten *(predicted grades)*, mit denen er sich beworben hat, auch wirklich erreicht. Die *UCAS* (manchmal auch die Bewerber selbst) schicken die zentral herausgegebenen Abschlussprüfungsergebnisse am landesweiten *A-Levels-result-day* an die jeweiligen Universitäten weiter. Stimmen die erreichten Noten mit den gesetzten Voraussetzungen überein, wird aus einem *conditional offer* ein *unconditional offer*. Ein ***unconditional offer*** ist eine sichere Zusage: Die akademischen Voraussetzungen wurden erfüllt. Sie erhalten einen Studienplatz.

Gut zu wissen: Wenn nicht mehr Bewerber als Plätze vorhanden waren, können die Anforderungen für einen Studienplatz nachträglich gesenkt werden. Dann können auch schlechter als erwartete *A-Level*-Resultate zum gewünschten Studienplatz führen.

Als Bewerber können Sie auf das **Angebot eines Studienplatzes** auf verschiedene Weise reagieren:

Ihre sichere Zusage *(firm acceptance)* sollten Sie sich für das Studienplatzangebot aufheben, das für Sie die erste Wahl darstellt. Denn jeder Bewerber darf seine Zusage nur einmal aussprechen. Für den Fall, dass es sich bei diesem favorisierten Angebot um ein *conditional offer* handelt und Sie vielleicht am Ende doch nicht die notwendigen Noten erreicht haben, können Sie ein weiteres Studienplatzangebot mit einer *insurance acceptance* beantworten. Damit ist gemeint, dass Sie diesen Studienplatz nur antreten, wenn sich Ihre erste Wahl nicht realisieren lässt. Alle anderen Angebote müssen innerhalb einer vorgegebenen Frist abgelehnt werden.

Ihren gesamten Bewerbungsprozess sollten Sie über das Online-Tracking-System genau verfolgen. Dort erhalten Sie auch direkt Hilfestellung, was als nächstes zu tun ist, nachdem sich der Status einer Bewerbung geändert hat. Weitere Informationen zum gesamten *UCAS*-Bewerbungsprozess finden Sie unter ▶ www.ucas.com. Nutzen Sie unbedingt auch die Video-Tutorials, die Sie unter ▶ www.ucas.tv direkt aufrufen können. Empfehlenswert ist zudem das Buch *UCAS Guide to Getting into University and College*, erhältlich im *UCAS Bookstore* unter ▶ www.ucasbooks.co.uk.

Adjustments, extras und *clearings*

Bewerber, die letztlich deutlich bessere *A-Level*-Prüfungen abgelegt haben als erwartet und daher nun höhere Zulassungskriterien anspruchsvollerer Universitäten erfüllen können, erhalten gegen Ende des Bewerbungsprozesses die Möglichkeit, diese Unis kurzfristig zu kontaktieren *(adjustment)*. Die sichere Zusage *(firm acceptance)* für ein Studienplatzangebot der regulären Bewerbung darf solange beibehalten werden. Wer von all seinen Wunschuniversitäten nicht akzeptiert wurde, findet über die *UCAS* eine Liste mit frei gebliebenen Studienplätzen *(extras)*. Daneben gibt es später im Jahr ein bis mehrere Nachrückverfahren *(clearings)*. Auch hier gilt, sich regelmäßig im Tracking-System über den aktuellen Stand der Dinge zu informieren.

Auslandsjahr oder Uniwechsel

Britische Hochschulen sind bestens darauf eingerichtet, immatrikulierte Studenten aus dem Ausland *(visiting students)* für ein Trimester oder ein Studienjahr aufzunehmen. Die Bewerbung läuft über das *admission office* der Uni direkt, nicht über die *UCAS*.

Wer von einer aus- oder inländischen Hochschule dauerhaft an eine andere Universität wechseln möchte, muss sich genau informieren, welche der bisherigen Studienleistungen anerkannt werden. Die Regelungen variieren je nach Studiengang und Universität. Viele Universitäten lösen innerbritische Anerkennungsfragen über das *Credit Accumulation and Transfer Scheme (CATS)*. Auf europäischer Ebene wird das *European Credit Transfer System (ECTS)* verwendet. Sie erhalten für jeden bisher belegten Kurs und jede schriftliche Arbeit bzw. Prüfung je nach Höhe des damit verbundenen Arbeitsaufwandes eine bestimmte Punktzahl *(credits)*. Pro Studienjahr muss eine Mindestzahl an Leistungspunkten erwirtschaftet werden.

Allgemeine Informationen zu länderübergreifenden Anerkennungsfragen erteilt das *National Academic Recognition Information Centre for the United Kingdom (UK NARIC)*, im Internet zu erreichen unter ► www.naric.org.uk.

Bewerbung für *postgraduate studies*

Für Aufbaustudiengänge und Doktorandenprogramme wählen Universitäten ihre Bewerber meist in einem direkten Verfahren aus, das je nach Studienfach sehr unterschiedlich ausfallen kann. Informieren Sie sich daher rechtzeitig im *admission office* der Universität Ihrer Wahl.

Studiengebühren

Studierende aus dem Vereinigten Königreich oder der EU/dem EWR *(home students)* müssen in Großbritannien generell Studiengebühren *(tuition fees)* zahlen. Seit dem Studienjahr 2012/2013 dürfen Universitäten bis zu £ 9.000 pro Studienjahr (Teilzeitstudiengänge: £ 6.750) verlangen, wenn sie nachweisen können, dass sie durch geeignete Maßnahmen auch sozial benachteiligten Bewerbern realistische Zugangschancen ermöglichen. Ohne diese Maßnahmen beträgt die Höchstgrenze £ 6.000. *Overseas/international students* (außerhalb EU bzw. EWR) zahlen teilweise deutlich höhere Gebühren.

Für Studierende mit Wohnsitz in Wales übernimmt die *Welsh assembly* alle Studiengebühren, die höher als £ 3.465 ausfallen – ganz gleich, wo in Großbritannien ein Studium aufgenommen wird. Die Einwohner Schottlands zahlen für ein Erststudium an einer schottischen Universität keine Studiengebühren. (Mehr dazu im Abschnitt *Besonderheiten beim Studium an schottischen Universitäten* auf S. 250).

Die Studiengebühren für *Postgraduate*-Kurse variieren je nach Hochschule und Studienfach sehr stark. Teils liegen sie deutlich unter £ 9.000 pro Studienjahr, teilweise sind Gebühren von über £ 20.000 möglich.

Studienkredite und Zuschüsse

Gleichzeitig mit der Erhöhung der Studiengebühren ist ein neues staatliches **Studienkreditprogramm** für Studienanfänger in Kraft getreten: Ein *tuition fee loan* deckt die anfallenden Studiengebühren in England. Daneben werden *maintenance loans* zur Deckung der Lebenshaltungskosten angeboten. Voraussetzung ist jedoch, dass der Studienbewerber bereits seit drei Jahren in Großbritannien ansässig ist.

Die geliehene Kreditsumme plus Zinsen muss erst zurückgezahlt werden, wenn der Kreditnehmer sein Studium beendet hat und mehr als £ 21.000 pro Jahr (2012/2013; Grenzwert wird jährlich angepasst) verdient. Entsprechende monatliche Raten werden nach der Höhe des Einkommens festgelegt.

Daneben vergibt der britische Staat ***grants*** für Lebenshaltungskosten, die vom Gesamthaushaltseinkommen der Eltern abhängen. Studierende, die aus Familien mit einem jährlichen Einkommen von weniger als £ 42.600 (2012/2013) stammen, können einen finanziellen Zuschuss *(maintenance grant)* beantragen: £ 3.250 werden gewährt, wenn das Familieneinkommen £ 25.000 oder weniger beträgt. Zwischen £ 25.000 und £ 42.600 Familieneinkommen werden die Zuschüsse entsprechend angepasst. *Grants* müssen nicht zurückgezahlt werden.

Weitere Informationen zum Thema Studienfinanzierung finden Sie unter ► www.gov.uk, Navigationspfad *Education and learning/Student finance and loans.* Daneben verweist die Seite auf einen praktischen Kreditrechner unter ► www.gov.uk/student-finance-calculator. Für ein Studium in Wales ist die *Student Finance Wales* unter ► www.studentfinancewales.co.uk der richtige

Ansprechpartner, Studierende in Schottland wenden sich an die *Student Awards Agency in Scotland* unter ► www.saas.gov.uk.

Berufstätige Teilzeitstudenten mit einem niedrigen Einkommen, Vollzeitstudierende mit einer Behinderung oder junge Eltern können beim *Jobcenter Plus* Sozialleistungen beantragen. Mehr dazu lesen Sie im Kapitel 11 *Sozialleistungen* ab S. 169.

Studienförderung

Neben Studienkrediten und Zuschüssen sind Stipendien *(scholarships, bursaries)* und Fördergelder *(grants)* im britischen Hochschulsektor fest verankert. Meist werden diese Förderungen von den Universitäten direkt ausgeschrieben und mit besonderen Leistungen und Voraussetzungen verknüpft. Aber auch *research councils,* Vereine und Stiftungen sowie Forschungszentren wie auch regierungsnahe Einrichtungen bieten Förderprogramme für den wissenschaftlichen Nachwuchs.

Ab dem Studienjahr 2012/2013 startet ein neues *National Scholarship Programme (NSP),* das durch staatliche Mittel plus Zuschüsse der jeweiligen Universität finanziert wird. Studierende, die sich für einen maximalen *maintenance grant* (siehe Abschnitt oben) qualifizieren, d.h. das Familieneinkommen beträgt weniger als £ 25.000, sollen nach Prüfung durch die Universität einmalige Zuschüsse für unterschiedliche Zwecke erhalten. Weitere Informationen finden Sie unter ► www.gov.uk, Navigationspfad *Education and learning/Student finance and loans,* Stichwort *Extra money to pay for university.*

Jobben neben dem Studium

Viele Studenten arbeiten neben dem Studium, um ihre Studiengebühren und Lebenshaltungskosten zu finanzieren. Weil insbesondere *undergraduates* täglich einen festen Stundenplan absolvieren müssen, sind Jobs in Restaurants, Geschäften, Call Centren oder bei sonstigen Dienstleistern, deren Geschäftszeiten sich auf nach 18 Uhr ausdehnen, besonders geeignet. Daneben bezahlen Universitäten ihre Studenten, wenn sie administrative Aufgaben übernehmen. Auch die Sommerferien werden oft zum Geldverdienen genutzt.

Studentenjobs werden über das Studentenwerk *(student union)* vermittelt. Viele Unis verfügen über einen *Job Shop* der *National Association of Student Employment Services (NASES)* (► www.nases.org.uk). Natürlich bietet auch das Internet Jobseiten speziell für Studenten, z. B. ► www.e4s.co.uk, ► www.justjobs4students.co.uk oder ► www.studentgems.com.

Unterkunft

Studienanfänger finden meist in einem Studentenwohnheim *(student halls, halls of residence)* Unterschlupf. Viele der alten Universitäten besitzen Wohnhäuser in den besten Gegenden der Stadt. Das Essen wird im Speisesaal serviert.

Hochschulen neueren Datums verfügen über moderne Campus-Wohnanlagen. Die Zimmer sind fast immer kleiner als erwartet, aber mit dem Nötigsten ausgestattet. In Gemeinschaftsküchen wird selbst gekocht. Weitere Informationen erhalten Sie im *housing office* Ihrer Universität.

Health check für das Studentenwohnheim

Vor dem Einzug ins Studentenwohnheim wird vielerorts ein *health check* beim *GP* verlangt. Dazu sollten alle üblichen Impfungen aufgefrischt werden. Beachten Sie, dass in Großbritannien Schülern und Studenten bis zum Alter von 24 Jahren eine Impfung gegen **Meningokokken C** dringend empfohlen wird, da Meningitis C-Erkrankungen in diesem Personenkreis sehr häufig vorkommen.

Berühmt-berüchtigt ist zudem die ***fresher's flu:*** Schätzungen zufolge erkranken rund 90 Prozent aller Studienanfänger in britischen Uni-Wohnheimen in den ersten Wochen an einer Grippe mit Fieber. Als Gründe werden aufgeführt, dass viele Menschen aus verschiedenen Regionen und Ländern unterschiedliche Viren einschleppen und auf engem Raum zusammenleben. Zudem wird in den ersten Wochen viel Alkohol getrunken und ungesund gegessen, was zusammen mit allgemeinen Strapazen durch Umzug und Neuanfang das Immunsystem schwächt.

Nach einer Informationswoche für Studienanfänger *(fresher's week)* und mit individueller Hilfestellung des Beratungsbüros für Studenten *(student office)* fühlen sich alle Neuankömmlinge schnell zu Hause. Die zahlreichen Kultur- und Freizeitangebote des Studentenwerkes *(student union)* wie auch Cafés, Pubs, Kinos, Theater und Sporteinrichtungen in der Nähe der Wohnheime tragen zu einem aktiven Leben neben dem Studium bei.

Ab dem zweiten oder dritten Studienjahr ziehen die meisten Studenten in eine private WG *(shared house)*. In vielen Städten haben Vermieter und Maklerbüros ihre Angebote auf die Zielgruppe Studenten ausgerichtet, sodass Mietverträge genau dem Studienjahr entsprechen. Auch das Leben zur Untermiete ist für viele Studierende eine preisgünstige Alternative.

Eine private Wohnungssuche lässt sich nicht nur über Lokalzeitungen, sondern auch über das Internet starten. ► www.accommodationforstudents.com bietet diverse Mitwohnanzeigen. Auch ► www.gumtree.com beheimatet Kleinanzeigen für Studentenwohnungen. Daneben sind die großen Immobilienplattformen empfehlenswert, die Sie im Kapitel 3 *Haus- oder Wohnungssuche* auf S. 41 finden.

Gut zu wissen: Für ausschließlich von Studenten bewohnte Häuser muss keine *council tax* (Mehr zum Thema *Council tax* finden Sie im Kapitel 10 *Steuern und Sozialversicherungsbeiträge* ab S. 166.) entrichtet werden.

Besonderheiten beim Studium an schottischen Universitäten

Abschlüsse: Die meisten *Bachelor*-Kurse an schottischen Universitäten dauern vier Jahre und führen zu einem *BA (Honours)* oder *BSc (Honours)*. Die Kurswahl in den ersten beiden *Sub-honours*-Jahren ist sehr viel flexibler als in England und Wales. Es wird eine Bandbreite verschiedener Fächer studiert. Die nachfolgenden beiden *Honours-level*-Jahre dienen der Spezifizierung im gewählten Fach.

Einige schottische Universitäten verleihen statt eines *Bachelors* einen *Master degree (Honours)*, der aber gleichermaßen als *undergraduate degree* zählt. Ein schottischer *Master* ist daher äquivalent zu einem englischen *Bachelor*.

Gebühren: Die Einwohner Schottlands müssen für ein Erststudium an einer schottischen Universität keine Gebühren zahlen. Studierende aus England und Wales werden jedoch zur Kasse gebeten. Gaststudenten aus dem EU-Ausland können auf Antrag von den Studiengebühren befreit werden.

Für *postgraduate studies* fallen an vielen schottischen Universitäten Studiengebühren an, die oft als Spende verbucht werden.

Eine Übernahme ihrer Studiengebühren oder eine finanzielle Unterstützung können Studienbewerber aus Schottland oder aus dem EU-Ausland je nach zu erfüllenden Voraussetzungen bei der *Student Awards Agency (SAAS)* beantragen. Weitere Informationen: ► www.saas.gov.uk

Kapitel 16

Küche und Gastronomie

Briten starten – wie könnte es anders sein – mit einer Tasse Tee in den Tag. Nach dem *early morning tea* folgt ein Frühstück, das als *cooked breakfast* mit Eiern, Speck, Würstchen und weißen Bohnen in Tomatensoße üppig ausfallen kann oder aber einfach aus einer Schale Cornflakes und Toast besteht. Es folgt gegen 11 h ein *morning tea* mit etwas Gebäck, traditionell auch *elevenses* genannt. Die Bezeichnungen für das Mittagessen variieren je nach Umfang der aufgetragenen Speisen: Wer im Arbeits- oder Familienalltag ein Sandwich oder generell leichtere Kost verzehrt, hat *lunch*. Dazu zählt auch der *packed lunch* für unterwegs mit Sandwich, Chips, Obst und Getränk. Handelt es sich um die warme Hauptmahlzeit des Tages, die mit einem Dessert *(pudding)* endet, wird das Mittagessen zum *dinner*. Daher kann man *dinner* sowohl mittags als auch abends essen.

Zwischenmahlzeiten am Nachmittag sind einfache *snacks*. Am Wochenende treffen sich viele Familien zum ausgiebigen *afternoon tea* mit Sandwiches, Gebäck und Kuchen. Für Gäste oder bei besonderen Anlässen wird ein *high tea* – eine Mischung aus Nachmittagstee und frühem Abendessen – serviert. Dann gibt es neben Sandwiches und Kuchen auch kalte Gerichte wie Feinkostsalate und Obstplatten.

›*What shall we have for tea?*‹, lautet die Frage, wenn Sie gegen 17.30 oder 18 h eine einfache Mahlzeit einnehmen möchten. Familien mit Kindern nennen dieses frühe Abendessen meist ›*tea*‹ und servieren Pizza mit Pommes oder *chicken wings* mit *baked beans*. Der Begriff leitet sich vom bereits erwähnten *high tea* ab. Ein abendliches *dinner* wird meist später, ab ca. 19 h eingenommen. Dabei handelt es sich immer um ein gekochtes Gericht mit Beilagen. In vielen Familien heißt diese warme Mahlzeit zu Hause auch *supper*. Dann werden eher besondere Abendessen, Restaurantbesuche oder Einladungen mit Beginn zwischen 19.30 und 20.30 h als *dinner* bezeichnet.

Britische Spezialitäten

Fernsehköche und *Food*-Kolumnisten wie Jamie Oliver, Nigella Lawson, Delia Smith, Gordon Ramsay, James Martin, Nigel Slater und viele andere mehr tun ihr Möglichstes, um die britische Küche aus ihrem Schattendasein zu befreien. Denn überproportional viele Lebensmittel landen hier nach wie vor in der Fritteuse oder werden auf dem Teller in fettiger Soße ›ertränkt‹. Beilagen werden bis zur Unkenntlichkeit gekocht und es herrscht eine generelle Gewürzarmut. Inspiriert durch höchst erfolgreiche Kochshows wagen sich jedoch immer mehr Familien mutig an raffiniertere Gerichte heran und lernen, Lebensmittel mit etwas mehr Respekt zu behandeln. Traditionelle Gerichte werden variiert, weiterentwickelt und zur neuen britischen Küche erhoben.

A hint of mint!

Wer *Asterix bei den Briten* gelesen hat, weiß, dass nichts ohne Pfefferminze gegessen wird. Ob Schokoriegel, Fleisch- oder Nudelgerichte: Der Pfefferminzgeschmack ist für Ausländer oft gewöhnungsbedürftig. Für Anfänger eignen sich Lamm mit Pfefferminzsoße, *KitKat mint*-Schokoriegel und natürlich *After Eight*.

Daneben sind oft lokale Spezialitäten vorzuziehen. So finden sich manchmal in den schlichtesten Landgasthöfen die besten, frisch zubereiteten Gerichte. Und auch die schottische Küche hat Gourmets einiges zu bieten. Denn nicht alles ist *haggis,* der reichhaltig gefüllte Schafsmagen, mit dem Fremde häufig etwas zu kämpfen haben. Schottische Fisch- und Fleischgerichte sind für alle Gaumen ein Genuss. Denn Wildlachs, Forellen und Schellfische kommen direkt von der schottischen Küste auf den Tisch, während von Heidekräutern genährte Rinder, Wild und Schafe würziges Fleisch liefern. Einflüsse der französischen Küche machen die Zubereitung der qualitativ hochwertigen Lebensmittel feiner und kreativer als im englischen Teil der Insel.

Walisische Köche greifen ebenfalls gerne auf Produkte vor der eigenen Haustür zurück und stehen ihren schottischen Kollegen in nichts nach. Probieren Sie hier die verschiedenen Varianten gefüllter Teigtaschen *(pies),* Fleisch- und Gemüseeintöpfe *(stews).*

Kleines Glossar typisch britischer Speisen

Britische Gerichte gibt es zahlreiche – daher hier nur eine kleine Auswahl dessen, was Sie häufig auf Speisekarten finden werden:

battered fish – Fisch im Teigmantel, panierter Fisch
baked beans – Gebackene weiße Bohnen in Tomatensoße

bangers and mash – Würstchen und Kartoffelbrei
black pudding – Blutwurst
bubble and squeak – Gebratener Kartoffelbrei mit Gemüse, meist mit einem Stück kaltem Fleisch serviert
cheddar – Regionaler Käse aus Cheddar, hell *(mild)*, würzig gereift *(mature)* oder dunkelorange *(extra mature)*
chips – Dick geschnittene Pommes; dünne Fritten werden als *fries* oder *french fries* bezeichnet.
fish and chips – Frittierter panierter Kabeljau *(cod)* oder Schellfisch *(haddock)* mit dick geschnittenen Pommes, gesalzen oder mit Essig *(vinegar)*
full English breakfast – Umfasst drei Gänge: Nach Frühstücksflocken, z. B. Cornflakes, folgt ein warmes Gericht bestehend aus wahlweise Spiegel- *(fried eggs)* oder Rührei *(scrambled eggs)*, manchmal auch pochiertem Ei *(poached eggs)*, gebratenem Speck und Würstchen, einer gegrillten halben Tomate, gebratenen Pilzen und weißen Bohnen in Tomatensoße *(baked beans)*. Einige Restaurants servieren auch kleine Kartoffelpuffer *(hash browns)*. Zum Abschluss gibt es Toast mit Butter und Organgenmarmelade *(marmelade)* oder einer anderen Konfitüre *(jam)*.
gammon steak – Gepökeltes Schweinefleisch
hock of ham & pease pudding – Eine Art Schweinshaxe mit Erbsenbrei
jacket potatoes – Gebackene Folienkartoffeln mit verschiedenen Füllungen
mash – Kartoffelbrei
mince – Hackfleisch
mushy peas – Erbsenbrei
parsnips – Pastinaken, meist gebacken
ploughman's – Gemischte Platte mit Käse und Brot
porridge – Haferbrei mit Milch und Sahne gekocht und mit Zucker oder auch Salz verfeinert; in Schottland gibt es herbere Varianten mit getrockneten Früchten.
salad – Selten ein frischer Blattsalat mit Dressing, eher eingelegtes Fleisch und Gemüse, Nudelsalat, Kartoffelsalat etc.
shepherd's pie/cottage pie – Hackfleischauflauf mit Kartoffelpüree bedeckt
steak and kidney pie – Auflauf aus Rindergulasch und Nieren in einer Teigtasche
stilton – Englischer Blauschimmelkäse
suet pudding – Nierenfettkuchen, ähnlich wie *pies*, mit verschiedenen Füllungen, auch als süße Dessertvarianten

sunday roast – Rinderbraten (oder Braten einer anderen Fleischsorte) mit Soße *(gravy)*, Kartoffeln und meist zwei Gemüsebeilagen
swede – Steckrüben
Yorkshire pudding – Souffleeartig gebackene Teigküchlein als Beilage zu Bratengerichten, um damit die Soße aufzusaugen

Ist nach dem Essen noch ein wenig Platz im Magen, finden sich auf der Speisekarte entweder unter der Überschrift ›*desserts*‹, ›*sweets*‹ oder ›*pudding*‹ folgende **Süßspeisen**:

apple crumble – Warmer gedeckter Apfelauflauf
Battenberg cake – Biskuitkuchen mit gelb-pinkem Schachbrettmuster und Marzipanhülle
bread and butter pudding – Mehrschichtiger Kuchen aus Weißbrot mit Ei, Milch und Rosinen
carrot cake – Rührkuchen mit Karotten und einer Schicht süßer Frischkäsecreme
crumpets – Runde kleine Kuchen aus Mehl und Hefe, die getoastet und danach mit (gesalzener) Butter, Honig oder Marmelade bestrichen werden. Achtung: In Schottland ist ein crumpet ein Pfannkuchen.
cupcakes – Muffins mit cremiger Füllung oder bunter Glasur
custard – Vanillepudding
fudge – Karamellkonfekt in zahlreichen Varianten
lemon drizzle – Süß-saurer Zitronenkuchen
jelly – Diverse Formen von Wackelpudding
scones – Feste Rosinenbrötchen
sundae – Eisbecher
spotted dick – Gedämpfter Kuchen mit getrockneten Früchten auf Vanillepudding
treacle tart – Flacher Kuchen aus Sirup und Weißbrot
trifle – Mehrschichtiger Pudding, meist mit Vanille und Marmelade
Victoria sponge – Biskuitkuchen, in der Mitte mit Erdbeermarmelade und Sahne gefüllt
meringue – Baisergebäck (Schaumgebäck) mit Fruchtsoße

Und was Sie außerdem noch kennen sollten:

brown sauce/HP Sauce – Beliebte Würzsoße
cider – Apfelwein oder andere Fruchtweine

marmite – Salzig-würziger Brotaufstrich aus Hefeextrakt, wegen des intensiven Maggi-Geschmacks mit Vorsicht zu genießen, z. B. hauchdünn auf warmen Buttertoast streichen

shandy – Mischgetränk aus Limonade und Bier, ähnlich wie Radler, Alsterwasser, Panasch

squash – Konzentrierter Sirup, der in Wasser gegeben zu einem Erfrischungsgetränk wird

Pimm's – Verschiedene alkoholische Longdrinks aus würzigem Likör, Gin, Tonic, Limonade und Zitrusfrüchten; wird ähnlich wie Bowle auf jeder Sommerparty serviert

Worcester sauce – Sprich: [ˈwʊstə-], Würzsoße auf Basis von Essig und Sojasoße

Commonwealth-Küche

Das beliebteste britische Gericht ist *Chicken Tikka Masala,* ein würziges indisches Curry. Den Einwanderern aus dem britischen *Commonwealth* sind viele verschiedene kulinarische Alternativen zur britischen Küche zu verdanken. An schmackhaftem, relativ unverfälschtem indischem Essen wird es Ihnen nirgendwo fehlen. Neben *take-aways* und Restaurants befinden sich auch viele traditionelle Landgasthöfe mittlerweile in indischer Hand. Daneben florieren in größeren Städten diverse Restaurants mit karibischen, afrikanischen oder asiatischen Gerichten auf der Speisekarte.

Brot und Sandwiches

Mit einem krustigen deutschen Brotlaib lässt sich ein labberiges englisches Weißbrot, selbst wenn es ganz frisch vom Bäcker kommt, nicht vergleichen. Und genau das sollten Sie auch nicht tun: Denn mit englischem Toastbrot dürfen Sie keine deftigen deutschen Stullen schmieren, sondern sollten delikate Sandwiches kreieren. Und dann sieht die Sache schon ganz anders aus.

Sandwiches sind ein Meisterwerk und stellen im Grunde genommen eine vollwertige Mahlzeit dar. Fingerbreite saftige Füllungen aus Salaten, Fleisch oder Fisch, Käse, gewürzten Mayonnaisen und *pickles* (Aufstriche aus sauer eingelegtem Gemüse) degradieren das Brot zur geschmacksneutralen Hülle, die ein besteckfreies Essen ermöglicht. Daneben ist das englische Brot Teil des Frühstücks. Frisch geröstet oder getoastet ist es außen knusprig und innen saftig. Dadurch schlägt es den häufig trocken werdenden deutschen Toast um ein Vielfaches.

Neben Toastbrot sind in Großbritannien noch weiche Brötchen *(buns, bread rolls)*, französisches Baguette und ringförmige *bagels* gern verzehrte Brotvarianten. Wer etwas für die Gesundheit tun möchte, findet mittlerweile alles auch in Vollkorn.

Vermissen Sie dennoch Ihr gewohntes Brot, empfehlen sich entweder die in Großstädten angesiedelten deutschen Händler oder aber das Selbstbacken – was durch die Anschaffung eines Brotbackautomaten deutlich vereinfacht werden kann. Geeignete Backmischungen erhalten Sie oft bei *Lidl* und *Aldi* (siehe S. 267). Abgepacktes Schwarz- oder Graubrot finden Sie auch in großen britischen Supermärkten.

Teekultur

Tee ist in Großbritannien eine wichtige Sache. Das ist allgemein bekannt, wird aber von Ausländern dennoch gerne unterschätzt. Sobald Sie hier leben, wird Ihnen täglich bewusster werden, dass Tee wirklich ein fester Bestandteil des Alltags ist. Nicht nur ältere Damen treffen sich zu einem kultivierten *afternoon tea*. Eine Tasse Tee – umgangssprachlich auch *cuppa* genannt – wird in jeder Lebenslage gereicht und getrunken. Zum Plausch mit dem Nachbarn geht man mit zwei Tassen Tee vor die Tür. Handwerker und Vertreter bekommen Tee angeboten, sobald sie das Haus eines Kunden betreten. Und immer, wenn es gilt, gemeinsam ein Problem zu lösen, wird zu Beginn erst einmal mit einer Tasse Tee eine harmonische Gesprächsbasis geschaffen. Natürlich wird hier und da auch Kaffee angeboten, aber dieser erfüllt bei Weitem nicht die gleiche soziale Funktion, für Wohlbefinden zu sorgen. Aus diesem Grund sollten Sie erstens eine angebotene Tasse Tee nur in Ausnahmefällen dankend ablehnen und zweitens sich selbst darin üben, die richtigen Momente für das Anbieten einer Tasse Tee zu erkennen. Schaffen Sie sich auf jeden Fall einen elektrischen Wasserkocher *(kettle)* an, um allzeit bereit zu sein.

Schwarzer Tee wird entweder mit Milch, mit Milch und Zucker oder pur getrunken. Zitrone wird nicht hineingegeben. Tee mit Milch wird am häufigsten verlangt und schlicht als ›*white tea*‹ oder ›*white*‹ (nicht als ›*black with milk*‹) bezeichnet. Möchten Sie auch Zucker haben, sagen Sie einfach ›*white with sugar, please*‹. Die genaue Zubereitung obliegt dann dem Anbietenden, versuchen Sie also nicht, die Zuckermenge genau zu spezifizieren. An der Frage, ob erst die Milch oder erst der Tee in die Tasse gehört, scheiden sich die Geister. Stimmen Sie bekennenden Anhängern des *milk-in-first (mif)* oder des *tea-in-first (tif)* höflichkeitshalber einfach zu.

Zu den bekanntesten **Teesorten** zählen *English Breakfast Tea, Earl Grey* und *Darjeeling. English Breaktfast Tea* und alle weiteren Assam-Mischungen werden zu jeder Tageszeit serviert. Der *Earl Grey* mit seiner rauchigen Note ist auch unter Briten nicht jedermanns Sache. *Darjeeling* ist ein etwas feinerer, leichterer Tee. Wer nach Tee abends nicht schlafen kann, wird überall auch eine *Decaf*-Variante erhalten. ›*Decaf*‹ steht eigentlich für ›*decaffeinated*‹, im Fall von Tee ist aber natürlich ›ohne Tein‹ gemeint.

Wer etwas auf sich hält, wird Tee frisch aufbrühen. Dazu kommen Teeblätter in ausreichender Menge lose in die Kanne. Der Tee wird durch ein Teesieb in die Tasse geschüttet. Aber auch **Teebeutel** sind mittlerweile gesellschaftsfähig. Im Café wird meist ein weiteres Kännchen mit heißem Wasser gebracht. Damit können Sie den stärker werdenden Tee nach Bedarf verdünnen. Den fadenlosen Teebeutel rechtzeitig aus der heißen Kanne zu fischen, bleibt Ihnen somit erspart. Gut zu wissen: Mit einem britischen Teebeutel brühen Sie eine stärkere Tasse Tee auf als mit einem deutschen Teebeutel, der einfach weniger Teeblätter enthält.

Afternoon tea

Wie bereits eingangs erwähnt, wird unter einem *afternoon tea* nicht nur Tee, sondern eine Zwischenmahlzeit verstanden. Dazu gehören unterschiedlich gefüllte Sandwiches (mindestens Gurkensandwiches und Eisandwiches), süße Brötchen *(scones)* sowie eine reichhaltige Auswahl an Gebäck und Keksen *(biscuits)*. Es wird natürlich Tee serviert, meist ein feinerer *Darjeeling*. An dieser Stelle sei darauf hingewiesen, dass es vergleichsweise wenig Kuchen und Torten für einen üppigen Kaffeeklatsch im deutschsprachigen Sinne gibt. Eine Konditorei mit reichhaltiger Auswahl werden Sie höchst selten vorfinden – lediglich einige französische Patisserien machen dem britischen Teegebäck Konkurrenz.

Cream tea

Vor allem in Südengland begegnet Ihnen überall der *cream tea*. Gemeint sind damit zwei aufgeschnittene *scones* mit Erdbeermarmelade und *clotted cream* plus einem Kännchen Tee. Achtung: In Devon wird die *clotted cream* zuerst auf den *scone* gestrichen, in Cornwall erst die Marmelade. Falls Sie sich also nicht als Fremder zu erkennen geben möchten, sollten Sie auf diesen feinen Unterschied achten.

Bier

Das britische Bierbrauwesen blickt auf eine lange Tradition zurück. Besonders bekannt und auf der Insel beliebt ist das obergärige dunkle *real ale* aus Gerste. Weil es traditionell nicht gezapft, sondern gepumpt wird, enthält es nur wenig Kohlensäure. Viele empfinden *real ales* daher als wenig spritzig. Noch dazu wird es nicht gekühlt serviert. So entfaltet es zwar seinen vollwürzigen Geschmack, bietet deutschsprachigen Biertrinkern aber nicht die gewünschte Erfrischung. Ähnliches gilt für süßlich schmeckende *mild ales.* Daneben gibt es malzige dunklere Starkbiere (*porter* und *stouts*), zu denen auch das bekannte irische Guinness zählt. Wer lieber einem deutschen Bier nahekommen möchte, findet entweder eine importierte Marke oder aber eine der vielen hellen Lager-Sorten am schmackhaftesten.

In Lokalen werden die meisten Biere in *Pint*-Gläsern mit rund einem halben Liter Fassungsvermögen bzw. gelegentlich auch als *half pint* ausgeschenkt.

Whisky

Rund 100 Destillerien in verschiedenen Regionen Schottlands stellen ihren ureigenen Whisky, auch *Scotch* genannt, her. Dabei ist das kaum mineralhaltige lokale Bach- oder Quellwasser, das durch Torfböden fließt, die wichtigste geschmacksbildende Zutat. Schottischer Whisky lagert mindestens drei bis fünf Jahre in heimischen Eichenfässern, was den jeweils individuellen Geschmack weiter verfeinert. Weitere Informationen: **AiGB17**.

Grob unterscheidet man:

- ***Single Malt Scotch Whisky*** – Whisky aus gemälzter Gerste, in einer einzigen Destillerie hergestellt
- ***Single Grain Scotch Whisky*** –Whisky aus ungemälzter Gerste, in einer einzigen Destillerie hergestellt
- ***Blended Scotch Whisky*** – Verschnitt aus *Malt Whisky* und *Grain Whisky,* aus mehreren verschiedenen Destillerien stammend
- ***Blended Grain Scotch Whisky*** – Verschnitt aus *Single Grain Scotch Whiskys,* aus mehreren Destillerien stammend
- ***Blended Malt Scotch Whisky*** – Verschnitt aus *Single Malt Scotch Whiskys,* aus mehreren Destillerien stammend

Convenience food

Service wird in Großbritannien großgeschrieben. Dazu gehört auch, es den Konsumenten bei der Zubereitung ihres Mittag- oder Abendessens so einfach wie möglich zu machen.

Fertiggerichte

In den Kühl- und Tiefkühltheken der Supermärkte finden Sie meterweise Fertiggerichte *(ready meals, convenience food)* für die Mikrowelle oder den Backofen. Besonders berühmt ist die hochklassige Lebensmittelabteilung der Warenhauskette *Marks & Spencer*, die hauptsächlich fertig zubereitete Gerichte und abgepackte Sandwiches führt. Für Hausfrauen, die für £ 5 am Tag eine vierköpfige Familie versorgen müssen, ist *Iceland* das Paradies der Budget-Tiefkühlkost.

Take-aways

Auch *take-away shops* bewahren gestresste Briten vor dem Selbstkochen. Ob Indisch, Chinesisch, Thai oder Pizza – fast an jeder Ecke finden Sie ein simples Thekenrestaurant, in dem Sie auf dem Weg von der Arbeit nach Hause schnell essen *(eat in)* oder Ihr Abendessen mitnehmen *(take-away)* können. Ab einem Mindestbestellwert zwischen £ 10 und £ 15 können Sie auch telefonisch bestellen und erhalten Ihr Essen wenig später kostenlos nach Hause geliefert *(delivery)*. Büromitarbeiter nutzen die zahlreichen Sandwich- und Snacklieferanten.

Im Internet gibt es zahlreiche nationale Webseiten inkl. Handy-Apps, über die Sie ebenfalls von einem lokalen *take-away* nach Hause oder ins Büro bestellen können, z. B. ▶ www.just-eat.co.uk, ▶ www.eatitnow.co.uk oder ▶ www.hungryhouse.co.uk.

Kochen und Backen

Das Kochen und Backen nach heimischen Rezepten kann im Ausland ein schwieriges Unterfangen sein – je nach Vorhaben trifft das auch auf Großbritannien zu. Einige Zutaten lassen sich nicht immer in gewohnter Form auftreiben, wie beispielsweise Zitronenaroma, Paniermehl, scharfer Senf, Tortenguss, Puddingpulver, Sauerteig, frische Hefe, Kokosfett, Wurst und Aufschnitt, diverse Käsesorten, Fondue- und Raclette-Käse, Gewürzgurken, Curryketchup, Maggiwürze, Hagelsalz, Sauerkirschen im Glas, Apfelmus, Topfen, Spätzle, Fertigmischungen für Knödel, Kartoffelpuffer oder Soßen, Sahnesteif, deutsche Rotweine, Filterkaffee und vieles andere mehr. Viele Deutsche und Österreicher schwören auf die zahlreichen polnischen Lebensmittelläden oder auch die polnischen Waren in britischen Supermärkten. Andere fahren bei ihrer wöchentlichen Einkaufstour immer auch bei *Aldi* oder *Lidl* vorbei, wo einige deutsche Produkte in britischer Verpackung verkauft werden.

Daneben kann auch das Kochen und Backen nach **britischen Rezepten** eine neue Herausforderung darstellen, alleine schon deshalb, weil alle Mengenangaben in britischen Maßeinheiten wie *ounces, pounds, spoons* und *cups* erfolgen (Mehr dazu finden Sie im Anhang ab S. 339). Der Kauf eines neuen Messbechers *(measuring cup)* wie auch Messlöffeln *(measuring spoons)* für die gerne verwendeten Angaben in *tablespoons* und *teaspoons* ist unbedingt empfehlenswert.

Backpulver wird beispielsweise nur in großen Dosen verkauft und in Löffeln abgemessen, nicht wie im deutschsprachigen Raum per 15-Gramm-Tütchen. Daneben greifen viele auf *self-raising flour* zurück, ein mit Backpulver vermischtes Mehl. Für Schlagsahne sollten Sie unbedingt *whipping cream* kaufen. Der Fettgehalt von *single cream* reicht zum Aufschlagen nicht aus, *double cream* wird sehr schnell zum festen Klumpen.

Und so sammeln sich je nach kulinarischen Vorlieben neue Erfahrungen. Ärgern Sie sich nicht, wenn etwas nicht gleich auf Anhieb gelingt. Auch das gehört zur Eingewöhnung in Ihr neues Auslandsleben dazu.

Lebensmittel per Post

Wenn die lieben Verwandten keine Care-Pakete mit heimischen Lebensmitteln nach Großbritannien schicken, können Sie bei Bedarf auf einige Versandhändler zurückgreifen. Die Versandkosten werden entweder nach Einkaufswert oder per Kilogramm berechnet.

- Versand aus London: ► www.germandeli.co.uk
- Versand aus Deutschland: ► www.german-supermarket24.com
- Versand aus Österreich: ► www.austriangrocery.com
- Versand aus der Schweiz: ► www.swissmade.com

Ein Rat für junge Eltern: **Babykost** wie Folgemilch, Fertigbreie und Gläschen werden trotz gleicher Marke und Verpackung für den britischen Markt anders zusammengesetzt. Meist enthalten sie mehr Zucker. Die von Eltern aus dem deutschsprachigen Raum oft bevorzugten Gläschen mit nur einem Gemüse oder wenigen verschiedenen Zutaten sind in britischen Regalen ebenfalls rar gesät.

Bio-Babykost von deutschen und Schweizer Herstellern erhalten Sie beispielsweise über den Versandhändler ► www.ulula.co.uk. Hipp und Humana versenden deutsche Produkte nach Großbritannien, falls das britische Pendant nicht schmeckt: ► www.hipp.de und ► www.flaschenmilch.de.

Gesunde Ernährung

Gesunde Ernährung ist in Großbritannien zunehmend ein aktuelles Thema, bei dem häufig das Ziel verfehlt wird. Ein Beispiel bietet die Kampagne ›***Five a day***‹, die dazu anregen soll, jeden Tag fünf Portionen Obst und Gemüse zu essen. Mittlerweile wird bei jedem Produkt, das in irgendeiner Form Obst oder Gemüse enthält, auf der Packung genau angegeben, wie viel davon für das Erreichen einer der fünf empfohlenen Portionen verzehrt werden muss. Eine entsprechende Deklaration bedeutet aber nicht, dass das jeweilige Produkt tatsächlich durch und durch gesund ist. So wird auch ein Apfelkuchen mit viel Fett und Zucker durch die enthaltenen Äpfel zu den *five a day* gerechnet. Genauso zählt der Fruchtsaftgehalt in einem süßen Getränk für Kinder. Damit rückt der Fokus weg von der ursprünglichen Idee, täglich pures Obst und Gemüse zu essen.

In Anbetracht der Tatsache, dass in England rund 20 bis 25 % der Jugendlichen als übergewichtig gelten, startete der Fernsehkoch Jamie Oliver 2005 eine Kampagne für besseres Schulessen. ›***Feed me better***‹ führte zunächst zu fragwürdigen Ergebnissen: Verzweifelte Eltern reichten ihren Kindern mittags eingepackte Burger über den Schulzaun, weil diese die gesunde Kost von Jamie Oliver in der Schulkantine nicht mochten und nicht hungrig zurück in den Unterricht gehen sollten. Mittlerweile verbucht die Kampagne deutliche Erfolge. Dennoch machen frittierte Speisen nach wie vor einen großen Teil des britischen Schulessens aus. Weitere Informationen: ► www.jamieoliver.com/school-dinners

Bio-Produkte

Bio-Produkte werden in Großbritannien als ›*organic*‹ bezeichnet. Es existieren mehrere ***Organic-Labels*** verschiedener Prüfstellen parallel, am bekanntesten sind *Soil Association* (► www.soilassociation.org) und *Organic Farmers and Growers* (► www.organicfarmers.org.uk). Daneben zeichnet die Tierschutzorganisation *Royal Society for the Prevention of Cruelty to Animals (RSPCA)* die angemessene Haltung von Tieren mit dem *Freedom Food Label* aus.

Große Supermarktketten verwenden ihre eigenen Klassifizierungen, deren Kriterien teilweise über die nationalen Bio-Standards hinausgehen, z. B. *Waitrose Select Farm*. Daneben werden in britischen Großstädten immer mehr Bio-Supermärkte wie beispielsweise *Whole Foods Market* (► www.wholefoodsmarket.com) oder *Planet Organic* (► www.planetorganic.com) eröffnet.

Ein umfangreiches **Anbieterverzeichnis** für Bio-Produkte finden Sie unter ▶ www.organicfood.co.uk oder ▶ www.localharvest.org. Mehr zu Standards bei der Lebensmittelherstellung bietet ▶ www.food.gov.uk.

Bio-Obst und -Gemüse erhalten viele Briten über einen Heimlieferservice für **Öko-Kisten** mit wöchentlich wechselndem Inhalt *(organic food/veg box)*. Für weitere Informationen siehe beispielsweise ▶ www.abelandcole.co.uk oder ▶ www.riverford.co.uk (Schottland: ▶ www.growwild.co.uk). Daneben beliefern Milchmänner und Bauern ihre Kunden mit Produkten aus eigener Herstellung (▶ www.milkandmore.co.uk). Fast jeder Bauernhof betreibt zudem einen eigenen *farm shop*. Oder halten Sie Ausschau nach einem *farmers market*. Hier können Sie sich über die Herstellung der angebotenen Produkte direkt informieren. Märkte mit einem qualitativ hochwertigen Angebot werden von der *National Farmer's Retail & Markets Association* mit dem Label *FARMA* zertifiziert. Entsprechende Anbieterverzeichnisse finden Sie unter ▶ www.farma.org.uk.

›*Bio*‹ steht nicht für Öko-Waschmittel

Bei Waschmitteln wird zwischen ›*non-bio*‹ und ›*bio*‹ unterschieden. Damit ist aber nicht etwa die Umweltverträglichkeit des Waschmittels gemeint! Waschmittel mit dem Zusatz ›*bio*‹ enthalten zusätzlich biologische Enzyme und Phosphate, die Eiweißflecken und starke Verschmutzungen auflösen. *Non-bio*-Waschmittel sind meist hautfreundlicher. Möchten Sie ein ökologisches Wasch- oder Putzmittel kaufen, achten Sie auf die Begriffe ›*eco*‹ bzw. ›*eco-friendly*‹, die für ›*ecological*‹ stehen.

Restaurants und Pubs

In britischen Innenstädten finden Sie heute mehr Filialen großer Restaurantketten als unabhängige Lokale. Hat man eine Filiale besucht, kennt man sie alle. Mit dieser Aussage sei nicht nur die flächendeckende Ausbreitung von *McDonald's*, *Burger King*, *KFC*, *Pizza Hut* und *Starbucks* angeprangert. Auch viele britische oder in begrenztem Umfang internationalisierte **Konzeptrestaurants** sind mit landesweit identischer Ausstattung und Speisekarte erfolgreich am Markt vertreten. Eine Übersicht finden Sie unter **AiGB18**.

Während die Qualität des Essens in diesen Restaurants nicht unbedingt schlecht ist, sollten Sie für mehr Vielfalt und ein ureigenes britisches Ambiente unbedingt **Gastro-Pubs** und Landgasthöfe besuchen – sofern Sie sich für die lokale Küche begeistern lassen. Neben persönlichen Empfehlungen können Sie auf Restauranttipps zurückgreifen, die beispielsweise auf ▶ www.thegoodpubguide.co.uk oder ▶ www.theaa.com/restaurant-and-pub auf Sie warten. Die dazugehörigen Print-Publikationen *The Good Pub Guide* oder den *Pub Guide* bzw. den *Restaurant Guide* aus der Reihe *AA Lifestyle Guides* sind im Buchhandel erhältlich. In Großstädten sind daneben die verschiedenen *Time out*-Publikationen empfehlenswert. Suchen Sie in Ihrer Gegend nach Restaurants mit bestimmter Landesküche (z. B. indische Restaurants), nutzen Sie die Gelben Seiten *(Yellow Pages)*, online zu erreichen unter ▶ www.yell.com.

Die Einhaltung der **Hygienestandards** eines Restaurants prüft die *Food Standards Agency*, eine Bewertung mit einem bis fünf Sternen sollten Sie an der Eingangstür jedes Restaurants (auch Hotels, Schulküchen, Kantinen etc.) finden. Weitere Informationen: ▶ www.food.gov.uk.

Besonderheiten beim Restaurantbesuch

Bei einem Restaurantbesuch in Großbritannien gibt es einige erwähnenswerte Unterschiede im Vergleich zum deutschsprachigen Raum:

- Beim Betreten eines Restaurants gilt es als unhöflich, einfach auf einen freien Tisch zuzusteuern. **Warten Sie im Eingangsbereich**, bis Sie begrüßt und zu einem freien Tisch begleitet werden. Sie finden fast überall ein Schild mit der Aufschrift ›*Please wait to be seated*‹.
- Mit **kleinen Kindern ins Restaurant** zu gehen, ist für Briten eine Selbstverständlichkeit. Sie werden überall, vor allem in den Restaurantketten, eine unfassbare Zahl an Kinderhochstühlen vorfinden. Wickelräume gehören ebenso zum Standard wie Kinderspeisekarten, die sogar Babykost aufführen. Findet sich nach dem Mahl mehr Essen unter dem Tisch als im Bauch Ihres Nachwuchses, wird die Bedienung dies ohne weiteren Kommentar aufkehren. Und auch wenn es einmal laut wird, werden Sie ohne böse Blicke vom Nachbartisch entspannt weiteressen können.
- Das **Bezahlen mit Kreditkarte** ist sehr weit verbreitet. Daher verfügen die meisten Restaurants über ein Kartenlesegerät, das man Ihnen an den Tisch bringt. In größeren Restaurants ist es auch möglich, die gemeinsame Rechnung teilen zu lassen. Jeder zahlt dann seinen Anteil mit seiner Kreditkarte. Achtung: Unter Freunden und Kollegen ist es in Großbritannien üblich, die Rechnung in gleichen Teilen zu zahlen – unabhängig davon, wer wie viel verzehrt hat.
- **Trinkgeld** *(tip, gratitude)* wird nach dem Bezahlen dezent auf dem Rechnungsteller liegengelassen. Das Aufrunden der Gesamtsum-

me kennen viele Kellner nicht. Nehmen Sie also Ihr Rückgeld ohne weiteren Kommentar in Empfang und legen Sie dann das Trinkgeld zurück auf den Teller. Bei Zahlung mit der Kreditkarte können Sie das Trinkgeld in das Kartenlesegerät eintippen. Oft werden Ihnen auf dem Bildschirm die Auswahlmöglichkeiten 5 %, 10 % oder 15 % Trinkgeld angezeigt. Dann müssen Sie nicht selbst rechnen.

- Achtung: Viele Restaurants erheben in der Rechnung bereits eine ***service charge*** von meist 10 % der Rechnungssumme. Dann müssen Sie kein extra Trinkgeld geben.

Besonderheiten beim Pubbesuch

In Pubs *(public houses)* gibt es ebenfalls einige Besonderheiten zu beachten:

- Grundsätzlich gilt es zu unterscheiden, ob es sich bei einem Pub um eine **reine Kneipe** (viele erlauben den Zutritt erst ab 18 Jahren) oder um ein sogenanntes **Gastro-Pub** handelt, in dem Essen serviert wird und Familien mit Kindern zumindest bis 20 h willkommen sind. Viele Pubs verfügen auch über zwei getrennte Räume.
- In den meisten Pubs müssen Sie **Getränke und Essen an der Bar bestellen** und sofort bezahlen. Dann ist kein Trinkgeld erforderlich. Gut zu wissen: Möchten Sie zwei Bier bestellen, unterstreichen Sie Ihre Worte nicht, indem Sie Zeigefinger und Mittelfinger hochhalten und dem Barkeeper Ihren Handrücken zeigen. Dieses umgedrehte Victory-Zeichen hat in Großbritannien eine sehr anstößige Bedeutung.
- Ihre Getränke nehmen Sie dann mit an Ihren Tisch. Für das Essen müssen Sie entweder Ihre Tischnummer nennen oder Sie erhalten ein Schild mit einer Nummer, das Sie vor sich auf dem Tisch aufstellen. Ist Ihr Essen fertig, wird es Ihnen an den Tisch gebracht. Bei personeller Unterbesetzung kann es auch passieren, dass der Barkeeper die fertige Bestellung durch den Raum ruft und Sie Ihr Essen vorne selbst abholen müssen. Mittags oder am Wochenende, wenn die meisten Gäste zum Essen kommen, wandeln sich viele Pubs auch in einen normalen Restaurantbetrieb mit Bedienung. (Mehr zum Thema Pubbesuch lesen Sie auch in Kapitel 21 *Socialising* ab S. 312)

Kapitel 17

Einkaufen

In britischen Geschäften ist der Kunde König. Überall werden Sie vielleicht nicht immer gut, aber auf jeden Fall sehr freundlich und zuvorkommend bedient. Es gilt ein Höchstmaß an Service- und Kundenorientierung. Möchten Sie sich nur umschauen, sagen Sie einfach *›just browsing‹*. Sie werden sich dabei vergleichsweise unbeobachtet fühlen. Brauchen Sie Hilfe oder Informationen, wird man sich überschlagen, um das Gewünschte zu finden.

Nach acht Wochen ein doch nicht getragenes Kleidungsstück zurückbringen? Meist kein Problem. Mit dem Kinderwagen in die Umkleidekabine? Die Verkäuferin weiß garantiert eine Lösung. Ob eine Rampe für Rollstuhlfahrer, ein ausleihbarer Scooter für Kunden, die nicht gut zu Fuß sind, Wickeltische, Kindertoiletten und Stillräume, der Flaschenwärmer und die Auswahl an Babykost in der Cafeteria oder der oft kostenlose Heimlieferservice für alles, was nicht ins Auto passt: Vor allem große Kaufhäuser und Shopping-Center bieten allen Kundengruppen ein Rundumsorglos-Paket.

Auch in Sachen Öffnungszeiten hat Kundenfreundlichkeit Vorrang. Daher können Sie Ihren samstäglichen Einkaufsbummel in britischen Städten auch auf den Sonntag ausweiten. Berufstätige genießen, dass sie ihren Lebensmitteleinkauf getrost auch unter der Woche erledigen können: Sie fahren vor oder nach der Arbeit bei einem der großen Supermärkte vorbei, die rund um die Uhr geöffnet sind.

Neben all diesen praktischen Annehmlichkeiten ist eines für Neuankömmlinge besonders wichtig zu wissen: In britischen Geschäften ist das geordnete Schlangestehen an der Kasse oder Theke oberstes Gebot. Warten Sie im durch Absperrbänder markierten Bereich – meist zeigt Ihnen ein Schild an, auf welcher Seite Sie sich anstellen müssen – bis Sie dran sind. Oft werden Sie durch eine automatische Ansage an die nächste freie Kasse geleitet. Es wird nicht gedrängelt und Sie können ganz in Ruhe Ihre Einkäufe einpacken. An der Theke im Supermarkt, bei der Post oder auch in Geschäften mit intensiver Beratung, z. B. in Schuhläden, müssen Sie beim Hineinkommen häufig eine Nummer ziehen. Sie werden bedient, sobald Ihre Nummer aufgerufen bzw. auf einem Display angezeigt wird.

Öffnungszeiten

Kleinere Einzelhandelsgeschäfte schließen unter der Woche häufig bereits zwischen 17 und 18 h, samstags oft auch schon zwischen 12 und 15 h. Manche haben einen ›langen Donnerstag‹ mit längeren Öffnungszeiten, andere haben Montag- oder Mittwochnachmittag geschlossen. In **Shopping-Centern** *(shopping malls)* **oder in den Einkaufsstraßen der Großstädte** sind die Filialen von Ketten und die Kaufhäuser jeden Abend bis 20 h geöffnet. Viele Geschäfte ziehen allerdings auch erst um 10 oder 10.30 h die Rollgitter hoch.

Alle kleineren Geschäfte dürfen **sonntags** nach Belieben öffnen, größere Geschäfte für maximal sechs Stunden. Daher sind die Läden in Fußgängerzonen und Shopping-Centern sonntags wie auch an vielen Feiertagen *(bankholidays)* meist zwischen 10 oder 11 und 16 oder 17 h geöffnet.

In der **Vorweihnachtszeit** gelten vielerorts gesonderte Öffnungszeiten, beispielsweise mit einer Verlängerung bis 22 h. Manchmal werden Sie auch auf die Ankündigung *›browsing only from 9 o'clock‹* stoßen: Sie dürfen ab 9 h durch das Kaufhaus schlendern, um sich alles anzuschauen. Beratung und Verkauf beginnen aber erst zur regulären Öffnungszeit.

Banken sind meist von 9.30 bis 16.30 h geöffnet, samstags bis 14 oder 15 h. Die **Postfilialen** öffnen zwischen 9 und 9.30 h und schließen zwischen 17 und 18 h, samstags meist gegen 12.30 h. Kleinere Bank- und Postfilialen auf dem Land haben häufig mittwochnachmittags geschlossen, oft gibt es auch eine Mittagspause zwischen 13 und 14 h. An Sonn- und Feiertagen haben Banken und Postfilialen generell geschlossen. Postschalter in Lebensmittelgeschäften oder Shopping-Centern passen sich zunehmend den längeren Ladenöffnungszeiten an.

Die großzügigen Öffnungszeiten vieler **Supermarktketten** machen das Einkaufen von Lebensmitteln stressfrei. Große Filialen werben oft mit *24/7,* das bedeutet, dass in der Regel von Montagmorgen 6 h bis Samstagabend um 22 h rund um die Uhr geöffnet ist. Sonntags sind die Türen von 10 bis 16 h geöffnet. Kleinere Filialen haben meist täglich zwischen 7 und 21 oder 22 h offen, sonntags ebenfalls von 10 bis 16 h. Einige Zeitungsläden *(news agents)* und Tante Emma-Läden (*delis* oder *corner shops*) in Wohngegenden und Innenstädten wie auch die meisten Tankstellen-Shops sind tatsächlich *24/7* geöffnet.

Supermärkte

Ihre Lebensmittel *(groceries)* werden Sie wahrscheinlich in einem der Supermärkte einkaufen, die sich am besten erreichen lassen. Für Preis- oder

Qualitätsbewusste mag es jedoch hilfreich sein, ungefähr zu wissen, welches Marktsegment die einzelnen Ketten bedienen.

Allen gemeinsam ist ein überaus großes Warensortiment – bis zu 30.000 verschiedene Produkte werden Sie in einem Megamarkt mit mehreren Tausend Quadratmetern Ladenfläche vorfinden. Ziehen Sie also bequeme Schuhe an und planen Sie auch für eine kurze Einkaufsliste ausreichend Zeit ein!

Tesco – Ist derzeit die größte Supermarktkette in Großbritannien. Neben Lebensmitteln finden Sie hier auch Elektrogeräte, Kleidung, Unterhaltungsmedien, Angebote für Finanz- und Telekommunikationsleistungen, eine Apotheke, eine Reinigung, einen Schuster, ein Blumengeschäft und auch eine Tesco-Tankstelle.

Sainsbury's – Bietet in etwa das gleiche Angebot wie *Tesco* und gilt daher als direkter Konkurrent.

ASDA – Ist ein preiswerterer Supermarkt. Hier finden Sie alle Produkte für den täglichen Bedarf, aber keine Feinschmecker-Reihen oder andere Produktlinien höherer Segmente.

Morrison's – Ist in etwa zwischen *ASDA* und *Tesco* bzw. *Sainsbury's* angesiedelt. Die Kette konzentriert sich fast ausschließlich auf Lebensmittel.

Co-operative food – Supermärkte dieser großen Kette, die als Konsumgenossenschaft keine Aktionäre, sondern Millionen von Mitgliedern hat, sind meist unter dem Namen *Co-op* bekannt. Neben Lebensmitteln werden beispielsweise auch Elektrogeräte, Medien sowie Finanz- und Versicherungsleistungen angeboten. Die *Co-op*-Genossenschaft führt sogar einen Beerdigungsdienst *(funeral care)* und eine Rechtsberatung *(legal services).*

Waitrose – Richtet sich an Familien der oberen Mittelschicht und bietet daher auch höherwertige, teurere Lebensmittel an.

Aldi* und *Lidl – Die deutschen Discounter *Aldi* und *Lidl* sind seit Anfang der 90er-Jahre in Großbritannien aktiv. Das Konzept, Waren einfach pallettenweise aufzustellen, war anfangs mit der britischen Servicekultur nur schwer zu vereinbaren. Die niedrigen Preise haben aber gesiegt. Mittlerweile hat sich in den Filialen eine Art Mischform etabliert. Beim Betreten der Läden werden Sie sich sofort ›heimisch‹ fühlen und inmitten typisch britischer Waren zudem viele Produkte aus dem deutschsprachigen Raum finden. Gleichzeitig sind Rabattaktionen und Service britisch angehaucht.

Iceland – Hat sich auf den Verkauf von Tiefkühlkost spezialisiert. Damit die Ware auf dem Weg nach Hause nicht taut, können Sie ab einem Warenwert von £ 25 einen kostenlosen Lieferservice in Anspruch nehmen. Sie gehen also im Geschäft einkaufen, Ihre Tüten werden Ihnen aber später nach Hause gebracht.

Weitere Supermärkte mit deutlich kleineren Ladenflächen, sogenannte lokale *corner shops,* sind entweder unabhängig oder zählen zu *Eurospar, Londis* oder *Costcutter.* Daneben eröffnen die großen Supermarktketten in Innenstädten immer mehr kleine *convenience stores,* z. B. *Tesco Express* und *Sainsbury's Local,* die ein wenig an die Lebensmittelbereiche in großen Tankstellen erinnern: Angeboten werden Grundnahrungsmittel, Fertiggerichte, Süßwaren und Getränke. Daneben werden Lebensmittel auch in gemischten Discountern wie beispielsweise *Poundland* verkauft, hier kostet alles £ 1.

Self-checkout

In den meisten Supermärkten und größeren Einzelhandelsgeschäften stehen mittlerweile Selbstbedienungskassen *(self-checkout).* Meist müssen Sie Ihren Einkaufskorb links auf einer Ablage abstellen. Ziehen Sie dann den Barcode jedes Ihrer Produkte über den Scanner und legen Sie alles in die vorgesehenen Einkaufstüten rechts daneben. Nicht gleich alles in die selbst mitgebrachte Taschen packen, sonst gibt es schnell eine Fehlermeldung. Über ein großes Display können Sie schließlich Ihr Zahlungsmittel (bar oder mit Karte) wählen. Die Bezahlung mit Karte erfolgt über das Kartenlesegerät. Bargeld, auch Scheine, müssen Sie in die dafür vorgesehenen Schlitze einschieben. Mit etwas Übung ist das Zahlen per *self-checkout* recht einfach. Bei Fragen ist meist ein Mitarbeiter sofort zur Stelle.

Haltbarkeitsdatum

In britischen Supermärkten wird nach drei unterschiedlichen Haltbarkeitsdaten *(expiry dates, shelf life)* unterschieden:

best before – Bis zu diesem Datum weist das Produkt seine maximale Qualität auf.

use by – Bis zu diesem Datum ist das Produkt haltbar und sollte verzehrt werden. Nach Ablauf dieses Datums kann nicht garantiert werden, dass das Produkt unverdorben ist, auch wenn es noch essbar aussieht oder riecht.

display until/sell by – Frische Produkte dürfen nur eine bestimmte Zeit vor Ablauf des Haltbarkeitsdatums verkauft werden.

Lebensmittel online einkaufen

Keine Lust zum Einkaufen? *Tesco, Sainsbury's, ASDA* und *Waitrose* sowie *Ocado* bieten Online-Shopping mit Heimlieferservice. Über benutzerfreundliche Webseiten können Sie Ihre Lebensmittel auswählen und bestellen. Die Zahlung erfolgt per Kreditkarte. Alles wird in Ihrem Kundenkonto gespeichert, sodass Sie beim nächsten Einkauf Ihre persönliche Einkaufsliste aufrufen können. Weil Service großgeschrieben wird, können Sie relativ sicher sein, dass Sie frische und gut ausgewählte Ware erhalten. Sollte etwas fehlen oder falsch geliefert worden sein, wird nach einem Anruf bei der Kundenbetreuung der entsprechende Betrag gutgeschrieben *(refund)*. Auch die Lieferzeiten können sich sehen lassen: Oft reicht es, am Vortag bis zu einer bestimmten Uhrzeit zu bestellen: Geliefert wird am nächsten Tag innerhalb eines ein- bis zweistündigen Zeitfensters *(delivery slot)*, von früh morgens bis spät abends, auch am Wochenende. Wer sich also langes Laufen in einem der Megamärkte ersparen möchte, kann für eine Gebühr zwischen £ 0 und £ 6, je nach gewünschter Lieferzeit, alles direkt ins Haus bringen lassen.

- *Tesco:* ► www.tesco.com
- *Sainsbury's:* ► www.sainsburys.co.uk
- *ASDA:* ► www.asda.co.uk
- *Waitrose:* ► www.waitrose.com
- *Ocado:* ► www.ocado.com

Die aktuellen Preise der Supermarktketten mit Online-Shop können Sie während eines virtuellen Einkaufs unter ► www.mysupermarket.co.uk miteinander vergleichen. ›Gehen‹ Sie dann bei dem Supermarkt zur Kasse, bei dem Sie unter dem Strich für Ihren Einkaufskorb am wenigsten zahlen. Lassen Sie sich die Ware nach Hause liefern. Sowohl für ► www.mysupermarket.co.uk als auch die jeweiligen Online-Shops der Supermärkte ist eine Registrierung notwendig.

High-street-shops

Viele Einkaufsstraßen *(high streets)* in britischen Innenstädten gleichen sich wie ein Ei dem anderen. Insbesondere die großen europäischen oder internationalen Modelabels, Mobilfunkshops, PC- und Unterhaltungselektronikhändler und Restaurantketten sind überall mit mindestens einer Filiale vertreten. Daneben gibt es diverse britische Ketten wie auch große Kaufhäuser. Eine Übersicht der großen britischen Markengeschäfte finden Sie unter **AiGB19**.

Für unabhängige lokale Einzelhändler bleibt in den Zentren kaum mehr Platz. Sie etablieren sich daher in außerhalb gelegenen Stadtteilen, wo mit etwas Glück nach und nach Einkaufsstraßen entstehen, die von Shoppern aufgesucht werden, die ein individuelles Angebot schätzen. Nach einer gewissen Zeit ziehen jedoch die großen Labels nach und der Verdrängungsprozess beginnt von vorne.

Suchen Sie nach bestimmten Geschäften in Ihrer Region, jenseits der *high street* im Stadtzentrum, nutzen Sie am besten lokale *shopping guides* oder auch die Gelben Seiten *(Yellow Pages)*, online erreichbar unter: ► www.yell.com.

Royal warrants

Unternehmen und Händler, die verschiedene Mitglieder der königlichen Familie beliefern, erhalten ein *royal warrant*. Auf den Produkten dieser königlichen Hoflieferanten sehen Sie ein entsprechendes Emblem, beispielsweise mit der Unterschrift *›By appointment to HM The Queen‹*. Werten Sie dies als Qualitätssiegel, dann tragen Sie nicht nur für den Rest Ihres britischen Lebens eine der bekannten Wachsjacken aus dem Hause *Barbour* und knabbern schottisches *Walker's shortbread* zum Tee, sondern frühstücken auch *Kellog's Cornflakes* und trinken *Coca-Cola*.

Sonderangebote und Kundenkarten

Sehr viel stärker ausgeprägt als im deutschsprachigen Raum ist bei den Briten das Nutzen von Sonderangeboten und Kundenkarten. In fast jedem Geschäft finden Sie zu jeder Jahreszeit Ware, die Teil einer Rabattaktion ist.

Kleines Glossar für Sonderangebote

£ 50 cashback – Sie kaufen das Produkt zum regulären Preis, müssen dann ein Formular ausfüllen und dieses gemeinsam mit dem Barcode der Packung zum Hersteller (nicht zum verkaufenden Händler) schicken. Nach einigen Wochen erhalten Sie per Post einen Scheck oder eine Überweisung auf Ihr Konto in Höhe von £ 50. Bei diesen Angeboten sollten Sie immer das Kleingedruckte lesen, vor allem wenn es heißt: *›terms and conditions apply‹!*

2 for 1* oder *3 for 2 – Sie zahlen ein/zwei Produkte und erhalten das zweite/dritte Produkt kostenlos.

3 for £ 2 – Sie erhalten für £ 2 drei Produkte, die einzeln berechnet mehr kosten würden.

buy 1 get 1 ½ off/buy 1 get 1 half price – Sie kaufen ein Produkt und erhalten ein weiteres zum halben Preis.

buy 1 get 1 free – Sie zahlen ein Produkt und erhalten ein weiteres kostenlos dazu.

buy now, pay later/pay next year – Auf dieses Angebot werden Sie insbesondere bei größeren Anschaffungen stoßen: Im Grunde erhalten Sie einen Kredit, lesen Sie daher unbedingt das Kleingedruckte.

mix and match – Ist meist eine Erweiterung eines Angebots. Sie können aus einem Regal mit ganz unterschiedlichen Produkten auswählen, um beispielsweise *3 for 2* zu erhalten. Das günstigste Produkt wird nicht berechnet.

multibuy – Großpackungen, die mehrere Einzelpackungen zum Sonderpreis enthalten

save £ 6 – £ 6 wurden vom regulären Preis abgezogen. Achtung: Meist sind die Schilder so gestaltet, dass man im ersten Moment denkt, das Produkt kostet nur £ 6.

up to 70 % off – Die Ware ist bestenfalls um 70 % reduziert, viele Produkte sind also deutlich weniger reduziert.

value pack – Mehr Inhalt zum gleichen Preis (*25 % more, 1/3 more* etc.)

Achtung: Manchmal klingen Angebote besser als sie tatsächlich sind. Oder Sie kaufen letztlich deutlich mehr als Sie wirklich brauchen. Vor allem bei Lebensmitteln mit begrenztem Haltbarkeitsdatum gilt es, einen kühlen Kopf zu bewahren. Ein zusätzliches *Half-price*-Produkt landet leicht auch schon mal im Mülleimer – und macht das damit verknüpfte erste Produkt um die Hälfte teurer! Daneben wird Übergewicht, eines der größten gesellschaftlichen Probleme in Großbritannien, *Multibuy*-Angeboten und *supersizing* (große, preisgünstigere Packungsgrößen) zugeschrieben. Je mehr Lebensmittel im Haus sind, desto mehr wird konsumiert. In Restaurants sind Gutscheine ›*two meals for one*‹ ein beliebtes Lockmittel – und führen schnell dazu, dass Sie am Ende mehr Getränke und Desserts auf der Rechnung haben als sonst.

Schlussverkauf

Nach einigen Monaten in Großbritannien stellen Sie sich vielleicht die Frage, ob Sie überhaupt noch etwas zum regulären Preis kaufen sollten? Denn der nächste *sale* kommt bestimmt – und zwar sehr bald.

Der größte Schlussverkauf findet nach dem Weihnachtsgeschäft statt und beginnt bereits am 26. Dezember *(Boxing Day),* wenn viele Geschäfte nach den Feiertagen wieder geöffnet haben. Der *after christmas sale* wird meist von einem *New Year's sale* oder *January sale* abgelöst, sodass Sie größere Anschaffungen unbedingt auf die ca. sechs Wochen nach Weihnachten verlegen sollten. Viele Geschäfte bieten wenige Wochen später einen ersten *spring sale* mit anschließenden *Easter offers* an, dicht gefolgt von einem *mid-season sale.* Der Sommerschlussverkauf beginnt ca. Mitte Juli. Pünktlich zu den Schulferien und zur Urlaubszeit wird das Geschäft noch einmal kräftig angekurbelt. Im Herbst folgt ein weiterer *mid-season sale,* im November werben viele Geschäfte mit *pre-christmas-offers.* Daneben gibt es mehrfach im Jahr *clearance stock,* damit ist Saisonware gemeint, die weg muss.

Black Friday und *Cyber Monday*

Über den großen Teich sind zwei weitere *sales* nach Großbritannien geschwappt: Der *Black Friday* ist in den USA der traditionelle Shopping-Tag nach *Thanksgiving.* Die meisten haben frei, den letzten Gehaltsscheck des Jahres in der Tasche und nutzen die Sonderangebote in den Geschäften, die das Weihnachtsgeschäft einläuten. Fernsehbilder zeigen, wie Millionen Amerikaner – und nun auch Briten – beim Öffnen der Ladentüren in die Geschäfte strömen, um sich die besten Schnäppchen zu sichern. Der darauffolgende *Cyber Monday* ist der Aktionstag für das Online-Shopping – Sonderangebote sollen Kunden dazu bringen, ihre Weihnachtsgeschenke frühzeitig zu bestellen.

Kundenkarten

Neben zahlreichen Sonderaktionen bieten die meisten Ketten eigene Kundenkarten *(loyalty cards)* an, über die Sie entweder ganzjährig immer neue Rabatte bzw. Gutscheine *(vouchers)* erhalten oder aber ein Punktekonto führen. Letzteres bedeutet, dass Ihnen mit jedem Einkauf Punkte gutgeschrieben *(collect points)* werden, die Sie ab einer bestimmten Höhe beim Kauf weiterer Waren wieder einlösen *(redeem points)* können. Achtung: Viele Kundenkarten sind mit einem Kundenkonto und/oder einer Kreditkarte zu den nicht immer günstigsten Konditionen verknüpft.

Zu den größten und bekanntesten Kundenkartenprogrammen zählen:

Nectar card – Das *Nectar*-Programm gehört zu *Sainsbury's. Nectar points* können Sie jedoch in über 500 weiteren Geschäften sammeln. Ihre Punkte werden einem Sammelkonto gutgeschrieben und können später über viele verschiedene Gutscheine eingelöst werden. ▶ www.nectar.com

Tesco club card – Für jedes Pfund, das Sie bei *Tesco* ausgeben, erhalten Sie einen Punkt. Bei vielen Produkten werden Extra-Punkte gutgeschrieben. Die Punkte können über Gutscheine verschiedener Anbieter eingelöst werden. ▶ www.tesco.co.uk/clubcard

Boots advantage card – *Boots* schreibt Ihnen vier Punkte pro Pfund gut. Jeder Punkt ist einen Penny wert. Zusätzlich erhalten Sie per Post oder an der Kasse weitere Gutscheine und Angebote. In den Geschäften finden Sie zudem einen Automaten, an dem Sie mit Ihrer Karte Ihren Punktestand oder weitere Sonderangebote abfragen können. Kaufen Sie bestimmte Produkte regelmäßig ein, können Sie über entsprechende Clubmitgliedschaften höhere Punkte erzielen. ▶ www.boots.com/en/Advantage-Card

Avios – In über 200 Geschäften können Sie *Avios*-Meilen sammeln, die sich in Freiflüge (British Airways und Iberia), Eurostar-Tickets, kostenlose Hotelübernachtungen und vieles andere mehr umtauschen lassen. ▶ www.avios.com

Christmas saving clubs/schemes – Große Handelsketten bieten verschiedene Kartenprogramme an, bei denen Ihnen nach jedem Einkauf ein kleiner Betrag für Ihre Weihnachtseinkäufe gutgeschrieben wird. Auch das *post office* bietet eine Clubkarte: Sie können unter dem Jahr nach Belieben auf diese Karte einzahlen und den angesparten Betrag in der Vorweihnachtszeit bei teilnehmenden Händlern ausgeben. Auch Umtauschaktionen in Gutscheine etc. sind häufig Teil der Programme.

Gut zu wissen: Viele Neuankömmlinge in Großbritannien neigen dazu, erst exzessiv alle Angebote wahrzunehmen und dann irgendwann frustriert auf jegliche Karten zu verzichten – entweder weil die Organisation der zahlreichen Gutscheine mit ihren jeweiligen Fristen zu viel Zeit in Anspruch nimmt oder das Portmonee wegen der vielen Plastikkarten aus allen Nähten platzt. Generell gilt es zu bedenken, dass Rabatte und Punkte in der Preiskalkulation der Geschäfte bereits enthalten sind. Wer Angebote gar nicht nutzt, zahlt also oft mehr drauf als jemand anderes tatsächlich damit spart. Die Empfehlung kann daher nur lauten, sich bewusst für einige Programme zu entscheiden, die zum persönlichen Konsumverhalten passen.

Internet-, Katalog- und TV-Shopping

Fast jeder *High-street*-Laden vertreibt seine Waren auch online. Oft werden Sie im Geschäft selbst auf die shopeigene Webseite hingewiesen, wenn etwas nicht vorrätig ist. Ware, die Sie über das Internet bestellen, können Sie sich daher nicht nur per Post oder Kurier (Hinweise zu den Versandkosten finden Sie unter der Abkürzung *P&P* für *package & postage*) nach Hause schicken lassen, sondern auch kostenfrei in der Filiale vor Ort abholen *(pick and collect)*. Genauso dürfen Sie über das Internet bestellte Ware in einer Filiale vor Ort umtauschen oder zurückgeben.

Natürlich gibt es in Großbritannien Länderseiten der globalen Internethändler und -auktionen, wie beispielsweise ▶ www.amazon.co.uk und ▶ www.ebay.co.uk. Daneben sind **Preisvergleichsseiten** im Internet eine nützliche Sache. Möchten Sie eine größere Anschaffung tätigen, sollten Sie das gesuchte Produkt unbedingt bei ▶ www.kelkoo.co.uk, ▶ www.dooyoo.co.uk, ▶ www.pricechecker.co.uk oder ▶ www.pricerunner.co.uk eingeben und sich die Händler mit den besten Preisen anzeigen lassen. Neben den großen Anbietern am Markt werden Sie auch viele unabhängige britische Internetshops mit einem herausragenden Service finden.

Kataloge

Was den Deutschen der Otto-Katalog ist, ist für die Briten *Littlewoods* (▶ www.littlewoods.com). Weitere Versandhändler unter vielen anderen Spezialhändlern, die allesamt immer stärker vom Internetgeschäft als von der telefonischen oder schriftlichen Katalogbestellung leben, sind *K&Co* (▶ www.kandco.com) und *Freemans* (▶ www.freemans.com). Darüber hinaus kombiniert auch *Argos* Versandhandel per Katalog und Internet (▶ www.argos.co.uk). Den *Argos*-Katalog erhalten Sie allerdings nur in einer der zahlreichen *Argos*-Filialen.

TV-Shopping-Kanäle

Rund um die Uhr ist auch der Einkauf bei einem der zahlreichen Shopping-Kanäle im Fernsehen plus den dazugehörigen Webshops möglich. Wer kostenpflichtige Kabel- oder Satellitensender empfängt, verfügt meist automatisch über rund 30 bis 50 teils produktspezifische Shopping- und Auktions-Kanäle.

Umtausch, Verbraucherrechte und -informationen

Die meisten britischen Geschäfte gehen mit Rückgaben oder Kundenbeschwerden sehr zuvorkommend um. Per Gesetz sind sie zudem verpflichtet, ihren Kunden den Kontakt zu einem *customer service manager* zu ermöglichen.

Zumindest die größeren Ketten werden oft bis zu zwei oder sogar drei Monate nach dem Kauf unbenutzte Ware mit Schildern und Kassenzettel ohne viele Worte zurücknehmen. Auch Reduziertes darf in Großbritannien nicht vom Umtausch ausgeschlossen werden, allerdings fällt die Umtauschfrist meist kürzer aus. Fehlerhafte Ware muss immer zurückgenommen werden.

Kaufen Sie per Online-Shopping, Katalog, Shopping-Kanal im Fernsehen oder auch bei einem Vertreter, besteht nach Eingang Ihrer Bestellung eine gesetzlich festgeschriebene ***cooling off period*** von sieben Werktagen. In diesem Zeitraum dürfen Sie die Bestellung kostenfrei schriftlich stornieren und unbenutzte Ware, sofern bereits erhalten, zurückschicken. Ausnahmen gelten für personalisierte oder maßgeschneiderte Ware, Ware mit Verfallsdatum, Zeitungen, bereits genutzte Internetdienste, Versicherungen und Finanzprodukte. Sie können immer eine Rückerstattung fordern, wenn das Produkt fehlerhaft ist oder nicht zum angegebenen Zeitpunkt geliefert wurde oder bei fehlendem Lieferdatum nicht innerhalb von 30 Tagen nach Bestelleingang bei Ihnen angekommen ist.

Sollte es doch einmal Probleme geben, unterstützt Sie *Advice Guide* des *Citizens Advice Bureaus* bei der Wahrnehmung Ihrer Verbraucherrechte unter ► www.adviceguide.org.uk. Auch lokale *Citizens Advice Bureaus* (► www.citizensadvice.org.uk) geben kostenlos Rat. Weitere Informationen finden Sie außerdem unter ► www.gov.uk, Navigationspfad *Crime, justice and the law/Your rights and the law,* Stichwort *Consumer rights.*

Produkttests

Unabhängige Produkttests und -informationen bietet die *Consumer's Association,* das britische Pendent zur deutschen *Stiftung Warentest.* Zu den per Abo zu beziehenden Magazinen mit Produktwertungen zählt die Reihe *Which?,* die es auch produktspezifisch gibt, wie beispielsweise *Which? Computing, Which? Travel* und viele andere mehr. Weitere Informationen finden Sie unter: ► www.which.co.uk.

Garantieleistungen

Viele Produkte werden mit einer Garantie *(warranty)* des Herstellers oder des Händlers verkauft. Auf Elektrogeräte muss laut EU-Verordnung beispielsweise eine zweijährige Garantie mit kostenfreien Reparaturleistungen gewährt werden. Vorsicht ist allerdings beim Thema *extended warranty* zu wahren: Gegen eine Gebühr wird die Herstellergarantie verlängert, was sich in Relation zum Wert des Gerätes nicht immer rentiert.

Secondhand

Weil Briten ein Faible für Secondhand haben, gibt es neben zahlreichen permanenten Secondhand-Shops in jeder Stadt diverse individuell organisierte Märkte. In Kirchenhallen und Schulgebäuden finden beispielsweise regelmäßig in irgendeiner Form sogenannte ***Nearly-new*-Märkte** für (Kinder-)Kleidung und Spielsachen oder auch Bücherbasare statt. In größeren Parks werden am Wochenende **Flohmärkte** *(carboot sales)* veranstaltet.

Übrigens lassen sich auch über **Kleinanzeigen** Secondhand-Schnäppchen finden. Nutzen Sie die Seiten der Regionalblätter *Loot* (▶ www.loot.com) bzw. *Bargain Pages* (▶ www.bargainpages.co.uk) oder auch ▶ www.gumtree.com.

In den Bereich Secondhand fallen natürlich außerdem **Antikmärkte** (▶ www.antiques-atlas.com) mit teils kostbaren Sammlerstücken und teils liebenswertem, aber relativ wertlosem Trödel *(bric-a-brac).* Daneben gibt es sogenannte ***salvage yards*** für Fundstücke, die aus alten viktorianischen Häusern oder baufälligen Kirchen gerettet worden sind. Dazu zählt alles mit *period features* wie beispielsweise Kaminsimse, Badezimmerarmaturen, Kacheln, Fliesen, Fensterrahmen, Türgriffe, Türen, Steinfiguren oder Kirchenbänke etc., siehe dazu beispielsweise ▶ www.salvo.co.uk. Hier werden Sie fündig, wenn Sie Ihrem Haus den Glanz aus alten Zeiten verleihen möchten.

Gut zu wissen: Auf britischen Antik- und Trödelmärkten wird höflich und freundlich gehandelt. Fragen Sie nach dem bestmöglichen Preis: ›*What is the best price you could possibly offer?*‹ oder tasten Sie sich langsam vor: ›*I have a limited budget to spend on this. I don't suppose there is a discount possible at all?*‹

Charity shops

Ehrenamtliche Mitarbeiter von *Oxfam, Cancer Research, Age UK* und vielen weiteren Wohltätigkeitsorganisationen betreiben in so gut wie jeder Einkaufsstraße professionelle *charity shops.* Mit etwas Zeit zum Stöbern können Sie dort die besten Secondhand-Schnäppchen machen. Die angebotene Ware stammt aus Spenden. Haben Sie Kleidung, Bücher oder Haushaltsgeräte, die Sie nicht mehr brauchen, geben Sie sie einfach in einem Ihrer lokalen *charity shops* ab.

Post

Der Postdienst wird in Großbritannien von drei teils privatisierten, teils staatlichen Anbietern, jeweils mit weiteren Unterorganisationen, geleistet: Briefe, Päckchen und Pakete werden von der *Royal Mail* befördert, schwere Pakete wie auch Expresssendungen liefert der Kurierdienst *Parcel Force* (Ausland: *Parcel Force World*) aus. Alle weiteren Leistungen erfolgen durch die *Post Office Limited.*

Die jeweiligen Zuständigkeiten sind nicht immer einfach zu durchschauen, aber zum Glück erhalten Sie alle Dienstleistungen bei Ihrem lokalen *post office* aus einer Hand. Hier können Sie Sendungen aufgeben, ein Konto oder Sparbuch führen, Versicherungen abschließen, einen Telefon- oder Internetanschluss beantragen, Ihren Lottoschein abgeben, Währungen umtauschen, Behördensachen (Anträge für Ausweisdokumente, Sozialleistungen) erledigen oder mit der *Driver and Vehicle Licensing Agency (DVLA)* in Kontakt treten (Führerschein beantragen, Steuerplakette *(vehicle tax discs)* erwerben). In größeren Filialen gibt es dementsprechend unterschiedliche Schalterbereiche. Häufig müssen Sie eine Nummer ziehen. *Self-service*-Stationen mit Messleiste und Waage machen es möglich, Briefe und Päckchen ohne lange Wartezeiten selbst aufzugeben. Unter ► www.postoffice.co.uk finden Sie genaue Informationen zu allen Postdienstleistungen.

Daneben befinden sich zahlreiche Poststellen in Supermärkten, Zeitungsläden oder Schreibwarengeschäften, die einen eingeschränkten Service bieten. Briefmarken für Standardbriefe erhalten Sie zudem in kleineren Geschäften (Kioske, Buchhandlungen etc.) oder ziehen Sie Briefmarkenheftchen an einem Post-Automaten. Postwertzeichen können Sie außerdem online kaufen und selbst ausdrucken: ► www.royalmail.com.

Sendungen innerhalb Großbritanniens

Porto wird nach Gewicht und gewünschter Zustellgeschwindigkeit berechnet. Dazu werden Sendungen innerhalb Großbritanniens bzw. des Vereinigten Königreichs in folgende Kategorien unterteilt:

letter – Briefe, Grußkarten, Postkarten und die für Rechnungen typischen C5-Umschläge werden bis zu einem Gewicht von 100 g als Standardbrief versandt.

large letter – Alles, was größer ist als 240 mm x 165 mm x 5 mm oder mehr als 100 g wiegt, gilt als Großbrief.

packet – Ab einer Größe von 353 mm x 250 mm x 25 mm oder einem Gewicht von über 750 g wird aus einem *large letter* ein *packet* (nicht zu verwechseln mit *parcel!*). Die maximale Größe für ein Päckchen beträgt 610 mm x 460 mm x 460 mm.

parcel – Sendungen mit einem größeren Format müssen als *parcel* verschickt werden. Ab einer Länge von 1,5 m oder einem Gewicht von mehr als 20 kg übernimmt *Parcel Force* den Paketversand.

Postwertzeichen für Briefe, Großbriefe und Päckchen gibt es jeweils als ***first class mail*** oder als ***second class mail***. *First class* (£ 0,60) ist teurer, weil die Sendung mit großer Wahrscheinlichkeit am nächsten Tag zugestellt wird. *Second class* (£ 0,50) erreicht den Empfänger innerhalb von drei Werktagen. Das maximale Gewicht für *second class* beträgt allerdings 1 kg, alles, was darüber liegt, muss als *first class* befördert werden.

Bei normalen **Paketen** *(standard parcel)* bis 20 kg Gewicht und 1,5 m Länge bzw. 3 m Umfang dauert die Zustellung zwischen drei und fünf Werktagen. Die entsprechenden Preise – auch für besondere Zustellungsoptionen – finden Sie online unter ► www.royalmail.com/price-finder oder ► www.postoffice.co.uk, Navigationspunkt *Mail*. Expressendungen und große bzw. schwere Pakete übernimmt der Kurierdienst *Parcel Force*. Die entsprechenden Kosten und Konditionen können Sie auf ► www.parcelforce.com unter dem Navigationspunkt *Quick quote* berechnen.

Kurierdienste als günstige Alternative

Neben *Royal Mail* und *Parcel Force* können Sie für Sendungen ins In- oder Ausland auch einen der zahlreichen privaten Kurierdienste nutzen, wie beispielsweise *City Link, Yodel, DHL, FedEx, UPS, Hermes, TNT, Collect+* oder *APC Overnight*. Portopreise lassen sich über spezielle *parcel broker* im Internet miteinander vergleichen, wie beispielsweise ► www.parcelmonkey.co.uk oder ► www.parcel2go.com.

Lassen Sie sich öfters Ware nach Hause (Internet- oder Katalogbestellungen) schicken, profitieren Sie bei diesen privaten Paketdiensten von zusätzlichen Serviceleistungen wie genaue Lieferzeitfenster, erneute Zustellversuche oder auch die kostenlose Abholung bei Warenumtausch.

Sendungen ins Ausland

Auslandssendungen *(overseas)* werden nicht in *first* oder *second class* unterteilt. Das Porto variiert je nach Gewicht. Es wird außerdem nach Europa *(Europe)* und zwei weiteren Länderzonen (*World Zone 1* und *World Zone 2*) unterschieden. Briefe nach Europa können nur per Luftpost verschickt werden und benötigen einen blauen ›*By Airmail*‹-Aufkleber.

Für Geschenke, Waren und Warenproben mit einem Gewicht bis maximal 2 kg gilt die vergleichsweise günstige Kategorie ***small packet***. Dazu müssen Sie Ihre Sendung in der linken oberen Ecke entsprechend beschriften. *Small packets* können per Luftpost oder auch preiswert über den Landweg *(surface mail)* gesendet werden.

Die bedeutsame 2-kg-Grenze

Ab einem Gewicht von 2 kg wird aus einem *small packet* ein deutlich teureres Auslandspaket. Es kann daher oft günstiger sein, statt einem schweren Paket mehrere kleine Päckchen zu verschicken, sofern möglich. Sehr engagierte Postmitarbeiter werden Ihnen am Schalter Hilfestellung geben, falls Ihre Sendung knapp über 2 kg liegt. Mit vereinten Kräften wird überflüssiges Paketband abgerissen. Denn das kann bereits das Zünglein an der Waage sein. Liegt dann ohnehin bereits alles offen, werden leichte Teile herausgenommen, die sich vielleicht extra verschicken lassen. Werten Sie diesen Eingriff in das ›Postgeheimnis‹ am besten als britische Servicekultur.

Auslandspakete, die schwerer als 2 kg sind (bis maximal 30 kg) müssen mit ***Parcel Force World*** verschickt werden. Sie erhalten Informationen zu den Portokosten je nach Zielland und Gewicht unter ▶ www.parcelforce.com, Navigationspunkt *Send worldwide. Global value* ist die beste Option, wenn ein günstiger Preis wichtiger ist als die Zustellgeschwindigkeit. Nicht-EU-Sendungen benötigen eine Zollerklärung *(customs declaration).*

Unter ▶ www.royalmail.com/price-finder steht Ihnen ein praktischer Portokalkulator zu Verfügung, vorausgesetzt Sie wissen, wie groß und wie schwer Ihre Sendung ist. Oder schauen Sie unter ▶ www.postoffice.co.uk, Navigationspunkt *Mail,* nach. Eine persönliche Beratung erhalten Sie bei der Post-*Helpline* unter 08457 / 74 07 40.

Sendungen beschriften und frankieren

Die Empfängeradresse wird auf dem Umschlag mittig platziert und nicht wie im deutschsprachigen Raum im rechten unteren Quadranten. Geschäftsbriefe und Rechnungen werden häufig in C6/C5 Umschlägen (halbe DIN-A4-Größe) mit Sichtfenster links verschickt. Da Briefe maschinell sortiert werden, empfiehlt sich die folgende **Adressschreibweise**:

Mr Markus Muster	(Titel, Vorname, Name)
Flat 2	(Appartementnummer bei Wohnanlagen)
Beacon Court	(Name des Hauses, der Wohnanlage, falls vorhanden)
18 Church Lane	(Hausnummer, Straßenname)
Exeter	(Ort)
EX8 4BT	*(postcode)*
GREAT BRITAIN	(ggf. Land in Großbuchstaben)

Die Absenderadresse sollte immer auf der Rückseite des Briefes stehen.

Briefmarken sind entweder als *1st (first class)* oder *2nd (second class)* erhältlich. Daneben gibt es Marken in unterschiedlichen Farben je Zahlenwert, jeweils mit Konterfei von Queen Elizabeth II: 1 p, 2 p, 5 p, 10 p, 20 p, 50 p, 87 p, £ 1, £ 1,28, £ 1,50, £ 1,90, £ 2, £ 3 und £ 5. Für Standardwerte werden regelmäßig auch Sondermarken mit Motiv herausgegeben. Die Weihnachtsmarken werden jedes Jahr mit Spannung erwartet.

Die Briefmarken sitzen auf der Vorderseite des Umschlags rechts oben. Es ist übrigens immer wieder ein amüsantes Thema, ob falsch herum aufgeklebte Briefmarken – das Konterfei der Königin steht auf dem Kopf – als Staatsverrat geahndet werden kann oder nicht!

Über die Eröffnung eines Kundenkontos bei *Royal Mail* ist auch die Nutzung einer **Frankiermaschine** *(franking)* möglich. Für Selbstständige lassen sich die Portokosten merklich senken. Auch Drucksachen können günstiger versandt werden. Beschriften Sie den Umschlag in der linken oberen Ecke als *›printed papers‹*. Weitere Informationen erteilen die Royal *Mail Business Sales and Services* unter 08457 / 95 09 50.

Briefkästen *(post boxes)* finden Sie entweder in Form einer roten freistehenden Säule vor oder als rechteckige Kästen, die in Hausmauern eingelassen worden sind. Achtung: Der Briefschlitz älterer Modelle ist relativ knapp bemessen. Die Leerung *(collection)* erfolgt meist einmal am Tag, montags bis samstags am späten Nachmittag. Mehrmals täglich geleert werden nur die Briefkästen direkt vor einer Postfiliale oder in besonders zentraler Lage.

Gut zu wissen: Jedes Jahr im September werden die Annahmedaten für die Weihnachtspost veröffentlicht. Alle Briefe und Pakete, die bis zu diesen Terminen verschickt werden, kommen garantiert vor Weihnachten an. Alles, was nach diesem Datum aufgegeben wird, kommt nur vielleicht vor Weihnachten an!

Kleines Glossar für die Post

airmail – Luftpost

airsure – Registrierte Expresszustellung ins Ausland

certificate of posting – Postversandbescheinigung; Lassen Sie Ihre Sendung kostenlos eintragen, dann zahlt die Post bei Verlust Schadensersatz für das Porto.

collection form – Bei einer nicht erfolgreichen Zustellung: Sie erhalten eine Karte mit der Information, wo Sie Ihre Sendung abholen können.

consequential loss insurance – Versicherung gegen den Verlust einer Sendung
customs declaration – Zollerklärung
express delivery – Expresssendung
international signed for – Internationales Einschreiben
keepsafe – Urlaubsservice der Post: Holen Sie Ihre Post nach Ihrer Rückkehr ab.
next day service – Verschiedene Tarife für eine Zustellung am nächsten Werktag
PO Box – Postfach
postal order – Postanweisung
recorded delivery signed for – Einschreiben mit Unterschrift des Empfängers
recorded delivery – Einschreiben per Einwurf
redirection service – Nachsendung der Post bei Urlaub oder Umzug
same day service – Zustellung per Kurier noch am gleichen Tag
special delivery/special delivery next day/special delivery 9am – Für die Zustellung von Wertsachen am nächsten Tag oder bis 9 h bzw. 13 h; Lieferverfolgung und Schadensersatz bis zu einer bestimmten Wertsumme
surcharge – Zuzahlung, beispielsweise bei zu niedrig frankierten Briefen durch den Absender
surface mail – Auf dem See- und Landweg ins nicht-europäische Ausland

Kapitel 18

Medien

Fernsehen, Radio und Zeitungen bieten Ihnen gerade in der Anfangszeit eine gute Möglichkeit, mit Land und Leuten besser vertraut zu werden. Hier und da werden Sie immer wieder neue Informationen aufschnappen, die sich nach und nach zu einem Gesamtbild zusammenfügen.

Mal abgesehen davon, dass die konstruiert wirkenden Handlungen nicht jedermanns Sache sind, geben Seifenopern *(soaps)* einen guten ersten Einblick in die britische Alltagskultur, gesellschaftlich relevante Themen, die unterschiedlichen Dialekte und den typisch englischen Humor. *Coronation Street* bildet beispielsweise das Leben in einem Stadtviertel in Manchester ab und wird seit 1960 auf *ITV* gesendet. Auf diesem Kanal findet sich auch *Emmerdale,* seit 1972 ein fiktiver Ort in West Yorkshire. Die *EastEnders* der *BBC* spiegeln seit 1985 das Leben im Osten Londons wider und präsentieren ein durchgängiges *Cockney*-Englisch – ein Dialekt, den derzeit viele englische Prominente als Zeichen ihrer Herkunft aus der Arbeiterklasse besonders pflegen. Genauso empfehlenswert für den Neustart ist das regelmäßige Radio hören. Auf regionalen Sendern erfahren Sie, was um Sie herum geschieht und profitieren vor allem von Veranstaltungstipps. Den gleichen Vorteil bieten Ihnen regionale Zeitungen.

Falls Sie morgens auf dem Weg zur Arbeit eine der großen nationalen Zeitungen lesen, beachten Sie, dass jede für eine politische Richtung steht. Generell erfolgt die Berichterstattung oft nicht ganz so unabhängig, wie Sie es aus dem deutschsprachigen Raum gewöhnt sind. Die stark konzentrierte Presselandschaft nimmt in Großbritannien einen großen Einfluss auf die Politik, und die Meinungsmache einiger Zeitungsredakteure ist bei den *MPs* besonders gefürchtet. Daneben werden Ihnen die Fernsehnachrichten sehr reißerisch vorkommen. Bei bedrohlichen Themen wie Virusepidemien, die islamische Terrorgefahr oder Katastrophen kann es deshalb empfehlenswert sein, hin und wieder die sehr viel neutraler gehaltenen deutschsprachigen Nachrichtensendungen über das Internet anzuschauen, um die tatsächliche Gefahr für Leib und Leben wieder in die richtige Perspektive zu rücken.

Fernsehen

Seit Anfang 2012 wird Fernsehen in Großbritannien ausschließlich digital gesendet. Die meisten Haushalte empfangen rund 20 bis 40 nationale und lokale Kanäle *(freeview)*. Mit zusätzlichen kostenpflichtigen Paketen eines Satelliten-, Kabel- oder Breitbandinternet-Anbieters erhöht sich die Zahl auf rund 500 Sender aus dem In- und Ausland. Eine Kurzübersicht aller Fernsehkanäle finden Sie unter ▶ www.mediauk.com. Informationen zu den Themen *Fernsehanschluss und -gebühren* finden Sie im Kapitel 4 *Umzug und Ankunft* ab S. 73.

Das **Abendprogramm** beginnt auf britischen Sendern um 21 h, gelegentlich auch um 20.30 h. Während viele Sender mittlerweile Nachrichten in unterschiedlichen Formaten bringen, sind die ***BBC News*** um 18 und 22 h auf *BBC 1* die altbewährten.

Das aktuelle **Fernsehprogramm** wird auf den jeweiligen Webseiten der Sender, in Tageszeitungen wie auch in Fernsehzeitschriften veröffentlicht.

Staatliches Fernsehen

BBC 1 und *BBC 2* sind die bekanntesten Kanäle der staatlichen, durch Fernsehgebühren finanzierten, ***British Broadcasting Corporation (BBC)***, die ein werbefreies, breit gefächertes Programm sendet:

BBC 1 – Gemischtes Programm, Sendeplätze für regionale Programme und alle Sportereignisse des Jahres
BBC 2 – Richtet den Fokus auf anspruchsvollere Programme
BBC 3 – Comedy und Filme für ein jüngeres Publikum
BBC 4 – Niveauvolle in- und ausländische Filme, Kunst und Kultur
BBC News 24 – Nachrichtenberichterstattung rund um die Uhr
BBC Parliament – Live-Schaltungen aus dem britischen Parlament
BBC HD – Sendet ausgewählte Programme in High Definition Television (HDTV)
BBC Scotland – Teils identisch mit *BBC 1*, teils schottische Programme
BBC Alba – Schottisches Fernsehen in gälischer Sprache
BBC Wales – Teils identisch mit *BBC 1*, teils walisische Programme
CBeebies – Auf Lernen ausgerichtetes Programm für Kinder bis 6 Jahre
CBBC – Unterhaltungsprogramm für Kinder zwischen 6 und 12 Jahren

Weitere Informationen: ▶ www.bbc.co.uk

Ein weiterer staatlich finanzierter Sender ist *S4C*, der ausschließlich in walisischer Sprache sendet. Das Programm wird von unabhängigen Produzenten wie auch von *BBC Cymru Wales* und dem Privatsender *ITV Cymru Wales* hergestellt.

BBC-Dokumentationen

Die *BBC* ist für ihre fundierten und doch unterhaltsamen Dokumentationen weltweit berühmt. Schauen Sie einfach einmal rein – wahrscheinlich werden Sie überrascht sein, dass Sie nach einer Stunde immer noch nicht umgeschaltet haben, obwohl Sie sich ursprünglich gar nicht für das behandelte Thema interessiert hatten. Fast ein Muss für Neuankömmlinge sind *BBC*-Dokumentationen über Großbritannien. Eine Liste mit Doku-Tipps finden Sie unter **AiGB20**.

Privatfernsehen

Die Auswahl an Serien, Unterhaltungsshows, Reality-Dokus, Seifenopern, Shopping-Angeboten und Game-Shows ist im britischen Privatfernsehen unendlich groß. Vieles schwappt aus den USA nach Großbritannien rüber, meist ca. ein halbes bis ein Jahr, bevor Sie fast identische Programme auch im deutschsprachigen Fernsehen sehen. Zu den typisch britischen Sendungen zählen beispielsweise property shows: Ein Moderatorenteam unterstützt Kandidaten bei der Haussuche, führt Renovierungsarbeiten durch, gestaltet den Garten neu oder berät bei Einrichtungsfragen. Mindestens genauso bekannt sind verschiedene Antiquitäten-Shows, in denen Leute ihre Erbstücke oder auch ihren Trödel aus Garage und Dachboden im Wert schätzen lassen oder gleich per Auktion verkaufen. Zu den größten Privatsendern zählen:

ITV – Der erste kommerzielle Sender in Großbritannien war das *Independent Television,* kurz *ITV. ITV 1* sendet 15 verschiedene Regionalprogramme plus nationale Nachrichten und Filme. Daneben bieten *ITV 2, ITV 3* und *ITV 4* ein gemischtes Programm, das sich häufig aus Wiederholungen speist. Der Kinderkanal heißt *CITV.* Weitere Informationen: ► www.itv.co.uk

Channel 4 – Bietet ein gemischtes Programm. Zu *Channel 4* gehören *More4* mit anspruchsvolleren Sendungen, *E4* für die jüngere Zielgruppe und *Film4* mit Hollywood-Filmen. Weitere Informationen: ► www.channel4.com

Channel 5 – Strahlt vor allem amerikanische Filme und Serien sowie das Kinderprogramm *Milkshake* aus. Weitere Informationen: ► www.channel5.com

Sky – Über Satellitenschüssel und Sky-Receiver sind kostenpflichtige Sender wie *Sky Sports HD* oder *Sky Movies HD* erhältlich, die in vielen britischen Familien mittlerweile ein *must have* sind.

+1-Sender und *Catch-up-Player*

Viele Sender bieten einen *+1-service* an: Sie können das gesamte Programm eine Stunde, manchmal auch zwei Stunden zeitversetzt ansehen. *More4+1* strahlt also exakt das gleiche Programm wie *More4* aus, nur alles eine Stunde später. *4seven* wiederholt die besten *Channel 4*-Shows und Serienepisoden der letzten sieben Tage in einer Dauerschleife.

Haben Sie eine Sendung verpasst, können Sie außerdem im Internet (Smart-TV) einen *Catch-up-Player* nutzen:

- *BBC iPlayer:* ► www.bbc.co.uk/iplayer
- *ITV Player:* ► www.itv.com/itvplayer
- *4 On Demand:* ► www.channel4.com/programmes/4od
- *Demand 5:* ► www.channel5.com/demand5

Radio

Neben Fernsehen bietet die *BBC* fünf nationale Radiosender unterschiedlicher Ausrichtung, die analog und digital zu empfangen sind:

BBC Radio 1 (FM97.6–99.8) – Popmusik und Charts
BBC Radio 2 (FM 88–90.2) – Unterhaltungsmusik, Country, Soul
BBC Radio 3 (FM 90.2–92.4) – Klassik und Jazz
BBC Radio 4 (FM 92.4–96.1) – Nachrichten, Talkshows, Kunst- und Kulturprogramme, Hörspiele
BBC Radio 5 live (MW 693, 909) – Nachrichten, Sportübertragungen und aktuelle Informationen rund um die Uhr

In Schottland und Wales senden zudem:

BBC Radio Scotland (FM 92–95, MW 810) – Schottische Regionalsendungen
BBC Radio nan Gàidheal (FM103.5–105) – In gälischer Sprache
BBC Radio Wales (FM 93–104; MW 657, 882) – Walisische Regionalsendungen
BBC Radio Cymru (FM 92–105) – In walisischer Sprache

Daneben finden sich weitere, rein digitale *BBC*-Sender, wie *BBC Radio 1 Xtra, Radio 4 Extra, Radio 5 Live Sports Extra* und *Radio 6 Music.* In den einzelnen Städten und Grafschaften sind zudem unterschiedliche **regionale *BBC*-Sender** zu empfangen, denen in den kommenden Jahren jedoch weitreichende Budgetkürzungen bevorstehen.

Diverse **private Radiostationen** senden ebenfalls national oder regional. Zu den bekanntesten Namen zählen:

Absolute Radio (FM 105.8) – Pop und Rock; plus weitere Spartensender
Classic FM (FM 99.9–101.9) – Für Liebhaber klassischer Musik
Capital FM (FM 95–106) – Popmusik für London und Umgebung; plus weitere Regionalausgaben
Talksport (AM 1089 oder 1053) – Für Sport-Fans

Das Radioprogramm finden Sie unter ► www.bbc.co.uk/radio bzw. den jeweiligen Internetseiten der Radiosender sowie in Tageszeitungen und Fernsehzeitschriften. Eine Übersicht zu derzeit rund 790 in Großbritannien empfangbaren Radiosendern erhalten Sie unter ► www.mediauk.com.

Zeitungen und Zeitschriften

Etwa 20 nationale und über 1.500 regionale und lokale, teils stark miteinander verbandelte Zeitungen bestimmen die auflagenstarke britische Presselandschaft. Daneben existieren zahlreiche kostenlose, rein werbefinanzierte Blätter.

Die **nationalen Tageszeitungen** folgen jeweils einer politischen Ausrichtung, die aber nicht immer konsequent durchgehalten wird. Insbesondere vor Wahlen wird daher mit Spannung erwartet, auf welche Seite sich die Herausgeber und bekannten Kommentatoren einer Zeitung letztlich schlagen. Oft verändert eine einzige Schlagzeile die aktuellen Wahlprognosen.

Die Aufmacher einer Ausgabe können vergleichsweise aggressiv ausfallen und Personen des öffentlichen Lebens werden ohne Scheu an den Pranger gestellt. Gut zu wissen: Geht es in der Berichterstattung um Deutschland, sind gern herangezogene Vergleiche mit der Nazi-Zeit und dem Zweiten Weltkrieg kein Tabu.

Viele Zeitungen bringen regionale Beilagen oder auch eine gesonderte schottische Ausgabe heraus. Daneben werden durch umfangreiche **Sonntagseditionen** mit vielen Beilagen und Sonderaktionen Leser gewonnen.

Zu den großen britischen Tageszeitungen zählen:

The Daily Telegraph – Konservative Tendenz; sonntags erscheint *The Sunday Telegraph;* schottische Ausgabe. Weitere Informationen: ► www.telegraph.co.uk
The Times – Konservative Tendenz; sonntags erscheint *The Sunday Times;* schottische Ausgabe. Weitere Informationen: ► www.thetimes.co.uk

Financial Times – Internationale Wirtschaftszeitung der politischen Mitte, in ereignisreichen Zeiten auch mit wechselnder politischer Ausrichtung; samstags erscheint ***Financial Times Weekend.*** Weitere Informationen: ▶ www.ft.com

The Guardian – Links-liberale Tendenz; sonntags erscheint die Schwesterzeitung *The Observer,* die älteste britische Sonntagszeitung (gegründet 1791); außerdem Herausgabe des wöchentlichen Zusammenschnitts *The Guardian weekly.* Weitere Informationen: ▶ www.guardian.co.uk

The Independent – Zeitung der politischen Mitte, teilweise links-liberale Tendenz; sonntags erscheint *The Independent on Sunday;* außerdem Herausgeber von *i – The essential daily briefing* mit einer knappen Darstellung der wichtigsten Tagesnachrichten. Weitere Informationen: ▶ www.independent.co.uk

Neben diesen Qualitätszeitungen gibt es diverse **Boulevardzeitungen** *(tabloids).* Hierzu zählen:

The Sun – Links-liberale Tendenz; sonntags erscheint *The Sun on Sunday;* Schottland: *The Scottish Sun.* Weitere Informationen: ▶ www.thesun.co.uk

The Daily Mail – Konservative Tendenz; sonntags erscheint *Mail on Sunday;* Schottland: *Scottish Daily Mail.* Weitere Informationen: ▶ www.dailymail.co.uk

Daily Mirror – Links-liberale Tendenz; sonntags erscheint *Sunday Mirror;* Schottland: *Scottish Daily Mirror.* Weitere Informationen: ▶ www.mirror.co.uk

Daily Star – Konservative Tendenz; sonntags erscheint *Daily Star Sunday;* Schottland: *Daily Star of Scotland.* Weitere Informationen: ▶ www.dailystar.co.uk

Daily Express – Konservative Ausrichtung; sonntags erscheint *Sunday Express;* Schottland: *Scottish Daily Express.* Weitere Informationen: ▶ www.express.co.uk

In **Schottland und Wales** kommen neben diversen regionalen Zeitungen außerdem hinzu:

Glasgow Herald – Mitte-links Tendenz. Weitere Informationen: ▶ www.heraldscotland.com

The Scotsman – Konservative-unionistische Tendenz; sonntags erscheint *Scotland on Sunday.* Weitere Informationen: ▶ www.scotsman.com

Daily Record – *Labour*-nahes Boulevardblatt; sonntags erscheint *Sundaymail.* Weitere Informationen: ▶ www.dailyrecord.co.uk

The Western Mail – Walisische Nationalzeitung mit populistischer Ausrichtung, starke Präsenz in Nordwales, im Süden erscheint *South Wales Echo;* sonntags erscheint *Wales on Sunday.* Weitere Informationen: ► www.walesonline.co.uk

Darüber hinaus sichern sich immer mehr **kostenlose Zeitungen** Marktanteile, allen voraus ist ***Metro***. Das Blatt wird jeden Morgen in rund 50 Städten an Pendler verteilt und enthält eine Mischung aus aktuellen Nachrichten und Klatsch. Die gleiche Strategie verfolgt der abendliche ***Evening Standard*** in London.

Eine Charakteristik aller britischen Tageszeitungen – national wie regional – finden Sie unter ► www.britishpapers.co.uk oder ► www.mediauk.com.

Zeitungsabo

Eine Zeitung zu abonnieren *(to subscribe)* bedeutet in Großbritannien eine Vergünstigung des Einzelpreises durch den Erwerb von Gutscheinheften. Mit diesen *vouchers* gehen Sie morgens zum nächstgelegenen Zeitungsladen *(news agent)* und erhalten dort bargeldlos Ihre Ausgabe. Eine Lieferung frei Haus bieten Zeitungsverlage höchstens innerhalb großer Städte an.

In allen nicht-städtischen Gebieten sind Sie auf Ihren *news agent* angewiesen, der möglicherweise für die Häuser in der umliegenden Nachbarschaft einen eigenen Heimlieferservice *(home delivery)* anbietet. Fragen Sie am besten nach, wenn Sie Ihre Zeitung morgens nicht selbst abholen möchten.

Eine gute Alternative ist eine elektronische Ausgabe, die Sie per Computer oder Smartphone lesen. Meist ist der Zugang im Abopreis enthalten, dann können Sie bei Sonnenschein einen Gutschein am Zeitungskiosk einlösen und bei Regen zu Hause online lesen.

Zeitschriften

Der Zeitschriftenmarkt in Großbritannien hält eine kaum fassbare Menge an Titeln bereit. Neben Politik- und Wirtschaftsmagazinen, Frauenzeitschriften, Klatschblättern, Rätselheften und Fernsehzeitungen finden sich in den *news agents* diverse spezifische Titel zu Themen wie Haus und Garten, Familie und Kinder, Tiere, Sport, Heimwerken, Handarbeit und Hobbys oder auch Fernsehsendungen. Einen guten Überblick werden Sie im Zeitschriftenhandel kaum erhalten, aber unter ► www.mediauk.com können Sie derzeit die Kurzbeschreibungen von rund 2.000 Titeln aufrufen.

Internet

Das Internet bietet auch in Großbritannien eine Fülle an Informationen. Möchten Sie bei einer Internetrecherche vor allem nationale Quellen nutzen, verwenden Sie die britischen Ableger der großen Suchmaschinen, z. B. ► www.google.co.uk. Achten Sie zudem auf folgende Besonderheit: An der **UK-Länderkennung am Ende einer URL** (länderspezifische Top-Level-Domain) können Sie erkennen, ob eine Internetseite von einem Unternehmen, einer Organisation, der Regierung oder einer Bildungseinrichtung bereitgestellt wird:

- Webseiten von Unternehmen und Händlern enden mit: .co.uk *(commercial)*
- Webseiten, die von Organisationen bereitgestellt werden, enden mit: .org.uk *(organisation)*
- Webseiten der Regierung enden mit: .gov.uk *(government)*
- Webseiten von Hochschulen enden mit: .ac.uk *(academic)*

Größere öffentliche Einrichtungen verfügen über eigene Kennungen. Der *National Health Service (NHS)* führt beispielsweise als Hauptwebadresse ► www.nhs.uk. Unterseiten enden auf .nhs.uk, z. B. ► www.nhsdirect.nhs.uk. Das Verteidigungsministerium nutzt ► www.mod.uk für *Ministry of Defence.* Die britische Armee verwendet daher die Endung .mod.uk: ► www.army.mod.uk.

Deutschsprachige Medien

Dank der elektronischen Ausgaben, die Sie über das Internet oder per Smartphone-App beziehen können, ist das Lesen einer deutschsprachigen Zeitung oder Zeitschrift im Ausland kein Problem mehr. Um ein Beispiel herauszugreifen: Das kostenpflichtige E-Paper-Abo der *Frankfurter Allgemeinen Zeitung* bringt bereits am Vorabend die aktuelle Ausgabe in der Optik der Printversion auf den Bildschirm. Mit der F.A.Z.-iPhone-App werden Ihnen täglich Nachrichten und Artikel inklusive Bilder und Videos übermittelt. Auch einige Zeitschriften, wie beispielsweise *Der Spiegel,* sind mittlerweile als E-Paper oder iPhone/iPad-Version erhältlich. Genauere Informationen finden Sie auf den Webseiten Ihrer bevorzugten Tageszeitung oder Zeitschrift.

Mit etwas Glück finden Sie auch in einigen Bahnhofsgeschäften oder auch in größeren Buch- und Schreibwarengeschäften (z. B. *WH Smith*) eine kleine Auswahl an deutschsprachigen Zeitschriftentiteln und Tageszeitungen des Vortags.

Eine deutschsprachige Zeitung für London (und Großbritannien) wird vierteljährlich unter dem Titel *The German Link* veröffentlicht. Informationen zum Bezug finden Sie unter ▸ www.germanlink.co.uk. Das Online-Magazin *Switzerland in the UK* für Schweizer in Großbritannien finden Sie unter ▸ www.swissreview.co.uk.

Deutschsprachige Sender

Deutschsprachige Fernseh- und Rundfunksender empfangen Sie in Großbritannien nur per **Astra-Satellit, Orbitaleinstellung *19.2 east, Europe.*** Weitere Informationen: ▸ www.onastra.co.uk. Die Installation einer Satellitenschüssel plus Receiver-Box ist notwendig.

Möchten Sie nur ab und zu etwas auf Deutsch anschauen oder anhören, nutzen Sie im Internet die **Mediatheken** der großen Sender. Hier können Sie die bereits ausgestrahlten Fernsehsendungen der letzten Tage/Wochen abrufen oder deutsches Radio live hören. Auch über ▸ http://de.wwitv.com oder ▸ www.freetv.com können Sie deutsche TV-Sender abrufen. Achtung: Häufig ist zunächst die Installation eines Plug-ins erforderlich.

Um deutschsprachige Fernsehsendungen aufzuzeichnen, sollten Sie auf einen **virtuellen Videorecorder** zurückgreifen. Diesen oft kostenpflichtigen Service bieten beispielsweise ▸ www.save.tv, ▸ www.shift.tv oder ▸ www.onlinetvrecorder.com an. *Heimseh TV* ist eine Online-Videothek für Menschen im Ausland: ▸ www.heimseh.tv.

Podcasts sind über das Internet abrufbare Audio- oder Videodateien, die über mp3-Player, Smartphones oder auch online abgespielt werden können. Viele Fernseh- oder Radiosender bieten ausgewählte Programme als Podcasts an. Podcasts auswählen können Sie entweder über die Webseite des Mediums oder aber über umfangreiche Online-Verzeichnisse wie z. B. ▸ www.podcast.de oder ▸ www.podcharts.de. Darüber hinaus bieten die aktuellen Smartphones Apps für den Empfang und das Abonnement von Podcasts an.

Deutschsprachige Bücher

Deutschsprachige Bücher können Sie sich von Online-Buchhändlern mit Auslandsversand nach Großbritannien schicken lassen. Daneben bieten E-Reader eine praktische Möglichkeit, deutschsprachige Titel versandkostenfrei zu erwerben. Großbuchhändler vertreiben ihre eigenen E-Reader-Modelle, teils mit vorinstalliertem Buch-Shop. Daher ist bei jedem Modell zu empfehlen, sich vor dem Kauf genau über die Voreinstellungen (Sprache, Online-Shop, Währung) zu informieren.

Kapitel 19

Britische Mentalität

Spricht man über kulturelle Unterschiede, kann es sich immer nur um bestimmte Tendenzen im Verhalten handeln. Natürlich sind nicht alle Menschen mit derselben geografischen Herkunft gleich. Und gerade in Großbritannien finden sich neben Nord- und Südengländern, Schotten, Walisern und Iren viele weitere ethnische Gruppen aus dem britischen *Commonwealth,* die seit mehreren Generationen für multi-kulturelle Vielfalt sorgen. Aber unabhängig von der Erziehung im Elternhaus und persönlichen Charaktereigenschaften tragen Menschen, die in der gleichen Region aufwachsen, eine kulturelle Prägung durch ihr direktes Umfeld in sich. Dort haben sie tagtäglich gewisse kulturelle Standards erlernt, die ihr Verhalten beeinflussen. Dazu zählen Verhaltensregeln, Wertvorstellungen und Traditionen, bestimmte Handlungsabläufe, das Empfinden von Zeit und Raum, Sprache und Gestik und vieles andere mehr.

Heißt es in diesem Kapitel also ›die Briten‹, sei damit vor allem auf diese gemeinsamen Standards hingewiesen. Eine grob gefasste Charakteristik soll Ihnen dabei helfen, leichter zwischen Ihrer eigenen und der britischen kulturellen Prägung zu unterscheiden und die daraus folgenden Konsequenzen zu erkennen.

Die feine englische Art

Ein respektvolles, zurückhaltendes Verhalten und eine uneingeschränkte Höflichkeit in jeder Lebenslage werden als die typische englische Art betrachtet. Auch wenn nicht jeder Brite diese Eigenschaften an den Tag legt, gelten sie doch als anzustrebendes Ideal. Gefühlsausbrüche werden hingegen als bloßstellend empfunden. Jeder, der eine einigermaßen gute Erziehung genossen hat, weiß seit Kindesbeinen an, wie man durch Selbstdisziplin Haltung bewahrt.

Dazu gehört auch, dem anderen niemals zu nahe zu treten – sowohl physisch als auch persönlich. Man hält also in jedem Gespräch eine gewisse körperliche **Distanz** ein. Und das möglicherweise außergewöhnliche Verhalten oder exzentrische Aussehen des Gegenübers wird eher toleriert als kritisiert. Jeder hat in Großbritannien das Recht auf **Individualität** und persönliche Freiheit. Wem das Anderssein des Gegenübers zu viel wird, der wird nicht ausfallend, sondern hält einfach mehr Abstand.

Aus dieser ausgeprägten Toleranzfähigkeit resultiert eine gewisse **Gelassenheit**. Laufen die Dinge einmal nicht so, wie gedacht, werden Briten dies mit Leichtigkeit einfach hinnehmen. Genauso pragmatisch werden sie sich auch nicht mit Nebensächlichkeiten aufhalten. Daher gelten vor allem Deutsche bei Briten oft als zu detailverliebt, wenn sie wegen ihrer hohen Unsicherheitsvermeidung stets eine ausführliche Planung anstreben. Briten reagieren lieber flexibel und ändern die Dinge eben ab, wenn dies notwendig wird.

Beachten Sie auch, dass Briten generell ***understatement*** betreiben: Über persönliche Erfolge genauso wie über Wohlstand wird nur sehr bescheiden gesprochen. In der beruflichen Zusammenarbeit mit Briten fällt auf, dass niemand seine Position oder auch sein Know-how bewusst in den Vordergrund stellt. Auch die unternommenen Anstrengungen, um eine Aufgabe zu erfüllen, lassen sich Briten keinesfalls anmerken.

Sprechen Sie über sich selbst, gilt es also maßlos zu untertreiben. Spricht jemand anderes über sich selbst, machen Sie nicht den Fehler, Ihren Gesprächspartner völlig zu unterschätzen.

Ähnliches gilt für Kleidung und Statussymbole. Insbesondere bei der älteren Generation gilt: Stil und Klasse hat man oder nicht. Wohlhabende Menschen werden über Jahrzehnte das gleiche Auto fahren, den gleichen Trenchcoat und die gleichen Schuhe tragen. Auch wenn Sie sich neue Sachen leisten können, werden gute, qualitativ hochwertige Dinge nur ungern ausrangiert. Der äußere Schein trügt!

Privatsphäre

Niemals auf die leichte Schulter nehmen sollten Sie in der Kommunikation mit Briten den Schutz der Privatsphäre. Einerseits ist für Briten die **Kontaktaufnahme mit Fremden** etwas Selbstverständliches. Stets versuchen sie, für eine gute Stimmung, zumindest aber eine angenehme Atmosphäre zu sorgen. Ist jemand neu, wird er sofort einbezogen. Steht jemand mit einem Stadtplan auf der Straße, wird ihm sofort weitergeholfen. Keiner wird im Regen stehengelassen. Viele Neuankömmlinge berichten daher, dass sie in Großbritannien sehr leicht neue Kontakte gefunden haben. Der Ausbau zu einer Freundschaft ist aber oftmals fehlgeschlagen.

Hintergrund ist, dass die überaus freundliche Art vieler Briten uns zu schnell vermuten lässt, eine tragfähige persönliche Beziehung sei bereits geschaffen. Gehen wir dann unbedarft einen Schritt weiter, beispielsweise mit persönlicheren Fragen, dringen wir massiv in die Privatsphäre des anderen ein und machen uns damit noch viel unbeliebter als es in diesem Moment spürbar wird.

Möchten Sie selbst den **privaten Kontakt** zu neuen Bekannten intensivieren, veranstalten Sie eine kleine Gartenparty, einen Grillabend *(barbecue)* oder einen Nachmittagstee, zu dem Sie mehrere Leute einladen und somit auf einer lockeren Gesprächsebene verbleiben können. Natürlich sind auch gegenseitige Einladungen zum Abendessen im kleinen Kreis in Großbritannien üblich, aber für Menschen aus dem deutschsprachigen Raum ist dabei die Gefahr groß, sich zu schnell zu privat unterhalten zu wollen.

Merken Sie sich einfach, dass das Verständnis der Privatsphäre in Großbritannien sehr eng gefasst wird. Eingeschlossen werden nicht nur das Privat- und Familienleben, sondern auch die berufliche Tätigkeit, persönliche Überzeugungen, Meinungen und Vorlieben. Achten Sie daher sehr darauf, welche Fragen Ihnen ein Brite stellt und tasten Sie sich genau auf dieser Ebene weiter.

Es ist anfangs sicherlich eine gute Idee, seinem britischen Gegenüber in Sachen persönlicher Austausch die Führung zu überlassen. Stößt er in einen neuen Themenbereich vor, folgen Sie ihm. Üben Sie sich im Beobachten und Sie werden schnell erkennen, wie sich Kontakte langsam, aber stetig entwickeln.

Gemeinschaftssinn

Briten haben stets das Gemeinschaftswohl im Sinn. Von klein auf werden sie an Aktivitäten herangeführt, bei denen Teamgeist und der persönliche Einsatz für andere an erster Stelle stehen. Ob Pfadfinder, Mannschaftssport oder Fundraising: Jeder soll sich als Teil des Ganzen fühlen dürfen, aber auch seinen Fähigkeiten entsprechend zum Wohl aller beitragen. So wundert es nicht, wenn viele Bürger in ihrer Steuererklärung die Option wählen, eine mögliche Steuerrückerstattung automatisch einem guten Zweck zukommen zu lassen und auch das zusätzliche Pfund auf der Restaurantrechnung für die lokale Charity-Aktion zahlt man gerne mit. Überraschend viele Erwachsene sind in Vereinen oder Wohltätigkeitsvereinigungen aktiv, in denen sie oft ganz andere Aufgaben und Rollen erfüllen als in ihrem beruflichen Umfeld.

Klassendenken

Ein Klassendenken ist im heutigen Großbritannien bei Weitem nicht mehr so offensichtlich wie in der Vergangenheit, aber mit Sicherheit noch unterschwellig zu spüren. Mit der Monarchie im Rücken pocht der **Adel** *(aristocracy, peer)* auf seine erhabene Stellung. Viele Familien leben seit Generationen auf einem Landsitz, der ihnen einst von der Krone für besondere Dienste oder aufgrund familiärer Verbindungen zuteil geworden ist. Der Erhalt des herrschaftlichen, aber baufälligen Hauses hat viele bereits ihr gesamtes Vermögen gekostet. Oft hadert die junge Generation mit der Frage, ob sie nach erfolgreichem Uni-Abschluss dem verhängnisvollen Erbe nicht doch den Rücken zukehren sollte, um sich in eine spannende Karriere in der Londoner City zu stürzen. Aber Adel verpflichtet und zumindest ein Sohn oder eine Tocher kehrt häufig auf den Landsitz der Eltern zurück, um diese dabei zu unterstützen, das Haus mit allen Mitteln vor dem Verfall zu retten. Nehmen Sie also sonntags an einem Familientag mit Schnitzeljagd *(treasure hunt)* und Tomobla *(raffle)* oder an einer Führung in einem der vielen Herrschaftshäuser teil, unterstützen Sie damit nicht unbedingt eine Wohltätigkeitsorganisation, sondern die Wohnsitze des Landadels.

Die Zugehörigkeit zur **Oberschicht** *(upper class)* zeichnet sich also nicht unbedingt durch Vermögen aus, aber sicherlich durch Familienbesitz und des Weiteren durch ein Netzwerk persönlicher Kontakte, die häufig über Generationen hinweg gepflegt werden. Familien kennen sich, verkehren im gleichen *country club,* treffen sich bei allen gesellschaftlichen Ereignissen des Jahres, mischen über Bekannte im *House of Lords* politisch ein wenig mit, arrangieren Ehen und schicken ihre Kinder auf die besten und teuersten Privatinternate, die sie wiederum auf Cambridge und Oxford vorbereiten. Hier knüpfen sie weitere Kontakte mit ihresgleichen, die sie durch ihr späteres Leben begleiten werden.

Fast mit dem gleichen Stolz betrachtet sich aber auch die ***working class.*** Privilegien der Mittel- und Oberschicht, ihr *Queen's English* und ihr Festhalten an der Etikette, werden gemeinsam verachtet. Ein einfacher Job *(blue-collar-job)* reicht aus, das Streben nach einem *white-collar-job* in einem Büro und dem damit verbundenen Aufstieg wird oft mit Ausgrenzung abgestraft. Ambitionen zu haben, heißt, etwas Besseres sein zu wollen und die anderen hinter sich zu lassen.

Um sich den Rückhalt in ihrer Wählerschaft zu sichern, neigen Politiker daher dazu, sich als Mann des Volkes zu präsentieren, indem sie ihre elitäre Ausbildung verschweigen und sich einen Arbeiter-Akzent antrainieren.

Zwischen *upper class* und *working class* befindet sich die breite, mehrstufige **Mittelschicht**. Über eine sich gut entwickelnde berufliche Karriere und Statussymbole wie Haus und Auto versuchen Familien die soziale Leiter von der *lower* in die *middle* und schließlich in die *upper middle class* hinaufzuklettern. Die gläserne Decke zur *upper class* lässt sich auch mit einem hohen Gehalt nur schwer durchstoßen. Zwar werden *country club* und Eliteschule bezahlbar, ohne Türöffner sind die essenziellen persönlichen Kontakte nach oben aber nur schwer zu etablieren.

Einzig berühmt zu werden oder sich durch besondere Verdienste hervorzuheben und von der Königin zum Ritter (*knighthood* oder für Frauen: *damehood*) geschlagen zu werden, kann zumindest zum Titel *›Sir‹* oder *›Dame‹* verhelfen, nicht aber zur Adelung. Mehr zu den verschiedenen Ehrungen und den ***Order of the British Empire*** finden Sie unter ► www.royal.gov.uk, Navigationspfad *The Queen and the UK/Queen and Honours.*

Nationalstolz

Viele gut ausgebildete Briten verfügen über ein profundes nationalgeschichtliches Wissen. Auf die historische Vergangenheit, die Errungenschaften der Monarchie, gewonnene Schlachten und Kriege wie auch das *British Empire* ist man einfach stolz. Und viele trauern den goldenen Zeiten nach, als der Einfluss Großbritanniens auf die Welt noch deutlich größer war als heute. Die hohen Einschaltquoten bei entsprechenden Fernsehdokumentationen beweisen dies am besten. Und auch das alljährliche Nachspielen *(reenactment)* großer Schlachten an den Originalschauplätzen ist eine gerne unternommene Freizeitaktivität.

Hinsichtlich britischer Gräueltaten wird wenig Schuld empfunden. Pragmatische Gespräche über die Kolonialzeit oder den Zweiten Weltkrieg sind daher möglich. Werden Sie als Deutscher nach Ihrem Heimatort gefragt und Sie antworten beispielsweise ›Dresden‹, hören Sie vielleicht ein eher sachlich gemeintes: *›Oh yes, Dresden. My grandad was in the British Royal Air Force and bombed the Frauenkirche.‹* Sicherlich wissen Sie nicht gleich, wie Sie diesen Small Talk nun weiterführen sollen. Seien Sie aber sicher, dass solche Aussagen in den meisten Fällen einfach nur Feststellungen sind. Sie können also ohne mit der Wimper zu zucken darauf eingehen, wie wunderbar die Frauenkirche inzwischen restauriert worden ist. Keiner erwartet eine Schuldanerkennung hinsichtlich der Rolle der Deutschen im Zweiten Weltkrieg.

Nur beim nächsten Fußballländerspiel gegen die Deutschen kann kurzzeitig wieder Krieg ausbrechen, den Sie für einige Stunden zumindest durchaus ernst nehmen sollten. In einigen Gegenden kann es empfehlenswert sein, die deutsche Flagge lieber nicht aus dem Fenster zu hängen, um vorbeiziehende Hooligans nicht zu provozieren. Ein paar Tage später ist aber meist alles wieder vergessen. Vielleicht hören Sie im Fernsehen oder im Büro auch zum wiederholten Male etwas über Englands einzigen FIFA World Cup-Sieg 1966 im Londoner Wembley Stadion, das glorreiche 4:2-Ergebnis gegen Deutschland und das umstrittene Tor, das heute als *Wembley Goal* bezeichnet wird.

Humor

Trotz einer gewissen Steifheit, die man den Briten gerne nachsagt, ist ihr Humor unschlagbar. Nirgendwo sonst werden Sie bei geselligem Zusammensein so viele herrliche Anekdoten aufgetischt bekommen. Oft fallen humorvolle Bemerkungen oder gezielte Anspielungen sehr subtil. Auch eine Abschwächung der Dinge kann ironisch gemeint sein. Nicht immer werden Sie daher bei einer Erzählung Ihres Gesprächspartners gleich von Anfang an wissen, ob sie auf eine ernste oder lustige Begebenheit hinausläuft.

Sich selbst nicht zu ernst zu nehmen und vor allem humorvoll über eigene Missgeschicke berichten zu können, kommt bei Briten gut an. Eine Grenze müssen Sie jedoch ziehen, wenn sich Ihre Anekdoten auf die Unzulänglichkeiten anderer beziehen. Mit *›schadenfreude‹* können Briten wenig anfangen. Daher wurde dieses Wort auch aus dem Deutschen übernommen.

Zu später Stunde kann ein ironischer Schlagabtausch nur noch durch derbe Witze getoppt werden. In der Regel basieren britische Witze entweder auf gekonnten Sprachspielen oder alltäglichen Begebenheiten, die ins Extreme überzeichnet werden. Dabei gibt es nur wenige Tabus – von der feinen englischen Art ist nun nichts mehr zu spüren. Je mehr Konventionen gebrochen werden, umso besser. Und vieles, über das Briten herzlich lachen können, geht Deutschen, Österreichern oder Schweizern einfach zu weit. Nicht umsonst heißt es daher oft auch *›Don't mention the war!‹*, sobald ein Deutscher den Raum betritt. Halten Sie dem entgegen, indem Sie trotzdem lachen.

Möchten Sie sich in britischem Humor üben, schauen Sie *Monty Python's Flying Circus* oder *Life of Brian, Mister Bean, Little Britain* oder eine der zahlreichen anderen Comedy-Serien im Fernsehen an. *Yes Minister* bzw. *Yes Primeminister* wie auch *Only Fools and Horses* sind seit den 80er-Jahren stetig wiederholte *BBC*-Sitcoms für den gehobenen humoristischen Anspruch. Auf britischen Bühnen sehen Sie diverse Komödien und Shows der bekanntesten Stand-up-Comedians, die auch im Fernsehen übertragen werden. Das aktuelle politische Geschehen samt Politiker und Promis wird in der *BBC*-Panel-Show *Have I got News for you* durch den Kakao gezogen. Eine Liste mit geeigneten DVDs und TV-Tipps finden Sie unter **AiGB21**.

Bürokratie

Während vor allem den Deutschen und den Schweizern ein sehr beamtenhaftes Verhalten nachgesagt wird, ist das Maß an Bürokratie *(red tape)* in Großbritannien auch nicht zu verachten. Allerdings sind hier beide Extreme möglich: Das eine ist eine Überorganisation einfachster Sachverhalte durch diverse Formulare, das andere ist die völlige Abwesenheit jeglicher Standardisierung.

Health & safety und Datenschutz

Im öffentlichen Leben liegen einem Bürokratieüberschwang häufig strikte *health & safety-* bzw. Regelungen des Datenschutzes zugrunde. Die persönliche Sicherheit des Einzelnen wird sehr ernst genommen. Am Arbeitsplatz, in Kindergarten und Schule, in öffentlichen Verkehrsmitteln oder bei Veranstaltungen sind den Verantwortlichen in vielerlei Hinsicht die Hände gebunden, damit sie einer Vielzahl an Einzelbestimmungen gerecht werden. Weil Schadensersatzklagen relativ leicht erfolgreich sind, versucht sich jeder durch ein Übermaß an Absicherung zu schützen.

So werden Sie auf vielerlei Wegen aufgefordert werden, Risiken zur Kenntnis zu nehmen und selbstverantwortlich zu tragen oder bestimmten Maßnahmen und Handlungen der Verantwortlichen zuzustimmen. Akzeptieren Sie es, wenn eine Veranstaltung abgesagt werden muss, weil der Parkplatz eingeschneit ist – Besucher oder Mitarbeiter könnten auf dem Weg vom Auto ins Gebäude ausrutschen – oder wenn Sie zum wiederholten Male an einer vorschriftsmäßigen Feuerschutzübung teilnehmen sollen. Vielleicht werden Sie am Arbeitsplatz oder in der Schule Ihrer Kinder neue Ideen einbringen, die wegen *safety issues* sofort abgeschmettert werden. Oder Sie müssen dem Kinder- und Datenschutz zuliebe erst eine Erlaubnis der Schule einholen, ehe Sie Ihre und damit auch andere Kinder während der Sportveranstaltung oder dem Schultheater fotografieren bzw. filmen dürfen.

Kapitel 20

Englisch für Deutschsprachige

Durch ihre tendenziell faktenorientierte Denkweise übersehen Menschen aus dem deutschsprachigen Raum häufig, wie wichtig Höflichkeit, Freundlichkeit und Diplomatie für ihre britischen Gesprächspartner sind. Deutsch zu denken und eins zu eins ins Englische zu übersetzen, führt daher nicht unbedingt zum gewünschten Ziel. Zum Glück bietet die englische Sprache zahlreiche stilistische Mittel, um auf sehr einfache Art und Weise das abzulegen, was Briten besonders bei Deutschen als nüchtern, steif, unfreundlich und zu direkt wahrnehmen.

Small Talk

Briten beginnen jede Unterhaltung mit Small Talk, der dem Aufbau einer harmonischen Gesprächsebene dient. Diese entsteht, indem man sich gegenseitig zustimmt. Unterhalten Sie sich über das Wetter, will Ihr Gesprächspartner daher nicht wirklich wissen, was Sie denken oder fühlen. Ziel ist lediglich, Einigkeit zu demonstrieren. Findet Ihr Gesprächspartner es heute Morgen etwas kühl, sagen Sie das gleiche. Antworten Sie auf keinen Fall, dass Sie aus Ihrem Heimatort kältere Temperaturen gewöhnt sind oder dass man sich einfach wärmer anziehen sollte. Denken Sie immer daran: Es geht nicht wirklich um Wetterfragen, sondern um gegenseitiges Einvernehmen. Antworten Sie etwas Gegensätzliches, führt dies unweigerlich zu Irritationen.

Gleichermaßen stehen auch nur wenige Antworten auf die Frage ›*How are you?*‹ zur Auswahl. Diese lauten sinngemäß immer: ›*I am very well, thank you. How are you?*‹ oder ›*I'm fine, thanks. And you?*‹ Auch hier gilt: Die Frage nach dem Befinden gleich nach einem begrüßenden ›*Good morning/afternoon/evening*‹, ›*Hi!*‹ oder umgangssprachlichen ›*Hiya!*‹ ebnet den positiven Gesprächseinstieg. Achten Sie deshalb auch auf einen sehr herzlichen Ton. Nur wenn sich ein Bekannter direkt auf Ihre Gesundheit bezieht, z. B. weil er weiß, dass Sie gestern krank waren, ist eine ehrliche Antwort angebracht. In allen anderen Fällen geht es Ihnen immer gut!

Händeschütteln ist übrigens in Großbritannien weniger üblich und wird meist nur praktiziert, wenn man sich erstmals kennenlernt und sich gegenseitig **vorstellt** bzw. einander vorgestellt wird. In diesem Fall ist es förmlicher, statt ›*How are you?*‹ ›*How do you do?*‹ zu sagen. Die Antwort lautet ebenfalls ›*How do you do?*‹ Es folgt eine weitere beidseitige Floskel: ›*Nice to meet you.*‹ Übrigens fällt ein britischer Handschlag vergleichsweise leicht aus, drücken Sie die Hand Ihres Gegenübers also nicht zu fest.

Auch das **Verabschieden** geschieht verbindlich und freundlich. Stellen Sie einem ›*Good bye*‹ oder verkürztem ›*Bye*‹ bzw. ›*Bye-bye*‹ ein freundliches ›*Take care!*‹, ›*See you later!*‹ oder ›*Talk to you later!*‹ an. Ganz wichtig: Die letzten beiden Floskeln sind nicht wörtlich zu nehmen, Sie gehen also nicht wirklich davon aus, Ihren Gesprächspartner am gleichen Tag noch einmal zu sehen oder zu sprechen.

Wahrscheinlich werden Sie die Feststellung machen, dass der häufig ausgesprochene Satz ›*We must meet up for tea/coffee/dinner sometime.*‹ nicht immer als ein Zeichen spontaner Sympathie und damit als eine ernst gemeinte Einladung zu werten ist. Häufig stellt diese Aussage bei einem ersten Gespräch zwischen Fremden einfach den Abschluss der Unterhaltung dar – oft versuchen Briten auf diese Weise auch, sich dezent und höflich aus einem vielleicht sogar als unangenehm empfundenen Gespräch zurückzuziehen. Bei einer vagen Formulierung sollten Sie daher erst einmal nur das Vorhaben bestätigen, nennen Sie aber nicht gleich mögliche Daten für ein gemeinsames Treffen.

Daneben sind **Komplimente** das A und O eines guten Small Talks. Frauen werden immer etwas am Outfit ihrer Gesprächspartnerin erwähnenswert finden. Männer konzentrieren sich darauf, Aussagen ihres Gegenübers besonders hervorzuheben. Strengen Sie sich also an, ebenfalls Komplimente zu verteilen, und spielen Sie im gleichen Atemzug erhaltene Komplimente herunter. Denken Sie an das britische *understatement!* (Mehr dazu auf S. 292)

Weitere **Einstiegsthemen** in den Small Talk sind beispielsweise die Ankunft, das Finden der Adresse, die Anreise und der Herkunftsort. Daneben können bei Festivitäten Räumlichkeiten, Dekoration und Essen wie auch der Garten vor dem Haus lobend erwähnt werden. Ist eine gewisse Vertrautheit erreicht, können Sie ein paar Anekdoten aus Ihrem Alltagsleben zum Besten geben. Versuchen Sie sich mit der Zeit ein gewisses Repertoire und einige Gesprächsmuster anzueignen, mit denen Ihnen der Einstieg in eine Unterhaltung mit Fremden mühelos gelingt.

Kritik und Meinungsverschiedenheiten

Ehrlichkeit ist für uns eine Tugend: In Großbritannien müssen Sie Ihre ehrliche Meinung etwas abfedern, insbesondere, wenn Sie einen kritischen Punkt ansprechen oder etwas ablehnen möchten. Jede Form von Kritik wird sehr stark empfunden und ist daher sehr, sehr vorsichtig zu äußern.

Auch mit gut gemeinten Ratschlägen sollten Sie vorsichtig sein. Während Sie es als hilfreich ansehen, wenn Sie auf Schwächen und mögliche Schwierigkeiten eines Vorhabens oder einer Idee hinweisen, reagieren Briten auf so viel ›Negativität‹ mit Unverständnis.

Meinungsverschiedenheiten werden nur sehr vorsichtig ausgetragen. In einer Diskussion heißt es deshalb: Würdigen Sie die Ansichten Ihres Vorredners ausreichend, bevor Sie gegensätzliche Argumente vorbringen. Ziel der Diskussion ist stets, eine gemeinsame Basis zu finden, die alle zufriedenstellt. Diese Einigung wiegt mehr als das dadurch bedingte suboptimale Ergebnis. Zeigen Sie in jeder Lage **Kompromissfähigkeit**.

Um gemeinsame Ansichten herauszustellen, eignen sich Sätze wie: ›*I fully appreciate your point of view.*‹, ›*I agree with ...*‹, ›*This is a fantastic idea!*‹ Im Anschluss daran können Sie vorsichtig Ihre Einwände und kritischen Anmerkungen positionieren: ›*Wouldn't it be better, if ...?*‹, ›*However, I'd rather ...*‹ oder ›*Unfortunately, I don't ...*‹. Oder machen Sie einfach einen Gegenvorschlag: ›*Shouldn' t we ...?*‹ Ihr Gesprächspartner wird Ihre Ablehnung seiner Idee oder Meinung trotzdem genau verstehen.

Umgekehrt ist es für Deutschsprachige oft schwierig, **von Briten geäußerte Kritik oder Ablehnung als solche zu erkennen**. So werden Briten wie oben beschrieben reagieren oder möglicherweise nur sagen: ›*I see some slight problems ... But don't worry too much about it.*‹ Der weiche Ton und die Untertreibung verschleiern, dass eigentlich große Differenzen bestehen. Häufig werden Anregungen gegeben, mit denen vor allem das kritische Thema vom Tisch gefegt wird. Kommen Sie dann auch nicht wieder darauf zurück. Grundsätzlich gilt, immer eine positive Grundhaltung zu zeigen. Disharmonie wird am meisten verachtet.

Loben

So sachte, wie Sie Kritik üben sollten, so übertrieben enthusiastisch müssen Sie Lob aussprechen. Fragt Sie jemand, wie Sie etwas finden, entspricht ein einfaches ›*It is nice/good.*‹ oder ein ›*very interesting*‹ höchstens einer durchschnittlichen Bewertung oder kann sogar als versteckte Kritik gewertet werden. Erweitern Sie daher Ihren Wortschatz um Adjektive wie ›*brilliant*‹, ›*fantastic*‹, ›*gorgeous*‹, ›*marvellous*‹, ›*fabulous*‹ und ›*superb*‹. Daneben leistet Ihnen das Wort ›*lovely*‹ in jeder Lebenslage gute Dienste.

Vorschläge machen

Vorschläge und Forderungen unterbreiten Briten diplomatisch und geschickt. Achten Sie darauf, dass Sie weder mit der Tür ins Haus fallen noch zu bestimmend klingen. Münzen Sie lieber Aufforderungen in freundliche Empfehlungen um. Oft wirkt auch ein *›we‹* höflicher als ein *›you‹:* ›Sie/Wir sollten/müssen ...‹ übersetzen Sie am besten mit *›Wouldn't it be better, if we ...?‹* und hängen vielleicht noch ein fragendes *›Would that be possible at all?‹* an. Oder Sie formulieren eine rein rhetorische Frage: *›I don't suppose, we/you could ...?‹* Trotz der Verneinung am Satzanfang weiß jeder, dass Sie ein *›Yes, we could.‹* erwarten.

Kleine Helfer sind **Fragepartikel** am Ende eines englischen Satzes. Sie mildern direkte Forderungen perfekt ab: *›We need ..., don't we?‹* oder *›I don't suppose we/you could ..., could we/you?‹* Eine zu wörtliche Übersetzung unter Verwendung von *›We must ...‹* sollten Sie unbedingt vermeiden, auch wenn Sie einer Sache besonderen Nachdruck verleihen möchten.

Sich bedanken oder um etwas bitten

Gleichermaßen können Sie sich in Großbritannien gar nicht oft genug bedanken. Je nach persönlicher Beziehung zu Ihrem Gesprächspartner können Sie zwischen einem sehr förmlichen *›Thank you very much indeed.‹*, einem vertrauteren *›thanks‹*, *›many thanks‹* bis hin zu einem kumpelhaften umgangssprachlichen *›cheers‹* (kann auch als Abschiedsgruß verwendet werden) wählen. Aber lassen Sie auch bei Freunden ein ›Danke‹ nicht einfach unter den Tisch fallen. Sich zu bedanken, ist ein wichtiges Element der britischen Kommunikation. Es ist so bedeutend, dass sogar den Kleinsten als eines ihrer ersten Wörter *›ta‹* beigebracht wird, damit ihnen Danke sagen von Anfang an in Fleisch und Blut übergeht. In einigen Regionen nutzen auch Erwachsene ein umgangssprachliches *›ta‹* oder *›ta very much‹*.

Möchten Sie **um etwas bitten**, lautet der angemessene Satz förmlich: *›I would appreciate, if you could ...?‹* oder informeller *›Would you mind ...?‹* bzw. *›If you don't mind, could you ...?‹*, und nicht etwa *›Can you ...?‹*. Auch ein *›Please,‹* am Satzanfang ist zwar besser als nichts, kann aber schnell bevormundend klingen. Viel besser wirkt höfliche Zurückhaltung: *›I was wondering, if you could possibly ...?‹*

Sich entschuldigen

Noch häufiger als sich bedanken werden Sie sich in Großbritannien entschuldigen. Ein simples *›sorry‹* fällt bei vielen Gelegenheiten und wird oft mit einem weiteren *›sorry‹* erwidert: Rempeln Sie jemanden aus Versehen auf der Straße an, sagen Sie sofort *›sorry‹*. Tritt Ihnen jemand auf den Fuß, werden Sie ein *›sorry‹* hören und sollten dieses aus reiner Höflichkeit ebenfalls mit ›*sorry*‹ beantworten. Auf diese Weise wird kein Schuldiger ausgemacht. Es sagen immer beide ›*sorry*‹. Nur wenn ganz eindeutig ersichtlich ist, wer wem etwas getan hat, wird ein ›*I am sorry.*‹ mit einem ›*That's all right.*‹ beantwortet.

Möchten Sie an jemandem vorbeigehen oder sich entschuldigen, um den Raum zu verlassen, sagen Sie ›*Excuse me, please.*‹. Gleiches gilt, wenn Sie jemanden auf der Straße ansprechen, um beispielsweise nach dem Weg zu fragen. Ein kräftiges Niesen oder dergleichen sollten Sie mit einem ›*Pardon me.*‹ oder ›*I beg your pardon.*‹ entschuldigen.

Anrede

In vielen Situationen des täglichen Lebens sprechen sich Briten mit dem Vornamen an. Gehen Sie in ein Restaurant, werden Sie von *Kelly* bedient. Rufen Sie in einem Unternehmen an, ist *John* Ihr persönlicher Kundenbetreuer. Lernen Sie Ihre Nachbarn neu kennen, heißen diese *Robert* und *Karen.* Manchmal braucht es erst einen falsch eingeworfenen Brief, ehe Sie den Nachnamen Ihrer Nachbarn in Erfahrung bringen. Selbst beim Vorstellungsgespräch sitzt Ihnen Ihr zukünftiger Chef *Matthew* gegenüber.

Das gilt sicherlich nicht für alle Unternehmen und Vorgesetzten. Und auch Lehrer und Ärzte werden mit ›*Dr/Mr/Mrs/Miss*‹ plus Nachname angesprochen – ›*Mrs*‹ wird nur verwendet, wenn bekannt ist, dass die angesprochene Dame verheiratet ist. Ansonsten sollten Sie das neutrale ›*Ms*‹ wählen. Lehrerinnen in der Schule werden häufig nur als ›*Miss*‹ ohne Familienname angsprochen.

Sie werden sehr häufig in die Situation kommen, neue Kontakte gleich mit **Vornamen** anzusprechen. Bedenken Sie aber, dass dies nicht bedeutet, dass Sie wie im deutschsprachigen Raum mit jedem auf Du und Du stehen. Da es im heutigen Englisch keine Unterscheidung mehr zwischen Siezen und Duzen gibt, ist auch die Anrede mit dem Vornamen nicht als direkter Freundschaftsbeweis zu werten.

Sehr britisch ist es auch, den Gesprächspartner während der gesamten Unterhaltung kontinuierlich mit seinem Vornamen anzureden, um eine freundliche Verbindlichkeit schaffen. Möchten Sie, dass *Sue* etwas für Sie tut, sagen Sie: ›*Sue, would you awfully mind to ...?*‹ – auch wenn Ihnen gerade nur *Sue* gegenübersteht und niemand anderes gemeint sein könnte. Jeder hört seinen Namen gerne.

Im Alltagsleben kann es zudem vorkommen, dass Sie als Frau jemand mit **Kosenamen** wie ›*darling*‹ oder ›*love*‹ anspricht. Das ist keinesfalls anzüglich oder respektlos, sondern einfach nett gemeint. Männer nennen sich häufig gegenseitig ›*mate*‹. ›*Hi dude!*‹ ist etwa vergleichbar mit ›Hey,

Alter!‹ Eine Gruppe von Leuten wird mit ›*guys*‹ angeredet – mittlerweile selbst dann, wenn die Gruppe teils oder ausschließlich aus Frauen besteht. Für Kinder gibt es diverse Kosenamen, die von ›*little fellow*‹, ›*hi gorgeous/adorable*‹, ›*my cutie*‹ bis zu ›*sweetpie*‹ und ›*sweetpea*‹ reichen.

Anrede und Grußformel in Briefen und E-Mails

In englischen Briefen und E-Mails sollten Sie auf eine korrekte Anrede und die dazugehörige Grußformel achten:

Haben Sie **keinen direkten Ansprechpartner**, schreiben Sie: ›*Dear Sir or Madam,*‹. Noch förmlicher ist: ›*To whom it may concern,*‹. Als Grußformel verwenden Sie: ›*Yours faithfully,*‹. Unterschreiben Sie mit Ihrem vollständigen Namen.

Kennen Sie den Namen eines Ihnen bisher unbekannten Ansprechpartners, schreiben Sie ›*Dear Dr/Mr/Mrs/Ms* plus Nachname,‹. Wissen Sie nicht, ob eine Frau verheiratet ist oder nicht, wählen Sie immer das neutrale ›*Ms*‹. Als Grußformel verwenden Sie: ›*Yours sincerely,*‹. Unterschreiben Sie mit Ihrem vollständigen Namen.

Bekannte (auch der Kundenbetreuer in Ihrer Bank etc.), Kollegen und Freunde sprechen Sie mit Vornamen an: ›*Dear John/Dear Mary,*‹. Als Grußformel verwenden Sie ›*Best wishes/Best regards/Kind regards,*‹. Sie können mit Ihrem Vornamen oder, um Verwechslungen auszuschließen, auch mit Ihrem vollständigen Namen unterschreiben.

Achtung: Möchten Sie mit einem Satz enden, der ungefähr lautet ›Ich freue mich, Sie bald persönlich kennenzulernen.‹ oder ›Ich freue mich, bald von Ihnen zu hören.‹, heißt dies ›*I look forward to meeting you soon.*‹ oder ›*I look forward to hearing from you soon.*‹.

Abkürzungen

Briten sind Meister im Finden von Abkürzungen, die sie nicht nur in SMS *(text messages)* und Chats verwenden, sondern auch sonst im Alltag. Mit der Zeit werden Ihnen die meisten Abkürzungen geläufig werden. In der Anfangszeit hilft allerdings häufig nur ein schneller Blick ins Internet oder einfach nachzufragen. Hier ein erster Überblick:

aamof	*as a matter of fact*	*Omg*	*Oh my god!*
AGM	*Annual General Meeting*	*pls*	*please*
aka	*also known as*	*pto*	*please turn over*
asap	*as soon as possible*	*qty*	*quantity*

attn.	*for the attention of*	*re*	*with reference to*
brb	*be right back*	*tbc*	*to be continued*
cc	*copy to/carbon copy* (*cc* und *bcc* für *carbon copy* und *blind carbon copy* in E-Mails)	*tbc*	*to be confirmed*
DOB	*Date of Birth*	*TGIF*	*Thank God it's Friday!*
Idk	*I don't know*	*tyl*	*talk to you later*
lol	*laughing out loud; lots of love*	*tyvm*	*thank you very much*
mo	*month*		

Sehr beliebt ist auch die Verwendung von Zahlen für Wörter, z. B. ›2‹ für ›*to*‹ und ›4‹ für ›*for*‹.

Tipps zum Englischlernen

Ihr Englisch polieren Sie nicht nur in Kursen oder zu Hause im Selbststudium auf. Vor allem im Alltag bieten sich zahlreiche Gelegenheiten, den eigenen Wortschatz stetig auszubauen und sich gängige Phrasen einzuprägen. Stellen Sie sich also der Herausforderung, auch mit noch nicht fließendem Englisch auf Menschen zuzugehen: Lassen Sie sich auf etwas Small Talk an der Bushaltestelle ein. Lauschen Sie ein wenig, wenn sich jemand an der Supermarktkasse unterhält. Wünschen Sie Ihrem Briefträger einen schönen Tag. Überlegen Sie sich in solchen Alltagssituationen höchstens einen Einstiegssatz vorab und springen Sie dann ins kalte Wasser. Sie werden überrascht sein, wie gut Sie klarkommen, wenn Sie müssen.

Britisches Englisch

Schlimmer als ein starker deutscher Akzent, der für britische Ohren hart und abgehackt klingt, ist amerikanisches Englisch! Achten Sie also bei Ihrer Wortwahl darauf, möglichst britische Begriffe zu verwenden. Man wird Sie dezent korrigieren, falls Sie zum Tee *cookies* statt *biscuits* reichen wollen ... Eine praktische Übersicht finden Sie unter ► www.englisch-hilfen.de/words/be-ae.htm.

Hören Sie jeden Tag die gleichen Sendungen im **Radio**, sodass Sie sich nicht jedes Mal auf einen anderen Sprecher einstellen müssen. Achten Sie auf **typische Dialoge**, wie eine Begrüßung, der obligatorische Small Talk über das Wetter, das Vorstellen eines neuen Gesprächspartners, eine Verabschiedung etc. Versuchen Sie dann, aufgeschnappte Sätze bei nächster Gelegenheit selbst anzuwenden. Schauen Sie außerdem **Seifenopern, Kinderprogramm** und ähnlich anspruchslose Sendungen im britischen Fernsehen an. Die simplen Dialoge und die meist vorhersehbare Handlung lassen sich leicht verfolgen. Auch kurze Sequenzen wie **Podcasts oder Videos** im Internet, die sich beliebig oft wiederholen lassen, helfen dabei, neue Wörter zu verinnerlichen. Daneben können Sie sich **mehrsprachige DVDs** besorgen und einen Film erst in Deutsch und dann in Englisch anschauen. Oder leihen Sie sich all Ihre bisherigen Lieblingsfilme und -serien auf Englisch aus. Weil Sie alles schon kennen, können Sie sich die Bedeutung neuer Wörter leichter erschließen.

Nutzen Sie unbedingt auch die **Untertitel** *(subtitles)*, die die meisten DVDs und die britischen Fernsehsender anbieten. So können Sie einerseits gesprochenes Englisch hören und andererseits für das bessere Verständnis mitlesen. Da in Großbritannien **ausländische Filme nicht synchronisiert werden**, ist es ohnehin eine gute Idee, sich im schnellen Untertitellesen zu üben.

Lesen Sie sich englische **Artikel in Zeitschriften oder Zeitungen laut vor**, dann werden Sie unbekannte Wörter nicht einfach überlesen. Das Vorgesprochene prägt sich zudem besser ein als das still Gelesene. Wählen Sie Medien zu Themen aus, die Ihnen bekannt sind oder lesen Sie Bücher, die vielleicht nicht Ihrem literarischen Anspruch genügen, aber klare, verständliche Sätze bieten. Denken Sie immer daran: Auch mit sehr guten Englischkenntnissen werden Sie im Alltagsleben anfangs Missverständnisse erleben und manche Leute einfach schlechter verstehen als andere. Lassen Sie sich nicht entmutigen und geben Sie sich einige Monate Zeit. Eines Tages werden Sie auf Englisch denken und träumen.

Sprachhilfen im Internet

Im Internet finden Sie zahlreiche Online-Lernangebote für Englisch. Kostenlos und besonders beliebt sind diese praktischen Lernhilfen:

- Englischseiten der *BBC:* ▶ www.bbc.co.uk/worldservice/learningenglish
- Englischangebot des *British Councils:* ▶ www.learnenglish.org.uk
- Lassen Sie sich von *One Word a day* täglich eine neue Vokabel schicken: ▶ www.owad.de

Möchten Sie doch lieber einen Kurs besuchen: ▶ www.englishinbritain.co.uk

Kinder zweisprachig erziehen

Je jünger Kinder sind, wenn sie ins Ausland ziehen, desto schneller absorbieren sie die Sprache ihres neuen Umfeldes. Kleinkinder deutschsprachiger Eltern kommen mit Englisch erstmals in Berührung, wenn sie in Großbritannien eine Spielgruppe *(toddler group)* oder die Krippe *(nursery)* besuchen. Dort erlernen sie die neue Sprache meist spielerisch und erwerben zumindest einen passiven Wortschatz. In britischen Einrichtungen werden die Kleinsten häufig auch an eine kindgerechte Gebärdensprache *(baby signing)* herangeführt, die die meisten in kürzester Zeit verstehen. Machen Sie sich daher nicht zu viele Gedanken, Ihre Kinder ohne Englischkenntnisse in eine Betreuungseinrichtung zu geben. Im Einwanderungsland Großbritannien sind es die Erzieher gewöhnt, Kinder mit fremder Muttersprache zu betreuen. Schwieriger wird es für Kinder im Grundschulalter. In vielen Schulen findet jedoch ein kostenloser Förderunterricht für Kinder mit Englisch als Zweitsprache statt.

Wichtig ist, dass Ihre Kinder von Anfang an so viel **Kontakt** wie möglich mit englischsprachigen Kindern und der englischen Sprache erhalten. Bücher, Hörspiele (möglichst auf Deutsch und Englisch) und je nach Alter auch ausgewählte Kinderprogramme im Fernsehen führen zu oft überraschenden Ergebnissen. Stellen Sie sich darauf ein, dass Ihre Kinder bald eine bessere Aussprache haben und vielleicht sogar mehr Wörter kennen als Sie selbst.

Nach ein oder zwei Jahren in Großbritannien oder wenn bilinguale Kinder vor allem Englisch sprechen, müssen Sie wahrscheinlich die **deutsche Sprache zusätzlich fördern**. Die Umgebungssprache Englisch wird für viele Kindergarten- und Schulkinder von Jahr zu Jahr dominanter, weil sie in dieser Sprache spielen und lernen. Das konsequente Sprechen der deutschen Sprache zu Hause oder mit dem deutschsprachigen Elternteil ist daher Bedingung für das Gelingen einer ausgewogenen zweisprachigen Erziehung. Natürlich helfen auch hier deutschsprachige Bücher und DVDs mit Lieblingsgeschichten und -charakteren. Ideal sind der Kontakt zu anderen deutschen Familien wie auch regelmäßige Heimatbesuche.

Gleiches gilt bei einem **Umzug zurück in den deutschsprachigen Raum**. Sprachkenntnisse aus der frühen Kindheit gehen schnell verloren. Das in Großbritannien erworbene Englisch Ihrer Kinder können Sie nur durch den regelmäßigen Kontakt zu englischsprachigen Kindern, mit Hilfe von Medien auf Englisch oder beispielsweise durch ein Au-Pair aus Großbritannien aufrechterhalten – sofern der Englischunterricht in der deutschsprachigen Schule nicht bereits auf einem vergleichsweise hohen Niveau erfolgt.

Lesen und schreiben auf Deutsch

Eine wichtige Frage, die sich deutschsprachigen Familien im Ausland stellt, ist, ob ihre Kinder neben dem Besuch der einheimischen Schule auch auf Deutsch lesen und schreiben lernen sollen. In vielen britischen Städten gibt es privat organisierte **Samstagsschulen**, die Deutschunterricht für Kinder anbieten. Weitere Informationen finden Sie unter ► www.germansaturdayschools.co.uk. Die **Deutsche Fernschule** unterstützt ebenfalls dabei (► www.deutsche-fernschule.de), Kindern im Ausland Lesen und Schreiben auf Deutsch beizubringen. Das Einzelfach *Deutsch für Grundschüler* kostet rund € 124 im Monat. Sie können Ihre Kinder mit Unterstützung der Fernlehrer individuell zu Hause unterrichten oder sich mit anderen interessierten deutschsprachigen Familien zusammentun.

Kapitel 21

Socialising – Unter Leute kommen

Socialising – geselliges Zusammensein – ist für Briten ein Lebensmotto. Um an Ihrem neuen Wohnort Leute kennenzulernen und sich heimischer zu fühlen, sollten Sie an den dort gebotenen Veranstaltungen und Aktivitäten teilnehmen. Sie brauchen sich nicht scheuen, irgendwo neu dazuzustoßen. Briten haben eine Gabe dafür, Neuankömmlinge willkommen zu heißen und schnell in freundliche Gespräche zu ziehen. Selbst wenn Sie eher schüchtern sind, wird es Ihnen hier wahrscheinlich sehr viel leichter als im deutschsprachigen Raum fallen, Kontakte zu knüpfen und zu pflegen. Auch wenn es sich dabei nicht gleich um Freunde fürs Leben handelt: Sie werden zum Zweck des *socialising* immer jemanden finden, mit dem Sie sich angenehm unterhalten können. Es gibt daher kaum einen Ort, an dem sich nicht zahlreiche Alternativen auftun, um unter Leute zu kommen. Selbst auf dem Land sorgt eine lebendige Dorfgemeinschaft dafür, dass keine Langeweile aufkommt.

Zum britischen *socialising* gehört natürlich auch, mit anderen in Clubs, Diskotheken, Restaurants, ins Kino bzw. Theater oder zum Sport zu gehen. Im Folgenden sollen jedoch Aktivitäten mit typisch britischem Charakter im Vordergrund stehen:

Clubs und *societies*

Clubs und *societies* bieten im Grunde das, was in den deutschsprachigen Ländern unter den Begriff ›Verein‹ fällt. Allerdings dienen sie in erster Linie dem Vergnügen. Während im deutschsprachigen Raum die Mitgliedschaft in einem Verein häufig gewisse Fachkenntnisse, sportliches oder musisches Talent voraussetzt, finden sich in Großbritannien viele Vereinigungen, die an ihre Mitglieder keinerlei Anforderungen stellen. Anfänger sind genauso willkommen wie Profis. Wissen wird gerne weitergegeben, das ungezwungene Beisammensein steht im Vordergrund.

Bestes Beispiel sind **Amateur-Musikgruppen**, bei denen nicht der Drang nach Professionalität dominiert, sondern einfach der Spaß am Spielen zählt. Vor allem in Wales, aber auch in England und Schottland ist **Singen im Chor** ein beliebtes Hobby. Selbst große Unternehmen der Londoner City verfügen über hauseigene Chöre und Orchester. Daneben gibt es überall im Land ***folkmusic* und *country dance*** für jedermann. Genauso können Sie Dudelsack oder Fiedel *(fiddle)* spielen lernen. In Großbritannien fühlt sich niemand zu alt, um etwas ganz Neues auszuprobieren.

Ob Sie also Vorkenntnisse mitbringen oder nicht: Suchen Sie sich einige Gruppen heraus, die Ihren Interessen entsprechen. Nach zwei bis drei Treffen oder Veranstaltungen wissen Sie bestimmt, wo Sie gerne weiter hingehen.

Stammtische für *Expats*

In vielen britischen Städten finden sich lokale Vereinigungen, die Neuankömmlinge aus dem Ausland begrüßen und regelmäßig Stammtische wie auch andere Veranstaltungen organisieren. Weltweite bzw. landesweite Vereinigungen mit lokalen Gruppen finden Sie beispielsweise hier:

- ***Internations:*** ► www.internations.org
- ***Meet-up:*** ► www.meetup.com
- ***Deutsche in London:*** ► www.deutsche-in-london.net

Charity und *volunteering*

Wohltätigkeitsorganisationen *(charities)* bilden eine wichtige Stütze des britischen Sozialstaates. Für die zahlreichen ehrenamtlichen Mitglieder *(volunteers)* geht es jedoch nicht nur um den guten Zweck, sondern auch um Geselligkeit. Seien Sie also nicht überrascht, wenn Sie fast überall – also nicht nur in der Fußgängerzone oder im Fernsehen, sondern auch im Büro, in der Schule oder an der Uni – auf Fundraising-Aktionen stoßen. Dabei sind der Fantasie keine Grenzen gesetzt. Es werden alle möglichen Veranstaltungen und Wettbewerbe auf die Beine gestellt. Und selbst wenn am Ende nur £ 20 zusammenkommen, hat sich der Aufwand gelohnt, wenn alle Spaß dabei hatten.

Möchten Sie mehr soziale Kontakte knüpfen, werden Sie Mitglied in einem oder mehreren Wohltätigkeitsvereinen. Ein gewisses Engagement wird vorausgesetzt, aber man wird auch schon damit zufrieden sein, wenn Sie beim Sommerfest Kaffee ausschenken oder für die Tombola *(raffle)* Lose *(raffle tickets)* verkaufen. Dabei sein ist alles! Besuchen Sie eine der *volunteering agencies* in Ihrer Stadt oder starten Sie hier: ► www.volunteering.org.uk.

Kirchen und Glaubensgemeinschaften

Auch Kirchen und Glaubensgemeinschaften erfüllen zusätzlich zur religiösen Zusammenkunft und Seelsorge das britische Bedürfnis nach *socialising.* So gibt es vielerorts nach der Sonntagsmesse *(Sunday service)* ein geselliges *get-together* mit Tee und Keksen. Oder es wird zum wöchentlichen Bibelkreis eingeladen, der mit einem gemeinsamen Pfannkuchenessen endet. Freiwillige Helfer organisieren zudem Feste, Ausflüge und Treffen, bei denen jeder willkommen ist. Haben Sie zumindest ein religiöses Grundgefühl, kann Ihre lokale Kirche eine gute Anlaufstelle sein, um regelmäßig unter Leute zu kommen.

Kirchen in Großbritannien

Neben zahlreichen freien Kirchen sind die folgenden großen Glaubensgemeinschaften in Großbritannien flächendeckend vertreten:

Church of England (Church of Scotland, Church in Wales) – Reformierte anglikanische (Schottland: presbyterianische) Kirche. Nachdem King Henry VIII mit Rom gebrochen hatte, gründete er eine Kirche, die der Krone unterstellt ist. Heute weist die anglikanische Kirche sowohl katholische als auch reformierte Elemente auf. Kirchenoberhaupt ist derzeit Queen Elizabeth II.	England: ► www.churchofengland.org Schottland: ► www.churchofscotland.org.uk Wales: ► www.churchinwales.org.uk
Roman Catholic Church – Römisch-katholische Kirche, die dem Papst unterstellt ist.	England & Wales: ► www.catholic-ew.org.uk Schottland: ► www.bpsconfscot.com
Methodist Church of Great Britain – Methodistische Kirche in England, Schottland und Wales.	► www.methodist.org.uk
United Reformed Church – Reformierte evangelische Kirche.	► www.urc.org.uk

Deutschsprachige Gottesdienste

In einigen größeren Kirchengemeinden finden in regelmäßigen Abständen auch fremdsprachige Gottesdienste statt, die von einem Gastpfarrer gehalten werden. Ob es in Ihrer Nähe einen deutschsprachigen Gottesdienst gibt, erfahren Sie vor Ort oder hier:

Die **Evangelische Synode Deutscher Sprache in Großbritannien** vereinigt 28 vorwiegend deutschsprachige Gemeinden: ▶ www.ev-synode.org.uk.

In **London/Richmond** gibt es eine aktive **deutschsprachige katholische Gemeinde:** ▶ www.german-church.co.uk. Weitere Informationen zur **katholischen Auslandsseelsorge** erteilt das Katholische Auslandssekretariat: ▶ www.auslandsseelsorge.de. Ebenfalls in London ist die **Schweizerkirche** angesiedelt: ▶ www.swisschurchlondon.org.uk.

Spielgruppen für Kinder

Für neu zugezogene Eltern mit kleinen Kindern bis fünf Jahre *(toddler, pre-schooler)* bieten Krabbel- und Spielgruppen *(toddler groups)* eine hervorragende Gelegenheit, um andere Familien kennenzulernen. *Toddler groups* oder auch Vorlesestunden *(story time)* bzw. Liederstunden *(nursery rhymes)* werden meist von Kirchen, Gemeindezentren oder auch von der örtlichen Bücherei, dem Stadtmuseum oder Wohltätigkeitsvereinen organisiert. Sofern es keine Warteliste gibt, kann man jederzeit einfach hingehen. Achtung: Viele Gruppen finden nur während der Schulzeit *(term-time only)* statt. Oft wird ein kleiner Kostenbeitrag verlangt, dafür gibt es Tee für die Eltern, *squash* (Wasser mit Sirup) für die Kinder und Kekse für alle.

Die meisten *toddler groups* folgen einem bestimmten Ablauf. So werden ehrenamtliche Helfer Spielsachen und Themenecken aufbauen, mit den Kindern singen, Spiele spielen und ihnen Geschichten vorlesen. Die Eltern müssen zwar ihre Kinder beaufsichtigen, können sich nebenbei aber durchaus miteinander unterhalten.

Dorfleben

In Anbetracht horrender Immobilienpreise in britischen Städten kommt das dörfliche Leben auf dem Lande mehr und mehr in Mode. Briten schätzen daran vor allem den Gemeinschaftsgeist. Es ist daher wünschenswert, dass Sie als neuer Dorfbewohner nicht nur immer jeden freundlich grüßen, sondern auch aktiv zum *community spirit* beitragen.

Dazu gehört, zumindest hin und wieder, an Festen und Veranstaltungen in der *village hall* oder der Dorfkirche teilzunehmen, sei es nun *barn dancing* oder ein Weihnachtsbasar. Auch sportliche Beteiligung wird honoriert, wenn beispielsweise am Samstag auf dem *village green* Fußball gespielt wird oder für den guten Zweck ein Marathon durch den Wald gelaufen wird.

Im Sinne des Gemeinwohls werden zudem Aktionen auf die Beine gestellt, die dem Dorf direkt zugutekommen. In unseren Augen etwas kurios, aber für Briten eine Selbstverständlichkeit, sind Initiativen wie *›adopt a roundabout‹* oder *›adopt a station‹:* Freiwillige Helfer oder lokale Vereine finden sich regelmäßig zusammen, um einen hässlichen Kreisverkehr oder eine triste Bahnhofsplattform zu verschönern. Es werden Blumen und Bäume gepflanzt, herumliegender Müll wird weggeräumt und es wird Geld für weitere Maßnahmen gesammelt.

Im Pub

Das Pub bildet in jedem Dorf, aber auch in jedem Wohnviertel oder Stadtteil einen zentralen Treffpunkt. Alteingesessene Bewohner pflegen über Jahrzehnte ihre Stammkneipe. Durch die meist urige Einrichtung mit gemütlichen Sesseln und gediegener Atmosphäre empfinden viele ihr Pub als zweites Wohnzimmer. Gehen Sie mit Nachbarn, Freunden oder Kollegen abends im Pub etwas trinken, ist es üblich, dass jeder eine Runde ausgibt. Derjenige, der einlädt, geht an die Bar, um für alle zu bestellen und zu zahlen. (Siehe dazu auch den Abschnitt *Besonderheiten beim Pubbesuch* auf S. 264.) Beim Tragen der Getränke wird dann geholfen. Denn meist ist es ohnehin nötig, von den randvollen *Pint*-Gläsern erst etwas wegzutrinken, ehe man sich damit in Richtung Tisch zurückbewegt. Angestoßen wird nicht. Lediglich bei der ersten Runde raunt jeder ein *›cheers‹*.

Während Pubs mittlerweile nicht mehr wie früher um 23 h schließen müssen, gibt es vielerorts immer noch den Gong, der die *›last orders‹* einläutet. Sie dürfen noch ein Getränk bestellen, dies austrinken und müssen dann das Lokal verlassen.

Es wäre übrigens eine falsche Annahme, dass *bingo-, quiz-* und *sing-along-nights* nur etwas für ältere Menschen sind! Für etwas Spaß und *socialising* sind diese Pub-Veranstaltungen unbedingt empfehlenswert. Daneben können Sie im Pub Sportübertragungen ansehen, Sonntagsbraten essen oder auch einmal alleine ein Feierabendbier genießen. Mütter gehen zum wöchentlichen *Mum's Lunch* ins Pub genauso wie Senioren vom vergünstigten Mittagstisch profitieren. Das Pub ist wirklich für alle da.

Alkohol und Rauchen

Alkohol wird in Bars, Pubs, Restaurants, Clubs und Diskotheken ausgeschenkt, die über eine sogenannte ***on-licence*** verfügen: Alkoholische Getränke dürfen vor Ort *(on the premise)* konsumiert werden. Um Alkohol zu kaufen und mitzunehmen, müssen Sie ein Geschäft oder ein Pub aufsuchen, das eine ***off-licence*** besitzt. Damit ist gemeint, dass alkoholische Getränke *off the premise,* also außerhalb der Lokalität, getrunken werden.

An unter 18-Jährige darf Alkohol weder ausgeschenkt noch verkauft werden. Nach Mitternacht dürfen sich Minderjährige auch nicht mehr in einer Lokalität aufhalten, in der Alkohol konsumiert wird. Viele Pubs und Bars erlauben den Eintritt generell erst ab 16 oder 18 Jahre. Trotzdem ist *binge drinking,* der exzessive Alkoholkonsum bei Jugendlichen, ein großes Problem. Daher sind in England, Wales und Schottland Minimumpreise pro Alkoholeinheit von 25 ml in der Planung.

Grundsätzlich ist es in Großbritannien erlaubt, in der Öffentlichkeit Alkohol zu trinken. Allerdings richten viele Städte und Gemeinden sogenannte ***controlled drinking zones*** oder *alcohol control areas* ein. Hier hat die Polizei das Recht, jemanden aufzufordern, das alkoholische Getränk abzugeben. Andernfalls wird eine Strafe verhängt. Die meisten Innenstädte, Parkanlagen und auch öffentlichen Verkehrsmittel sind mittlerweile alkoholfreie Zonen.

Rauchverbot in der Öffentlichkeit

Es gilt ein generelles Rauchverbot für öffentliche Plätze (Büros, Gebäude, Verkehrsmittel, Restaurants, Cafés, Pubs, Einkaufszentren, Schulen und Universitäten etc.). Vielerorts finden Sie Raucherecken draußen vor der Tür. Einige Kleinstädte ergreifen jedoch die Initiative und erweitern das Rauchverbot auf die gesamte Innenstadt. Dann darf auch nicht mehr in der Fußgängerzone oder draußen vor dem Pub geraucht werden.

Private Einladungen

Zu Festen oder auch förmlichen *dinner parties* wird in Großbritannien schriftlich eingeladen. Wird ein großes Ereignis wie eine Hochzeit oder ein runder Geburtstag lange im Voraus geplant, erhalten die Gäste zunächst eine *save the date card,* damit jeder das anstehende Fest schon einmal in den Kalender eintragen kann. Die Einladung *(invitation)* selbst enthält neben Anlass und Ort häufig eine Anfangs- und eine Endzeit. Es wird erwartet, dass die Gäste relativ pünktlich erscheinen und auch genauso pünktlich wieder gehen. Bei einer Uhrzeitangabe wie *›7.30 for 8 pm‹* ist gemeint, dass Sie zwischen halb und ca. zehn vor acht eintreffen sollten, da das Essen um 20 h serviert wird. Daneben enthält die Einladungskarte wahrscheinlich den Hinweis *R.S.V.P. (répondez s'il vous plaît):* um Antwort wird gebeten. Sofern keine Telefonnummer genannt wird, bedeutet dies, dass Sie eine schriftliche

Zusage schicken, in der Sie sich auch für die Einladung bedanken. Oft liegt der Einladung auch eine bereits vorgefertigte *reply card* bei.

Nach der Feier wird sich Ihr Gastgeber bei Ihnen per Karte für Ihr Erscheinen und ggf. für das Geschenk bedanken. Sie sollten sich ebenfalls schriftlich für das schöne Fest oder den netten Abend bedanken. Mit anderen Worten: Sie werden für eine Einladung mehrere Male zum Briefkasten laufen.

Ein **Gastgeschenk** wird je nach Anlass erwartet. Das Mitbringen von Blumen ist sehr deutsch, üblicher sind eine Flasche Wein oder eine Schachtel Pralinen bzw. ein Geschenk mit persönlichem Bezug.

Können Sie einer Einladung nicht folgen, sollten Sie genauso formal **absagen**, wie Sie eingeladen worden sind. Insbesondere bei Versammlungen oder größeren Treffen ist es üblich, dass jemand erwähnt, wer seine Abwesenheit entschuldigt *(to send one's apologies)* hat. Einfach nicht zu erscheinen, wird in vielen Kreisen als sehr unhöflich empfunden.

Dresscodes

Für Veranstaltungen wie Hochzeiten, Empfänge, Partys, Abendgalas etc. gelten in Großbritannien verschiedene Dresscodes, die meist auf der Einladungskarte genannt werden. Sind Sie unsicher, fragen Sie besser vorab nach, welche Kleidung genau erwartet wird. Von ganz besonderer Bedeutung sind Dresscodes bei Veranstaltungen mit traditionellem Charakter wie beispielsweise die Pferderennwochen in Ascot, die *Henley Royal Regatta* oder jegliche Aktivitäten, bei denen auch Mitglieder der königlichen Familie anwesend sind.

Ein kleiner Überblick über die gängigsten Dresscodes:

white tie/full evening dress	
Für ihn: schwarze Frackjacke, schwarze Hose mit hohem Bund und seitlichen Seidenstreifen, weißes Frackhemd, weiße Weste, weiße Fliege, schwarze Lackschuhe	**Für sie:** langes Abendkleid/Ballrobe
morning dress/morning coat/cutaway (insbesondere Hochzeiten)	
Für ihn: schwarze Schoßjacke, grau-schwarz gestreifte Hose, graue Weste, weißes Hemd, silberfarbene Krawatte, schwarze Lederschuhe, teilweise Zylinder	**Für sie:** festliches Kostüm/Hosenanzug oder Kleid mit Jacke bzw. Mantel, Hut (!)

black tie/dinner jacket	
Für ihn: schwarzer Smoking, schwarze Hose mit seitlichen Seidenstreifen, weißes Smokinghemd, schwarze Fliege, Kummerbund oder schwarze Weste, schwarze Lackschuhe	**Für sie:** Abendkleid, Cocktailkleid
dark suit/lounge suit	
Für ihn: dunkler Anzug, weißes Hemd, dezente Krawatte	**Für sie:** festliches Kostüm/Hosenanzug oder ›kleines Schwarzes‹/kurzes Abendkleid
informal/business suit/business casual/come as you are	
Bürokleidung, je nach Branche mit entsprechenden Abstufungen	
(smart) casual	
Sportlich-elegante Freizeitkleidung	
kilts	
In den schottischen Highlands tragen Männer zu festlichen Anlässen einen *kilt* mit allen dazugehörigen Accessoires. Wegen der vielen zu beachtenden Details sollten Sie beim Anziehen unbedingt Hilfe in Anspruch nehmen.	

Gut zu wissen: Herrenanzüge werden in Großbritannien häufig knapper geschnitten als im deutschsprachigen Raum üblich. Krawattenknoten werden bei festlichen Anlässen breiter gebunden (*half-Windsor knot, Windsor knot* und *Pratt knot,* je nach Hemdkragen). Praktische Informationen finden Sie unter ▶ www.tie-a-tie.net. Achten Sie bei gestreiften oder karierten Krawatten darauf, dass bestimmte Farbkombinationen in Ihrer Region eine besondere Bedeutung haben können, z. B. für ein bestimmtes College einer Universität stehen, Teil einer Schuluniform sind, nur von Mitgliedern eines Clubs getragen werden oder die Zugehörigkeit zu einem schottischen Clan markieren. Daher empfehlen sich für Neuankömmlinge zumindest bei formellen Anlässen eher neutrale, einfarbige Krawatten.

Es ist durchaus üblich, einen *morning coat* oder einen Smoking auszuleihen. Entsprechende Geschäfte finden Sie auf der *high street.*

Mehr zum Thema *Dresscodes* wie auch zur Etikette bei gesellschaftlichen Anlässen finden Sie unter ▶ www.debretts.com, Navigationspfad *Everyday Etiquette/Special Occasions/Dress Codes.*

Hochzeiten

Findet in Ihrem Bekanntenkreis eine Hochzeit statt, werden Sie wahrscheinlich zu mehreren Veranstaltungen eingeladen. Die offizielle **Verlobung** wird meist in Form einer großen Party *(engagement party)* für Familie und Freunde gefeiert. Traditionell laden die Eltern der Braut zur Verlobung ein, häufig übernehmen aber auch Geschwister oder Freunde des Brautpaars diese Aufgabe. Natürlich können auch die Brautleute selbst einladen.

Von höchster Bedeutung, zumindest für die Braut, ist der **Verlobungsring**, der auf der Party allen präsentiert wird. Dabei handelt es sich nicht wie in Deutschland und Österreich um einen schlichten Goldreif, der bei beiden Partnern später als Ehering vom linken an den rechten Ringfinger wandert. In Großbritannien erhält die *bride-to-be* einen möglichst auffallenden Brillantring. Den neuen Verlobungsring Ihrer Bekannten sollten Sie daher beim ersten Anblick ausreichend bewundern! Auch nach der Vermählung tragen Britinnen ihren Verlobungsring zusätzlich zum Ehering am linken Ringfinger. Der Verlobungsring bleibt für sie meist wichtiger als der Ehering selbst. Der Ehemann trägt seinen Ehering ebenfalls links, in der Verlobungszeit trägt er keinen Ring.

Der Bräutigam *(groom)* bestimmt lange vor der Hochzeit seinen **Trauzeugen** *(best man)*, die Braut *(bride)* wählt ihre Trauzeugin *(maid of honour)*. Beide Trauzeugen werden nicht nur in die Planung der Hochzeitsfeier eingebunden, sondern richten auch die **Junggesellenabschiede** aus. Die Männer feiern mit dem Bräutigam mindestens eine *stag night*, die Frauen mit der Braut eine *hen night*. Nicht selten werden auch mehrtägige Partyreisen veranstaltet.

Sicherlich werden Sie vor Ihrer ersten Einladung zu einem Junggesell(inn)enabschied bereits auffallende *Hen/Stag-night*-Gruppen in der Fußgängerzone oder im Pub gesehen haben. Neben viel Alkohol, gehören Spiele, Streiche und Verkleidungen dazu.

Hochzeitsfeiern

In Großbritannien ist es üblich, nur kirchlich oder nur standesamtlich zu heiraten. Mehr zu diesem Thema finden Sie im Kapitel 13 *Familienangelegenheiten* ab S. 190. Im Anschluss an die Zeremonie findet meist das ***wedding breakfast*** statt. Dabei handelt es sich jedoch in der Regel um ein festliches Mittag- oder Abendessen, kein Frühstück.

Die männlichen Familienmitglieder und der Trauzeuge tragen wie der Bräutigam zur Hochzeit einen *morning coat* (Mehr dazu finden Sie im Abschnitt Dresscodes ab S. 314). Die Trauzeugin und die Brautjungfern *(bride maids)* tragen zum Brautkleid passende Abendkleider. Alle anderen weiblichen Gäste wählen ein pastellfarbenes Kostüm oder Kleid, idealerweise mit Hut. Zu späterer Stunde wird ausgelassen gefeiert. Dazu wird der festliche Saal in eine Disco umgewandelt.

Während einer Hochzeitsfeier werden viele **Traditionen** verfolgt, die jedoch regional unterschiedlich ausfallen können. Sehr bekannt ist der Spruch: ›*Something old, something new, something borrowed, something blue and a lucky six-pence in your shoe*‹, der sich auf die Ausstattung der Braut bezieht und auch im deutschsprachigen Raum bekannt ist.

Achten Sie bei einer Hochzeit im Bekanntenkreis vor allem darauf, dass Sie zu jedem Anlass eine **Karte** schicken: Gratulation zur Verlobung, Gratulation zur Hochzeit, schriftliche Zu- oder Absage, Dankeskarte nach dem Fest. Achtung: Hochzeitseinladungen werden häufig von den Eltern der Braut verschickt. Dann heißt es ungefähr:

> ›*Mr & Mrs Simon Johnston request the pleasure of the company of Mr & Mrs Michael Müller at the marriage of their daughter Lucy to Mr Richard Smythe at St John's Church, Crantock ... followed by a reception at ...*‹

Oft wird auch zwischen einer *day invitation* und einer *evening invitation* unterschieden. Dann werden in die Kirche selbst nur Familie und enge Freunde gebeten, während zum anschließenden Empfang alle Bekannten eingeladen werden. Achten Sie also beim Lesen der Einladung genau darauf, von wem Sie zu welcher Feierlichkeit eingeladen werden und antworten Sie entsprechend!

Um den Gästen die Auswahl eines passenden **Hochzeitsgeschenkes** *(wedding gift)* zu erleichtern, arrangieren viele Brautpaare in bekannten Geschäften und Kaufhäusern einen meist virtuellen Hochzeitstisch *(wedding gift list).* Dazu laufen sie mit einem Scanner durch das Geschäft und scannen alles ein, was ihnen gefällt. Die Produkte erscheinen in einem passwortgeschützten Account und können von den Gästen online gekauft werden. Es ist durchaus üblich, dass die ausgewählten Geschenke vor der Hochzeit an das Brautpaar gesendet werden, sodass Sie ohne Päckchen in der Hand zur Feier erscheinen. Finden Sie in der Hochzeitseinladung Hinweise auf die Nutzung einer virtuellen *wedding gift list,* wird das Brautpaar auf mitgebrachte Geschenke möglicherweise irritiert reagieren.

Geldgeschenke sind auf britischen Hochzeiten ebenfalls üblich. Auch hierauf haben die großen Ladenketten reagiert und bieten neben der Wahl eines Geschenkes von der *wedding gift list* auch die Möglichkeit der Einzahlung von Bargeld für Einkaufsgutscheine an.

Kapitel 22

Freizeitgestaltung

Mit schöner Landschaft, weitläufigen Küsten, kulturellen Zentren und einer großen Sportbegeisterung bietet Großbritannien zahlreiche Möglichkeiten einer abwechslungsreichen Freizeitgestaltung. Möchten Sie ein Wochenende oder einen Urlaub im britischen Stil verbringen, finden Sie in diesem Kapitel ebenfalls einige Anregungen.

Theater und Musik

Das kulturelle Angebot in britischen Städten ist meist vielfältig und richtet sich an jede Altersgruppe. Nutzen Sie Zeitungen und Internetseiten, um sich regelmäßig über das lokale Programm zu informieren. An dieser Stelle sei auf einige Besonderheiten hingewiesen:

Für kulturelle Höhepunkte der Saison findet in vielen Theatern und Opernhäusern der **Kartenvorverkauf** nur innerhalb eines bestimmten Zeitraumes lange vor der Veranstaltung selbst statt. Der Starttermin wird erst wenige Wochen im Voraus bekanntgegeben und oft besteht nur am ersten Verkaufstag eine realistische Chance, Karten zu erhalten. Neben einer telefonischen Kartenbestellung werden die meisten Tickets online verkauft.

Bei den *BBC Proms* (▸ www.bbc.co.uk/proms) in London ist es beispielsweise notwendig, sich vor dem offiziellen Kartenverkauf online als Kunde zu registrieren und gewünschte Vorstellungen und Preisklassen auszuwählen. Am Verkaufstag müssen Sie sich dann pünktlich in Ihr Konto einloggen und in einer virtuellen Warteschlange warten, bis Sie zum Kartenkauf ›hereingelassen‹ werden. Das bekannte Opernfestival *Glyndebourne* (▸ www.glyndebourne.com) lässt hingegen zunächst Personen mit einer kostenpflichtigen Mitgliedschaft – für die höheren Mitgliedskategorien gibt es Wartezeiten – zum Kartenkauf zu. Dann folgen Bezieher eines kostenpflichtigen Newsletters und schließlich werden an einem späteren Termin alle anderen Interessenten an den virtuellen Ticketschalter gelassen. Am Ende findet eine Verlosung der Restkarten statt. Möchten Sie also eine stark nachgefragte Veranstaltung besuchen, sollten Sie sich sehr früh mit dem Thema Kartenvorverkauf befassen.

Generell werden in Großbritannien insbesondere bei Veranstaltungen für Familien **Rabatte** für Kinder und Senioren eingeräumt wie auch preisgünstige Gruppenkarten angeboten. Es kann aber wiederum auch sein, dass Sie selbst für ein Kleinkind auf dem Schoß ein *Babes-in-arm*-Ticket erwerben müssen.

Theater-, Konzert- und sogar Opernbesuche fallen häufig bei Weitem **nicht so festlich** aus wie im deutschsprachigen Raum. Normale Büro- oder dezente Alltagskleidung reicht oftmals aus. Viele Veranstaltungsorte geben auf ihrer Webseite Informationen zum jeweils geltenden Dresscode. Vor Beginn der Veranstaltung und in der Pause werden Eis am Stiel, Chips und Süßigkeiten verkauft, die auch noch während der Aufführung verzehrt werden. Ein Theater- oder Konzertabend ist daher oft mit einem Kinobesuch vergleichbar – und spricht daher auch ein breiteres Publikum an.

Museen

Britische Museen weisen einen sehr viel interaktiveren Charakter auf, als Sie dies vielleicht aus Ihrem Heimatort gewohnt sind. Ausstellungsstücke werden anschaulich präsentiert, mit interessanten Hintergrundinformationen versehen und in einem spannenden Kontext gezeigt. Vor allem für Kinder und Jugendliche gibt es viele Aktivitäten, die ihnen die Ausstellung auf spielerische Weise näherbringen: Schatzsuchen, Quiz, ein Familienraum mit angeleiteten Mal- und Bastelaktivitäten und vieles andere mehr lockern einen Museumsbesuch auf. Unter dem Motto *›hands on‹* darf in vielen Museen sogar selbst ausprobiert und experimentiert werden.

Sonntagsausflüge

Britische Familien fahren am Wochenende gerne ins Grüne. Sie besuchen historische Häuser und Gärten, Freizeitparks, *country parks* oder gehen Wandern. Unterwegs wird ein Picknick gemacht und bei schönem Wetter trifft man sich abends noch zum Grillen *(barbecue).*

National Trust

Mit rund 62.000 (!) freiwilligen Helfern verwaltet und pflegt der *National Trust* historische Gebäude, Landschaftsgärten, Parks sowie ca. 250.000 ha Land plus 1.120 km Küste. In den Schlössern und Herrschaftshäusern *(stately homes)* werden neben klassischen Führungen viele weitere Aktivitäten für Jung und Alt geboten. Auch für das leibliche Wohl ist meist bestens gesorgt. Vor allem die Landschaftsgärten und Parks *(gardens),* die seit dem 18. Jahrhundert eine gelungene Mischung aus gewolltem Landschaftsbau und freier Natur bieten, laden zur Erholung ein.

Mit einer kostenpflichtigen Mitgliedschaft *(membership)* erhalten Sie freien Eintritt zu allen Anlagen und Angeboten des *National Trust.* Weitere Informationen finden Sie hier: ► www.nationaltrust.org.uk.

National parks/country parks

Dem großen Interesse vieler Briten an Natur und Tierwelt *(wildlife)* werden die zahlreichen *country parks* gerecht. Auf Quadratkilometer großen Flächen finden Sie hier Wildgehege, Streichelzoos, Ponyreiten, Spazierwege, Abenteuerspielplätze, Pools und vieles andere mehr. Häufig kann man per elektrischer Eisenbahn, Traktor, Geländewagen etc. von A nach B gelangen, was insbesondere für Kinder eines der vielen Highlights darstellt. Neben ausgewiesenen Picknickflächen gibt es meist auch Restaurants und Cafés.

Viele Parks und Bauernhöfe *(farms)* bieten im Frühjahr *lambing weekends* an, bei denen Sie gemeinsam mit allen Schulkindern der Region die Geburt von Lämmern hautnah miterleben dürfen. In Küstenregionen treffen Sie auf Seehundstationen, Unterwasserwelten oder Vogelstationen – *bird watching* gehört zu den beliebtesten Hobbys der Briten. Eine Liste mit Parks finden Sie beispielsweise unter ► www.nationalparks.gov.uk oder ► www.naturalengland.org.uk.

Scouting

Viele Kinder und Jugendliche sind am Wochenende mit ihren **Pfadfindergruppen** *(scouting and guiding)* in freier Natur oder in einem *country park* unterwegs, Jungen gehören zu den *scouts* (► http://scouts.org.uk), Mädchen zu den *brownies* bzw. zum *girlguiding* (► www.girlguiding.org.uk).

Öffentliche Wanderwege

Unter dem Begriff *›public footpaths‹* werden in England und Wales Spazierwege verstanden, die querfeldein führen. Verläuft ein Pfad über Privatbesitz, gilt die Regel: So lange der Weg genutzt wird, bleibt er öffentlich. Wandern ist in Großbritannien sehr beliebt. Informieren Sie sich beispielsweise unter ► www.ramblers.org.uk, Navigationspunkt *Walking information.*

Über *national trails* (Schottland: *long distance routes*) können Sie zu Fuß, per Fahrrad oder zu Pferd längere Touren unternehmen. Weitere Informationen finden Sie beispielsweise unter ► www.nationaltrail.co.uk.

Gärtnern

Viele Briten sind begeisterte Hobbygärtner. Ein gepflegter grüner Rasen, der es mit denen in den zahlreichen Landschaftsgärten rund um die historischen Gebäude und Schlösser aufnehmen kann, ist der ganze Stolz eines jeden Hausbesitzers. Samstags oder sonntags werden daher der Rasen gemäht und Unkraut gejätet – etwas wie Mittagszeit oder Sonntagsruhe ist in Großbritannien unbekannt. Daneben werden aufwendige Beete gestaltet, im eigenen Gewächshaus Pflanzen gezüchtet und Gemüse geerntet. Für immer neue Ideen sorgen ausführliche Fernseh- und Radioprogramme zum Thema Nr. Eins: *gardening.*

Sport

Natürlich gibt es auch in Großbritannien zahlreiche Möglichkeiten, sich sportlich zu betätigen. Lokale Sportvereine sind eine gute erste Anlaufstelle. In vielen öffentlichen Parks werden Outdoor-Sportaktivitäten angeboten. Daneben finden Sie überall staatliche wie auch private Fitnesscenter, teils mit Schwimmbädern, Tennis-, Squash- und Badmintonplätzen. Es sei gesagt, dass viele Einrichtungen nicht unbedingt durch Sauberkeit und modernste Ausstattung glänzen.

Die weniger Aktiven, aber dennoch Sportbegeisterten sitzen im Stadion auf der Zuschauerbank – gegebenenfalls auch zu Hause auf dem Sofa oder im Pub vor dem Fernseher. Am beliebtesten ist immer noch **Fußball** *(soccer, football).* Was den Deutschen die Bundesliga ist, ist den Engländern die *Premier League* (Schottland: *Scottish Premier League;* Wales: *Welsh Premier League,* wobei einige südwalisische Clubs in der englischen *Premier League* mitspielen). Daneben gibt es drei weitere Ligen: die *Football League Championship,* die *Football League One* und die *Football League Two* – alle drei werden in der *Football League* zusammengefasst. Bei Länderspielen sollten Sie beachten, dass es keine britische Nationalmannschaft, sondern nur eine englische und eine schottische Landesmannschaft gibt. Weitere Informationen zur *Premier League:* ▶ www.premierleague.com oder unter ▶ www.bbc.co.uk/sport.

Neben Fußball teilen die Briten mit vielen anderen Nationen eine große Begeisterung für den Rennsport (Formel 1), Boxen oder Tennis (Wimbledon). Daneben finden sich auf den britischen Inseln aber viele weitere Sportarten, die nur hier bzw. im britischen *Commonwealth* ein breites Publikum anziehen. Viele Meisterschaften, wie beispielsweise die *Commonwealth Games,* ein Wettkampf in mehreren Sportarten, oder die zahlreichen schottischen *Highlandgames* mit Baumstammwerfen und Steinstoßen bieten Ihnen viel Neues zu entdecken.

Rugby

Rugby ist wie Fußball ein britischer Massensport, der jedoch traditionell der britischen *upper class* zugeordnet wird. Es werden zwei Varianten praktiziert: *Rugby Union* und *Rugby League. Rugby Union* genießt landesweit mehr Aufmerksamkeit, *Rugby League* ist eher im Norden beheimatet. Beide Varianten haben ihre Meisterschaften und Pokale.

Am bekanntesten ist die *Super League.* Hier spielen zwölf Mannschaften aus England, eine aus Wales und eine aus Frankreich. Unterhalb der *Super League* gibt es drei *National Leagues.* Die wichtigsten Rugby-Ereignisse des Jahres sind der *Challenge Cup* für Amateur- und Profivereine aus Großbritannien, Frankreich und Russland, der *Heineken Cup* und die *Aviva Premiership.*

Informationen zum britischen Rugby finden Sie unter ▶ www.therfl.co.uk oder unter ▶ www.bbc.co.uk/sport.

Kricket

Kricket *(cricket)* genießt ein hohes Ansehen und verlangt wegen der mehrtägigen, jeweils bis zu sechs Stunden dauernden Matche von seinen Zuschauern eiserne Geduld. Es gibt 17 professionelle englische Mannschaften und eine walisische. Diese bestreiten jeden Sommer die *County Championship (Division One* und *Division Two)* des *First-Class-Cricket,* die wiederum aus zwei Ligen mit je neun Mannschaften besteht. Daneben spielen die Mannschaften in einer *Pro40 National League (One* und *Two)* sowie um weitere Pokale, deren Spiele fernsehfreundlich auf *one-day-cricket-matches* reduziert worden sind. Internationale Wettbewerbe finden meist zwischen Staaten des *Commonwealth* statt. Zu den bekanntesten Kricket-Ereignissen gehört *The Ashes,* das zwischen England und Australien ausgetragen wird.

Lacrosse

Lacrosse wird in England, Schottland und Wales von Amateur-Clubs wie auch Schul- und Universitätsmannschaften gespielt. Zwischen Lacrosse für Frauen und Lacrosse für Männer bestehen große Unterschiede. Es werden verschiedene, meist regionale Turniere veranstaltet. Die Clubs werden in entsprechenden Ligen gerankt. England, Schottland und Wales nehmen mit eigenen Nationalmannschaften an internationalen *championships* teil. Weitere Informationen: ▶ www.lacrosse.co.uk.

Rounders

Rounders wird vor allem in Schulen gespielt. Die *National Rounders Association* betreut jedoch regionale Ligen und Wettkämpfe für den dem amerikanischen Baseball oder Softball sehr ähnlichen Sport. Weitere Informationen: ▶ www.roundersengland.co.uk

Polo

Nicht nur dank Prince Charles und seinen Söhnen William und Harry gehört Polo zu den bekanntesten britischen Mannschaftssportarten. Über 50 Clubs bestreiten verschiedene Turniere, die nicht in Ligen, sondern nach *low-, medium-* oder *high-goal-class* kategorisiert werden. Zu den *High-goal*-Turnieren zählen beispielsweise der *Queen's Cup,* der *Coronation Cup* und der *Gold Cup* der *British Open Polo Championship.* Aus den verschieden hohen Punktzahlen, die einzelne Spieler für die Teilnahme an Halbfinal- oder Finalspielen bzw. für Siege erreichen, wird ein persönliches Ranking errechnet. Weitere Informationen: ▶ www.hpa-polo.co.uk

Croquet

Croquet wird einerseits gerne bei privaten Gartenpartys und Picknicks gespielt, andererseits ist es aber durchaus ein Sport, der auch professionell betrieben werden kann. In Großbritannien finden sich zahlreiche Croquet-Clubs, die an Pokalspielen und sogar einer Weltmeisterschaft teilnehmen. Großbritannien, Neuseeland, Australien und die USA tragen das *MacRobertson International Croquet Shield* aus. Weitere Informationen: ▶ www.croquet.org.uk

Reitsport

Nicht nur zum Wetten gehen viele Briten leidenschaftlich gerne zum Pferderennen. Es stehen ihnen rund 60 Rennstrecken zur Verfügung. Zu den am meisten beachteten Veranstaltungen zählen die als *Triple Crown* zusammengefassten Turniere *Two Thousand Guineas, Epsom Derby* und *St. Leger Stakes.* Des Weiteren sind die Rennen *One Thousand Guineas, Epsom Oaks, Royal Ascot, Glorious Goodwood* und das *Ebor Festival* weltweit bekannt.

Im Winter konzentriert sich der Reitsport auf Hindernisrennen *(National Hunt).* Höhepunkte der Saison bilden das *Cheltenham Festival* und das *Aintree Grand National.* Daneben werden Turniere im Vielseitigkeits- und Springreiten ausgetragen.

Golf

Mit landesweit rund 3.000 Golfplätzen *(golf courses)* sind Clubmitgliedschaften deutlich günstiger als im deutschsprachigen Raum. Daneben funktionieren viele Golfplätze wie Minigolfplätze *(crazy golf):* Wer Lust hat zu spielen, nutzt *pay-and-play.*

Britische Golf-Profis spielen weltweit große Turniere. In Großbritannien wird die *Open Championship* auf verschiedenen Golfplätzen, größtenteils in Schottland, ausgetragen. Weitere Informationen: ► www.bbc.co.uk/sport und ► www.golf.co.uk

Snooker und Darts

Snooker und Darts sind beliebte Pub-Spiele. Aber auch die Profiebene wird intensiv verfolgt. So überträgt das Fernsehen über Tage und Stunden hinweg die *Snooker*-Weltmeisterschaft aus dem *Crucible Theatre* in Sheffield wie auch die *Travis Perkins UK Championship,* das *Masters,* den *Grand Prix,* die *British Open* und die *Welsh Open.*

Darts-Fans schauen die *Lakeside World Professional Darts Championship* im *Lakeside Country Club* in *Frimley Green* an. Die Weltmeisterschaft der *Professional Darts Corporation (PDC)* wird in London ausgetragen. Weitere Informationen finden Sie unter ► www.bbc.co.uk/sport, Navigationspunkt *More sports.*

Conkers

Conkers wird auf britischen Schulhöfen gespielt. Dazu werden Rosskastanien an eine Schnur gebunden und gegeneinander geschleudert. Wessen Kastanie zuerst zu Boden fällt, hat verloren. Mittlerweile gibt es professionelle *World Conker Championships* (► www.worldconkerchampionships.com).

Urlaub im eigenen Land

Städter machen gerne Urlaub auf dem Land oder an der See. Bei einem Wochenend- oder Kurztrip stellt ein *Bed & Breakfast,* oder kurz *B&B,* oft die beliebteste und meist auch die günstigste Übernachtungsmöglichkeit dar. Sie sollten sich aber darüber bewusst sein, dass zumindest außerhalb der Touristenzentren ein *B&B* genau das bietet, was der Name aussagt: ein Bett und ein Frühstück, meist in einem Privathaushalt. Daraus folgt, dass Sie nach dem Frühstück das Haus verlassen müssen und erst am Abend wieder in Ihr Bett zurückkehren dürfen! Es ist also nicht üblich, wie in einer Pension *(guest house)* oder in einem Hotel, jederzeit wieder ins Zimmer zurückzukehren, beispielsweise weil es draußen regnet.

Viele *B&Bs* bieten ein Gemeinschaftsbadezimmer auf dem Flur oder gegen Aufpreis Zimmer mit eigenem Bad *(en suite)* an. Bei den Betten wird zwischen *double beds* oder *twin beds* unterschieden. Ein *double bed* ist ca. 1,35 m breit und meist rustikal mit einer breiten Wolldecke ausgestattet, die auf einem Bettlaken liegt und mittels einer Chintz-Überdecke unter der Matratze festgesteckt wird. *Twin beds* sind zwei einzelne Betten, die häufig auch als Doppelbett nebeneinander gestellt oder miteinander verbunden *(zip and link beds)* werden können. Wer also nachts mehr als 1,35 m Matratzenfläche benötigt und nicht mit seinem Partner um das größere Stück der Decke kämpfen oder das unbequeme Chaos aus weggerutschtem Bettlaken, kratziger Wolldecke und schwerer Überdecke möglichst gering halten möchte, sollte lieber ein Zimmer mit *twin beds* wählen. (Weitere Erläuterungen zu den verschiedenen Bettgrößen finden Sie im Anhang auf S. 345.)

B&Bs können Sie im Internet z. B. über ▶ www.bedandbreakfastsguide.com oder ▶ www.bedandbreakfast.com und über viele weitere nationale oder regionale Urlaubsseiten buchen. Oder wenden Sie sich an die Touristeninformation an Ihrem Urlaubsort.

Cottages

Mit der Aussage ›*We are renting a cottage.*‹ ist immer ein Urlaub in einem Ferienhaus mit Selbstverpflegung gemeint. Davon gibt es sowohl auf dem Land als auch am Meer mehr als genug. Denn viele Briten verfügen über ein eigenes kleines Ferienhaus, das sie einige Wochen im Sommer nutzen und den Rest des Jahres vermieten. Vor allem *cottages* mit Charakter in beliebten Feriengegenden wie Dorset, Devon und Cornwall erfreuen sich höchster Beliebtheit und sind oft schon ein Jahr im Voraus ausgebucht.

Cottages finden Sie über Vermittler wie ▶ www.cottages4you.co.uk, ▶ www.holidaylettings.co.uk oder ▶ www.english-country-cottages.co.uk. Auch der *National Trust* (Informationen zum National Trust siehe ab S. 319.) vermietet *cottages:* ▶ www.nationaltrustcottages.co.uk. Hier ist eine rechtzeitige Buchung, oft sogar zwei Jahre im Voraus, empfehlenswert.

Kapitel 23

Feste und Feiertage

Besonders an Feiertagen treten für viele Menschen die Unterschiede zwischen alter und neuer Heimat stark hervor. Zwar werden auf den britischen Inseln im Großen und Ganzen die gleichen christlichen Feste gefeiert wie im deutschsprachigen Raum, jedoch sind viele Traditionen einfach anders.

Insbesondere Familien mit kleinen Kindern sollten bewusst entscheiden, ob sie beispielsweise Weihnachten weiterhin nach gewohnter Art feiern, sich ganz an die regionalen Weihnachtsbräuche anpassen oder beide Weisen berücksichtigen möchten. Denn wenn jüngere Kinder über mehrere Wochen in ihrer britischen Krippe oder Schule nur über *Father Christmas* gesprochen haben, sind sie verwirrt, wenn sie zu Besuch in der süddeutschen Heimat plötzlich von allen gefragt werden, was sie sich denn vom Christkind wünschen? Genauso irritiert reagieren die deutschsprachigen Großeltern zu Besuch in Großbritannien, wenn der Enkel im Weihnachtsspiel nicht etwa einen Hirten, sondern ein grün gekleidetes Elfenwesen (*Father Christmas* hat *13 christmas elves,* die ihm mit den Geschenken helfen) darstellt. Und wie werden die Mitschüler Ihrer Kinder reagieren, wenn diese am 6. Dezember berichten, dass der Nikolaus ihre Stiefel und Strümpfe bereits mit Gaben gefüllt hat? Hier hängen die *stockings* am 24. Dezember am Kamin. Finden Sie daher Ihren persönlichen Weg, Gewohntes und Neues miteinander in Einklang zu bringen.

Weihnachten

Das Weihnachtsfest wird in britischen Familien mit dem *christmas eve* am 24. Dezember eingeläutet. Viele Familien besuchen an diesem Abend eine Messe mit Weihnachtsliedern *(christmas carols)* und Krippenspiel *(nativity play)* oder um Mitternacht eine Christmette *(midnight mass).* Bevor sie ins Bett gehen, lassen die Kinder kleine Früchtekuchen *(mince pies)* und ein Glas Brandy oder auch Süßigkeiten für *Father Christmas* sowie eine Karotte als Wegzehrung für seine Rentiere in der Küche stehen. In der Nacht zum 25. Dezember kommt *Father Christmas* durch den Kamin ins Haus und füllt die am Kamin aufgehängten Strümpfe *(stockings)* mit Geschenken.

Die ›Bescherung‹ findet am 25. Dezember morgens nach dem Aufstehen statt. Daher ist für viele Briten das wichtigste Weihnachts-Outfit ein mit Rentier- und Christbaummotiven bedruckter Pyjama. Am späten Mittag wird ein üppiges *christmas dinner* mit gefülltem Truthahn und einem *christmas pudding* (s.u.) verspeist. Auf dem Tisch liegen *christmas cracker,* die mit den deutschen Knallbonbons an Silvester vergleichbar sind. Um 15 h wird die Weihnachtsansprache der Queen im Fernsehen übertragen. Der 26. Dezember wird als *Boxing Day* bezeichnet, vermutlich weil früher Dienstboten, Arbeiter und die Armen an diesem Tag Schachteln *(christmas boxes)* mit Geschenken und milden Gaben erhielten. Traditionell werden am *Boxing day* Freunde und Verwandte besucht – oder Geschenke umgetauscht, denn die Geschäfte haben an diesem zweiten Weihnachtstag wieder geöffnet.

Christmas pudding

Am *Stir-up Sunday,* dem Sonntag vor dem ersten Advent, trifft sich die Familie nach der Sonntagsmesse, um die Zubereitung des alljährlichen *christmas pudding* (flambierter Brandy-Früchtekuchen) zu beginnen. Jedes Familienmitglied darf den angesetzten Teig mit 13 Zutaten, die Jesus und seine Jünger repräsentieren, einmal kräftig umrühren *(to stir)* und sich dabei etwas wünschen. Der Name *Stir-up Sunday* bezieht sich allerdings nicht nur auf das Rühren, sondern auch auf den Text eines bekannten Gebetes. Gerührt wird von Ost nach West, in Anlehnung an die Wanderung der Heiligen Drei Könige. Heute kaufen viele Familien ihren *christmas pudding* jedoch fertig beim Bäcker oder im Supermarkt.

Vorweihnachtszeit

Bereits am 1. Dezember stellen britische Familien ihren (Plastik-)Weihnachtsbaum auf, der vielerorts recht bunt mit rhythmisch aufleuchtenden Lichterketten *(fairy lights)* geschmückt wird. Traditioneller wirken die Mistelzweige *(mistletoes),* die an den Türrahmen gehängt werden: Wer sich unter dem Mistelzweig trifft, darf sich – zumindest am Weihnachtstag – küssen. Daneben werden frische Weihnachtsgirlanden *(garlands)* und Kränze *(wreaths)* aus Tannengrün und Efeu geknüpft oder fertig gekauft, die den Kamin, das Treppengeländer oder die Haustür zieren.

Einen Adventskranz *(advent wreath)* mit vier Kerzen stellen in der Vorweihnachtszeit meist nur sehr christliche Familien zu Hause auf. Der Adventskalender *(advent calendar)* für Kinder mit 24 oder auch 25 Türchen, weil Weihnachten am 25. Dezember gefeiert wird, ist jedoch inzwischen weit verbreitet. Nikolausfeiern am 5. oder 6. Dezember sind in Großbritannien weitestgehend unbekannt.

In London und Oxford findet in der Vorweihnachtszeit ein typisch deutscher Weihnachtsmarkt statt. Weihnachtlich-romantische Sinne wecken auch traditionell gestaltete viktorianische **Weihnachtsmärkte**, die meist in Kleinstädten mit historischer Kulisse aufgebaut werden. Daneben wird in vielen Städten das Anschalten der Weihnachtsbeleuchtung *(christmas lights switch-on)* gefeiert. In Dörfern, Kirchen und Schulen werden *Advent fairs* mit selbstgemachten Dingen veranstaltet. Eine Mischung aus Weihnachtsmarkt und Kirmes mit vielen Attraktionen wie Eislaufbahn und *Santa's Grotto* – Kinder besuchen *Father Christmas* in einer Höhle und nennen ihre Weihnachtswünsche – bietet das *Winter Wonderland* im Londoner *Hyde Park*. Weitere Informationen zu diesen und weiteren Weihnachtsmärkten in Großbritannien finden Sie unter: ► www.christmasmarkets.com.

In der Vorweihnachtszeit haben außerdem Charity-Aktionen Hochsaison und überall finden Weihnachtspartys statt, bei denen es Glühwein *(mulled wine)* und *mince pies* gibt. Die lokalen Theater führen eine ***pantomime*** auf. Dabei handelt es sich um eine Art Märchen-Musical mit derbem Humor – aber dennoch für Jung und Alt gleichermaßen geeignet. In Schule und Kirche studieren die Kinder ein Krippen- oder Weihnachtsspiel ein und singen *christmas carols*. Weihnachtsfeiern im Büro weisen einen meist ungewohnten Party-Charakter auf. Beim Weihnachtsessen Ihrer Firma werden Sie und Ihre Kollegen rote und grüne Party-Hütchen auf dem Kopf tragen!

Die Weihnachtszeit endet am 5. Januar mit der sogenannten *Twelfth night* – bis 1752 wurde in Großbritannien Weihnachten noch nach dem Julianischen Kalender am 6. Januar gefeiert. In vielen Regionen Wales treibt am 6. Januar *Mari Lwyd*, eine weiß vermummte Gestalt, ihr Unwesen. Sie klingelt an Haustüren und stellt Rätselfragen.

Zu jedem Anlass eine Karte

Von essentieller Bedeutung sind für Briten Gruß- und Glückwunschkarten. Diese werden nicht nur zu Weihnachten und zum Geburtstag oder zu besonderen Anlässen wie Geburt, Verlobung, Hochzeit und Todesfall geschrieben, sondern auch bei Krankheit *(›Get well soon‹)*, Umzug *(›Congratulations to your new home‹)*, zum Valentinstag *(›Happy Valentine's day to my fab co-worker‹)*, bei einem neuen Job *(›Congrats to the new job‹)*, einer bestandenen Prüfung *(›Well done!‹)*, bei einer Beförderung, beim Eintritt in den Ruhestand oder um sich einfach für Einladungen, Hilfe und andere Nettigkeiten zu bedanken. Schlendern Sie einmal durch eines der großen Grußkartengeschäfte, die Sie in jeder Einkaufsstraße finden, um einen Überblick über das massive Angebot zu erhalten.

Erhaltene **Karten zu Weihnachten** oder zu persönlichen Anlässen werden oft über Wochen für alle sichtbar platziert – beispielsweise auf dem Kaminsims, auf der Fensterbank oder an einer Schnur aufgehängt über dem Türrahmen. Daher ist es wichtig, Karten rechtzeitig abzuschicken, sodass sie am Tag des Ereignisses das Haus des Empfängers schmücken. Jedes Jahr werden in Großbritannien rund eine Milliarde Weihnachtskarten verschickt!

Ostern

Ostern – Gründonnerstag *(Maundy Thursday),* Karfreitag *(Good Friday),* Ostersamstag *(Holy Saturday)* und Ostersonntag *(Easter Sunday/Easter Day)* – wird vor allem von gläubigen Briten als christliches Kirchenfest gefeiert. Für alle anderen ist Ostern mehr ein willkommenes langes Wochenende, da Karfreitag, Ostersonntag und Ostermontag Feiertage sind.

Für Kinder wird am Ostersonntag ähnlich wie im deutschsprachigen Raum eine Ostereiersuche *(easter egg hunt)* veranstaltet. Es werden aber weniger selbst bemalte Eier als Schokohasen *(easter bunnies)* und Schokoeier versteckt. Allerdings findet in einigen Regionen am Ostermontag ein traditionelles *pace egging/egg rolling* statt – kunstvoll dekorierte Eier werden um die Wette einen Hügel heruntergerollt. Eine weitere Tradition stellt das *egg jarping* dar, bei dem hart gekochte Ostereier aneinander gestoßen werden, bis die Schale des ersten Eies bricht.

Eine britische Karfreitagsspezialität sind *hot cross buns,* eine Art Rosinenbrötchen, die mit einem Kreuz aus Sirupmasse versehen werden. Daneben werden in einigen Regionen spezielle Osterbrote gebacken. An Ostersonntag gibt es häufig Lammbraten.

Silvester und Neujahr

Den Übergang vom alten ins neue Jahr am 31. Dezember *(New Years Eve)* feiern Briten meist mit privaten Partys. Auf den Straßen selbst ein Feuerwerk zu veranstalten, ist nicht so verbreitet wie beispielsweise in Deutschland. Lediglich in Schottland findet unter dem Begriff *Hogmanay* vielerorts ein buntes Treiben statt. Viele englische und walisische Orte wirken hingegen in der Silvesternacht wie ausgestorben. Nur in den Innenstädten findet ein großes öffentlich veranstaltetes Feuerwerk statt, das in einigen Vierteln auf Großleinwänden und natürlich im Fernsehen übertragen wird. Um Mitternacht singen alle Briten ›*Auld Lang Syne*‹ oder übersetzt ›*Old long since*‹, eine bekannte schottische Volksweise über Freundschaft und die vergangene Zeit.

Übrigens ist der im deutschsprachigen Raum ausgestrahlte englischsprachige Fernsehklassiker *›Dinner for one‹* in Großbritannien gänzlich unbekannt.

Am **Neujahrstag** finden in unterschiedlichen Regionen verschiedenste Bräuche statt. Oft geht es dabei um das symbolische Hereinlassen des neuen Jahres, Willkommensgeschenke oder das erstmalige Setzen des Fußes über die Türschwelle. Wie auch in den deutschsprachigen Ländern fassen Briten an Neujahr gute Vorsätze *(New Year's resolutions)*. Bis Mitte Januar ist es üblich, sich beim ersten Wiedersehen im neuen Jahr gegenseitig *›Happy New Year!‹* zu wünschen.

Feiertage

Feiertage *(public holidays, bank holidays)* werden in Großbritannien unterschiedlich gehandhabt. Während am 25. Dezember *(Christmas day)* und an Ostersonntag *(Easter day)* so gut wie alles geschlossen hat, gelten an vielen anderen *bank holidays* für Geschäfte und Restaurants die üblichen Sonntagsöffnungszeiten und für öffentliche Verkehrsmittel der Sonntagsfahrplan. Banken, Büros und Fabriken haben jedoch geschlossen, auch die meisten öffentlichen Dienste wie Postzustellung, Müllabholung etc. bleiben aus.

Fällt ein Feiertag auf ein Wochenende, ist der darauffolgende Montag frei. Ist dieser Montag ebenfalls ein Feiertag, verlängert sich das freie Wochenende bis Dienstag. Besondere Ereignisse im Königshaus finden durch zusätzlich gewährte Feiertage Beachtung. Gut zu wissen: Viele Feiertage im deutschsprachigen Raum haben hier keine Bedeutung bzw. werden nur als Kirchenfeste begangen.

Folgende Tage gelten in Großbritannien als **Feiertag**:

- ***New Year*** am 1. Januar
- ***Easter*** am ersten Sonntag nach dem ersten Frühlingsvollmond – *Good Friday, Easter Sunday* und *Easter Monday* sind Feiertage
- ***Early May bank holiday*** am ersten Montag im Mai
- ***Spring bank holiday*** am letzten Montag im Mai
- ***Late Summer bank holiday*** – England und Wales: letzter Montag im August; Schottland: erster Montag im August
- ***St. Andrew's Day*** am 30. November – Nationaltag und Feiertag in Schottland zum Gedenken an den Schutzpatron St. Andrew
- ***Christmas*** am 25. und 26. Dezember

Feste und Gedenktage

Erwähnenswert sind außerdem die folgenden Feste und Gedenktage, die jedoch keine offiziellen Feiertage darstellen:

Valentine's Day am 14. Februar – Übergeben Sie Karten, Pralinen und Blumen an Menschen, die Sie besonders gerne mögen. In Großbritannien bezieht sich der Valentinstag nicht nur auf Liebespaare!

Shrove Tide (*Shrove Saturday* bis *Shrove Tuesday*) – In den meisten Regionen Großbritanniens wird zwar kein Fasching gefeiert, diese Tage markieren aber den Beginn der Fastenzeit *(lent)* am Aschermittwoch *(Ash Wednesday)*, sechs Wochen vor Ostern. *Shrove Tuesday* ist vielerorts auch *Pancake day* mit vielen Aktivitäten.

St. David's Day am 1. März – Walisischer Nationaltag zum Gedenken an den Schutzpatron St. David

St. Patrick's Day am 17. März – Irischer Feiertag zum Gedenken an den Schutzpatron St. Patrick: Britische Städte mit großen irischen Gemeinden feiern ebenfalls.

Mothering Sunday *(Mother's day)* am vierten Sonntag in der Fastenzeit – Dieses Datum ist nicht mit dem Muttertag im deutschsprachigen Raum identisch!

April Fool's Day am 1. April – Aprilscherze dürfen nur bis 12 h mittags gemacht werden.

St. George's Day am 23. April – Englischer Nationaltag zum Gedenken an den Schutzpatron St. George. In vielen Orten finden symbolische Drachenkämpfe statt.

May Day am 1. Mai – Frühlingsfest mit *May pole dancing* (ähnlich wie Maibaumtanzen), der Wahl einer *May Queen* und *Morris dancing* (Folkloretanz mit Akkordeonmusik)

The Queen's Birthday Parade/Trooping the Colour am ersten, zweiten oder dritten Samstag im Juni – Parade anlässlich des offiziellen Geburtstages der Königin. (Der eigentliche Geburtstag der Queen ist am 21. April). Ausführliche Informationen finden Sie unter ► www.royal.gov.uk. Staatsbedienstete erhalten oft einen weiteren Feiertag, der dem *Spring bank holiday* Wochenende folgt.

Father's day am dritten Sonntag im Juni – Entspricht ebenfalls nicht dem gleichen Vatertag wie im deutschsprachigen Raum.

Harvest Festival Ende September, an einem Sonntag nahe der Tagundnachtgleiche *(full harvest moon)* – Erntedankfest in Kirchen, ähnlich wie im deutschsprachigen Raum, nicht wie *Thanksgiving* in den USA.

Halloween am 31. Oktober – Kinder und auch viele Erwachsene verkleiden sich, wobei nicht ausschließlich gruselige Kostüme gewählt werden müssen. Die Kinder ziehen von Haustür zu Haustür und spielen ›Apfel oder Streich‹, auf Englisch: *›Trick or treat‹*. Die Vorgärten der Häuser werden mit zu Fratzen ausgehöhlten Kürbissen dekoriert, sogenannten *pumpkin lanterns*.

All Saints am 1. November – Kirchlicher Gedenktag für die Verstorbenen (Allerheiligen)

Bonfire Night/Guy Fawkes Day am 5. November – Mit Feuerwerk, Böllern, Fackelzügen und Lagerfeuern, bei denen eine Strohpuppe verbrannt wird, feiern vor allem die Engländer die Vereitelung eines Attentats auf das Parlament im Jahr 1605. Der katholische Offizier Guy Fawkes wollte die Ächtung seiner Religion anprangern und hatte Fässer mit Schießpulver unter dem Parlamentsgebäude versteckt.

Remembrance Day/Poppy Day am 11. November – Am 11.11. um 11 h wurde 1918 der Erste Weltkrieg für beendet erklärt. Heute gedenken die Briten am 11. November allen Gefallenen beider Weltkriege. *Remembrance Day* wird auch als *Poppy Day* bezeichnet, denn landesweit verkauft die Veteranenvereinigung *Royal British Legion* rote Mohnblumen aus Plastik. Diese werden an die Jacke angesteckt, an Grabsteinen befestigt oder zu Kränzen gebunden.

Remembrance Sunday am zweiten Sonntag im November – An diesem Volkstrauertag finden an allen Kriegsdenkmälern des Landes Feierlichkeiten statt. Die Königin legt den ersten Kranz am *Cenotaph* in Whitehall, London nieder.

Neben den oben aufgeführten Tagen werden Sie in vielen Regionen weitere Feierlichkeiten erleben. Auch Gedenktage zu verschiedensten Themen und Anlässen sind in Großbritannien beliebt und werden insbesondere von den Medien aufgegriffen (z. B. *Armed Forces Day* oder *International Equal Pay Day*).

Feuerwerk

Feuerwerkskörper für den privaten Gebrauch werden zwischen dem 15. Oktober und dem 10. November für die *Bonfire Night*, zwischen dem 26. und dem 31. Dezember für Silvester und jeweils drei Tage vor *Diwali* und *Chinese New Year* (siehe unten) verkauft. An den jeweiligen Festtagen ist Feuerwerk bis ein Uhr morgens (*Bonfire Night* bis Mitternacht) erlaubt. Die illegale Nutzung von Feuerwerk kann eine Geldstrafe zwischen £ 80 und £ 5.000 nach sich ziehen.

Feste anderer Kulturen

Je nach ethnischer Struktur Ihres Wohnortes werden Sie die Feierlichkeiten für hinduistische, muslimische oder buddhistische Feste miterleben dürfen. Oft können diese Festivitäten ganz praktische Auswirkungen habe: So werden Sie beispielsweise am hinduistischen **Neujahrsfest *Diwali*** vielerorts nur schwer ein Taxi finden oder vor geschlossenen Geschäften stehen, wenn die meisten indisch-/pakistanischstämmigen Besitzer das traditionelle Lichterfest feiern. Oder Sie werden im Stau stecken, wenn die indische Gemeinschaft in traditionell-festlicher Kleidung aus dem Tempel strömt oder in *China Town* eine Drachenprozession stattfindet. Dann wird Ihnen die Multikulturalität Großbritanniens bewusster denn je. (Mehr zum Thema *Multikulturelle Gesellschaft* finden Sie in Kapitel 2 *Wissenswertes* auf S. 30.)

Kapitel 24

Rückkehr

Sei es Heimweh, das Sie doch noch eingeholt hat, der Verlust des Arbeitsplatzes oder das geplante Ende eines längeren Aufenthaltes in Großbritannien: Rechnen Sie bei Ihrer Rückkehr nach Deutschland, Österreich oder in die Schweiz mit einem sogenannten Kontrakulturschock, denn Sie werden vermutlich zwei sehr gegensätzliche Erfahrungen machen:

Einerseits glauben Sie, genau in die gleiche Heimat zurückzukehren, die Sie vor mehreren Jahren verlassen haben. Stattdessen werden Sie feststellen, dass sich auch dort die Welt weitergedreht hat. Alte Freunde haben neue Freunde gefunden, gemeinsame Themen und Anknüpfungspunkte scheinen verschwunden zu sein. In der Innenstadt haben vielleicht große Umbaumaßnahmen stattgefunden und Ihr vertrauter Hausarzt ist inzwischen in den Ruhestand getreten. Sie müssen sich also auch in Ihrer alten Heimat auf unterschiedlichste Weise neu orientieren. Gleichzeitig steht kaum jemand Gewehr bei Fuß, um Ihnen dabei zu helfen. Denn jeder denkt, dass es so schwer ja nicht sein kann, sich in einem ›vertrauten‹ Umfeld wieder zurechtzufinden.

Auf der anderen Seite sind zu Hause viele Dinge beim Alten geblieben, die Sie selbst aber plötzlich nicht mehr so recht ertragen können. Vielleicht kommen Ihnen die Deutschen, Österreicher oder Schweizer im Vergleich zu den Briten doch sehr abweisend und steif vor? Oder Sie vermissen einfach den lockeren Small Talk, der Ihnen in Großbritannien jede Tür geöffnet hat? Ihre interkulturellen Erfahrungen, das andere Leben und das Wissen, dass Sie sich durch die Herausforderungen Ihres Auslandsumzuges persönlich weiterentwickelt haben, lassen die Heimat oft in einem anderen Licht erscheinen.

Stellen Sie sich daher darauf ein, dass Sie nicht einfach in Ihr altes Leben zurückkehren können, als sei nichts gewesen. Suchen Sie nach Ihrer Ankunft nach Gleichgesinnten, die ähnliche Auslandserfahrungen gemacht haben wie Sie. Führen Sie Gewohnheiten aus Ihrer Zeit in Großbritannien weiter und genießen Sie, dass Ihr neues altes Leben um einige Elemente bereichert worden ist.

Bevor Sie sich jedoch auf den Weg in Richtung Heimat machen, sollten Sie vor Ort in Großbritannien einige wichtige Dinge erledigen:

Haus oder Wohnung aufgeben

Leben Sie in einer eigenen Immobilie, besteht die große Herausforderung darin, diese so zu verkaufen, dass Sie direkt gen Heimat ziehen können und nicht erst in eine Übergangsbleibe wechseln müssen. Suchen Sie einen Makler und einen Anwalt, die für Sie die gesamte Abwicklung übernehmen. Beachten Sie jedoch, dass die Maklerkosten beim Verkauf einer Immobilie deutlich höher ausfallen als beim Kauf. Es lohnt sich daher, die Angebote verschiedener Makler miteinander zu vergleichen.

Wohnen Sie zur Miete, beträgt die Kündigungsfrist des Mietvertrages in der Regel vier Wochen. Denken Sie jedoch daran, dass nach der Übergabe noch etwas Zeit verstreichen kann, ehe Sie Ihre Mietkaution zurückerhalten.

Verträge kündigen

Oft ist es gar nicht einfach, laufende Verträge (Telefon, Handy, Internet, Strom, Gas, Wasser, Fernsehen, Versicherungen) so zu kündigen, dass Sie einerseits bis zu Ihrem Umzug noch alle Dienstleistungen nutzen können, andererseits nach Ihrer Abreise nicht für etwas weiter zahlen, das Sie nicht mehr brauchen. Schauen Sie daher rechtzeitig in allen laufenden Verträgen nach, ob diese ein Sonderkündigungsrecht *(special right of cancellation, termination for cause)* bei Umzug oder eine Gebühr für vorzeitige Kündigungen *(early termination fee)* vorsehen. Telefongesellschaften bieten häufig nur an, Sie auf den niedrigsten Tarif hinunterzustufen, Sie müssen aber für die verbleibende Vertragslaufzeit Ihre monatlichen Zahlungen leisten. Ein *customer swapping* kann eine Alternative sein, indem Sie Ihren bestehenden Vertrag auf Freunde übertragen.

Ansonsten gilt: Achten Sie darauf, dass Sie jede Kündigung schriftlich einreichen und auch eine schriftliche Bestätigung erhalten haben, bevor Sie abreisen. Vereinbaren Sie mit Versorgungsleistern rechtzeitig Termine, zu denen Ihre Zählerstände abgelesen werden. Oft reicht es, ein oder zwei Tage vor dem Umzug den aktuellen Zählerstand telefonisch oder online mitzuteilen.

Meist macht es Sinn, das britische **Bankkonto** auch nach dem Umzug noch für einige Monate laufen zu lassen. So können Sie ausstehende Zahlungen und Rückerstattungen bei vorzeitig beendeten Verträgen besser verwalten. Informieren Sie jedoch Ihre Bank über Ihren Umzug ins Ausland.

Auto und Elektrogeräte verkaufen

Ihren Rechtslenker werden Sie höchstwahrscheinlich an einen Gebrauchtwagenhändler oder an privat verkaufen. Informieren Sie die *Driver and*

Vehicle Licensing Agency (DVLA) (▶ www.gov.uk, Navigationspunkt *Driving, transport and travel*) umgehend, dass Sie nicht mehr für das Fahrzeug verantwortlich sind. Folgen Sie dazu den Instruktionen auf Ihrem *V5C*-Zertifikat. Entfernen Sie vor dem Verkauf Ihren Steueraufkleber *(tax disc)* von der Windschutzscheibe. Sie können sich zu viel bezahlte Steuer zurückerstatten lassen. Verwenden Sie dazu das Formular *V14*.

Elektro- und TV-geräte, die Sie wegen der unterschiedlichen Steckersysteme, Netzspannung oder PAL-Norm nicht mitnehmen möchten, können Sie bei Ebay (▶ www.ebay.co.uk) oder über eine lokale Kleinanzeigenseite verkaufen bzw. ganz nach britischer Charity-Manier für einen guten Zweck spenden. Entsorgen lassen sich Elektrogeräte gegebenenfalls nur in einem Recycling-Center, das Sie über die Webseite Ihrer Stadtverwaltung ausfindig machen können. Gegen eine Gebühr werden Elektrogeräte und Möbelstücke vielerorts auch abgeholt.

Behördengänge

Wenn Sie Großbritannien verlassen, müssen Sie die Steuerbehörde *(HMRC)* informieren. Füllen Sie dazu rechtzeitig das **Steuerformular** *P85 ›Leaving the UK – getting your tax right‹* aus, um gegebenenfalls Rückerstattungen geltend zu machen und Ihre Steuerangelegenheiten klären zu lassen. Nutzen Sie bereits ein *Self Assessment Account,* geben Sie im Steuerformular an, dass sich Ihre Erklärung nur auf einen Teil des britischen Steuerjahres bezieht, sofern Sie unter dem Jahr umziehen. Ändern Sie außerdem Ihre Kontaktadresse. Denn wahrscheinlich befinden Sie sich zum Fälligkeitsdatum der Steuererklärung bereits zurück in Deutschland, Österreich oder der Schweiz. Weitere Informationen zum Thema *Steuer und Auslandsumzug* finden Sie hier: ▶ www.hmrc.gov.uk/incometax/tax-leave-uk.htm.

Daneben sollten Sie jede Stelle informieren, von der Sie **Sozialleistungen** erhalten, z. B. Kindergeld *(Child Benefit)*. Der unberechtigte Bezug von Sozialleistungen ist ein Straftatbestand, der auch über die Grenzen Großbritanniens hinweg verfolgt wird.

Setzen Sie zudem das ***Council Tax Department*** über Ihren Wegzug in Kenntnis und lassen Sie sich aus dem **Wahlregister** austragen. Weitere Informationen finden Sie auf der Webseite Ihrer Stadtverwaltung *(council)*.

Informieren Sie nicht nur die Schule Ihrer Kinder, sondern auch die ***Local Education Authority (LEA)*** über Ihren anstehenden Wegzug. Stellen Sie sicher, dass die britische Schulpflicht *(compulsory school attendance)* aufgehoben wird.

Kranken- und Sozialversicherungen

Grenzüberschreitende Kranken- und Sozialversicherungsfragen zwischen Großbritannien und Deutschland bzw. Österreich werden grundsätzlich nach EU-Regelungen geklärt. Für die Schweiz gelten in vielerlei Hinsicht ähnliche Bestimmungen. Jeder Einzelfall kann jedoch sehr unterschiedlich ausfallen. Daher sollten Sie rechtzeitig mit den Behörden Ihrer alten/neuen Heimat in Kontakt treten. An dieser Stelle sei nur so viel gesagt:

Sobald Sie Ihren Wohnsitz in Großbritannien dauerhaft aufgeben, können Sie den *NHS* nicht mehr nutzen, auch nicht über Ihre *European Health Insurance Card (EHIC)*. Ausnahmen gelten nur, wenn Sie eine britische Rente beziehen. Informieren Sie Ihren *GP* über Ihren Wegzug. Er wird Sie aus dem Register des *NHS* ausgetragen lassen.

Mit Ihrem neuen Wohnsitz in Österreich oder der Schweiz sind Sie dort pflichtversichert. In Deutschland gilt, dass Sie in Ihre frühere Versicherung – gesetzlich oder privat – zurückkehren müssen. Die Wahl der Krankenkasse selbst ist Ihnen freigestellt.

Die in Großbritannien erworbenen **Rentenansprüche** bleiben Ihnen auch nach Ihrem Wegzug erhalten. Lassen Sie sich eine Aufstellung Ihrer geleisteten Beiträge mitgeben. Informieren Sie sich bei der telefonischen Hotline des *Pension Services* unter 08456 / 06 02 65. Melden Sie Ihren Umzug ins Ausland auch dem *International Pension Centre* unter +44 (0) 191 / 21 87 777.

Zuständig für Sozialleistungen bei **Arbeitslosigkeit** ist innerhalb der EU zunächst der Staat, in dem der Betroffene zuletzt beschäftigt gewesen ist. Für eine Übergangszeit von drei Monaten wird Ihnen daher das britische Arbeitslosengeld *(contribution based Jobseeker's Allowance)* auch nach Ihrem Wegzug weiterhin ausbezahlt, vorausgesetzt Sie haben dieses mindestens vier Wochen vorher beantragt.

Um bei Ihrer Heimatbehörde Arbeitslosen- oder Sozialhilfe zu beantragen, sollten Sie sich genau über die geltenden Regeln zu beitragspflichtigen Rahmenfristen informieren. Durch Vorlage des EU-Formblatts U1 (vormals E302) (Großbritannien: *Record of UK National Insurance contributions*) können Sie Ihre Versicherungszeiten als Arbeitnehmer in Großbritannien anrechnen lassen. Genaue Informationen müssen Sie jedoch bei Ihrer Heimatbehörde einholen – idealerweise bereits vor Ihrem Umzug.

Deutsche können für Sozialversicherungsfragen eine Rückkehrerberatung des Raphaelswerks in Anspruch nehmen, weitere Informationen unter ▶ www.raphaels-werk.de/zurueck-nach-deutschland. Auslandsschweizer finden im *Ratgeber für Auslandsschweizer* unter ▶ www.ch.ch Hilfestellung und Kontaktadressen. Zurückkehrende Österreicher können ▶ www.help.at als erste Informationsquelle nutzen. Für den EU-übergreifenden Blick ist das Portal ▶ www.europa.eu nützlich.

Nachsendeauftrag

Bei der britischen *Royal Mail* können Sie am Postschalter oder auch online unter ▶ www.royalmail.com, Navigationspfad *Services/Redirections,* für Ihre Post einen Nachsendeauftrag ins Ausland *(redirection overseas)* einrichten. Dieser Service kostet für einen Monat Weiterleitung in ein EU-Land ca. £ 30, für ein Jahr etwa £ 150. Der Betrag versteht sich pro Familienname *(surname),* nicht pro Person.

Britische Zeugnisse

Von Ihren britischen Arbeitgebern sollten Sie sich ein **Referenzschreiben**, adressiert an ›*To whom it may concern*‹ ausstellen lassen, das Sie Ihren deutschsprachigen Bewerbungen wie ein Arbeitszeugnis beilegen können.

Für die Anerkennung von in Großbritannien erworbenen Schulabschlüssen und Studienleistungen müssen Sie Ihre nationale Anerkennungsstelle kontaktieren. Nutzen Sie die Informationsseite ▶ www.enic-naric.net.

Die neue Schule Ihrer Kinder in Deutschland, Österreich oder in der Schweiz benötigt eventuell mehr Informationen als die *school reports* der britischen Schule, um eine passende Einstufung vorzunehmen. Bringen Sie daher unbedingt Informationen über den nationalen Lehrplan und vielleicht auch britische Schulbücher und Prüfungsunterlagen mit zurück.

Abschied nehmen

Abschied nehmen tut oft weh. Aber ein klarer Abschied signalisiert nicht nur anderen, sondern vor allem uns selbst, dass eine Phase unseres Lebens zu Ende geht. Nur wenn wir uns richtig verabschieden, können wir uns voll und ganz auf etwas Neues einlassen. Laden Sie also Ihre britischen Freunde zu einer großen *farewell party* ein. Besuchen Sie noch einmal liebgewonnene Orte und machen Sie viele Fotos. Nehmen Sie sich einfach Zeit für den Abschied von Großbritannien – der hoffentlich nicht für immer sein wird.

Anhang

Britische Maße, Größen und Zahlen

Hinsichtlich Maß- und Größeneinheiten verwenden Briten sowohl das imperiale *(imperial units)* als auch das metrische System *(metric units)*. Es ist und bleibt jedoch ratsam, sich für den Alltagsgebrauch mit allen britischen Einheiten näher zu befassen. So werden viele Bekleidungsgrößen in *inches* angegeben, Flächen in *feet* gemessen, Kochrezepte greifen auf *ounces* zurück und der Spritverbrauch eines Autos wird in *miles per gallon* angegeben. Auch beim Arzt sollten Sie Körpergröße und Gewicht idealerweise in *feet, stones* und *pounds* angeben können.

Für eine schnelle Umrechnung finden Sie im Internet Konvertierungsseiten wie ▶ www.unitconversion.org. Bei vielen britischen Browsern genügt es, eine Größenangabe ins Suchfeld einzugeben. Einem ersten Überblick dienen die nachfolgenden Tabellen. Beachten Sie jedoch, dass auch abgeleitete Größen, die hier nicht vorgestellt werden, auf dem imperialen Maßsystem beruhen können. Britische Maßeinheiten sind zudem nicht unbedingt mit den amerikanischen identisch!

Längenmaße

1 *mile (m)*	1,6093 km
1 *yard (yrds, yd)*	91,44 cm
1 *foot (ft)*	30,48 cm
1 *inch (in)*	2,54 cm
1 *foot (ft)*	12 *inches (in)*
(Schreibweise, z. B. 2 *feet* 3 *inches* - 2′-3″, 2′ 3″ oder 2′3″)	

Flächenmaße

1 *square mile (sq mi)*	2,59 km²
1 *acre*	4.046,86 m²
1 *square yard (yd², yds²)*	0,8361 m²
1 *square foot (ft²)*	929,03 cm²
1 *square inch*	6,4516 cm²

Gewichte

1 *stone (st)*	6,35 kg
1 *pound (lbs)*	0,4536 kg
1 *stone (st)*	14 *pounds (lbs)*
1 *ounce (oz)*	28,3495 g

Flüssigkeitsmaße

1 *pint (p, pt)*	0,568 l
1 *gallon (gal)*	4,546 l
1 *cup* – 8 *fluid ounces (fl oz)*	ca. 250 ml
1 *fluid ounce (fl oz)*	28,4 ml
20 *fluid ounces (fl oz)*	1 *pint (p, pt)*

Spritverbrauch

1 *mile per gallon (mpg)*	0,354 km pro Liter

Temperaturen

In Großbritannien werden Temperaturen sowohl in Grad Celsius (°C) als auch in Grad Fahrenheit (°F) angegeben. Um Celsius in Fahrenheit umzurechnen, müssen Sie den Wert mit 9 multiplizieren, dann durch 5 dividieren und anschließend 32 addieren. Aus Fahrenheit rechnen Sie in Celsius um, indem Sie 32 abziehen, dann mit 5 multiplizieren und anschließend durch 9 dividieren.

10 °C	50 °F
15 °C	59 °F
20 °C	68 °F
25 °C	77 °F
30 °C	86 °F

Auf **Gasöfen** werden statt Temperaturen oft Gasstufen angegeben:

Stufe 1	ca. 140 °C
Stufe 4	ca. 180 °C

Stufe 6	ca. 200 °C
Stufe 7	ca. 220 °C

Kleidergrößen

Die Umrechnung von europäischen in britische Kleidergrößen kann je nach Hersteller und Herkunftsland variieren. Viele Ketten führen ihre eigenen Umrechnungstabellen. Ungefähre Richtwerte für deutschsprachige Kunden sind:

Damenoberbekleidung

UK	D-A-CH
10	36
12	38
14	40
16	42
18	44
usw.	
S	10/12
M	14/16
L	18/20

Verwendet ein Hersteller die Größen XXS und XS bzw. XL und XXL, verschieben sich die Werte entsprechend. Darüber hinaus unterscheiden einige Firmen bei Rock-, Kleider-, Hosen- und Ärmellängen in *petit* und *tall.* Zusätzlich wird die Beinlänge unterschieden in *s = short, r = regular, l = long.*

Körbchengröße bei Damenunterwäsche

Der Unterbrustumfang wird in *inches* gemessen, jeweils mit zwei *inches* Unterschied zur nächsten Größe. Körbchengrößen lauten bei vielen Firmen A, B, C, D, DD, E, F, FF, G, GG, H, HH usw., z. B.:

UK	D-A-CH
32A	70A
34B	75B
36C	80C

UK	D-A-CH
38DD	85E
40E	90F
42F	95G

Kragenweite Herrenhemden

UK	D-A-CH
14	36
14½	37
15	38
15½	39
16	40
16½	41
usw.	

Herrenanzüge und -oberbekleidung

UK	D-A-CH
38	48
40	50
42	52
44	54
46	56
48	58
usw.	

Herrenhosen

UK	D-A-CH
44	30
46	32
48	33
50	34
52	36

UK	D-A-CH
54	38
usw.	

Zusätzlich wird bei der Beinlänge unterschieden in *s* = *short*, *r* = *regular*, *l* =*long*.

Herrenunterwäsche

UK	D-A-CH
30	3
32	4
34	5
36	6
38	7
40	8
usw.	

Baby- und Kinderkleidung

Kleidung für Babys und Kleinkinder wird in der Regel nach Alter angegeben, z. B.:

newborn	unter 43 cm
0–3 *months*	43–48 cm
3–6 *months*	68–75 cm
6–12 *months*	76–82 cm
12–18 *months*	83–89 cm
usw.	
1–1.5 *years*	86 cm
1.5–2 *yrs*	92 cm
2–3 *yrs*	98 cm
3–4 *yrs*	104 cm
4–5 *yrs*	110 cm
5–6 *yrs*	116 cm
usw.	
14+ *yrs*	170 cm

Schuhgrößen

Nicht in jedem Schuhgeschäft wird man Ihnen das richtige Paar bringen, wenn Sie eine 38 oder eine 46 verlangen. Nutzen Sie daher besser die britischen Größen, wie folgt. Viele, aber nicht alle Hersteller bieten auch halbe Größen an.

Kinderschuhe

UK	Europa
1	16/17
2	17/18
3	18/19
4	20
5	21/22
6	22/23
usw.	
13	31/32

Damen- und Herrenschuhe

UK	Europa
3,5	36
4	37
4,5	37,5
5	38
5,5	39
6	39,5
6,5	40
usw.	
8,5	43
9	43,5
9,5	44
10	45
10,5	45,5
11	46
usw.	

Betten

Beim Kauf von Matratzen und Bettdecken gibt es ebenfalls einige Größenunterschiede zu beachten. Hersteller, die mit imperialen Maßen arbeiten, machen meist glatte metrische Angaben, d. h. in der Regel ist jede Matratze zwei bis drei Zentimeter breiter als auf dem Schild steht:

Baby cot	ca. 0,70 x 1,12 m
Toddler bed	0,70 x 1,40 m
Single	0,90 x 1,90 m
(Small Single)	(0,75 x 1,80 m)
Double	1,35 x 1,90 m
(Small Double)	(1,20 x 1,90 m)
Kingsize	1,50 x 2,0 m
Superkingsize/Queensize	1,80 x 2,0 m
Eastern King	2,0 x 2,0 m
Emperor	2,13 x 2,0 m
Large Emperor	2,13 x 2,13 m
Ikea size beds oder *European size beds*	Betten und Matratzen, die Kontinentalmaßen am nächsten kommen.

Beim Kauf von Bettwäsche *(duvet cover)* ist unbedingt zu beachten, dass mit der Bezeichnung *double* oder *kingsize* große Decken für Doppelbetten (siehe oben) gemeint sind. Haben Sie, wie im deutschsprachigen Raum meist üblich, zwei einzelne Decken auf einem Doppelbett, müssen Sie zwei *singles* kaufen. Bei Bettlaken für ein Bett nach kontinentaleuropäischen Maßen können Sie die richtige Größe (siehe oben) nur ungefähr auswählen.

Die Dicke einer Decke wird in der Einheit ***tog*** angegeben, die das Wärmeverhalten von Textilien anzeigt. Eine leichte Sommerdecke hat 3 bis 4,5 *tog*, eine warme Winterdecke ca. 12 bis 13,5 *tog*.

Zahlen

Briten setzen statt einem Tausenderpunkt ein Komma. Bei Geldbeträgen werden die Pence-Beträge durch einen Punkt abgetrennt, also eintausendfünfhundert Pfund und fünfzig Pence werden geschrieben als £ 1,500.50.

Kommazahlen werden generell mit Punkt dargestellt, z. B. 1.5 (sprich: *one point five*). Für 0.5 wird häufig nicht *zero point five,* sondern nur *point five* gesagt.

Die Null wird im britischen Englisch als *nought* (allgemein), *nil* (z. B. Punktestand bei Mannschaftsspielen) oder *zero* (z.B. Temperaturen) bezeichnet. Bei der Nennung von Telefonnummern wird auch der Buchstabe ›*o*‹ verwendet.

Uhrzeit

In Großbritannien gilt die *Coordinated Universal Time (UTC),* meist noch als *Greenwich Mean Time (GMT)* bezeichnet. Die mitteleuropäische Zeit (MEZ) im deutschsprachigen Raum ist der *UTC* eine Stunde voraus. Im März und Oktober wird in beiden Zeitzonen gleichzeitig die Uhr auf Sommer- bzw. Winterzeit umgestellt. Die einstündige Zeitdifferenz zwischen Großbritannien und den deutschsprachigen Ländern bleibt also das gesamte Jahr über bestehen.

Britische Uhrzeitangaben erfolgen in zwei Zwölf-Stunden-Zählungen. Vor 12 h mittags *(noon, midday)* werden die Stunden von eins bis zwölf mit dem Zusatz *am (ante meridiem),* nach 12 h mittags mit *pm (post meridiem)* versehen. 8 h morgens ist *8 am.* 15 h nachmittags ist *3 pm.*

12 h ist weder *am* noch *pm.* Es wird entweder *12 o'clock* gesagt oder aber alternativ *11:59 am* genommen. Dies gilt besonders dann, wenn eine Frist oder ähnliches angegeben wird. Mitternacht wird entweder als *midnight* oder aber als *23:59 pm* bzw. *00:01 am* angegeben, je nachdem, ob man einen End- oder einen Anfangspunkt setzen möchte.

Telefonnummern

Das britische Telefonnummernsystem hat in der Vergangenheit mehrere Reformen durchlaufen, sodass diverse Ausnahmen die Regel bestätigen.

Vorwahlen

Generell wurde jedem Gebiet eine eigene Vorwahl *(area code)* zugeordnet. Großstädte haben meist eine zweistellige Vorwahl nach der 0, wie z. B. 020 für London, kleinere Städte und Dörfer eine drei- oder vierstellige Vorwahl. Öffentliche Institutionen haben die Vorwahl 030. Die meisten Telefonnummern sind insgesamt zehnstellig.

Handynummern beginnen mit 07. Nummern mit 08 sind oft kostenfreie Servicenummern, während kostenpflichtigen Angeboten eine 09 vorgestellt ist.

Ländervorwahlen

- Von Großbritannien nach Deutschland: 0049
- Von Großbritannien nach Österreich: 0043
- Von Großbritannien in die Schweiz: 0041
- Nach Großbritannien: 0044

Notrufnummern

In einem Notfall erreichen Sie die Polizei (und auch die Feuerwehr) landesweit unter der **Notrufnummer 999** oder **112**. Über das Handy funktioniert häufig nur die 112!

In weniger dringenden Fällen, wenn Sie beispielsweise Ihr Auto als gestohlen melden wollen, wählen Sie in England und Wales die 101.

Die *Gas Helpline* erreichen Sie unter 0800 / 111999.

Anhang

Glossar – Die wichtigsten (Fach-)Begriffe für den Alltag in Großbritannien

11+ exam – Freiwilliges Examen im letzten Jahr der Grundschule, das über die Aufnahmechancen an selektiven Sekundarschulen entscheidet.

A&E (Accident and Emergency) – Notaufnahme im Krankenhaus

Academy – Von Sponsoren verwaltete Schule, die nicht der lokalen Schulbehörde untersteht. Wird direkt von der britischen Regierung finanziert.

Access und Intermediate – Qualifikationen und Prüfungen an schottischen Schulen

Accident, sickness and unemployment insurance – Versicherung bei Berufsunfähigkeit und Einkommensausfall

Additional rate – Einkommenssteuersatz in Höhe von 50%

Additional state pension – Beitragsbasierte staatliche Zusatzrente

Advanced Level Apprenticeship – Betriebliche Ausbildung, gleichwertig zu zwei guten *A-Levels*

All through school – Schule von der Krippe bis zum *sixth form*

Annual Percentage Rate (APR) – Effektiver Jahreszins

Appointment request letter – Schreiben des Hausarztes für Terminvereinbarung im *NHS*-Krankenhaus

A-road – Landstraße mit hohem Verkehrsaufkommen

AS-Level (Advanced Subsidiary) – Abschlussprüfung nach dem 12. Schuljahr; Voraussetzung für *A-Levels*

Assured Shorthold Tenancy – Mietvertrag mit fixer Grundlaufzeit

Automated teller machine (ATM) – Geldautomat

Automotive Association (The AA) – Bekanntester Autoclub, vergleichbar mit dem deutschen ADAC

Bachelor degree – Erster Universitätsabschluss

Basic rate – Niedrigster Einkommenssteuersatz in Höhe von 20 %

Basic state pension – Staatliche Grundrente

Bed & Breakfast – Übernachtungsmöglichkeit mit Frühstück, oft in Privathaushalten

Birth certificate short version/full version – Geburtsurkunde; mit Eintrag der Eltern ist es eine Vollversion

Black cab – Taxis mit hoher Fahrgastkabine

Black tie – Schwarzer Smoking mit allem, was dazugehört

Blue Badge scheme – Parkausweis und weitere Sondererlaubnisse für Fahrer mit Behinderung
Boxing Day – 26. Dezember
Branch sort code – Bankleitzahl
British Empire – Britisches Kolonialreich
British Isles – Britische Inseln; geografischer Begriff; umfasst das Vereinigte Königreich Großbritannien und Nordirland sowie Irland
British Overseas Territories – Britische Überseegebiete
British Overseas Territories Citizens (BOTC) – Bürger der Britischen Überseegebiete
BTECs – Berufsbegleitende Weiterqualifizierungen des *Business and Technology Education Councils*
Building society – Bausparkasse
Buildings insurance – Wohngebäudeversicherung
Business rate – Grundsteuer für Büros oder Betriebsstätten
Cambridge International Examinations – Fünfstufiger Lehrplan der *University of Cambridge*, der zu verschiedenen international anerkannten Abschlüssen führt, z. B. *Cambridge Pre-U*
Capital gains tax – Kapitalertragssteuer
Career Path Report – Ausführlicher Abgleich zwischen ausländischen und britischen Qualifikationen durch das *National Recognition Information Centre for the United Kingdom*
Cashback – 1) Bei Zahlung mit Debitkarte bis zu £ 50 mehr abbuchen lassen und in bar ausbezahlt bekommen. 2) Gutschrift kleiner Barsummen beim Kauf eines Produkts, die später eingelöst werden können. 3) Sonderangebot mit späterer Bar-Rückerstattung.
Catchment area – Einzugsgebiet einer Schule
CC Auto Pay Service – Automatisches Bezahlsystem für die Londoner *congestion charge*
Chancellor of the Exchequer – Britischer Finanzminister
Charity – Wohltätigkeitsorganisation
Cheque – Scheck
Child Benefit – Kindergeld
Childcare Voucher Scheme – Umwandeln von Gehalt in Kinderbetreuungsgutscheine
Chip & PIN – Alle britischen Kredit- oder Debitkarte haben einen Chip, bei Zahlung muss ein vierstelliger PIN eingegeben werden.
Church in Wales – Anglikanische Kirche in Wales
Church of England – Anglikanische Kirche in England
Church of Scotland – Anglikanische Kirche in Schottland
Civil marriage – Standesamtliche Eheschließung

Civil partnership – Standesamtlich eingetragene Partnerschaft für gleichgeschlechtliche Paare
Co-education school – Schule für Mädchen und Jungen
Collegiate university – Hochschule, die aus einem Zusammenschluss mehrerer Colleges besteht
Commission Notice Letter – Dokument der autorisierten britischen Niederlassung eines Fahrzeugherstellers
Common Entrance Exam (CEE) – Aufnahmeprüfung für private Sekundarschulen
Common law – Gewohnheitsrecht
Commonwealth of Nations – Staatenbund ehemaliger britischer Kolonien
Commonwealth Realms – Staaten des *Commonwealth,* die den britischen Monarchen als Staatsoberhaupt ansehen
Community school – Schule in der Hand der lokalen Stadtverwaltung
Community Support Officer (PCSO) – Polizist, der bevölkerungsnah im Einsatz ist
Companies House – Handelsregister
Company sick pay – Individuell vertraglich vereinbartes Krankengeld des Arbeitgebers
Completion day – Übergabe des Hauses nach erfolgreichem Kaufvertragsabschluss
Comprehensive school – Staatliche Gesamtschule ohne Aufnahmeprüfung
Compulsory Maternity Leave – Gesetzlich vorgeschriebener, zweiwöchiger Mutterschutz nach der Geburt eines Kindes
Conclude the missives – Austausch der unterzeichneten Kaufverträge beim Immobilienkauf in Schottland
Congestion charge – Innenstadtmaut in London
Conkers – Schulhofspiel mit an Fäden gebundenen Rosskastanien
Conservative Party – Konservative Partei
Contents insurance – Hausratsversicherung, teils mit diversen Zusatzleistungen wie Haftpflicht, Rechtschutz etc. verknüpft
Contribution-based benefits – Staatliche Sozialleistungen, die von geleisteten Beiträgen zur *National Insurance* abhängen
Corporation tax – Körperschaftssteuer
Council Area – Verwaltungseinheit in Schottland
Council tax band – Gemeindesteuerband
Council tax bill – Aufstellung der zu zahlenden Gemeindesteuer; Dokument wird von Behörden und Geschäften als Adressnachweis akzeptiert
Council tax – Gemeindesteuer
County – Grafschaft

County Court Judgment (CCJ) – Amtsgerichtsurteil
County Court – auch: *Small Claims Court;* Regionales zivilrechtliches Gericht
Court of Appeal – Höchstes Berufungsgericht
Court of Session – Oberster Zivilgerichtshof
Cowboy builder – Unseriös arbeitender Handwerker
Credit Accumulation and Transfer Scheme (CATS) – Anerkennungsverfahren für die Leistungserbringung an Universitäten
Crown Court – Strafgerichtshof
Current account – Girokonto
Curriculum for Excellence – Lehrplan an schottischen Schulen
Curriculum Vitae, CV – Lebenslauf in Bewerbungen
Damehood – Weibliches Pendant zum Ritterschlag *(knighthood);* Ernennung zur Lady
Date of entry – Zeitpunkt des Kaufabschlusses beim Erwerb von Immobilien in Schottland
Debit card – Debitkarte
Decree Absolute of Divorce – Scheidungsurteil
Decree Nisi – Vorläufiges Urteil (z. B. Scheidungen)
Diploma – Teils betriebspraktisch erworbene Qualifikation, die zum Hochschulstudium berechtigt; wird auch für viele weitere Abschlüsse verwendet
Direct debit – Lastschriftverfahren
Diversity – Gesellschaftliche Vielfalt im Hinblick auf ethnische Herkunft, Religion, sexuelle Orientierung, Alter etc.
Doctorate – Stark berufsbezogene Promotion an der Universität
Dresscode – Kleidungsvorschrift
Drink drive limit – Promillegrenze
Driving licence counterpart for non-GB licence holders – Zusätzliches Dokument für ausländische Führerscheine, damit britische Strafpunkte verhängt werden können
Early Years Education Funding – Staatlicher Zuschuss für Betreuungskosten Drei- und Vierjähriger
Early Years Foundation Stage (EYFS) – Lehrplan für Krippen und Vorschulen
Energy Performance Certificate (EPC) – Energieausweis für Häuser
Essential Skills Wales – Programm zur Berufsbildung in Wales
EU Pet Passport – EU-Heimtierausweis
European Certificate of Conformity – Übereinstimmungsgenehmigung, COC-Genehmigung, Fahrzeug-Typgenehmigung
European Credit Transfer System (ECTS) – Anerkennungssystem für europäische Studienleistungen

European Health Insurance Card (EHIC) – Europäische Krankenversicherungskarte

Exchange of contracts – Finaler Austausch der unterzeichneten Kaufverträge beim Immobilienkauf

Faster Payment Service – Blitzüberweisung innerhalb von Stunden

Feeder school – (Vor-)Schule, die Kinder auf die Aufnahmeprüfung selektiver Schulen vorbereitet

Financial Services Compensation Scheme – Einlagensicherung für Bankkunden

First Minister – Landeschef in Schottland und Wales; ähnlich wie Ministerpräsidenten in Deutschland

Foundation and trust schools – Schulen, die von unabhängigen Trägern geleitet werden, aber staatliche Zuschüsse erhalten

Foundation Phase – Lehrplan für 3- bis 7-Jährige in Wales

Framework for Higher Education Qualifications (FHEQ) – Bewertungsrahmen für Hochschulabschlüsse

Free school – Auf Initiative von Eltern, Lehrern, Organisationen gegründete freie Schule, die als *academy* geführt wird und staatliche Zuschüsse erhält.

Freehold – Ein Haus kann inklusive Grund und Boden erworben werden.

Freeview – Gebührenfreie Fernsehsender (eine *TV licence* ist notwendig)

Full car driving licence – Führerschein

Full credit check – Kreditauskunft, vergleichbar mit Schufa-Auskunft

Fully comprehensive – Vollkaskoversicherung

Gazumping – Legaler Trick beim Immobilienkauf: Obwohl der Verkäufer ein Kaufgebot angenommen hat, gibt er einem anderen Käufer mit höherem Gebot nachträglich den Zuschlag.

Gazundering – Legaler Trick beim Immobilienkauf: Nachdem sich Käufer und Verkäufer einer Immobilie einig geworden sind, fordert der Käufer kurz vor Vertragsunterzeichnung eine Senkung des Kaufpreises.

General Certificate of Education Advanced (A), A-Levels – Abschlussprüfung in der Schule, die zum Hochschulzugang berechtigt; vergleichbar mit Abitur und Matura

General Certificate of Secondary Education (GCSE) – Abschlussprüfungen in der Schule nach Year 11

General National Vocational Qualifications (GNVQs) – Vollzeitberufsausbildung

General practioner (GP) – Hausarzt innerhalb des *NHS*

General Scottish Vocational Qualifications (GSVQ) – Vollzeitberufsausbildung in Schottland

Government Gateway – Online-System der Regierung, um beispielsweise eine elektronische Steuererklärung abzugeben
Grade II listed – Unter Denkmalschutz stehende Gebäude
Grammar schools – Streng selektive staatliche Sekundarschulen
Grant of confirmation – Erbschein in Schottland, wenn kein Testament vorliegt
Grant of representation/Grant of letters of administration – Erbschein, wenn kein Testament vorliegt
Grant of probate – Erbschein, den der Testamentsvollstrecker beantragt
Great Britain – Großbritannien; umfasst England, Schottland und Wales
Great British Pound (GBP) – Britische Währung
Green Flag – Autoclub und Pannenhilfe
Group awards – Zusammengefasste *National units* im schottischen Berufsbildungssystem
Health visitor – Gemeindeschwester
Her Majesty's Inspectorate for Education and Training in Wales – Qualitätsprüfung bei Bildungseinrichtungen; ähnlich wie *OFSTED*
High Court of Justice – Oberstes Zivilgericht
High Court of Justiciary – Oberster Strafgerichtshof in Schottland
High street – Einkaufsstraße
Higher Apprenticeship – Anerkannte Berufsausbildung in Unternehmen, äquivalent zu *NVQ level 4* oder *5*
Higher rate – Einkommenssteuersatz in Höhe von 40 %
Higher und Advanced Higher (Highers) – Schulabschlüsse in Schottland, vergleichbar mit *AS-* und *A-Levels*
High-Street-Shop/Bank – Geschäfte und Banken, die typischerweise in der Innenstadt zu finden sind; meist Teil einer Kette
Highway Code – Straßenverkehrsordnung
Hogmanay – Silvesterfeiern auf den Straßen Schottlands
Home insurance – Verknüpfte Gebäude- und Hausratsversicherung
Honours – Die meisten *Bachelor degrees* an der Universität tragen die Klassifizierung *Honours (Hons)*. Damit ist das Erreichen bestimmter Leistungen verbunden.
House of Commons – Unterhaus des britischen Parlaments
House of Lords – Oberhaus des britischen Parlaments
Income band – Einkommensband
Income protection plan – Versicherung bei Berufsunfähigkeit und Einkommensausfall
Income tax – Einkommenssteuer
Independent school – Privatschule
Individual Savings Accounts (ISA) – Steuerfreies Sparkonto

Infant school/first school – Erste Grundschule oder Grundschuljahre in Regionen mit neunjähriger Grundschulzeit
Inheritance tax – Erbschafts- und Schenkungssteuer
Intermediate Apprenticeship – Anerkannte Ausbildung in Unternehmen, gleichwertig mit fünf guten *GCSEs*
International Baccalaureate – International ausgerichteter Schulabschluss der privaten *International Baccalaureate Organization (IBO)* mit grenzübergreifender Hochschulzugangsberechtigung
International Bank Account Number (IBAN) – Internationale Bankkontonummer
Jobseeker's Allowance – Arbeitslosengeld; Es wird zwischen dem einkommensabhängigen Arbeitslosengeld *(income-based Jobseeker's Allowance)* und dem beitragsabhängigen Arbeitslosengeld *(contribution-based Jobseeker's Allowance)* unterschieden.
Junior school – Mittelschule oder letzte Grundschuljahre in Regionen mit neunjähriger Grundschulzeit
Justice of Peace Court – Distriktgericht mit ehrenamtlichen Friedensrichtern
Key stage – Alters- und Leistungsstufe innerhalb des nationalen Lehrplans *(National Curriculum)*
Kilt – Schottenrock
Knighthood – Ritterschlag durch die Königin; Ernennung zum ›*Sir*‹
Labour Party – Arbeitspartei
Land register – Grundbuch
Last will – Testament
League tables – Ranking für Schulen und Universitäten; von verschiedenen Organisationen und Publikationen herausgegeben
Learning Pathways 14–19 – Lehrplan für 14- bis 19-Jährige an walisischen Schulen
Leasehold – Pachtrecht
Liberal Democrats – Liberaldemokratische Partei
Life insurance – Lebensversicherung
Limited Liability Partnership (LLP) – Partnerschaftsgesellschaft ohne Haftung mit dem Privatvermögen
Local Education Authority (LEA) – Lokale Schulbehörde
Logbook – *Vehicle Registration Certificate (V5C);* Fahrzeugschein
Lower Earnings Limit – Grenzwert für sozialversicherungsfreie Einkünfte
Lower school – Sekundarschule für 11- bis 13-Jährige
Magistrates' Court – Regionales Gericht für strafrechtliche wie auch zivile Fälle geringeren Ausmaßes
Marriage certificate – Heiratsurkunde

Marriage schedule – Heiratsdokument in Schottland
Married couples allowance – Steuervorteil, wenn ein Partner vor dem 06.04.1935 geboren wurde; es handelt sich nicht um ein Ehegattensplitting!
Master degree – Zweiter Universitätsabschluss
Master of Philosophy (M-Phil) – Universitätsabschluss; Vorstufe zur Promotion
Maternity Exemption Certificate (MatEx) – Befreiung von Rezeptgebühren, Zuzahlungen etc. während der Schwangerschaft
Medical Certificate (MATB1) – Dokument des Hausarztes oder einer Hebamme für Schwangere zur Vorlage beim Arbeitgeber
Methodist Church of Great Britain – Methodistische Kirche
Metropolitan County – Administrative Einheit in England
Middle name – Mittelname
Minicab – Taxi nur auf Bestellung
Mixed school – Schule für Jungen und Mädchen
Morning dress/coat/cutaway – Anzug mit schwarzer Schoßjacke und grauschwarz gestreifter Hose
Mortgage payment protection insurance – Restschuldversicherung bei Aufnahme einer Hypothek
Mortgage – Hypothek
MOT (Ministry of Transport test) – Hauptuntersuchung für Autos in zertifizierten Werkstätten; vergleichbar mit TÜV oder MFK
Motor Insurance Certificate – Police der Kfz-Versicherung
Motorway – Autobahn
National Assembly for Wales – Landesparlament in Wales
National Board – Regionale *NHS*-Organisation in Schottland
National Certificate – Abschluss für Vollzeitausbildung an schottischem *College*
National Curriculum Test (NCT) – Landesweiter Leistungstest für englische Schüler
National Curriculum – Nationaler Lehrplan an englischen Schulen
National Employment Savings Trust – Unternehmensübergreifender Rentenfonds für Mitarbeiter
National Health Service (NHS) – Steuerfinanziertes Gesundheitssystem
National Higher Qualification – Berufspraktischer Abschluss an schottischen Hochschulen
National Insurance Contribution (NIC) – Abgabe zur Renten- und Sozialversicherung; es wird nach verschiedenen Klassen unterschieden
National Insurance Number – Sozialversicherungsnummer
National Insurance – Sozialversicherung

National Minimum Wage (NMW) – Festgesetzter Mindestlohn
National Pension Center – Rentenversicherungsbehörde
National Progression Awards (NPAs) – Schottische Qualifikationsstufen in bestimmten Berufsausbildungen
National Qualifications Framework (NQF) – Bewertungsrahmen mit neun Qualifikationsebenen. Kurse und Abschlüsse erhalten eine Einstufung, sodass Arbeitgeber die Qualität einer Ausbildung einschätzen können.
National Rail – Gemeinsames Buchungs- und Fahrplansystem aller britischen Bahngesellschaften
National Scholarship Programme (NSP) – Staatliche und universitäre Studienzuschüsse, die nach bestimmten Kriterien vergeben werden
National Trust – Organisation zur Pflege von historischen Gebäuden, Landschaftsgärten, Parks, Land und Küste
National Vocational Qualifications (NVQs) – Tätigkeitsspezifische, modulare Ausbildungswege; Kombination aus Ausbildung und Unterricht an einer Berufsschule
Naturalisation – Einbürgerung
Neighbourhoodwatch – Nachbarn organisieren gemeinsam mit der Polizei Präventionsmaßnahmen, um lokale Kriminalität zu senken.
NHS Direct – Medizinische 24h-Beratung online und per Telefon
NHS optical voucher – Zuschusszahlung für Sehhilfen
NHS Tax Credit Exemption Certificate – Kostenbefreiung für Personen mit geringem Einkommen, insbesondere für Zahnarztbehandlungen
NHS trust – Organisation des *NHS*
NHS Walk-in Health Centre – *NHS*-Praxis für registrierte und nicht-registrierte Patienten, Behandlung auch ohne Termin
NHS24 – Medizinische 24h-Beratung online und per Telefon des schottischen *NHS*
No chain – Käufer oder Verkäufer einer Immobilie befindet sich in keiner Vertragskette
No claims bonus (NCB) – Bonus, wenn Versicherungsnehmer bei ihrer Versicherung keine Schäden einreichen
Non-contributory benefits – Von der Sozialversicherung unabhängige, staatliche Sozialleistungen
Non-Domiciled – Vorübergehender Aufenthalt in Großbritannien mit Nachweis eines Heimatortes im Ausland; Vermeidung des Welteinkommensprinzips
Non-Metropolitan County – Verwaltungseinheit Grafschaft
Number plate Authorisation Certificate (V948) – Dokument, um ein Nummernschild für ein neu angemeldetes Auto zu erwerben

Off-licence – Erlaubnis, um Alkohol zur Mitnahme zu verkaufen
OFSTED-Report – Bericht zu geprüften Qualitätsstandards einer Bildungseinrichtung
On-licence – Erlaubnis, Alkohol innerhalb einer Lokalität auszuschenken
Order of the British Empire – Britische Verdienstorden mit fünf Stufen
Ordinarily resident – Gewöhnlicher Aufenthalt
Oxbridge – Kurzwort für die Universitäten Cambridge und Oxford
P&P (package & postage) – Verpackung und Porto
P45 – Formular bei Jobwechsel, das den Übertrag der Steuerzahlungen im laufenden Steuerjahr gewährleisten soll
P46 – Formular für neue Mitarbeiter ohne *P45*
Parental leave – Unbezahlte Elternzeit
Parental rights and responsibilities (PRR) – Elterliches Sorgerecht
Parish – Kleinste Gemeindeeinheit *(civil parish);* auch Pfarrgemeinde
Partnership – Gemeinsam gegründetes Unternehmen, jeder Partner haftet mit seinem Privatvermögen.
Pass Plus – Zusätzlicher Fahrschulkurs nach bestandener Fahrprüfung
Pay and display – Parkscheinsystem
Pay As You Earn (PAYE) – Lohnsteuerabzugsverfahren
Pay at the pump – Tankstellensystem: Zahlen direkt an der Zapfsäule
PAYE tax code – Persönlicher Steuercode, der alle Abzüge und den anzuwendenden Steuersatz enthält
Pension credit – Einkommensbeihilfe für Rentner
Periodic tenancy – Mietvertrag ohne Grundlaufzeit
Personal Child Health Record (PCHR) – Auch *red book* genannt; Gesundheitsheft für Babys und Kinder, in das alle Vorsorgeuntersuchungen und Impfungen eingetragen werden
Pet insurance – Krankenversicherung für Haustiere
Pet Travel Scheme – EU-Regelungen für die Mitnahme von Haustieren über die Grenze
PhD – Doktortitel durch Promotion
Phone directory – Telefonbuch
Planning permission – Baugenehmigung
Political correctness – Politische Korrektheit; sensibler Sprachgebrauch gegenüber Minderheiten
Postcode – Postleitzahl, die genauen Wohnort angibt
Postgraduate degree – Universitätsabschluss nach weiterführendem Studium
Pound Sterling – Britische Währung; Silbermünze mit einer bestimmten Silberqualität
Preparatory school (prep) – Private Grundschule für 7- bis 13-Jährige

Pre-preparatory school (pre-prep) – Private Vor- und Grundschule für Kinder bis ca. 7 Jahre

Prescription Prepayment Certificate – Pauschale Rezeptgebühr bei mehr als vier Rezepten pro Quartal oder mehr als 15 pro Jahr

Primary 1 bis *Primary 7* – Grundschuljahre in Schottland

Primary Care Trusts (PCT) – Primäre medizinische Versorgung in England und Wales durch *NHS*-Hausärzte, Zahnärzte, Optiker und Apotheken

Primary school – Grundschule

Prime Minister – Gesamtbritischer Premierminister

Private Limited Company (Ltd.) – Ins Handelsregister eingetragene Kapitalgesellschaft, jeder Anteilseigner haftet nur bis zur Höhe seiner Einlagen

Private medical insurance (PMI) – Private Krankenzusatzversicherung

Private pension scheme – Private Rentenversicherung

Proof of address/Proof of residence – Offizieller Adressnachweis, da Großbritannien über kein Meldewesen verfügt

Property ladder/housing ladder – Immobilienleiter; stetiger Erwerb immer größerer und teurerer Immobilien

Provisional licence – Vorläufige Fahrerlaubnis für Fahrschüler

Public footpaths – Öffentliche Spazier- und Wanderwege, die auch über privates Land führen

Public Limited Company (plc) – Ins Handelsregister eingetragene Aktiengesellschaft

Public school – Privatschule

Qualifications and Credit Framework (QCF) – Bewertungsrahmen für berufliche Weiterbildungen

Remittance basis – Begriff aus dem Steuerrecht: Einkünfte, die aus dem Ausland nach Großbritannien transferiert werden

Repeat prescription service – Automatische Bereitstellung von Folgerezepten und Medikamenten

Resident – Bürger; Aufenthalt von mindestens 183 Tagen pro Steuerjahr oder von 91 Tagen pro Jahr in bis zu vier aufeinanderfolgenden Steuerjahren in Großbritannien

Residential parking permits – Anwohnerparkausweis

Roman Catholic Church – Römisch-katholische Kirche

Royal warrant – Auszeichnung für Unternehmen und Händler, die das britische Königshaus beliefern

SC form/self-certification – Formular für den Arbeitgeber bei Krankheitstagen

Scottish Baccalaureate – Interdisziplinärer Schulabschluss in Schottland: *Advanced Higher Scottish Baccalaureate in Languages* und *Advanced Higher Scottish Baccalaureate in Science*

Scottish Credits and Qualifications Framework (SCQF) – Schottischer Bewertungsrahmen, um Qualifikationen und Abschlüsse miteinander vergleichbar zu machen

Scottish Parliament – Schottisches Landesparlament

Scottish Vocational Qualifications (SVQ) – Berufspraktische Abschlüsse in Schottland

Secondary 1 bis ***Secondary 6*** – Sekundarschuljahre in Schottland

Secondary school – Sekundarschule, weiterführende Schule

Self Assessment Tax Return (SA100) – Steuererklärung per Selbstveranlagung, z. B. für Selbstständige oder bei zusätzlichen Einkünften

Self-employed/Sole trader – Selbstständiger Unternehmer

Senior school – Sekundarschule ab 11 bzw. 13 Jahren

Sheriff Court – Lokales Gericht in schottischem *Sheriffdom*

Sheriffdom – Schottische Verwaltungseinheit; Schottland ist in sechs regionale *Sheriffdoms* mit je einem *Sheriff Principal* unterteilt.

Short Assured Tenancy – Mietvertrag mit Grundlaufzeit in Schottland

Single sex school – Jungen- oder Mädchenschule

Sixth form – Oberstufe an Sekundarschulen, die zu *AS*- und *A-Levels* führt

Smartcards – Aufladbare Geldkarten für öffentliche Verkehrsmittel

Society – Vereinigung zu bestimmten Zwecken

SORN (Statutory Off Road Notification) – Abmeldung eines Fahrzeugs

Special Constable (SC) – Ehrenamtlicher Polizist mit gleichen Rechten und Pflichten wie hauptberufliche Polizisten

Special Educational Needs (SEN) – (Lern-)Behinderungen

Special Educational Needs Co-ordinator (SENCO) – Beauftragter einer Schule, der (lern-)behinderte Kinder betreut

Stamp duty land tax – Grunderwerbssteuer

Stamp duty on buying shares – Stempelsteuer beim nicht-elektronischen Erwerb von Aktien

Stamp duty reserve tax – Stempelsteuer beim elektronischen Erwerb von Aktien

Standard Grades – Prüfungen an schottischen Sekundarschulen (vergleichbar mit *GCSEs*)

Standing order – Dauerauftrag

Starting savings rate – Unterste Steuerrate für Zinserträge

State benefits – Staatliche Sozialleistungen

State Opening of Parliament – Feierliche Eröffnung des Parlaments zu Beginn einer Legislaturperiode

Statement of Comparability – Kurzer Abgleich ausländischer Abschlüsse und Zeugnisse mit britischen durch das *National Recognition Information Centre for the United Kingdom*

Statement of Fitness for Work/fit note (sick note) – Vergleichbar mit Krankschreibung durch den Hausarzt

Statutory declaratory and contracting words – Vorgeschriebene Worte für Eheschließung

Statutory Maternity/Paternity Leave (SM/PL) – Mutterschafts-/Vaterschaftsurlaub, bestehend aus *Ordinary Maternity/Paternity Leave (OM/PL)* und *Additional Maternity/Paternity Leave (AM/PL)*

Statutory Maternity/Paternity Pay – Staatliches Mutterschafts-/Vaterschaftsgeld bestehend aus *Ordinary Statutory Maternity/Paternity Pay* und *Additional Statutory Maternity/Paternity Pay*

Statutory Minimum Notice Period – Gesetzliche Kündigungsfrist, variiert je nach Länge des Arbeitsverhältnisses

Statutory Sick Pay (SSP) – Gesetzlich vorgeschriebenes Mindestkrankengeld

Supreme Court of the United Kingdom – Oberster Gerichtshof für Zivilrecht und Strafrecht in England und Wales

Sure start – Staatliches Familienförderprogramm in England

Tax credits – Steuerfreie Zuschüsse für Geringverdiener

Tax-free personal allowance – Persönlicher Steuerfreibetrag

Telephone Preference Service Register – *Blacklist,* um Werbeanrufe zu vermeiden

The Open University – Fernuniversität; Studium ist auch ohne Hochschulzugangsberechtigung möglich

Third party insurance – Haftpflichtversicherung

Title deed – Eigentumserklärung

Tribunal – Sondergericht für bestimmte Sachverhalten

Trooping the Colour – Geburtstagsparade für die Queen

TV licence – Lizenz zur Nutzung des Fernsehempfangs

Undergraduate degree – Universitätsabschluss nach einem ersten Studium

Understatement – Typisch britische Untertreibung während einer Konversation

Union Flag/Union Jack – Britische Nationalflagge

Unique Taxpayer Reference (UTR) – Persönliche Steuernummer

Unitary Authority – Administrative Einheit in England und Wales

United Kingdom of Great Britain and Northern Ireland (UK) – Vereinigtes Königreich Großbritannien und Nordirland

United Reformed Church – Reformierte evangelische Kirche

Universities and Colleges Admissions Services (UCAS) – Zentrale Zulassungsstelle für die Studienplatzvergabe

Universal Credit – Ab Herbst 2013 werden Sozialfhilfeempfänger im arbeitsfähigen Alter sukzessive auf den *Universal Credit* umgestellt.

Statt kombinierter Soazialleistungen gibt es nur noch eine einzige Zahlung pro Monat.

V55/5 – Registrierungsformular für ein importiertes Neufahrzeug

Value Added Tax (VAT) – Mehrwertsteuer

VCA Certificate – Zertifikat der *Vehicle Certification Agency (VCA)* über die Umrüstmaßnahmen eines Autos für den britischen Straßenverkehr

Vehicle Excise Duty (VED) – Kfz-Steuer; auch *car tax* oder *road tax* genannt

Vehicle Registration Certificate (V5C) – Fahrzeugschein

Vehicle Registration Number – Kennzeichen eines Autos

Vehicle tax disc – Steuerplakette für die Windschutzscheibe eines Autos

Vehicle Type Approval – Bestätigung über Umrüstmaßnahmen am Auto für den britischen Straßenverkehr

Vocational college – Berufsschule

Voluntary-aided school – Eng mit einer Kirche verknüpfte Schule, die aus kirchlichen und staatlichen Mitteln finanziert wird

Voluntary-controlled school – Mischform aus *community* und *voluntary-aided school*

Welsh Baccalaureate Qualifications (WBQ) – Dreistufiger Schulabschluss in Wales

White tie – Schwarze Frackjacke und Hose, weißes Hemd, Weste und Fliege

Workplace pensions – Unternehmensinterner Rentenfonds

Anhang

Allgemeine Internetadressen

Gov.uk – Wegweiser der britischen Regierung zu allen Themen des öffentlichen Lebens, Zugang zu allen staatlichen Stellen
► www.gov.uk

Scottish government – Informationsportal der schottischen Landesregierung
► www.scotland.gov.uk

Welsh government – Informationsportal der walisischen Landesregierung
► www.wales.gov.uk

Government Gateway – Zugang zu allen Online-Services der britischen Regierung, z. B. Online-Steuererklärung, Informationen aller Regierungsstellen
► www.gateway.gov.uk

National Statistics – Sammlung aller aktuellen statistischen Daten zu Großbritannien
► www.statistics.gov.uk

NHS – Informationen des staatlichen Gesundheitsdienstes *National Health Service*
► www.nhsdirect.nhs.uk

UK Border Agency – Informationen zum Thema Einreise und Visa
► www.ukba.homeoffice.gov.uk

UK Parliament – Informationen zum politischen System
► www.parliament.uk

Advice Guide – Informationen der *Citizens Advice Bureaus* für Bürger
► www.adviceguide.org.uk

The Money Advice Service – Unabhängige Informationen und Beratung zu allen Geldfragen
► www.moneyadviceservice.org.uk

British Monarchy – Alles rund um die königliche Familie
▶ www.royal.gov.uk

Visit Britain – Reiseinformationen für Großbritannien, mit Unterseiten für England, Schottland und Wales
▶ www.visitbritain.com
▶ www.visitengland.com
▶ www.visitscotland.com
▶ www.visitwales.com

British Library – Online-Zugang zu Katalogen der Nationalbibliothek
▶ www.bl.uk

English Heritage – Informationen und Reisetipps zu historischen Stätten in England
▶ www.english-heritage.org.uk

Historic Scotland – Informationen und Reisetipps zu historischen Stätten in Schottland
▶ www.historic-scotland.gov.uk

Cadw – Informationen und Reisetipps zu historischen Stätten in Wales
▶ http://cadw.wales.gov.uk

Traveline – Informationen zu öffentlichen Verkehrsmitteln landesweit
▶ www.traveline.info

Nationalrail – Informationen zum nationalen Zugreiseverkehr
▶ www.nationalrail.co.uk

BBC – Nachrichtenportal der *British Broadcasting Corporation*
▶ www.bbc.co.uk

Organisationen und Informationen für Deutschsprachige

Deutsche in London – Forum für Deutschsprachige in London und im restlichen Großbritannien
▶ www.deutsche-in-london.net

Auslandsösterreicher – Informationen für Österreicher, die im Ausland leben
▶ www.auslandsoesterreicher.at

Auslandsösterreicher-Weltbund – Dachverband für Österreicher-Vereinigungen im Ausland
► www.weltbund.at

Auslandsschweizer-Organisation (ASO) – Information und Beratung für Auslandsschweizer
► www.aso.ch

Swisscommunity – Online-Plattform für Auslandsschweizer
► www.swisscommunity.org

The German Link – Deutschsprachige Zeitung für Einwanderer aus Deutschland, Österreich und der Schweiz
► www.germanlink.co.uk

Switzerland in the UK – Magazin für Schweizer in Großbritannien
► www.swissreview.co.uk

Anhang

Kontaktadressen und Anlaufstellen

Auslandsvertretungen	
Botschaft der Bundesrepublik Deutschland 23 Belgrave Square London SW1X 8PZ Telefon: 020 / 78 24 13 00 Fax: 020 / 78 24 14 49 E-Mail: info@london.diplo.de ► www.london.diplo.de	**Generalkonsulat der Bundesrepublik Deutschland** 16 Eglinton Crescent Edinburgh EH12 5DG Telefon: 0131 / 33 72 323 Fax: 0131 / 34 61 578 E-Mail: info@edinburgh.diplo.de ► www.edinburgh.diplo.de
Eine Liste aller **Honorarkonsuln** in Großbritannien finden Sie unter ► www.london.diplo.de, Navigationspfad *The Embassy/Consulates in the UK.*	
Österreichische Botschaft London 18 Belgrave Mews West London SW1X 8HU Telefon: 020 / 72 35 32 50 Fax: 020 / 73 44 02 92 E-Mail: london-ob@bmeia.gv.at ► www.bmeia.gv.at/london	**Österreichisches Konsulat Birmingham** Honorargeneralkonsul Alfred Neumeister 5 Barlows Road, Edgbaston Birmingham B15 2PN Telefon: 0121 / 45 41 19 7 Fax: 0121 / 45 41 19 7 E-Mail: aneum@talk21.com
Österreichisches Konsulat Edinburgh Honorarkonsul John Clifford 9 Howard Place Edinburgh EH3 5JZ Telefon: 0131 / 55 81 95 5 Fax: 0131 / 55 81 12 4 E-Mail: austrianconsulate@focusscotland.co.uk	

Schweizerische Botschaft
16–18 Montagu Place
London
W1H 2BQ
Telefon: 020 / 76 16 60 00
Fax: 020 / 77 24 70 01
E-Mail: lon.vertretung@eda.admin.ch
► www.swissembassy.org.uk

Regionales Konsularcenter in London
16–18 Montagu Place
London
W1H 2BQ
Telefon: 020 / 76 16 60 00
Fax: 020 / 77 23 95 81
E-Mail: rcclondon@eda.admin.ch

Konsulat der Schweiz in Manchester
c/o Thornburn & Co. Ltd
Church House, 5th Floor
90 Deansgate
Manchester
M3 2GP
Telefon + Fax: 0161 / 83 20 700
E-Mail: manchester@honrep.ch

Konsulat der Schweiz in Cardiff
c/o Capital Law
Capital Building
Tyndall Street
Cardiff
CF10 4AZ
Telefon + Fax: 01792 / 42 35 04
E-Mail: cardiff@honrep.ch

Generalkonsulat der Schweiz in Edinburgh
58/2 Manor Place
Edinburgh
EH3 7EH
Telefon: 0131 / 22 59 313
E-Mail: edinburgh@honrep.ch

Binationale Vereinigungen

British German Association
34 Belgrave Square
London
SW1X 8QB
Telefon: 020 / 72 35 19 22
Fax: 020 / 72 35 19 02
E-Mail: info@britishgermanassociation.org
► www.britishgermanassociation.org

Anglo-German Circle (und weitere Aktivitäten), **German YMCA**
35 Craven Terrace
London
W2 3EL
Telefon: 020 / 77 23 92 76
Fax: 020 / 77 06 28 70
► www.german-ymca.org.uk

Anglo-Austrian Society
60 Brimmers Hill
Widmer End
High Wycombe
Buckinghamshire
HP15 6NP
Tel: 01494 / 711116
E-Mail: angloaustriansociety@googlemail.com

Austrian Club London
Suite 178
43 Bedfiord Street
Covent Garden
London
WC2E 9HA
E-Mail: info@austrianclublondon.com
► www.austrianclublondon.com

The City Swiss Club
Arbuthnot House
20 Ropemaker Street
London
EC2Y 9AR
Telefon 020 / 70 12 24 00
Fax: 020 / 70 12 24 01
E-Mail: info@cityswissclub.org
► www.cityswissclub.org

Deutschsprachige Kultur

Deutscher Chor in London
► www.deutscherchorlondon.org.uk

Goethe-Institut London
50 Princes Gate
Exhibition Road
London
SW7 2PH
Telefon: 020 / 75 96 40 00
Fax: 020 / 75 96 40 56
E-Mail: info@london.goethe.org
► www.goethe.de/london

Goethe-Institut Glasgow
3 Park Circus
Glasgow
G3 6AX
Telefon: 0141 / 33 22 555
Fax: 0141 / 34 21 656
E-Mail: info@glasgow.goethe.org
► www.goethe.de/glasgow

Deutsche Bäcker, Geschäfte und Restaurants

Backhaus
175 Ashburnham Road
Ham Richmond
TW10 7NR
Telefon: 020 / 89 48 6 040
E-Mail: info@backhaus.co.uk
► www.backhaus.co.uk

The German Bakery
Bäckerbus u.a. unterwegs in Brighton, London, Reading, Virginia Water, Feltham, Uxbridge, Oxford, Henley, South East London
Telefon: 0750 / 8875206
E-Mail: info@the-german-bakery.co.uk
► www.the-german-bakery.co.uk

Hansel & Pretzel
German Delicatessen
71 Ham Street
Ham Richmond
TW10 7HW
Telefon: 020 / 83 32 19 16
E-Mail: hanselandpretzel@gmx.net
► www.hanselandpretzel.co.uk

The Sausage Man
Mobiler Verkaufswagen im Südosten Englands unterwegs
71 St. Mildreds Road
London
SE12 0RE
Telefon: 020 / 88 57 99 57
E-Mail: info@sausageman.co.uk
► www.sausageman.co.uk

Kurz & Lang The Bratwurst Company 1 St. John Street Smithfield London EC1M 4AA Telefon: 020 / 79 93 29 23 ► www.kurzandlang.com	**German Deli** Versandhandel und Marktstände in London 3 Park Street London SE1 9AB Telefon: 020 / 89 85 80 00 und 020 / 73 78 00 00 E-Mail: info@germandeli.co.uk ► www.germandeli.co.uk
Kipferl Österreichische Speisen, Catering und Café 20 Camden Passage London N1 8ED Telefon: 020 / 77 04 15 55 E-Mail: mail@kipferl.co.uk ► www.kipferl.co.uk	**Zeitgeist** Deutsches Pub The Jolly Gardeners 49–51 Black Prince Road Lambeth SE11 6AB Telefon: 020 / 78 40 04 26 E-Mail: juergen@zeitgeist-london.com ► www.zeitgeist-london.com
Bierschenke Deutsches Pub 46 Essex Street Westminster London WC2R 3 JF Telefon: 020 / 79 36 25 36 E-Mail: info@bierschenke.co.uk ► www.bierschenke.co.uk	**Octoberfest Pub** Oktoberfest das ganze Jahr über 678–680 Fulham Road London SW65 5SA Telefon: 020 / 77 36 52 93 E-Mail: info@octoberfestpub.com ► www.octoberfestpub.com
Bavarian Beerhouse 190 City Road London EC1V 2QH und The Arches 9 Crutched Friars London EC3N 2AU Telefon: 0844 / 33 02 005 E-Mail: info@bavarianbeerhouse.co.uk ► www.bavarian-beerhouse.co.uk	**Stein's Bavarian Beergarden** Richmond Towpath Richmond TW10 6UX Telefon: 020 / 89 48 81 89 und 56 High Street Kingston upon Thames KT1 1HN Telefon: 020 / 85 46 24 11 E-Mail: richmond@stein-s.com oder kingston@stein-s.com ► www.stein-s.com

Deutschsprachige Auslandskirchen – Katholische Kirchen

St. Bonifatius
Christian Dieckmann
47 Adler Street
London
E1 1EE
Telefon:020 / 72 47 95 29
Fax: 020 / 72 47 38 79
E-mail: pfarrer@german-church.co.uk
► www.german-church.co.uk
Whitechapel London (St. Bonifatius) und Ham/Richmond (St. Thomas Aquinas)

Deutschsprachige Auslandskirchen – Evangelische Kirchen

Wales / Südwestengland
Pastor Albrecht Köstlin-Büürma
4 Mayflower Court
Staple Hill
Bristol BS16 5FD
Telefon: 0117 / 95 74 034
E-Mail: bristol@german-church.org
► www.german-church-south-westandwales.org.uk
Gottesdienste in: Bath, Bournemouth, Bristol, Cardiff, Llanelli, Newport, Portsmouth, Swansea, Southampton, Swindon

London-West
Pastor W. Kruse und Pastorin K. Kruse
78 Station Road
London
SW13 0LS
Telefon/Fax: 020 / 88 76 63 66
E-Mail: pfarramt@ev-kirche-london-west.org.uk
► www.ev-kirche-london-west.org.uk
Gottesdienste in: London Knightsbridge (Christuskirche), Richmond/Petersham, Oxford, Reading, Farnborough

London-Ost
Pastor Dr Ulrich Lincoln
22 Downside Crescent
London
NW3 2AR
Telefon: 020 / 77 94 42 07
E-Mail: ulrich.lincoln@german-church.org
► http://london-ost.german-church.org
Gottesdienste in: Brighton, Canterbury, Haywards Heath, London Kings Cross (St. Marien mit St. Georg), Forest Hill (Dietrich-Bonhoeffer-Kirche), Luton, Sevenoaks, St. Albans

Ostengland
Pastor Jochen Dallas
4 Shaftesbury Road
Cambridge
CB2 8BW
Telefon: 01223 / 35 61 67
E-Mail: cambridge@german-church.org
► www.german-church.org/cambridge
Gottesdienste in: Basildon (Hamburger Luth. Kirche), Bedford, Billericay (Hamburger Luth. Kirche), Bury St. Edmunds, Cambridge, Chelmsford (Hamburger Luth. Kirche), Ipswich, Milton Keynes und Norwich

Midlands
Pastor Albrecht Köstlin-Büürma
4 Mayflower Court
Staple Hill
Bristol
BS16 5FD
Telefon: 0117 / 95 74 034
E-Mail: bristol@german-church.org
Gottesdienste in: Birmingham, Coventry

Pastor Christian Tiede
3 Fulford Street
Manchester
M16 9PX
Telefon: 07891 / 10 26 74
E-Mail: christiantiede@me.com
Gottesdienste in: Nottingham, Derby, Lincoln, Leicester

Nordengland
Pastor Dirk Strobel
9 Park Road
Stretford
Manchester
M32 8FE
Telefon: 0161 / 86 51 335
Fax: 0161 / 86 58 463
E-Mail: germanlutheranchurch@googlemail.com
► www.deutschekirche.org.uk
Gottesdienste in: Bradford, Leeds, Huddersfield, Liverpool, Manchester, Sheffield

Schottland und Nordostengland
Pastor Michael Mehl
1 Chalers Crescent
Edinburgh
EH9 1TW
Telefon: 0131 / 66 71 619
E-Mail: germanchurch@gmail.com
► www.germanchurch.org.uk
Gottesdienste in: Aberdeen, Edinburgh, Glasgow, Inverness, Middlesbrough, Newcastle upon Tyne

Schweizerkirche in London
79 Endell Street
London WC2H 9DY
Telefon: 020 / 78 36 14 18
Fax: 020 / 73 79 10 96
E-Mail: info@swisschurchlondon.org.uk
► www.swisschurchlondon.org.uk

Austrian Catholic Centre
29 Brook Green
London
W6 7BL
Telefon/Fax: 020 / 76 03 26 97
E-mail: acclondon@aol.com
► www.acclondon.org.uk

Deutschsprachige Ärzte (Privatpraxen)

Praxis MedicaOptima
4 Back Lane
Ham, Richmond
TW10 7LF
Telefon: 020 / 83 32 719
E-Mail: office@medicaoptima.co.uk
► www.medicaoptima.co.uk

Richmond Practice
46 Breamwater Gardens
Ham, Richmond
TW10 7SH
Telefon: 0844 / 25 70 345
E-Mail: hausarzt@btinternet.com
► www.hausarzt.co.uk

Doctorcall London und Manchester
24-Stunden-Vermittlungsdienst für Hausbesuche *(GP)* und Spezialisten (inkl. deutschsprachige Fachärzte)
Telefon: 020 / 77 51 970
► www.doctorcall.co.uk

Eine Liste mit weiteren deutschsprachigen Ärzten und ihren jeweiligen Fachgebieten ist als Download auf der Webseite der Deutschen Botschaft in London erhältlich: ► www.london.diplo.de

Deutschsprachige Rechtsanwälte

Eine Liste mit deutschsprachigen Rechtsanwälten und ihren jeweiligen Fachgebieten ist als Download auf der Webseite der Deutschen Botschaft in London erhältlich: ► www.london.diplo.de

Anhang

Stichwortverzeichnis

Geschäftskultur kompakt

Business-Coaches für die Sakkotasche, z.B.

Johanna Marius
Geschäftskultur USA kompakt
ISBN 978-3-943176-25-4

»Prägnant und auf den Punkt gebracht: Wer das amerikanische Geschäftsleben verstehen möchte, findet in diesem Buch einen Ratgeber, der wertvolle Tipps und nützliche Hinweise leicht und eingänglich vermittelt. Ein Buch, das Lust macht auf das Erlebnis USA!«

(Johannes Klemeyer, crossculture-academy.com)

Dr. Simone Rappel
Geschäftskultur Indien kompakt
ISBN 978-3-943176-21-6

»Wenn Sie wissen möchten, wie das strukturierte und planvolle Handeln deutscher Manager mit der Flexibilität und dem Erfindungsreichtum indischer Manager (Jugaad) auf Dauer gut zusammenpasst, dann lesen Sie dieses Buch.«

(Stephan Mittelhäuser, IndienContact)

CONBOOK VERLAG
www.conbook-verlag.de

Fettnäpfchenführer

Unterhaltsame Kulturführer, z.B.

Anja Obst
Fettnäpfchenführer China
ISBN 978-3-943176-26-1

»Äußerst amüsant zu lesen und zudem sehr informativ.«

(FAZ.net)

»Der Fettnäpfchenführer China ist eine Bestätigung dafür, dass das Genre der Kulturratgeber noch nicht ausgereizt ist. Der Autorin gelingt es, den Leser auf eine imaginäre China-Reise mitzunehmen und ihn mit den Kulturstandards des Landes vertraut zu machen.«

(Asien Kurier)

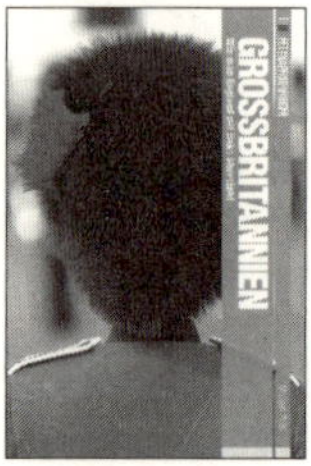

Michael Pohl
Fettnäpfchenführer Großbritannien
ISBN 978-3-943176-31-5

»Herrlich witzig schildert der Autor anhand seines Helden, was man über British Lifestyle wissen sollte.«

(News Leben)

»Autor Michael Pohl bewahrt Sie vor fatalen Fehlern im Land der Corgis und fettigen Frühstückswürstchen. Amüsant und sehr lehrreich. «

(FOOD and TRAVEL)

Routenreiseführer

für die Traumrouten Nordamerikas, z.B.

Jens Wiegand
Pacific Coast Highway USA
ISBN 978-3-943176-37-7

2.500 km auf der schönsten Küstenstraße Nordamerikas – eine einzigartige Route von San Diego bis nach Seattle.

»Wer auch nur andenkt, diese Strecke oder Teile davon zu bereisen, sollte Jens Wiegands Buch erwerben. Allerdings besteht die Gefahr, dass man nach der Lektüre die Westküste der USA besser kennt als die eigene Heimat.«

(Der Trotter – Die Zeitschrift der Globetrotter)

Helga und Arnold Walter
Nationalparkroute Kanada
ISBN 978-3-943176-36-0

Das Standardwerk für alle, die den Westen Kanadas in voller Pracht genießen möchten. Erleben Sie auf der legendären Route durch Alberta und British Columbia u.a. den Banff und Jasper National Park, Mount Robson, Revelstoke, Glacier und Yoho – und die beiden Metropolen Calgary und Vancouver.

Buchempfehlung des Monats der preisgekrönten deutsch-kanadischen Zeitung für die Provinz Alberta

(Arnim Joop, Albertaner)